台湾地区国学丛书
刘东 主编

清代史学与史家

杜维运 —— 著

九州出版社 | 全国百佳图书出版单位

图书在版编目（CIP）数据

清代史学与史家 / 杜维运著. -- 北京：九州出版社，2023.5
（台湾地区国学丛书 / 刘东主编）
ISBN 978-7-5225-1759-9

Ⅰ. ①清… Ⅱ. ①杜… Ⅲ. ①史学史－研究－中国－清代 Ⅳ. ①K092.49

中国国家版本馆CIP数据核字(2023)第064581号

中文简体版通过成都天鸢文化传播有限公司代理，经三民书局股份有限公司授予九州出版社有限公司独家发行，非经书面同意，不得以任何形式，任意重制转载。本著作物简体字版仅限中国大陆地区发行。

著作权合同登记号：图字01-2021-2287

清代史学与史家

作　　者	杜维运　著
责任编辑	黄明佳
出版发行	九州出版社
地　　址	北京市西城区阜外大街甲35号（100037）
发行电话	(010)68992190/3/5/6
网　　址	www.jiuzhoupress.com
印　　刷	北京盛通印刷股份有限公司
开　　本	710毫米×1000毫米　16开
印　　张	28.25
字　　数	326千字
版　　次	2023年8月第1版
印　　次	2023年8月第1次印刷
书　　号	ISBN 978-7-5225-1759-9
定　　价	88.00元

★版权所有　侵权必究★

《台湾地区国学丛书》总序

在我看来，不管多变的时局到底怎么演变，以及两岸历史的舞台场景如何转换，都不会妨碍海峡对岸的国学研究，总要构成中国的"传统学术文化"的有机组成部分。

事实上，无论是就其时间上的起源而言，还是就其空间上的分布而言，这个幅员如此辽阔的文明，都既曾呈现出"满天星斗"似的散落，也曾表现出"多元一体"式的聚集，这既表征着发展步调与观念传播上的落差，也表征着从地理到政治、从风俗到方言上的区隔。也正因为这样，越是到了晚近这段时间，无论从国际还是国内学界来看，也都越发重视起儒学乃至国学的地域性问题。

可无论如何，既然"国学"正如我给出的定义那样，乃属于中国"传统学术文化"的总称，那么在这样的总称之下，任何地域性的儒学流派乃至国学分支，毕竟都并非只属于某种"地方性文化"。也就是说，一旦换从另一方面来看，尤其是换从全球性的宏观对比来看，那么，无论是何种地域的国学流派，都显然在共享着同一批来自先秦的典籍，乃至负载着这些典籍的同一书写系统，以及隐含在这些典籍中的同一价值系统。

更不要说，受这种价值系统的点化与浸润，无论你来到哪个特殊的地域，都不难从更深层的意义上发现，那里在共享着同一个"生活世界"。甚至可以这么说，这些林林总总、五光十色的地域文化，反而提供了非常难得的生活实验室，来落实那种价值的各种可能性。正因为这样，无论来到中华世界的哪一方水土，也无论是从它的田间还是市井，你都可能发出"似曾相识"的感慨。——这种感慨，当然也能概括我对台北街市的感受，正因为那表现形态是独具特色的，它对我本人才显得有点"出乎意料"，可说到底它毕竟还是中国式的，于是在细思之下又仍不出"情理之中"。

在这个意义上，当然所有的"多样性"都是可贵的。而进一步说，至少在我这个嗜书如命的人看来，台湾地区的国学研究就尤其可贵，尤其由那些桴海迁移的前辈们所做出的研究。

正是因此，我才更加感佩那些前辈的薪火相传。虽说余生也晚，无缘向其中的大多数人当面请益，然而我从他们留下的那些书页中，还是不仅能读出他们潜在的情思，更油然感受到自己肩上的责任，正如自己曾就此动情而写的："这些前辈终究会表现为'最后的玫瑰'么？他们当年的学术努力，终究会被斩断为无本之木么？——读着这些几乎是'一生磨一剑'的学术成果，虽然余生也晚，而跟这些前辈学人缘悭一面，仍然情不自禁地怀想到，他们当年这般花果飘零，虽然这般奋笔疾书，以图思绪能有所寄托，但在其内心世界里，还是有说不出的凄苦犹疑。"

终于，趁着大陆这边的国学振兴，我们可以更成规模地引进那些老先生的相关著作了。由此便不在话下，这种更加系统的、按部就班的引进，首先就出于一种亲切的"传承意识"。实际上，即使我们现在所获得的进展，乃至由此而催生出的国学高涨，也并非没有台湾地区国学的影响在。早在改革开放、边门乍开的初期，那些从海峡对岸得到的繁体著作，就跟从大洋彼岸得到的英文著作一样，都使得我们从中获得过新鲜感。正因此，如果任何一种学术史的内在线索，都必然表现为承前启后的"接着讲"，那么也完全可以说，我们也正是在接着台湾地区国学的线索来讲的。

与此同时，现在借着这种集成式的编辑，而对于台湾地区国学的总体回顾，当然也包含了另一种活跃的"对话意识"。学术研究，作为一种有机增长的话语，其生命力从来都在于不断的创新，而如此不断创新的内生动力，又从来都来自"后生"向着"前贤"的反复切磋。也是惟其如此，这些如今静躺在台湾地区图书馆中的著作——它们眼下基本上已不再被对岸再版了——才不会只表现为某种历史的遗迹，而得以加入到整个国学复兴的"大合唱"中；此外，同样不在话下的是，我们还希望这次集中的重印，又不失为一种相应的和及时的提醒，那就是在这种"多元一体"的"大合唱"中，仍需仔细聆听来自宝岛的那个特殊声部。

最后要说的是，在一方面，我们既已不再相信任何形式的"历史目的论"，那么自然也就可以理解，今后的进程也总会开放向任何"偶然性"，无法再去想象黑格尔式的、必然的螺旋上升；可在另一方面，又正如我在新近完成的著作中所讲的："尽管我们的确属于'有限的、会死亡的、偶然存在的'人类，他们也的确属于'有限的、会死亡的、偶然存在的'人类，可话说回来，构成了彼此'主观间性'的那种'人心所向'，却并不是同样有限和偶然的，相反倒是递相授受、薪火相传、永世长存的，由此也便显出了不可抹煞的'必然性'。"在这个意义上，我们就总还有理由去畅想：

由作为中国"传统学术文化"总称的国学——当然也包括台湾地区国学——所造成的"人心所向"和"主观间性",也总还不失为一种历史的推动力量吧?

刘东
2020年6月24日于浙江大学中西书院

凡 例

一、本书以三民书店 2019 年版为底本。

二、为保持作者行文风格和时代语言习惯，文字、语法、标点等不按现行用法改动原文；原书专名（人名、书名、专有名词等）及译名与今不统一者，文中亦不作改动，仅在首次出现时加编者注说明。

三、原书为作者不同时期文集汇总，文中注用圆括号表示，引文注释用脚注表示。

四、原书引文缺失者，据所缺字数用"□"表示。

推荐序

1989年在我考进政大历史研究所的前一年，恩师杜维运教授适于香港大学退休回到台湾，因缘聚合造就这段师生之缘，杜师成了我硕士及博士论文的指导教授。印象中杜师几乎每隔几年总有新作问世，读书、写作对他而言不但是一种生活，也是一种习惯，乐此不疲、浑然忘我，即使晚年定居温哥华之后，亦日日笔耕不辍。

杜师一生以研究中国史学为职志，事随境迁，每个时期他所关注的问题及重心往往不尽相同，大体而言可分四个方面：其一，清代史学；其二，中西史学；其三，史学方法论；其四，中国史学史。其中，清代史学可说是杜师一生学术研究的起点，他从乾嘉时期的史学与史家入手，由此逆溯而上，扩及整个中国传统史学，及至晚年于是而有《中国史学史》三册巨著问世。而中西史学的比较及史学方法论之探赜，看似随杜师负笈英伦、讲学香江而出现转折，然此两方面的研究，未尝不可视为杜师用以观察、衡评中国史学的取径，及其探寻中国史学理论及思想的重要基点。换言之，中国史学史始终是杜师一生关怀之所系，而环绕此一题旨而展开的种种研究，无不为其理解与阐发中国史学之精髓而生。

从这个角度来看，《清代史学与史家》一书在杜师的学术生涯中自有相当特殊的位置。本书为一本论文集，收录论文的时间跨度很大，大致从1960年代延续到1980年代中期，其内容涵盖杜师早年有关清乾嘉考据学派、浙东史学派及赵翼史学等方面的研究成果，也有后来陆续发表的论文，以及为书添写的新章，可说是杜师青壮年时期有关清代史学重要代表作的集结。值得注意的是，此书的成书时间为1984年，此时杜师已赴香港大学任教多年，《与西方史家论中国史学》《史学方法》及《赵翼传》等重量级的著作在此之前皆已问世。杜师此时改写并出版《清代史学与史家》一书，自不仅仅是旧作的集结，更代表了他在广泛理解西方史学和近代史学方法之后，对于清代史学的重新认识与理解。而这些见解在本书各章中不时绽现，例如清代史学着重客观、征实的特色，为学术而学术的走向，及其擅用历史辅助学问的特点等，无不是杜师从中西方史学理论与方法出发，捻出清代史学的特色。循此以往，个人认为本书有几个相当值得注意的特点：

首先，本书首揭清代史学的重要性及其在中国史学史上的意义。杜师认为陈寅恪早年提出清代经学发展过甚，导致史学不振的观点并不完全正确。如就史学之记注、撰述、考据、衡评四者而论，杜师认为宋代史学在记注和撰述方面虽有所长，然考据、衡评二端，清代史学的表现实凌驾于宋代之上。杜师一方面以绵密而深入的论证，说明乾嘉以降的考据学者如何以治经的方式治史，醉心于古史的考订辨正，从而形成"中国历史上声势最大的史学派"，一方面也把眼光移向经世与著史兼具的浙东史学派，屡述黄宗羲以降诸子如何实践"学本于经而证于史"的理念，表彰人物、尊崇文献，期成一家之言，于考据盛行之世不徇流俗，逆流而上，进而形成一套完整的理论体系，提升清代史学在中国史学史上的重要性。

其次，本书有意将清代史学放在中西史学比较的脉络来理解，强调清代史学具有征实的精神、科学的方法，以及寓解释于叙事的特点。杜师认为清代史学至乾嘉而骤放异彩，史学方法愈趋客观精密，尤其着重证据的比较与归纳，长于利用各种历史辅助学科证史，在征实的精神和客观的方法上卓然超越前代，可与西方近代史学遥相映合。他强调清代历史考据学派认为史家不虚美、不隐恶、据事直书，使历史真相暴白于世的观点，实与德国语文考证学派大师兰克（Leopold von Ranke, 1795—1886）所谓"历史之目的，仅为陈示过去实际发生之情况"极为神似；讲王夫之时，注意到王氏治史能够"逆知古人之心，设身易地以洞烛史事之真相"，颇能符合西方史家所谓的"历史想象"（historical imagination）；论赵翼时，杜师亦援浦立本①（E. G. Pulleyblank, 1922—2013）之说，谓赵氏能够善用归纳和比较方法，找出社会史和制度史发展的通则，接近西方近代以来的解释史学（interpretative historiography）。凡此种种，皆是杜师有意从西方近代史学的视角阐发清代史学之例。而其着意于清代史学在史学理论、史学思想及史学方法上的表现，更是杜师长年比较中西史学过程中独树一帜的研究取径。在西风压倒东风的时代语境下，温和如杜师虽不存与西方史学角胜之心，却无时不能或忘如何证成中国史学的科学精神与时代价值。

最后，本书虽以清代史学为范围，却提供吾人更多有关近代中国史学的反省与思考。由于杜师对于清代史学的认知和理解，很大程度上是从民国以降的问题意识出发，因而无形中便带有与前人对话的性质。如民初以来学人论顾炎武、王夫之时，多罕言其史学，

---

① 编者注：多译蒲立本。

视顾炎武为经学家、王夫之为思想家者比比皆是。杜师遍阅柳诒徵、朱希祖、金毓黻、李宗侗等人所著之中国史学史，从不提及王夫之之名，惟梁启超著作中稍稍论及王氏所著《宋论》《读通鉴论》二书，及至杜师深入稽考后，顾、王二人在史学方面的成就方得以彰显。论浙东史学源流时，杜师也因不同意金毓黻、何炳松等人看法，而直取章学诚之说，力证浙东之学通经服古，不悖朱子之教，说明浙东史学"宗陆而不悖于朱"，并以此呼应陈训慈论浙东史学渊源的观点。此外，杜师于书中对话最多者，非梁启超莫属，其《清代学术概论》《中国近三百年学术史》及《中国历史研究法》等，皆杜师经常汲引之书。如梁启超在《清代学术概论》中不时从科学的角度审视清学，谓清代学术"以复古为解放"所以能着着奏效者，实受"科学研究精神"的启发。在清代学术极具科学方法的观点上，杜师几乎完全承继了梁氏的观点，惟其不同的是，杜师更为看重清代考据学在史学方面的表现，并进一步将梁启超论"正统派"的学风特色与西方自培根（Francis Bacon, 1561—1626）以来所盛行的"归纳法"相互勾连，证明清代史学所用的科学方法与西方并无二致。以上种种与前人研究观点的对话，除了体现出杜师对于清代史学精辟的见解之外，亦未尝不可放在近代中国史学史的脉络下来理解。换言之，在我们看到民国以来诸人不以顾、王为史家，或对于浙东史学的源流演变有着不尽相同的看法时，我们是不是意识到近人究竟如何理解今天这些对我们而言再熟悉不过的学科疆界或学派观念；或是进一步思考在梁启超有意将清代史学"科学化"的年代里，傅斯年何以在《史学方法导论》中不断提升"比较方法"对历史研究的重要性，以及近人又是如何近乎执迷地相信科学的效力。清代史学的面貌基本上是民国以后诸家勠力以成的结果，当我们尝试理解清代史学的同时，更多有关近代史学的课题亦有待我们深掘。

　　杜师学生众多，前贤辈出，个人进入师门时间较晚，从未想过有一天能为杜师的书写序文。三民书局来邀，应允之际忽而想起杜师生前曾经表示他的研究范围及清而止，近代史学就交给我等后生小辈为之。二十余年来辱承师教，虽始终在近代史学史方面耕耘，却未能得杜师史学涵养于万一。本书重印之际，谨以此序聊记这段师生之缘，同时代表我对杜师史学的一点理解与敬意。

东吴大学历史学系教授　刘龙心　谨志
2019 年 10 月 25 日

增订二版序

维运治史，自清代史学开始，陶醉其中者三十年。1984 年，三民书局聚集余所写成之清代史学论文，辑为一编，名曰《清代史学与史家》。集众腋以成裘，聊便读者而已。

书出以后，美国普林斯顿大学（Princeton University）主持汉学研究之牟复礼（Frederick W. Mote, 1922—2005）教授来翰云：

顷奉新著《清代史学与史家》，急于细读，初步印象，其书将取尊旧著《清乾嘉时代之史学与史家》而代之。后者自 1962 年梓行后，在余所主持之史学研讨课程上，列为参考书籍（a required reading）。新书所凭依者广，将增加此研究课程之深度。

（1984 年 10 月 22 日牟教授来翰云："I have recently received a copy of your new book 'Ch'ing-tai shih-hsüeh yü shih-chia' (1984) and am eager to read it carefully. My initial impression is that this will supersede your earlier book 'Ch'ing ch'ien-chia shih-tai chih shih-hsüeh yü shih-chia' which, since its appearance in 1962, has been a required reading in my historiography seminar. The new book will add further depth to that seminar, which relies so heavily on your verious writings in that field."）

学生时代之习作《清乾嘉时代之史学与史家》（台大历史研究所硕士论文），能为友邦学林重视，甚感意外；荟萃成编之《清代史学与史家》，尤蒙欣赏，亦不敢遽信其为真也。

1988年中华书局影印其书，在大陆发行，其反响立刻呈现。1989年6月、7月间，台湾中国文化大学宋晞教授，交我一封以写《清代浙东之史学》一文而驰名之陈训慈先生之来信，洋洋洒洒近千言。训慈先生于1930年发表于《史学杂志》之《清代浙东之史学》，议论文采，尤在何炳松之上；而时隔六十年，犹翰墨飞驰，不敢相信其为真实。宋教授云："岳父（宋教授为训慈先生子婿）已八十九岁，犹身体健康，著述不辍。"信中称美拙著"钩稽俱有断裁，立论至为平正"，此自为奖掖之辞。其建言则中肯殷切："先生之论，一以章实斋《浙东学术》篇为纲，而以章邵承之，分别成文，可云内容美富，折衷至当。惟收入此书者，有章实斋而缺邵二云，此犹可缓图，而有全祖望而无万季野之史学，于全书似为缺憾。"拙著之缺失，经先生一语道破，而措辞委婉诚恳，令人感佩不已。其后我倾力写成《万斯同之史学》与《邵晋涵之史学》两文（《万斯同之史学》系在第二届国际汉学会议上发表之论文，时为1991年12月。《邵晋涵之史学》为寄往浙东学术国际研讨会宣读者，时为1993年3月末），以答其盛情。今以新写之《崔述之史学》与两文，编入本书之中，以完成训慈先生之愿望。学术之珍贵，在于互相批评讨论，"攻瑕指失""不厌往复"，学术始有进焉。

犹有赘论者，清代史学，自道、咸以后而骤变。内乱迭起，外患纷至，国势垂危，生民涂炭。有识之士，皆思应变。史学界自龚自珍、魏源起，竟以经世致用为史学之嚆矢，扬弃乾嘉考据，转治边疆史地与外国史地，以谋对外。若魏源之《海国图志》、徐继畬之《瀛寰志略》、张穆之《蒙古游牧记》、何秋涛之《朔方备乘》、洪钧之《元史译文证补》、屠寄之《蒙兀儿史记》、柯劭忞之《新元史》，皆其著称者也。乾嘉为史学而史学之纯学术研究不再见，此清代史学之变也。窃意清代史学，以清初史学之创新与乾嘉史学之征实为象征。道咸以后，已与民初之新史学相接，故本书缺论之，惟幸海内外博雅君子教正焉。

杜维运序于台北市

自　序

余治史学，自读清乾嘉时代史家之著述始。凡钱大昕、王鸣盛、全祖望、章学诚、赵翼、崔述之史学专著及其诗文别集，皆穷日夜之力读之；心有所得，则札记别纸，积久资料盈积，乃先后草成《钱大昕之史学》(《学术季刊》第二卷第三期，1953年3月)、《全祖望之史学》(《中央日报》学人第九十九期及一百期，1948年9月)、《赵翼之史学》(《大陆杂志》第二十二卷第七期，1961年4月)、《清乾嘉时代之历史考证学》(《大陆杂志特刊》第二辑，1961年5月)、《清乾嘉时代之史学与史家》(《台湾大学文史丛刊》之一，1962年10月)诸文，时在1952年至1949年之间（文章发表时期较写成时期稍后）。其后兴趣转移至史学方法论及中西史学之比较研究，而于清代史家仍有特殊浓厚之感情，清初史家若王夫之、顾炎武、黄宗羲、万斯同、戴名世、吴炎、潘柽章、潘耒、马骕、钱谦益、朱彝尊、顾祖禹、毛奇龄诸人之著述，皆遍读之。《王夫之与中国史学》(《辅仁大学人文学报》第一期，1970年9月)、《黄宗羲与清代浙东史学派之兴起》(《故宫文献》第二卷第三期、第四期，1971年6月、9月)、《顾炎武与清代历史考据学派之形成》(《故宫文献》第三卷第四期、第四卷第一期，1972年9月、12月)、《戴名世之史学》

（《故宫文献》第五卷第一期，1973年12月）、《钱谦益其人及其史学》（《书目季刊》第十卷第一期，1976年6月）、《吴炎、潘柽章之史学与风节》（《新亚学术集刊》第二期，1979年）、《清初史学之建设》《清代史学之地位》（《史学评论》第六期，1983年9月）诸文，则于十五六年间写成。盖与清代史家为友，而沉淫于清代史学之中者，历时已逾三十年矣。

清代史学，有千门万户之观，余所窥者，仅其片面，而王夫之史论之浩阔、顾炎武史识之超轶、黄宗羲史裁之严正、全祖望史才之英发、章学诚史法之精湛、钱大昕史学之博洽、赵翼史度之开拓，皆启我茅塞，开我胸襟。故不揣固陋，撰成专文，以质诸学林。然其中疏漏，往往而有。"著述之家，最不利乎以未定之书，传之于人。"（《亭林文集》卷四《与潘次耕书》）顾炎武氏之训，何敢忘焉。因聚集旧作，汰其重复，正其误谬，增其不足，而益以新见，凡得十二篇：一、清代史学之地位；二、王夫之与中国史学；三、顾炎武与清代历史考据学派之形成；四、黄宗羲与清代浙东史学派之兴起；五、戴名世之史学；六、吴炎、潘柽章之史学与风节；七、钱谦益其人及其史学；八、清初史学之建设；九、清乾嘉时代之历史考据学；十、全祖望之史学；十一、章学诚之史学；十二、赵翼之史学。其中有申纸重写者，如《赵翼之史学》一篇，系综合旧作《赵翼之史学》《廿二史劄记考证序言》（《新亚学报》第二卷第二期，1954年2月）、《廿二史劄记校证》前言（华世出版社，1974年2月）及《赵翼传》（时报出版公司，1983年7月）中涉及史学之部分而新写；《章学诚之史学》一篇，与旧作《清乾嘉时代之史学与史家》（该文为维运台大硕士论文）中所论者，已颇有不同；《清乾嘉时代之历史考据学》一篇，则纠正旧作《清乾嘉时代之历史考证学》镂刻之误甚多；未曾发表之《清初史学之建设》一篇，则系据不及万言之旧稿而扩写。引书部分，皆再查原文，不敢坚信昔日所见者之丝毫无误也；词汇运用，务求前后一致，清代史家极力主张之义例宜严，不敢有片刻之轻忽也。然校稿来再以原文相稽，仍有讹误；义例亦有不尽纯一者。史学之繁难，有如是也夫？！

忆自离乡飘流，以学校为家庭，以友朋为生命，以学术为生活。自长白师范学院至台湾大学，皆我之家庭；自江南相偕跋涉千里之联中同学，至大学深夜剧谈之室友，皆我之生命；微二者，学术之涓滴成就奚见焉。患难相交三十年，而助我益我最多之老友，有数人焉：

始于1938年结识之李玉灿兄，在朋侪中，有"李大哥"之称，待人纯出至诚，待我尤厚。相与出生入死于危难之中，视我之困难如其困难，而尤关心我之所成，凡我撰写之文，皆细读之，兴至则以长文相赞，缺点则隐之。有友如此，真无憾矣。

以史家兼为针灸大师之黄维三兄，当昔年患难之日，众人皆穷，一人独富（彼于大学毕业后即以针灸济世），我以交属莫逆，于绝粮之时，即乞援手。彼自奉甚俭，而好施与，大叩之则大鸣，小叩之则小鸣。饥得食，寒得衣，皆老友之赐也。此情此债，又岂金钱之所能偿还者哉！

同宗之杜聿新兄，学博识精，心思尤为细密。拙著《史学方法论》《与西方史家论中国史学》（新写本）及《赵翼传》，皆承其指出错误数十处，错字尤不放过。近年颇知改正自己错字，皆聿新兄之教也。

长师英语系同班张梧兄与台大外文系同班鲁宝霖兄皆为最能倾谈之知友。二兄富长才，而皆撝谦自下，述而不作。张兄能文而久膺数学教师之职；鲁兄诗词歌赋咸通，嬉笑怒骂皆有，而下笔持重，胸中新见，不著一字。然与二兄促膝而谈，可以忘我，可以连宵，笑声中世俗之情消，而学问增进于无形之间也。

甲子岁始，写此序自励，兼酬老友。

杜维运自序于听涛楼

目 次

第一章 清代史学之地位 / 1

第二章 王夫之与中国史学 / 14
    一 史论与历史解释 / 14
    二 王氏之历史解释艺术 / 20
    三 王氏之历史哲学 / 43
    四 王氏之归纳史实与比较史实 / 49
    五 王氏解释历史之基本思想 / 59
    六 王氏之史学方法论 / 78
    七 结 语 / 90

第三章 顾炎武与清代历史考据学派之形成 / 92
    一 概 论 / 92
    二 顾氏学术之中心思想 / 94
    三 顾氏所开创之考据学 / 111
    四 顾氏在史学上之新建设 / 126
    五 顾氏史学与乾嘉时代历史考据学派之形成 / 144

第四章 黄宗羲与清代浙东史学派之兴起 / 150
    一 宋元以后浙东史学派之形成 / 150
    二 黄宗羲之振兴浙东史学派 / 158
    三 黄宗羲以后浙东史学派之传递 / 196

第五章　万斯同之史学 / 199

第六章　戴名世之史学 / 219

第七章　吴炎、潘柽章之史学与风节 / 226

第八章　钱谦益其人及其史学 / 233

第九章　清初史学之建设 / 243

第十章　清乾嘉时代之历史考据学 / 276
　　一　概　论 / 276
　　二　王鸣盛之历史考据学 / 284
　　三　钱大昕之历史考据学 / 295
　　四　乾嘉时代历史考据学之总成绩 / 320

第十一章　全祖望之史学 / 322
　　一　全氏之搜访文献及表章气节 / 323
　　二　全氏治史之缜密精神及公正态度 / 331
　　三　全氏史学之渊源——由理学而治史学 / 335
　　四　全氏学问之博雅及身世之悲凉 / 338

第十二章　章学诚之史学 / 339
　　一　章氏论史学与史料 / 340
　　二　章氏论著史之方法 / 351
　　三　章氏理想中之史学巨著 / 363
　　四　章氏生前之孤寂与身后声名之远播 / 370

第十三章　邵晋涵之史学 / 373
　　一　自邵氏与浙东史学派之关系而言之 / 377
　　二　自邵氏与朴学之关系而言之 / 379

三　自邵氏以真挚之情，写一家之史而言之 / 382
　　四　自邵氏以敏锐之见，发挥史学思想、史学理论、史学方法
　　　　之精蕴方面而言之 / 385
　　五　结　语 / 394

第十四章　赵翼之史学 / 396

第十五章　崔述之史学 / 416
　　一　崔述孤立于清乾嘉学风以外 / 416
　　二　崔述之生平 / 416
　　三　《考信录》与史学上之求真 / 418
　　四　崔述之史学渊源及其所受时代之冲激 / 422

第一章　清代史学之地位

　　自陈寅恪倡言"有清一代经学号称极盛，而史学则远不逮宋人"（《重刻元西域人华化考序》），清代史学远逊宋代之说，遂甚嚣尘上。慨叹清代史学如此衰落而撰文以讨论其衰落原因者，亦大有其人。名家之论，如草上风，风行而草偃，历史真理，几不可闻问矣！

　　陈氏言："论者辄谓爱新觉罗氏以外族入主中国，屡起文字之狱，株连惨酷，学者有所畏避，因而不敢致力于史，是固然矣。然清室所最忌讳者，不过东北一隅之地，晚明初清数十年间之载记耳。其他历代数千岁之史事，即有所忌讳，亦非甚违碍者。何以三百年间史学之不振如是？是必别有其故，未可以为悉由当世人主摧毁压抑之所致也。"（见同上）其不纯以文字狱解释清代史学之衰落，持论甚有所见。"清代之经学与史学俱为考据之学，故治其学者，亦并号为朴学之徒；所差异者，史学之材料大都完整而较备具，其解释亦有所限制，非可人执一说，无从判决其当否也。经学则不然，其材料往往残阙而又寡少，其解释尤不确定；以谨愿之人而治经学，则但能依据文句，各别解释，而不能综合贯通，成一有系统之论述；以夸诞之人而治经学，则不甘以片段之论述为满足，因其材料残阙寡少及解释无定之故，转可利用一二细微疑似之单证，以附会其广泛难征之结论,其论既出之后,固不能犁然有当于人心,而人亦不易标举反证,以相诘难;譬诸图画鬼物,苟形态略具,则能事已毕,其真状之果肖似与否,画者与观者两皆不知也。"(见同上)其谓经学结论或陷于割裂纷纭,或流于广泛难征,亦至为平允之论。至谓:"往昔经学盛时,为其学者,可不读唐以后书,以求速效,声誉既易致,而利禄亦随之,于是一世才智之士能为考据之学者,群舍史学而趋于经学之一途;其谨愿者,既止于解释文句,而不能讨论问题;其夸诞者,又流于奇诡悠谬,而不可究诘;虽有研治史学之人,大抵于宦成以后,休退之时,始以余力肆及,殆视为文儒老病销愁送日之具,当时史学地位之卑下如此。由今思之,诚可哀矣!此清代经学发展过甚,所以转致史学之不振也。"(见同上)以史学之衰落,归咎于经学发展过甚,并谓研治史学之人,大抵于宦成以后,休退之日,始以余力肆及,殆视为老病销愁送日之具,此则为殊待商榷之论,不能以其为名家之论,而笃信之不疑也。名家之论而可从,则敬谨从之;名家之论而不可从,则虽举世风靡,而举证以辟之,有不容须臾已者焉。

夫记注、撰述、考据、衡评,史学之四端也。四端具而史学之大业成。史官之记录天下事,当事人之就所见所闻所历所思以记载,皆记注之业也。网罗前代遗文故册,运以别识心裁,以成一家之言,则所谓撰述也。撰述有偏失,而记注尽讹谬,信史不存,实录荡然,则考据出焉。历史人物纷纭,历史事件复杂,史家之众长待备,写史之方法宜讲,则衡评出焉。记注、撰述之业,起源甚早,而莫备于宋代,清自不及。然以考据、衡评而言,则清代实凌驾宋代而上之,此不可不辨也。

先以衡评言之:

第一章　清代史学之地位

中国史学史中出现之史论史评，即史学之衡评一端。自左丘明以后，史家就历史上之人物以及历史上所发生之事件加以评论，而史学衡评之一出焉；自刘知几以后，史家就史书之体例，写史之方法，详予剖析，而史学衡评之二出焉。前者宋代极为流行，若苏洵、苏轼父子之《项籍论》《贾谊论》，若范祖禹、吕祖谦之《唐鉴》《东莱博议》，皆其著者，然察其实际，鲜不流于纵横捭阖之论，"才翻史略，即可成文"（《四库全书总目提要·史部四十四·史评类》），甚至"凿空生义，僻谬不情"（见同上），近人议其失者众矣，必至清初王夫之所撰之《读通鉴论》《宋论》出，而后此类史学衡评之业，始臻于大成。后者宋代仅有零星作品，而未有专门著述，若吕夏卿之《唐书直笔》，郑樵之《通志·总序》，较之唐刘知几之《史通》，犹瞠乎其后，必至清乾嘉时代章学诚所撰之《文史通义》出，而后史学衡评之另一伟业，始发展美备。王氏之《读通鉴论》《宋论》，能就众多史实以讨论历史之渊源、原因、背景、发展、影响，此西方史学所极擅长之历史解释（historical interpretation）也；章氏之《文史通义》，能就史籍之体例及史学之精义，倡言立说，发前人所未发，能就经学、史学、文学三者之关系，剖析条陈，破解千古不解之惑疑，尤能就史家自搜集资料以至镕铸成一家言之方法，侃侃以详言，此世界史学著述中之凤毛麟角也。二者又岂《东莱博议》《唐书直笔》一类作品所能望其项背者哉！

次就考据言之：

宋代专门考据史事异同之书，有吴缜之《新唐书纠谬》《五代史纂误》，以比较方法，考据《新唐书》《新五代史》本身之矛盾与错误；自著一书，而加以考据，以说明史料去取之原因者，则有司马光之《通鉴考异》；刘敞、刘攽、刘奉世则各有两《汉书》之校释

3

矣；李心传于著《建炎以来系年要录》以外，亦有《旧闻证误》一书之述作矣。凡此，皆宋代历史考据学之殊值称道者。惟中国之历史考据学，必至清代始放射万丈光辉，而到达"对证据作科学之评价与分析"（Herbert Butterfield, "History and Man's Attitude to the Past" in *Listener*, 21 September, 1961）之最高境界。西方史家攻击"中国历史永未发展自我批评与发现（self-criticism and discovery）之方法，不留情考验通则（the relentless testing of generalization），有目的之搜求文献以证明假设"（J. H. Plumb, *The Death of the Past*, 1969, p. 88），而认为"此乃西方历史之特征"（见同上）者，举清代历史考据学以质之，其说殆无丝毫成立之可能焉。

约言清代历史考据学之成绩，一曰方法之客观而精密也。清代史家治史，普遍应用客观之归纳方法，读史必置一札记册子，心有所得则条记之。原札记之性质，为资料之储蓄，亦即证据之归纳。其凡创立一说也，必凭证据，无证据而以臆度者，在摈斥之列；证据之选择，以原始为尚，由于原始证据之较为可信也；孤证不定其说，其无反证者姑存之，得有续证则渐信之，遇有力之反证则弃之；隐匿证据或曲解证据，则认为大不德；且最喜罗列同类之事项，为比较之研究（梁启超《清代学术概论》页七七至七八），此与西方自培根（Francis Bacon, 1561—1626）以来所盛行之归纳方法（inductive method），盖无二致，而精密或过之焉。梁启超于《清代学术概论》中云："清儒之治学，纯用归纳法，纯用科学精神；此法此精神，果用何种程序始能表现耶？第一步，必先留心观察事物，觑出某点某点有应特别注意之价值；第二步，既注意于一事项，则凡与此事项同类者或相关系者，皆罗列比较以研究之；第三步，比较研究的结果，立出自己一种意见；第四步，根据此意见，更从正面旁面反面博求证据，证据备则涊为定说，遇有力之反证则弃之；凡今世一切科学之成立，皆循此步骤，而清考据家之每立一说，亦必循此步骤也。"梁氏盖统清代史家、经学家及其他学者之治学方法而言之，然则又焉得谓中国历史永未发展自我批评与发现之方法哉？又焉得谓中国史家从未不留情之考验通则，从未有目的之搜求文献以证明假设哉？顾炎武撰《日知录》，归纳证据与不时修改自创之新说者，凡三十余年，且极不满意早期写成之《日知录》，而必以临终绝笔为定（《日知录》有多种刻本，康熙九年刻八卷本，以后康熙十二年、十五年，迄于其卒，皆有刻本），寄之好友，希望"一一为之批驳"（《顾亭林余集·与陆桴亭札》），恳求"攻瑕指失，俾得刊改"（《蒋山佣残稿》卷一《与友人书》），盖真得归纳方法之精髓矣；钱大昕撰《廿二史考异》，自乾隆十九年反复校勘自史汉迄金元廿二家之史，虽寒暑疾疢，未尝少辍，偶有所得，写于别纸（见钱氏《廿二史考异序》），此为其归纳证据之初期；至乾隆三十二年，始正式纂辑，且继续归纳证据，所谓"岁有增益，卷帙滋多"（见同上）；迨设教钟山书院，"讲肄之暇，复加讨论，间与前人暗合者，削而去之，或得于同学启示，亦必标其姓名"（见同上），迄于乾隆四十七年，《考异》始编定，而刊行则在嘉庆二年，其间又有修订，如此反复不已，盖与西方史家所盛倡之"再审察"（re-examination）与"新解说"（re-interpretation）之方法，亦即最为精密可靠之归纳方法，若合符节者矣。

充分利用历史辅助学问，为清代史家治史之另一客观方法。西方史家在史学上之大发现，为利用历史辅助学问（西方习惯称之为历史辅助科学）以治史，时在18世纪末及19世纪初，西方新史学自此崛起。中国史家则于18世纪中叶发现此一治史方法，史家务期为一渊博之学者，经学、小学、天算、舆地、音韵以至金石、版本、氏族、避讳等学问，皆为研究之对象，且汲汲用之以治史。如《后汉书·郭太传》云："初太始至南州，过袁奉高，不宿而去。从叔度累日不去。或以问太。太曰：'奉高之器，譬之泛滥，虽清而易挹。叔度之器，汪汪若千顷之波，澄之不清，挠之不浊，不可量也。'已而果然，太以是名闻天下。"钱大昕于《廿二史考异》则加考据云："予初读此传，至此数行，疑其词句不伦。蔚宗避其父名，篇中前后皆称林宗，即它传亦然，此独书其名，一疑也。且其事已载黄宪传，不当重出，二疑也。叔度书字而不书姓，三疑也。前云于是名震京师，此又云以是名闻天下，词意重沓，四疑也。后得闽中旧本，乃知此七十四字，本章怀注引谢承书之文，叔度不书姓者，蒙上入汝南则交黄叔度而言也。今本皆儳入正文，惟闽本犹不失其旧。闽本系明嘉靖己酉岁按察使周采等校刊，其源出于宋刻，较之它本为善。"此为利用避讳学、版本学以发现注文儳入正文，不得不谓为极客观而精密之考据，而深合近代治史之方法也。类似之例，难以枚举，清代考据学之精审绝伦，可于此而窥其消息焉。

利用治经之方法以治史，亦使清代历史考据学之方法，趋于精密而新颖。清乾嘉时代之正统经学家，其治经方法，为一反宋明人之主观武断，而以小学为工具，以作训诂，以作校勘，以究典制名物；其才华卓越者，又鼓其余勇，用同样方法以治史，以正史作经，究其版本，校其文字，阐释其字句，洞察其事迹，考据其所涉及之天文、地理、职官、名物等问题，于是尽变宋明人褒贬论断之方法，而侧重客观之了解。如钱大昕、王鸣盛皆当时第一流之经学家，亦皆用治经之方法以治。王鸣盛于《十七史商榷序》曾云："予束发好谈史学，将壮，辍史而治经；经既竣，乃重理史业，摩研排纘。

二纪余年，始悟读史之法，与读经小异而大同。何以言之？经以明道，而求道者不必空执义理以求之也。但当正文字，辨音读，释训诂，通传注，则义理自见，而道在其中矣。……读史者不必以议论求法戒，而但当考其典制之实；不必以褒贬为与夺，而但当考其事迹之实，亦犹是也。故曰同也。若夫异者则有矣，治经断不敢驳经，而史则虽子长、孟坚，苟有所失，无妨箴而砭之，此其异也。"此种"正文字，辨音读，释训诂，通传注"之治经方法，扩而及于治史，一种精密而新颖之方法出焉。谓其精密，在于其能实事求是，不涉虚诞；谓其新颖，在于其为前人所未曾采用之方法，自此效法者纷纷，而蔚然成风矣。凡此，皆为清代历史考据学在方法上之成绩也。

清代历史考据学之成绩，其二则为产品之丰硕而细致也。其有关注释旧史之作，如钱大昕之《廿二史考异》《诸史考异》，王鸣盛之《十七史商榷》，赵翼之《廿二史劄记》《陔余丛考》，杭世骏之《诸史然疑》，张熷之《读史举正》，洪颐煊之《诸史考异》，洪亮吉之《四史发伏》，梁玉绳之《史记志疑》，崔适之《史记探原》，钱塘之《史记三书释疑》，王元启之《史记三书正讹》，钱大昭之《汉书辨疑》《后汉书辨疑》《续汉书辨疑》，惠栋之《后汉书补注》，陈景云之《两汉书举正》，沈钦韩之《两汉书疏证》，周寿昌之《汉书注校补》《后汉书注校正》，全祖望之《汉书地理志稽疑》，梁玉绳之《汉书人表考》，钱坫之《新斠注汉书地理志》，徐松之《汉书地理志集释》《汉书西域传补注》，王先谦之《汉书补注》《后汉书集解》《续汉书志集解》，杭世骏之《三国志补注》，钱大昕之《三国志辨疑》，潘眉之《三国志考证》，梁章钜之《三国志旁证》，陈景云之《三国志举正》，沈钦韩之《三国志注补训诂》，侯康之《三国志补注》，周寿昌之《三国志注证遗》，毕沅之《晋书地理志新补正》，方恺之《新校晋书地理志》，章宗源之《隋书经籍志考证》，姚振宗之《隋书经籍志考证》，沈炳震之《唐书宰相世系表订讹》，彭元瑞、刘凤诰之《五代史记注》，吴兰庭之《五代史记纂误补》，钱大昕之《宋辽金元四史朔闰考》《辽金元三史拾遗》，厉鹗之《辽史拾遗》，施国祁之《金史详校》，汪辉祖之《元史本证》，其目伙矣，殆难尽举。

其有关补充旧史之作，如万斯同之《补历代史表》，齐召南之《历代帝王年表》，孙星衍之《史记天官书补目》，刘文淇之《楚汉诸侯疆域志》，钱大昭之《后汉书补表》《补续汉书艺文志》，侯康之《补后汉书艺文志》，洪亮吉之《补三国疆域志》，侯康之《补三国艺文志》，洪饴孙之《三国职官表》，周嘉猷之《三国纪年表》，姚振宗之《三国艺文志》，侯康之《补晋书艺文志》，丁国钧之《补晋书艺文志》，文廷式之《补晋书艺文志》，秦荣光之《补晋书艺文志》，黄逢元之《补晋书艺文志》，钱仪吉之《补晋书兵志》，洪亮吉之《东晋疆域志》《十六国疆域志》，郝懿行之《补宋书刑法志》《补宋书食货志》，洪齮孙之《补梁疆域志》，卢文弨之《魏书礼志校补》，周嘉猷之《南北史表》，汪士铎之《南北史补志》，徐文范之《东晋南北朝舆地表》，黄大华之《唐藩镇年表》，钱大昕之《修唐书史臣表》《唐五代学士表》，周嘉猷之《五代纪年表》，顾怀三之《补五代史艺文志》，倪灿之《宋史艺文志补》《补辽金元三史艺文志》，卢文弨之《金史礼志补脱》，钱大昕之《元史氏族表》《补元史艺文志》，其撷拾丛残以为旧史补缀者，蔚为洋洋大观。

由以上之列举，可知清代历史考据学之成绩，洵可谓丰硕矣。近代学者柳诒徵于《中国文化史》一书中云："世尊乾嘉诸儒者，以其以汉儒之家法治经学也。然吾谓乾嘉诸儒所独到者，实非经学，而为考史之学。考史之学，不独赵翼《廿二史劄记》，王鸣盛《十七史商榷》，或章学诚《文史通义》之类，为有益于史学也。诸儒治经，实皆考史，或辑一代之学说（如惠栋易《汉学》之类），或明一师之《家法》（如张惠言《周易虞氏义》之类），于经义亦未有大发明，特区分畛域，可以使学者知此时代此经师之学若此耳。其于三礼，尤属古史之制度，诸儒反复研究，或著通例（如江永仪《礼释例》，凌廷堪《礼经释例》之类），或著专例（如任大椿《弁服释例》之类），或为总图（如张惠言《仪礼图》之类），或为专图（如戴震《考工记图》、阮元《车制图考》之类），或专释一事（如沈彤《周官禄田考》、王鸣盛《周礼军赋说》、胡匡衷《仪礼释宫》之类），或博考诸制（如金鹗《求古录礼说》、程瑶田《通艺录》之类），皆可谓研究古史之专书。即今文学家标举公羊义例（如刘逢禄《公羊何氏释例》、凌曙《公羊礼说》之类），亦不过说明孔子之史法，与公羊家所讲明孔子之史法耳。其他之治古音，治六书，治舆地，治金石，皆为古史学，尤不待言。"（见该书第十章《考证学派》）如从柳氏之说，则清乾嘉时代之经学，实即历史考据之学（即所谓考史之学），而清代经学，莫盛于乾嘉时代，则清代历史考据学之丰硕产品，实琳琅满目于天壤之间，而陈寅恪氏清代经学发展过甚转致史学不振之说，可不攻而自破也。

清代历史考据学之产品，丰硕以外，细致亦为其特色。历史所涉及者为具体，为特殊。欲窥历史之真相，须自其具体、特殊处着眼。事迹之细节不明，问题之端委不详，而欲究天人之际，通古今之变，以成一家之言，何异缘木而求鱼，无云而乞雨哉？凡史学上之舍小以求大，置细而寻巨，皆难免空疏措大之讥，而斥史家细致之工作为琐碎者，则尽苛刻之论也。史家不做琐碎工作，历史又宁能有翔实精确之一日耶？！为史籍"改讹文，补脱文，去衍文，又举其中典制事迹，诠解蒙滞，审核踳驳"（王鸣盛《十七史商榷序》），其细已甚，然后人以其书"为孤竹之老马，置于其旁而参阅之，疏通而证明之，不觉如关开节解，筋转脉摇"（见同上），则其价值实极大。钱大昭所补之《续汉书艺文志》，侯康所补之《三国艺文志》，从本书各传所记及他书所征引，辛勤搜剔，较之《隋书·经籍志》所著录者增加数倍，而各书著作来历及书中内容，亦时复考证叙述，视隋志体例尤密；洪亮吉、刘文淇所补之数种疆域志，所述者为群雄割据疆场屡迁之时代，而能苦心钩稽，按年月以考其疆界，正其异名；钱大昕所补之《元史艺文志》及《元史氏族表》，可据之资料极贫乏，而能钩索补缀，蔚为大观。细致之史学产品，其价值昭昭不可诬也（梁启超谓此类产品为"清儒绝诣而成绩永不可没者"，见梁著《中国近三百年学术史》页二八九）。

　　清代历史考据学之成绩，其三则为使中国史学进入纯学术研究之阶段也。中国史学之最大特色，为富有经世之思想，自春秋时代史学初出现时即然，迄于清初，其浓厚之色彩不减。惟浸假至于乾嘉时代，史家治史，渐将经世之目的淡忘，而惟以寻求历史之真理为矢志，"持论必执其中，实事必求其是"（阮元《十驾斋养新录序》）；其考据典制史迹之实，正史以外，"搜罗偏霸杂史，稗官野乘，山经地志，谱牒簿录，以暨诸子百家，小说笔记，诗文别集，释老异教；旁及于钟鼎尊彝之款识，山林冢墓祠庙伽蓝碑碣断阙之文，尽取以供佐证，参伍错综，比物连类，以互相检照"（王鸣盛《十七史商榷序》）。史家治史，"参伍错综，比物连类"如此，于是讥其仅能辨黄初之伪年，收兰台之坠简，而无当于经世之大业者有之（见李保泰《廿二史劄记序》），讥其非马端临氏所为整齐类比，即王伯厚氏之所为考逸搜遗,而非所谓史学者亦有之(参见章学诚《章氏遗书》卷十八《邵与桐别传》及《文史通义·浙东学术》篇),然当时绝大多数史家沉淫其中,"暗砌蛩吟,晓窗鸡唱,细书饮格,夹注跳行,每当目轮火爆,肩山石压,犹且吮残墨而凝神,搦秃豪而忘倦,时复默坐而玩之,缓步而绎之,仰眠床上,而寻其曲折,忽然有得,跃起书之,鸟入云,鱼纵渊,不足喻其疾也。顾视案上,有藜羹一杯,粝饭一盂,于是乎引饭进羹,登春台,飨太牢,不足喻其适也"(王鸣盛《十七史商榷序》),考据史家之专注与兴趣盎然有如此。又适值天下升平,新史料丛出。(如章学诚于《邵与桐别传》云:"四库征书,遗籍秘册,荟萃都下。"孙星衍于《问字堂集》卷四《答袁简斋前辈书》云:"近时开库馆,得永乐大典,所出佚书甚多,及释道二藏,载有善本古书,前世或未之睹,而钟鼎碑碣,则岁时出于土而无穷。")以致史家相率殚毕生岁月于"擘绩补苴"之中,而忘却"史学所以经世"之义。中国经世之史学,至此一变,为之慨叹扼腕者遍天下。然自史学所以求真之观点言之,此正中国史学之演进也,此正中国史学进入纯学术研究阶段之时刻也。

夫史学最终之目的,固为经世矣,固为穷究历代治乱兴衰之大端矣。然史学之经世功用,离却历史真理而丝毫不能发挥;历代治乱兴衰之大端,所涉及者乃至为纷纭繁琐之细节。不力求历史之真理,而力竭声嘶以言经世,史学有能经世者哉?不梳理纷纭繁琐之细节,而但求历代治乱兴衰之大端,历代治乱兴衰之大端,有能悠然而求出者哉?清代历史考据学家(尤指乾嘉时代)固终身致力于寻求历史之真理者也,固终身殚精于梳理纷纭繁琐之历史细节者也。其通籍(中进士)而仕宦于京师者,以京官簿书期会至简,惟日夕闭户亲书卷,得闲与同气相过从,互出所学以相质;其治学之兴趣甚浓而不乐仕宦者，则毅然于中岁归隐林泉，倾数十年余生于订讹正谬、祛疑求信之中，所谓"俯仰此身何所托，一灯寒照二毛纷"（赵翼《瓯北集》卷二十一《寒夜有怀》），"镇日书帷校勘劳，出门不觉已秋高"（同上卷二十三《晚步村落》），为其辛劳之写照。然则谓清代"研治史学之人，大抵于宦成以后，休退之时，始以余力肆及，殆视为文儒老病销愁送日之具"，又宁为通论哉？夫企图窥探往事之真相，以突破通往真历史之最后障碍，为西方史家所自豪之西方史学成就（参见 J. H. Plumb, *The Death of the Past*, 1969, pp. 12—13）。中国清代之大多数史家，则固耗毕生岁月以窥探往事之真相矣。西方汉学家谓"清代学者在综合性之历史著作方面虽不出色，而对于过去作批评性之重估，则建立甚高之标准"（E. G. Pulleyblank, "The Historiographical Tradition" in *The Legacy of China*, ed. by Raymond Dawson, 1964），诚为笃论；其感慨"清代史学遗产之价值与影响，或被低估"（J. Gray, "Historical Writing in Twentieth-century China" in *Historians of China and Japan,* ed. by W. G. Beasley and E. G. Pulleyblank, 1961），则亦国人所应同有之感慨也。

夫自史学之衡评与考据而言，清代之成就，超过宋代，既如以上之所言矣。而清代之史学撰述，亦有值得称述者，如黄宗羲之《明儒学案》、全祖望之《宋元学案》，则首先出现中国之学术思想史也；顾炎武之《日知录》、赵翼之《廿二史劄记》，则就历史上之治乱兴衰大问题，归纳众多史实以析言之者也（二书之考据性质，仅其附带耳）；马骕之《绎史》，崔述之《考信录》，则至为客观谨严之上古史也（较之宋代罗泌之《路史》，相去真不可道里计矣）；黄宗羲之《南雷文约》《南雷文案》《南雷文定》，邵廷采之《思复堂文集》，全祖望之《鲒埼亭集》《鲒埼亭集外编》，则以碑传为史传者也；魏源之《元史新编》，洪钧之《元史译文证补》，屠寄之《蒙兀儿史记》，柯劭忞之《新元史》，则元史方面之杰作也；顾祖禹之《读史方舆纪要》，张穆之《新疆识略》《蒙古游牧记》，何秋涛之《朔方备乘》，则地理方面之创作也；魏源之《海国图志》，徐继畲之《瀛寰志略》，则开中国研究世界史地之先声也；其官修之史，如明史历百年始修成，于官修正史中，最称精审；乾隆年间设馆纂修之《续通典》《续通志》《续文献通考》《清朝通典》《清朝通志》《清朝文献通考》，蔚为洋洋巨观；至如前文所云历史考据学家补充旧史之作，谓之为考据之作可也，谓之为撰述，亦无不可也；吴任臣之《十国春秋》，谢启昆之《西魏书》，周济之《晋略》，则整个改写旧史与补旧史之缺矣。大凡清代史家，惮于文字狱之祸，罕写当代史（道咸以后，文网渐疏，写当代史者渐多，如魏源之《圣武记》，夏燮之《中西纪事》，王闿运之《湘军志》，皆其著者），惟埋首于前代史之中，或考据其正讹，或补充其缺逸，或别创新体例，或扩展新范围，虽未创垂类似《资治通鉴》《续资治通鉴长编》一类之大著，而波澜壮阔，气象万千，中国史学，至此迈入一新境界，此史学之演进也。又岂衰落之有哉？！又岂远不逮宋代史学哉？！

第二章　王夫之与中国史学

一　史论与历史解释

以中国史学与西方史学相比较，中国史学以叙事为大宗，西方史学则以解释为首要。中国史学中之编年、纪传、纪事本末诸体，皆为适合于叙事之史学体例，中国史家亦斤斤焉墨守成规，直述往事，不著己见。西方史学则有一极适合于解释之史学体例，其体为选题详述，溯其渊源，明其发展，而穷其究极，类似中国之纪事本末体而实异其趣。西方史家亦能编织史实，运用史实，以从事于历史解释。因之读中国之史学作品，所得者为无限之史实；读西方之史学作品，所得者为种种清晰之概念。

由于中国史学偏重于叙事之发展，近代西方史家每抨击中国史学未曾发展历史解释之艺术。1961年英国剑桥大学教授白特费尔德[①]（Herbert Butterfield, 1901—1979）即如此批评中国史学，其言曰："中国人能做庞大之分类工作，能编纂惊人之百科全书，且能出产难

[①] 编者注：多译巴特菲尔德。

以尽数之琐碎饾饤之地方史,然不能臻于西方所谓综合之境界,不曾发展历史解释之艺术(The art of historical explanation)。"(见英国 Listener 杂志 Butterfield, "History and Man's Attitude to the Past")此为似是而实有待商榷之论。以原则而言,历史事实不可能脱离史家之解释而客观存在。中国叙事之史学作品中,史家之解释,寓于其中,为极自然之现象。史家选择某种史实,而又将比较相类之史实置于一起,史家之解释,自隐约于其中矣。惟中国史家,深觉"史为记事之书"(章学诚语,见《文史通义·书教下》),每将其解释,隐藏于史实之后,让读者体会,而不明白揭出之。初视之,颇类断烂朝报,而实则其精义存焉。此真非西方史家所能深晓者也。

中国亦有专门从事于历史解释之史学作品,史论即其中一大项也。所谓史论,为就历史上之人物以及历史上所发生之事项而加以评论。自《左传》《史记》而发其端,此后各正史以及通鉴皆因循之。史家叙事之后,有所见则于论赞中发挥。泐为专篇者,则如贾谊《过秦论》、陆机《辨亡论》。自宋以后,写史论可以供帖括之用,与功名利禄相连,于是蔚为风气,苏洵、苏轼父子,皆喜写史论,如《项籍论》《贾谊论》,其显例也。吕祖谦之《东莱博议》,张溥之《历代史论》,王夫之《读通鉴论》《宋论》,则为史论专书。风气所趋,有莫可御之者。

史论是否属于历史解释,为一极富争论性之问题。正史上之论赞,往往能高瞻远瞩,以剖析历史;苏轼、吕祖谦等则又效纵横家言,任意雌黄史迹。西方汉学家认为中国之史论作品,系根据道德观点,对历史事件所下之泛论,应属于政治性与伦理性之解释。加拿大汉学家浦立本(E. G. Pulleyblank, 1922—2013)教授即如此批评(W. G. Beasley and E. G. Pulleyblank, *Historians of China and Japan*,

1961, p. 136）。如就苏、吕之史论视之，其批评极允当。以苏轼之《贾谊论》为例，可以窥其梗概：

> 非才之难，所以自用者实难。惜乎贾生王者之佐，而不能自用其才也！夫君子之所取者远，则必有所待；所就者大，则必有所忍。古之贤人，皆负可致之才，而率不能进其万一者，未必皆其时君之罪，或者其自取也。愚观贾生之论，如其所言，虽三代何以远过，得君如汉文，犹且以不用死。然则是天下无尧舜，终不可有所为耶？仲尼圣人，历试于天下，苟非大无道之国，皆欲勉强扶持，庶几一日得行其道。将之荆，先之以冉有，申之以子夏。君子之欲得其君，如此其勤也。孟子去齐，三宿而后出昼，犹曰："王其庶几召我。"君子之不忍弃其君，如此其厚也。公孙丑问曰："夫子何为不豫？"孟子曰："方今天下，舍我其谁哉？而吾何为不豫！"君子之爱其身，如此其至也。夫如此而不用，然后知天下果不足与有为，而可以无憾矣。若贾生者，非汉文之不能用生，生之不能用汉文也。夫绛侯亲握天子玺，而授之文帝。灌婴连兵数十万，以决刘吕之雌雄，又皆高帝之旧将，此其君臣相得之分，岂特父子骨肉手足哉！贾生洛阳之少年，欲使其一朝之间，尽弃其旧而谋其新，亦已难矣。为贾生者，上得其君，下得其大臣。如绛灌之属，优游浸渍而深交之，使天子不疑，大臣不忌，然后举天下而唯吾之所欲为，不过十年，可以得志。安有立谈之间，而遽为人痛哭哉！观其过湘，为赋以吊屈原，萦纡郁闷，趯然有远举之志。其后以自伤哭泣，至于夭绝。是亦不善处穷者也。夫谋之一不见用，则安知终不复用也。不知默默以待其变，而自废至此。呜呼！

贾生志大而量小，才有余而识不足也。古之人有高世之才，必有遗俗之累。是故非聪明睿智不惑之主，则不能全其用。古今称苻坚得王猛于草茅之中，一朝尽斥去其旧臣，而与之谋。彼其匹夫略有天下之半，其以此哉！愚深悲生之志，故备论之。亦使人君得如贾生之臣，则知其有狷介之操，一不见用，则忧伤病沮，不能复振。而为贾生者，亦谨其所发哉。（《东坡应诏集》卷九）

此实为纵横捭阖之论，全无历史意味，凡苏氏之史论，皆此之类，虽文字铿锵有声，史实屡被称引，而文字流于虚浮，史实全无地位，以此类史论，视之为历史解释，自极不可。其尤下者，为吕氏之《东莱博议》，如卷三《虞叔伐虞公》条云：

虞公以贪失国，虞叔以吝逐君。贪吝非二法也，名虽不一，而同出于嗜货焉。使虞公思吾求剑之心，即虞叔守剑之心，必不至于贪矣；使虞叔思吾守剑之心，即虞公求剑之心，亦必不至于吝矣。惟其不能交相恕而反相责，此其所以酿莫大之衅也。然则如之何？曰："不过以贪治贪，以吝治吝而已。"至理之中，无一物之可废；人心之中，无一念之可除。贪吝之念，苟本无耶，安从而有？苟本有耶，安得而无？是贪吝固不可强使之无，亦不必使之无也。吾心一旦涣然冰释，则曰贪曰吝，孰非至理哉！盖事有善恶，而念无善恶。是念加于事之善者，则名善念；加于事之恶者，则名恶念。所谓念者，初无二也。世所以指虞公为贪者，以求财不厌耳！苟用是念以求道：立而不已，必求与权；贤而不已，必求为圣。则与夫子"学而不厌"何异？世所以指虞叔为咎者，以其守财欲不失耳！苟用是念以守道；与生俱生，欲不能迁；与死俱死，咸不能夺。则与颜子"服膺弗失"何异？向之恶，今之善，特因物而改其名耳，曷尝有二念哉？

此不得谓之为历史解释，可断言也。《四库全书总目提要·史部四十四·史评类叙》云："《春秋》笔削，议而不辨；其后三传异词。《史记》亦自为序赞，以著本旨，而先黄老，后六经，退处士，进奸雄；班固复异议焉。此史论所以繁也。其中考辨史体，如刘知几、倪思诸书，非博览精思，不能成帙，故作者差稀。至于品骘旧闻，抨弹往迹，则才翻史略，即可成文。此是彼非，互滋簧鼓，故其书动至汗牛。又文士立言，务求相胜，或至凿空生义，僻谬不情，如胡寅读史管见，讥晋元帝不复牛姓者，更往往而有。""才翻史略"，仅就少数史实或一人一事而予夺之，自不应称之为历史解释。至于"凿空生义"，更不足论矣。清乾嘉时代之历史考据学家如王鸣盛、钱大昕等反对驰骋议论，盖针对史论之流于虚浮而发也。

惟正史论赞，则极富历史解释之意味，不得与苏、吕之史论相提并论。如《后汉书·西羌传》论曰：

羌戎之患，自三代尚矣。汉世方之匈奴，颇为衰寡。而中兴以后，边难渐大，朝规失绥御之和，戎帅骞然诺之信。其内属者，或倥偬于豪右之手；或屈折于奴仆之勤；塞候时清，则愤怒而思祸；桴革暂动，则属鞬以鸟惊。故永初之间，群种蜂起，遂解仇嫌，结盟诅，招引山豪，转相啸聚，揭木为兵，负柴为械，谷马扬埃，陆梁于三辅，建号称制，恣睢于北地，东犯赵魏之郊，南入汉蜀之鄙，塞湟中，断陇道，烧陵园，剽城市，伤败踵系，羽书日闻。并凉之士，特冲残毙，壮悍则委身于兵场，女妇则徽纆而为虏，发冢露胔，死生涂炭。自西戎作逆，未有陵斥上国若斯其炽也。和熹以女君亲政，威不外接，朝议惮兵力之损，情存苟安。或以边州难援，宜见捐弃。或惧疽食浸淫，莫知所限。谋夫回遑，猛士疑虑。遂徙西河四郡之人，杂寓关右之县，发屋伐树，塞其恋土之心；燔破龛积，以防顾还之思。于是诸将邓芝、任尚、马贤、皇甫规、张奂之徒，争设雄规，更奉征讨之命，征兵会众，以图其隙，驰骋东西，奔救首尾，摇动数州之境，日耗千金之资。至于假人增赋，借奉侯王，引金钱缣彩之珍，征粮粟盐铁之积，所以赂遗购赏转输劳来之费，前后数十巨万。或枭克酋健，摧破附落，降俘载路，牛羊满山，军书未奏其利害，而离叛之状已言矣。故得不酬失，功不半劳，暴露师徒连年，而无所胜，官人屈竭，烈士愤丧。段颎受事，专掌军任，资山西之猛性，练戎俗之态情，穷武思尽飚锐以事之，被羽前登，身当百死之陈，蒙没冰雪，经履千折之道，始殄西种，卒定东寇。若乃陷击之所奸伤，追走之所崩籍，头颅断落于万丈之山，支革叛解于重崖之上，不可校计。其能穿窜草石，自脱于锋镞者，百不一二。而张奂盛称戎狄一气所生，不宜诛尽，流血污野，伤和致妖，是何言之迂乎？羌虽外患，实深内疾，若攻之不根，是养疾疴于心腹也。惜哉！寇敌略定矣，而汉祚亦衰焉！呜呼！昔先王疆理九土，判别畿荒，知夷貊殊性，难以道御，故斥远诸华，薄其贡职，唯与辞要而已。若二汉御戎之方，失其本矣。何则？先零侵境，赵充国迁之内地，当煎作寇，马文渊徙之三辅。贪其暂安之埶，信其驯服之情，计日用之权宜，忘经世之远略，岂夫识微者之为乎？故微子垂泣于象箸，辛有浩叹于伊川也！

就羌戎之兴衰及其入侵中国后遗留之惨祸，发其内诸夏而外夷狄之思想，此史家之解释也。

较正史论赞更接近西方史学中之历史解释者，则王夫之之《读通鉴论》《宋论》也。王氏之《读通鉴论》《宋论》，已无苏、吕史论之纵横捭阖之气，较诸正史论赞，亦精密深入，自其中可窥见历史演进之大端。盖王氏已具备极高明之历史解释艺术焉。此为中国以往学者所不曾道，尤非西方史家所能深知，故愿论列之，以就正于中西史学界。且欲藉以说明中国健全之史论，极接近西方之史学体例，虽精粗不同，表现之方式各异，而精神则相通焉。此中西史学一极富意义之比较也。

二　王氏之历史解释艺术

王氏之历史解释艺术，与西方史家所擅长之历史解释艺术极相接近，其荦荦大端，可得而述焉：

一曰渊源之追溯也。天下凡百史实，皆有其渊源，渊源之追溯，为明了史实真相之开始。渊源暧昧不明，须待史家之分析与洞察，此史家之历史解释也。西方史家每殚力于此，如普奥七年战争之起源，百年以来，西方史家即不断研究之，而迄未获致合理之结论（Herbert Butterfield, *Man on His Past*, pp. 142—170），其明证也。王氏亦喜追溯渊源，举凡典章制度之创始，治乱兴衰之远源，皆不惮烦言，以剖析而明辨之。如言：

郡县之法，已在秦先。(《读通鉴论》卷一)

谏之有官，自汉设谏议大夫始。晋初立国，以傅玄、皇甫陶为之。唐之补阙拾遗，宋之司谏，皆放此而立也。(同书卷十一)

租庸调之法，拓跋氏始之。(同书卷二十)

按察使之设，自景云二年始。(同书卷二十二)

自唐以来，进士皆为知举门生，终其身为恩故。此非唐始然也。汉之孝廉，于所举之公卿州将，皆生不敢与齿，而死服三年之丧。(《宋论》卷一)

咸平四年，诏赐九经于聚徒讲诵之所，与州县学校等，此书院之始也。嗣是而孙明复、胡安定起，师道立，学者兴，以成乎周、程、张、朱之盛。(同书卷三)

策问之兴，自汉策贤良始。董仲舒天人之对，历数千年而见为不刊。嗣起者竞起以陈当世之务，为得为失，为利为病，为正为邪，为安为危，人百其言，言百其指，以争效之于天子。天子所求于士以共理天下者，正在于斯。(同书卷四)

此皆追溯典章制度之创始也。
于治乱兴衰之远源，王氏尤屡屡言之：

西汉之衰，自元帝始，未尽然也。东汉之衰，自章帝始，人莫之察也。元帝之失以柔，而章帝滋甚。王氏之祸，非元帝启之，帝崩而王氏始张。窦宪之横，章帝实使之然矣。第五伦言之而不听；贵主讼之，怒形于言，不须臾而解；周纡忤窦笃而送诏狱，郑宏以死谏知其忠，问其疾而终不能用。若此者，与元帝之处萧、张、宏、石者无以异。而元帝之柔，柔己也；章帝之柔，柔以宫闱外戚也，章帝滋甚矣。托仁厚而溺于床笫，终汉之世，颠越于妇家，以进奸雄而陨大命，帝恶能辞其咎哉？（《读通鉴论》卷七）

  盗贼之兴，始于王莽之世。莽篡，天下相师以寇攘，而抑刘崇、翟义以草泽起义先之，未足开盗贼窥天之径也。张伯路一起，而滨海九郡陷没，孙恩、窦建德、黄巢、方腊、李自成踵兴，而四海鼓动。张伯路实为之嚆矢焉。（同书卷七）

  流民之名，自晋李特始。《春秋》所书戎狄，皆非塞外荒远，控弦食肉之族也。其所据横亘交午于中国之溪山林谷，迁徙无恒，后世为流民，为山寇，皆是也。泽潞以东，井陉以南，夹乎太行王屋，赤白狄也；夹淮之薮，淮夷也；商雒浙邓房均，戎蛮陆浑也；夔巫施黔，濮人也；汉川秦巩，姜戎也；潜霍英六光黄随均，群舒也；宣歙严处，岛夷也。其后以郡县围绕，羁縻而附之版图之余，而人余于地，无以居之，地余于人，因而不治。遂以不务耕桑，无有定业，而为流民，相沿数千年而不息。（同书卷十二）

  滑台陷，青州没，宋师熸，而拓跋氏旋遣使人聘宋以求和亲，逾年而宋报礼焉。此南北夷夏讲和之始也。（同书卷十五）

  中国输岁币于夷，自宇文氏始。突厥挟两端，以与宇文高氏市。宇文畏其为高氏用也，岁结缯絮锦彩十万以縻之。高氏亦畏其为宇文氏用，而厚赂焉。（同书卷十八）

  天子出奔以避寇，自玄宗始。其后代、德、僖三宗，凡四出而卒返，虽乱而不亡。（同书卷二十二）

  仁宗之称盛治，至于今而闻者羡之。帝躬慈俭之德，而宰执台谏侍从之臣，皆所谓君子人也。宜其治之盛也。夷考宋政之乱，自神宗始，神宗之以兴怨于天下，贻讥于后世者，非有奢淫暴虐之行，唯上之求治也亟，下之言治者已烦，俞其臣下之烦言，以启上之佚志，则自仁宗开之。而朝不能靖，民不能莫，在仁宗之时而已然矣。（《宋论》卷四）

如此追溯典章制度之创始，追溯治乱兴衰之远源，谓非史家解释历史之一种艺术可乎？王氏且能由源及流，备言始末。如言茶之历史云：

高郁说马殷，置回图务运茶于河南北，卖之于梁，易缯纩战马，而国以富。此后世茶马之始也。古无茶税，有之，自唐德宗始。文宗时，王涯败，矫改其政而罢之。然则茶税非古，宜罢之乎？非也。古之所无，后不得而增，增则病民者，谓古所可有而不有者也。古不可以有，而今可有之，则通古人之意，而推以立法，奚病哉！茶者，古所无也。无茶而何税也。《周礼》仅有六饮之制。孟子亦曰"冬则饮汤，夏则饮水"而已。至汉王褒僮约，始有武都买茶之文，亦仅产于蜀，惟蜀饮之也。六代始行于江南，而河北犹斥之曰"酪奴"。唐乃遍天下以为济渴之用，而不能随地而有，惟蜀楚闽粤依山之民，畦种而厚得其利。（《读通鉴论》卷二十八）

述古乐之亡则云：

古乐之亡，自暴秦始。其后大乱相寻，王莽、赤眉、五胡、安史、黄巢之乱，遗器焚毁，不可复见者多矣。至于柴氏之世，仅有存者，又皆汉以后之各以意仿佛效为者。于是周主荣锐意修复，以属之王朴。朴之说，非必合于古也，而指归之要，庶几得之矣。至宋而胡安定、范蜀公、司马温公之聚讼又兴，蔡西山掇拾而著之篇，持之确，析之精。虽然未见其见诸行事者，可以用之也。……至靖康之变，法器复亡，淫声胡乐，燧乱天下之耳，且不知古乐之为何等也。（同书卷三十）

娓娓道来，源流清晰可见，历史之意味，亦洋溢于字里行间。

二曰原因之阐释也。西方史家极重视原因之阐释，一部历史大著，往往为阐释原因而问世，如吉朋[①]（Edward Gibbon, 1737—1794）之《罗马帝国衰亡史》（*The History of the Decline and Fall of the Roman Empire*）即其例也。英国史家卡尔（E. H. Carr, 1892—1982）曾云："历史之研究，即原因之研究。"（*What is History*? 1961, p. 81）王氏论史，最重视原因之阐释，尤能从大处着眼，凡有关历代治乱兴衰之故者，皆畅言之，其沉痛处，令人扼腕；其淋漓处，发人神思。中国史家多能留心于治乱兴衰之故，而以王氏言之最详尽最成体系也。

论好谀为致亡之道则曰：

秦始皇之宜短祚也不一，而莫甚于不知人。非其不察也，惟其好谀也。托国于赵高之手，虽中主不足以存，况胡亥哉？……国祚之所以不倾者，无谀臣也。（《读通鉴论》卷一）

[①] 编者注：多译爱德华·吉本。

论狎及小人之祸则曰：

> 怨在敌国，而敌国或有所不能；怨在百姓，而百姓或有所不忍；狎及小人，而祸必发于小人。（同书卷一）

论用无所耻者而国家必亡则曰：

> 人之能为大不韪者，非其能无所惧也，惟其能无所耻也。故血气之勇，不可任而犹可器使。惟无所耻者，国家用之而必亡。（同书卷五）

论奢纵之必亡则曰：

> 汉之中亡也，成哀之奢纵成之，非元帝优柔致之也。（同书卷四）

以任侠而乱也，则曰：

> 有天下而听任侠人，其能不乱者鲜矣。（同书卷二）

以天下无正人而乱也，则曰：

> 天下无正人，而后有妖乱。丛狐山獉，足以惑人之视听。（同书卷二十一）

以朋党兴而乱也，则曰：

　　朋党兴而人心国是，如乱丝之不可理。（同书卷二十六）

以聚兵王室之祇以召乱也，则曰：

　　聚兵于王室，以麋天下于转输，祇以召乱，而弗能救亡。岂非有天下者之炯戒哉！（同书卷二）

以言路芜绝而乱也，则曰：

　　言路者国之命也。言路芜绝而能不乱者，未之有也。（同书卷十四）

以欲为士大夫者多而国必乱也，则曰：

　　欲为天子者多，而民必死；欲为将相大臣者多，而君必危；欲为士大夫者多，而国必乱。（同书卷十七）

妇人、奸臣、夷狄，皆视之为亡国之源：

　　亡西汉者，元后之罪，通于天矣。论者徒见其客玺不予，流涕汉庙，用汉伏腊而怜之，妇仁小不忍之仁，恶足以盖其亡汉之大憝哉！（同书卷五）
　　成哀之世，汉岂复有君臣哉？妇人而已矣。……权移于妇人而天下沉迷，而莫能自拔。孰为为之而至此？极元后之阴狡，成帝之昏愚，岂徒召汉室之亡哉？数十年中原无丈夫之气，而王莽之乱，暴骨如山矣！（同书卷五）

古今之亡国者，有二轨焉。奸臣篡之，夷狄夺之也。而祸各有所自生。夷狄之夺，晋宋是已，君昏将懦，兵弱而无纪，则民虽帖然图安，乃至忠愤思起，为之效命，而外逼已危，不能支也。奸臣之篡，则不能猝起而遽攘之也，必编民积怨，盗贼繁兴，而后奸臣挟平寇之功，以钳服天下，而奉已为主，汉唐是也。（同书卷二十六）

曹操迁匈奴余众于河西，婚宦寝食居处变其俗，而杂用中国之法，于是乎启怀愍之祸。……韩延徽为刘守光所遣，入契丹，拘留不返，因教以建牙筑城，立市垦田，分族类，辨昏姻，称帝改元，契丹以是威服小夷，而契丹之俗变矣，阿保机之悍，亦自此而柔矣。非石敬瑭延而进之，莫能如中国何也。杂华夷而两用之，其害天下也乃烈。中国有明君良将，则夷以之衰；无人焉，则导之以中国之可欲，而人思掠夺，则中国以亡。（同书卷二十八）

以风俗邪正，关乎国事之治乱：

春秋之世，不因大夫而立功名者，颜、曾、冉、闵而已。汉之不因外戚，后世之不因宦寺者鲜矣。此风俗邪正，国家治乱之大辨也。（同书卷四）

天下者待一人以安危，而一人又待天下以兴废者也。唯至于天下之风俗，波流簧鼓，而不可遏，国家之势，乃如大堤之

决，不终旦溃以无余。故莽之篡如是其速者。合天下奉之以篡，莽且不自意其能然，而早已然也。（同书卷五）

以用人与行政，两者相扶以治：

用人与行政，两者相扶以治。举一废一，而害必生焉。魏晋其验已。虽无佞人，而亟行苛政，以钳束天下，而使乱不起，然而人心早离，乐于易主，而国速亡。政不苛而用佞人，其政之近道，足以羁縻天下使不叛，然而国是乱，朋党交争，而国速以乱。曹孟德惩汉末之缓弛，而以申韩为法，臣民皆重足以立。司马氏乘之，以宽惠收人心，君弑国亡，无有起卫之者。然而魏氏所任之人，自谋臣而外，如崔炎、毛玠、辛毗、陈群、陈矫、高堂隆之流，虽未闻君子之道，而鲠直清严，不屑为招权纳贿骄奢谄猥鄙之行，故纲纪粗立，垂及于篡，而女谒宵小不得流毒于朝廷，则其效也。晋武之初立，正郊庙，行通丧，封宗室，罢禁锢，立谏官，征废逸，禁谶纬，增吏俸，崇宽宏雅正之治术，故民藉以安。内乱外逼，国已糜烂，而人心犹系之。然其所用者，贾充、任恺、冯勖、荀勖、何曾、石苞、王恺、石崇、潘岳之流，皆寡廉鲜耻贪冒骄奢之鄙夫，即以张华、陆机，铮铮自见，而与邪波流，陷于乱贼，而慭不畏死，虽有二傅、和峤之亢直，而不敌群小之翕訾，是以强宗妒后互乱，而氐羯乘之以猖狂。小人浊乱，国无与立，非但王衍辈清谈误之也。是用人行政，交相扶以图治，失其一，则一之仅存者，不足以救。古今乱亡之轨，所以相寻而不舍也。以要言之，用人其尤亟乎？人而苟为治人也，则治法因之以建，而苛刻纵弛

之患两亡矣。(同书卷十一)

宽容抚士庶，尤视之为存国之道：

> 唐自高宗以后，非弑械起于宫闱，则叛臣讧于肘腋，自开元二十余年粗安而外，皆乱日也。而不足以亡者，人心固依恋而不忍离。虽役繁赋重，死亡相接，抑且戴奕叶之天子于不忘。无他，自太宗以宽容抚士庶，吞舟漏网，则游鳞各呴沫于浦屿。即有弱肉强食之害，而民不怨其上也。(同书卷二十六)

以长安芜旷，晋愍帝西入长安，为必亡之势，尤具近代史家之眼光：

> 愍帝之西入长安，必亡之势也。刘聪虽去雒阳，石勒虽去江淮，而聪在平阳，勒在邺，雒阳已毁，襄邓已残，勒一逾河而即至雒，聪一逾河而即犯关中，长安孤悬于一隅，亘南北而中绝，二虏夹之，旋发而旋至。张轨远在河西，孤军无辅，李特又割据巴蜀，而西南之臂断。天下所仅全者江东耳。而汝、雒荒残，则声势不足以相及；贾疋、索綝、麴允，崛起乍合之旅，不足以系九鼎明矣。周顗等之中道而遁，非苟怯而背义也，知其亡在旦夕，而江东之犹可为后图也。长安自汉以来，芜旷而不可为奥区久矣。聪、勒之不急犯而据之也，以其地之不足恃也。名之为天子之都，而后刘聪欲固获之矣。(同书卷十二)

由以上观之，王氏于历代治乱兴衰之故，可谓三致意矣。

三曰背景之分析也。西方史家分析背景，极能入微，举凡在某一时代下所产生之政治背景、学术背景、经济背景、社会背景皆分析之。西方史学之有深度，关键在此。如麦考莱①（Lord Macaulay, 1800—1859）在其大著《英国史》（History of England）第三章分析1685年英国之背景，即极享誉西方史学界也。王氏论史，能就背景而分析之，时异而论亦异，势殊而论亦殊，非执一概之论者也。如分析杨时（龟山）出仕之时代背景云：

> 龟山方出之时，何时耶？徽宗如彼矣，蔡京如彼矣，蔡攸、王黼、童贯、梁师成之徒，又如彼矣。而一时人士，相趋以成乎风尚者，章醮也，花鸟也，竹石也，钟鼎也，图画也。清歌妙舞，狭邪冶游，终日疲役而不知倦。观乎靖康祸起，虏蹂都城，天子啼号，万民震栗，而抄札金帛之役，洪刍王及之辈，皆一时自标文雅之士，劫宫娥以并坐，歌谑酬饮，而不以死为忧。则当时岂复有奸邪哉？聚鸟兽于君门，相为蹢躅而已。龟山以严气正性之儒者，孤立于其间，槐棘之下，谁与语者？待漏之署，谁与立者？岁时往还之酬答，谁氏之门，可以报谒？桁棘及肤，丛锥刺目，彼则无惭，而我能自适乎？……念及此，则龟山之出，诚不如其弗出矣。（《宋论》卷八）

分析陈抟、种放、魏野、林逋四人之时代背景则云：

> 宋之以隐士征者四，陈抟、种放、魏野、林逋。夫隐非漫

---

① 编者注：多译麦考利勋爵。

言者，考其时，察其所以安于隐，则其志行可知也。以其行求其志，以其志定其品，则其胜劣固可知也。抟之初，非隐者也。唐末丧乱，僭伪相仍，抟弃进士举，结豪侠子弟，意欲有为。其思复唐祚，与自欲争衡也，两不可知。大要不甘为盗窃之朱温沙陀之部族屈，而思诛逐之，力不赡，志不遂，退而隐伏。乃测天地之机，为养生之术，以留目而见澄清之日。迨宋初而其术成矣，中国有天子而志抑慰矣。闲心云住，其情既定，未有能移之者。而天子大臣又以处轩辕集者待抟，则不知抟也弥甚。但留其所得于化机之一端，传之李挺之穆伯长以及邵氏，虽倚于数，未足以穷神化于易简，而归诸仁义，则抑与庄周互有得失而不可废也。抟之所用以隐者在此。使其用也，非不能有为于世，而年已垂百，志不存焉，孰得而强之哉？若种放则风斯下矣。东封西祀，蹴躇以随车尘，献笑益工，腼颜益厚，则其始授徒山中，高谈名理者，其怀来固可知已。世为边将，不能执干戈以卫封疆，而托术于斯，以招名誉，起家阀阅。抑不患名不闻于黼座，诟谇交加，植根自固，恶足比数于士林邪？魏野林逋之视此，则超然矣。名已达于明主，而交游不结轸于公卿；迹已远于市朝，而讽咏且不忘于规谏；质其义也，而安以无求；乐其情也，而顺以自适；教不欲施，非吝于正人也，以求己也；书不欲著，非怠于考道也，以避名也，若是者以隐始，以隐终，志之所存，行则赴之，而隐以成，与抟异尚，而非放之所可颃颉久矣。乃以其时考之，则于二子有憾焉。子曰："有道则见，无道则隐。"云有道者，岂时雍之代，无待于我，但求明主之知以自荣哉？苟非无道，义不可辱，固将因时之知我不知而进退也。今二子者，当真宗之世，君无败德，相不嫉贤，召命已臻，受禄不诬，而长守荒山，骄称巢许，不已过乎？前乎此者，郑云叟也。后乎此者，苏云卿吕徽之也。皆抢攘之世，道在全身，而二子非其时也。乃以实考之，抑有不足为二子病者。真宗召命下征之时，宋有天下方五十年，而二子老矣。江南平，太原下之去此也，三十二年尔，则二子志学之始，固犹在割据分争之日也。惩无定之兴亡，恶乱人之去就，所决计以自命者，行吟坐啸于山椒。耿介之志一定，而所学者不及于他，迨天下之既平，二子之隐局已就。有司知而钦之，朝士闻而扬之，天子加礼而愿见之，皆曰此隐君子也。夫志以隐立，行以隐成，以隐而见知，因隐而受爵，则其仕也，以隐而仕，是其隐也，以仕而隐，隐且为梯荣致显之捷径。士苟有志，孰能不耻哉！伊吕之能无嫌于此者，其道大，其时危，沟中之民，翘首以待其浣涤。故莘野渭滨，非为卷娄集膻之地。若二子之时，宋无待于二子也。二子之才，充其所能为，不能轶向敏中、孙奭、马知节、李迪而上之也。一旦晋立于大廷，无所益于丘山，终身退处于岩穴，无所损于培塿，则以隐沽清时之禄，而卒受虚声之诮，二子之所不忍为。念之熟矣，岸然表异，以愧夫衒孤清而侥荣宠者。抑岂非裨益风教，以效于天下与来世哉！君臣之义，高尚之节，皆君子之所重也，而要视其志之所存。志于仕，则载质策名而不以为辱；志于隐，则安车重币而不足为荣。苟非辱身贱行之伪士，孰屑以高蹈之名，动当世而希君相之知乎？嗣是而后，陈烈以迂鄙为天下笑，邵康节志大而好游于公卿之间，固不如周子之不卑小官，伊川之不辞荐召，为直申其志而无枉于道也。存乎其心之所可安者而已矣。（同书卷三）

就隐士陈抟、种放、魏野、林逋四人所处之时代,而察其所以安于隐,由此以知其志行,以其行求其志,以其志定其品,此中国"知人论世"之学也。

论人物如此,论史事王氏尤能就背景而细细分析之,时势异而不执一概之论;凡得失之数,度之于彼,必察其情,度之于此,必审其势。如论西域在汉为赘疣于唐为指之护臂云:

> 西域之在汉为赘疣也,于唐则指之护臂也,时势异而一概之论不可执,有如此夫!匈奴之大势,在云中以北,使其南挠瓜沙,则有河湟之隔,非其所便。而西域各有君长,聚徒无几,仅保城郭,贪赂畏威,两徊胡汉,皆不足为重轻,故曰赘疣也。至唐为安西,为北庭,则已入中国之版,置重兵,修守御,营田牧,屹为重镇。安史之乱,从朔方以收两京,于唐重矣。代德之际,河陇陷没,李元忠郭昕闭境拒守,而吐蕃之势不张,其东侵也,有所掣而不敢深入,是吐蕃必争之地也,于唐为重矣。惟二镇屹立,扼吐蕃之背,以护萧关,故吐蕃不得于北,转而南向,松维黎雅时受其冲突,乃河洮平衍,驰骤易而防御难,蜀西丛山沓嶂,骑队不舒,扼其从入之路以囚之于山,甚易易也。故严武韦皋捍之而有余。使割安西北庭以畀吐蕃,则戎马安驱于原洮,而又得东方怀归怨弃之士卒,为乡导以深入,祸岂小哉。拓土非道也,弃土亦非道也,弃土而授之劲敌,尤非道也。邺侯决策,而吐蕃不能为中国之大患,且无转输戍守争战之劳,胡为其弃之邪?永乐谋国之臣,无有如邺侯者,以小信小惠,割版图以贻覆亡之祸,观于此而可为痛哭也!(《读通鉴论》卷二十四)

论南宋之北伐则云：

尽南宋之力，充岳侯之志，益之以韩刘锜二吴，可以复汴京，收陕右乎？曰：可也。由是而渡河以进，得则复石晋所割之地，驱女直于塞外，不得亦据三关，东有沧瀛，西有太原，仍北宋之故宇乎？曰：不能也。凡得失之数，度之于彼，必察其情；度之于此，必审其势。非但其力之强弱也。情有所必争，力虽弱未可夺也，强者勿论已；势有所不便，力虽强未可恃也，弱者勿论已。以河南陕右言之：女直之初起也，积怨于契丹而求泄。既胜以还，亦思夺其所有之燕云而止。及得燕而俯视河朔，得云而下窥汾晋，皆伸臂而可收也。遂有吞并关南之志。乃起海上，卷朔漠，南掩燕南，直数千里，斗绝而难于遥制，故乘虚袭取三河两镇，而所欲已厌矣。汴雒关陕，宋不能守，势可坐拥神皋，而去之若惊，不欲自有，以授之叛臣。则中原之土，非其必争之地明矣。朱仙一败，卷甲思奔，非但其力之不足也，情不属也。而宋自收群盗以后，诸帅愤盈，东西夹进，东清淮泗，略梁宋，有席卷之机；西扼秦凤，指长安，有建瓴之势；岳侯从中而锐进，交相辅而不虑其孤，走兀术，收京阙，画河以守，新复之疆，沛然无不足者。故可必也。以河北燕南言之：女直自败盟而后，力未能得，而胁割于众，以其为燕之外护也，以其为刍粮金帛之所取给也，以其士马之可抚有而弥强也。郭药师一启戎心，而女直垂涎以歆其利，久矣为必争之地矣。军虽屡折，而宿将未凋，余威尚振，使宋渡河而北，则悉率海上之枭，决死以相枝拒，河阻其归，敌摧其进，求军之不覆没者，十不得一也。宋之诸将，位相亚，权相埒，力相等，功亦相次。岳侯以少年崛起，而不任为元戎者，以张俊之故为主将，从中而沮之也。韩刘二吴，抑岂折节而安受其指麾？则雁行以进，麋骇而奔，功不任受，咎亦无归。故五国合从之师，衄于函关；山东讨卓之兵，阻于兖豫；九节度北伐之军，溃于河南。其不如刘裕孤军直进，擒姚泓，俘慕容超者，合离定于内，而成败券于外，未有爽焉者也。乃欲合我不戢，撄彼必争，当百战之骄虏，扼其吭而无忧其反噬乎？若此则虽高宗无疑畏之私，秦桧无腹心之蠹，张俊、刘光世无从旁之挠，且将忧为吴明彻淮北之续，退且河南之不保，而遥指黄龙，期饮策勋之爵，亦徒有此言，而必不能几幸者也。是故易言鬼方之伐，忧其难为继也。春秋许陉亭之次，谓其可以止也。自赵普沮曹翰之策，而燕云不可问矣。自徽宗激郭药师之叛，而河北不可问矣。任诸帅阃外之权，斥奸人乞和之说，弃其所不争，攻其所不可御，东收徐兖，西收关陇，以环拱汴雒而固存之，支之百年，以待兴王之起，不使完颜氏归死于蔡州，以导蒙古之毒流四海，犹有冀也。然抑止此而已矣。如曰因朱仙之捷，乘胜渡河，复汉唐之区宇，不数年而九有廓清，见弹而求鸮炙，不亦诞乎？（《宋论》卷十）

其分析可谓入微矣。

四曰变迁之缕述也。英国史家白特费尔德（H. Butterfield）云："历史在本质上为变迁之研究，对史家而言，唯一之绝对为变化。"（*The Whig Interpretation of History*, 1931, p. 58）此西方史家重视变迁之明证也。变迁有待叙述，而此种叙述，非单纯之叙事，史家之解释寓于其中焉。王氏极富史家之色彩者，则为其注视历史上之变迁也。历史上制度之变迁，王氏屡屡陈述，如由封建而变至郡县，即为其一。王氏认为"封建之尽革，天地之大变"（《读通鉴论》卷二）而"习久而变者，必以其渐"（见同上）。王氏又提出渐变，其论变迁之见解，乃益精微。由此其所述之变迁极细致，变迁之线索，历历可寻，如述九品中正制度之变迁云：

> 魏从陈群之议，置州郡中正，以九品进退人才，行之百年，至隋而始易……唐之举进士也，不以一日之诗赋，而以名望之吹嘘，虽改九品中正之制，犹其遗意焉。宋以后，糊名易书，以求之于声寂影绝之内，而此意殆绝。（《读通鉴论》卷十）

此在其渐变之观念下，而始有此细致之陈述也。

历史上风气、风俗之变迁，王氏尤喜述之，其所述亦极细致，如述自唐迄宋风气之变迁云：

> 唐之乱，贿赂充塞于天下为之耳。凡三百余年，自卢怀慎、张九龄、裴休而外，唐之能饰箧箦以自立于金帛之外者无有，虽贤者固不能保其洁清，特以未败露而不章，实固不可问也。……盖唐自立国以来，竞为奢侈，以衣裘仆马亭榭歌舞相尚，而形之歌诗，论记者夸大言之，而不以为诈。韩愈氏自诩以知尧舜孔孟之传者，而戚戚送穷，淫词不忌。则人心士气，概可知矣。迨及白马之祸，凡锦衣珂马传觞挟妓之习，燔焉销尽。继以五代之凋残，延及有宋，膻风已息。故虽有病国之臣，不但王介甫之清介自矜，务远金银之气，即如王钦若、丁谓、吕夷甫、章惇、邢恕之奸，亦终不若李林甫、元载、王涯之狼

藉，且不若姚崇、张说、韦皋、李德裕之豪华。其或毒民而病国者，又但以名位争衡，而非宠赂官邪之害。此风气之一变也。（同书卷二十六）

述河北风俗之变迁云：

元和十四年，李师道授首，平卢平。其明年，王承宗死，承元归命，请别除帅，成德平。又明年，刘总尽纳其土地士马，送遣部将于京师，为僧以去，卢龙平。田弘正徙镇成德，张弘靖出师卢龙。自肃代以来，河北割据跋扈之风，消尽无余。唐于斯时，可谓旷世澄清之会矣。乃未三载，而朱克融囚张弘靖以起，王庭凑杀田弘正以据成德，乱更酷于前代，终唐之世，讫不能平。穆宗荒宴以忘天下，而君非君；崔植、杜元颖暗浅不知远略，而相非相；张弘靖骄贵不接政事，而帅非帅。求以救宁天下也，诚不可得。虽然，亦何至如此之亟哉？

田弘正之输忱于王室，非忠贞之果挚也，畏众之不服，而倚朝廷以自固也；刘悟之杀李师道，师道欲杀悟，而悟先发制之也；王承元之斩李寂等，而移镇义成，惩师道之死而惧也；刘总之弃官以去，见淄青魏博之瓦解，党援既孤，而抱弑父与兄之巨慝，不自保也。是宪宗之世，河北之渐向于平者，皆其帅之私心违众，以逃内叛外孤之害，而非其偏裨士卒之所愿欲。则暂见为定，而实则堙滔天之水，以数尺之堤耳。王遂一入沂州，而王弁即反；王承元欲去赵，而诸将号哭。抚斯势也，虽英君哲相，不可以旦暮戢其凶顽，岂徒驾驭之非人，以激成仓卒之祸乎？呜呼！天地有迁流之运，风俗有难反之机。……河北者，自黄帝诛蚩尤以来，尧舜禹敷文教以熏陶之，遂为诸夏之冠冕。垂之数千年，而遗风泯矣。永嘉之乱，司马氏不能抚有，委之羯胡者百余年，至唐而稍戢。乃未久而元宗失御，进轧荦山之凶狡，使为牧帅，淫威以胁之，私恩以啖之，披坚执锐，竞强争胜以习之，怒马重裘，割生饮湩，以改易其嗜欲，而荧眩其耳目。于是乎人之不兽也无几！故田承嗣、薛嵩、李宝臣之流，非有雄武机巧之足以抗天下，而唐之君臣，目睨之而不能动摇其毫发。非诸叛臣之能也，河北之骄兵悍民，气焰已成而不可扑也。师道死，恶足以惩之？弘正、承元之顺命，恶足以化之？其复起而乐为盗贼，必然之势也。垂及于石敬瑭，而引契丹以入，欣奉之为君亲。金元相袭，凶悍相师，日月不耀，凡数百年。而数千里之区，士民无清醒之气。凡背君父戴夷盗结宫闱事奄宦争权利夸武虣者，皆其相尚以雄，恬不知耻之习也。天气昌则可以移人，人气盛亦可以熏天。胎之乳之，食其食，衣其衣，少与之嬉，长与之伍，虽有和粹文雅之姿，亦久而与化。耒甫释而即寻戈，经方横而遽跃马，欲涤除以更新，使知有君亲以效顺也难矣。自开元以后，河北人材，如李太初、刘器之、司马君实者，盖晨星之一见尔。而类皆游宦四方，不思矜式其乡里。邵康节犹以南人为相为乱阶，其亦诬矣。虽然，无往不复之几，必将变也。薛河东、赵高邑、魏南乐三数君子者，以清刚启正学，其有开必先之兆乎？非章志贞教之大儒，一振起之，洗涤其居食衣履謦笑动止之故态，而欲格其心，未有胜焉者也。论世者属目而俟之久矣。（同书卷二十六）

唐代奢侈风气，变至宋代士大夫之清介自矜，以及河北地区风俗由为诸夏之冠冕而变至士民无清醒之气，皆历历如绘，此史家描述之笔与其解释所作之最美妙配合也。

五曰影响之探究也。西方史学界曾盛行谈因果律，西方史家亦喜将过去、现在、未来三者合而言之，凡此，皆涉及影响之探究。王氏亦言历史上之影响，往往论一事而阐明其关系至千百年之久，如言封建制度之影响云：

> 汉承秦而罢侯置守，守非世守，而臣民亦迭易矣。然郡吏之于守，引君臣之义，效其忠贞，死则服之，免官而代为之耻，曲全其名，重恤其孤幼，乃至变起兵戎，而以死卫之。如楚郡刘平，遇庞萌之乱，伏太守孙萌身上，号泣请代，身被七创，倾血以饮萌。如此类者，尽东汉之世，不一而足。盖吏之于守，其相亲而不贰也，天子不以沽恩附势为疑，廷臣不以固结朋党为非，是以上下亲而迭相维系，以统于天子。故盗贼兴而不能如黄巢方腊之僭，夷狄竞而不能成永嘉靖康之祸。三代封建之遗意，施于郡县者未斁也。（《读通鉴论》卷六）

王氏言影响，往往以极沉痛之心情言之，如言宇文氏创例输币于夷之影响云：

> 地之力，民之劳，男耕女织之所有，殚力以营之，积日以成之，委输以将之，奉之异域而民力尽民怨深矣。无财无以养兵，无人无以守国，坐困而待其吞吸，日销月铄，而无如之何，自亡而已矣。而不但此也。方其未入中国之日，已习知中国之富而使朵颐久矣。中国既自亡，而揸之以入为主，其主臣上下，

>皆固曰：'此畇畇之原隰，信天地之沃壤也。肥甘之悦口，轻暖之适体，锦彩佳丽之眩目，繁声冶奏之娱耳，求焉而即得，取焉而即盈，昔之天子，奉我而如不及，今为我之臣妾，而何求不克耶？'故淫虐婪取，川吸舟吞，而禹甸为荒郊，周黎为道殣。皆宇文氏之毒，延及千年而益烈。悠悠苍天，其如此皮骨空存之赤子何也。所为推祸始而为之痛哭者也！（同书卷十八）

王氏言影响，亦往往从对当代史之认识出发，由古以论及今，由今以溯及古，此王氏论史之一大特色也。如言熙丰新法之影响云：

>熙丰新法，害之已烈者，青苗、方田、均输、手实、市易，皆未久而渐罢。哲徽之季，奸臣进绍述之说，亦弗能强天下以必行。至于后世，人知其为虐，无复有言之者矣。其元祐废之不能废，迄至于今，有名实相仍，行之不革者，经义也，保甲也；有名异而实同者，免役也，保马也。数者之中，保马之害为最烈。保马者，与民以值，使买马，给以牧地，而课其孳生，以输之官。洪武以后，固举此政于淮北山东，而废牧苑。愚民贪母马之小利于目前，幸牧地之免征于后世，贸贸然而任之。迨其子孙贫弱，种马死，牧地徒，间岁纳马，马不能良，则折价以输，一马之值，至二十五金，金积于阉寺，而国无一马，户有此役，则贫饿流亡，求免而不得。皆保马倡之也。（《宋论》卷六）

王氏尤喜由渊源、原因、背景、变迁以谈至影响，如言府兵制之影响云：

唐之府兵，言军制者，竞称其善。盖始于元魏大统十六年，宇文泰创为之。其后籍民之有才力者为兵，免其身租庸调，而关中之强，卒以东吞高氏，南并江陵。隋唐因之，至天宝而始改。人胥曰：'府兵改而边将骄，故安史乱，河北终不能平，而唐讫以亡。'而不知其不然也。府兵不成乎其为兵，而徒以厉民，彍骑虽改，而莫能尽革其弊，唐乃无兵，而倚于边将，安史之乱，府兵致之也。岂府兵不改，而安史不乱，安史乱而府兵能荡平之也哉？三代寓兵于农，封建之天下，相承然也。周之初，封建亦替矣。然其存者，犹千八百国也，外无匈奴、突厥、契丹之侵逼，兄弟甥舅之国，以贪愤相攻而各相防尔，然忿怼一逞，则各驱其负耒之愿民，以蹀血于郊原，悲夫！三代之季，民之瘅以死者，非但今之比也，禹汤文武之至仁，仅能约之以礼，而禁其暴乱，而卒无如此斗农民以死之者何也？上古相承之已久矣，幸而圣王善为之法，以车战而不以徒战，追奔斩馘，不过数人，故民之死也不积。然而农民方务耕桑，保妇子，乃辍其田庐之计，奔命于原野，斫其醇谨之良，相习于竞悍，虔刘之，燔乱之，民之憔悴，亦大可伤矣！至于战国，一战而斩首者，至数十万，岂乐为兵者哉？皆南亩之农夫，欲免而不得者也。汉一天下，分兵民为两途，而寓兵于农之害乃息。俗儒端居占毕，而谈军政者，复欲踵而行之，其不仁亦惨矣哉！身幸为士，脱耒耜之劳，不耕而食农人之食，更欲驱之于白刃之下，有人心者，宜于此焉变矣。宇文泰之为此也，则有说也。据关中一隅之区，欲并天下，乃兴师以伐高洋，不战而退，岂畏洋哉？自顾寡弱而心早寒也。南自雒陕，西自平阳，北极幽蓟，东渐青兖，皆洋之有。众寡之形，相去远矣。且梁氏方乱，抑欲起而乘之，以吞襄郢，而北尚不支，势不足以南及。虽前乎此者，屡以寡而胜众，而内顾终以自危。故其所用者，仍恃其旧所习用之兵，而特欲多其数，以张大其势，且关中北拥灵夏，西暨河湟，南有武都仇池羌氐之地，虽耕凿之甿，皆习战斗，使充行伍，力足而情非不甘，泰可用权宜以规一时之利，未尽失也。若夫四海一，战争休，为固本保邦之永计，建威以销夷狄盗贼之萌，则用武用文，刚柔异质，农出粟以养兵，兵用命以卫农，固分途而各靖。乃欲举天下之民，旦稼穑而夕戈矛，其始也，愚民贪免赋免役之利，蹶起而受命，迨其后，一著于籍，欲脱而不能。故唐之府兵，业更为彍骑矣。乃读杜甫石壕三别之诗，流离之老妇，宛转于缧绁，垂死之病夫，负戈而道仆，民日蹙而兵日寡，徒死其民，而救如线之宗社者，朔方边卒回纥援兵也。然则所谓府兵者，无益于国，而徒以殃民审矣。不能返三代封建之制，幸而脱三代交争之苦，农可安农，兵可安兵，天别之以材，人别之以习，宰制天下者，因时而利用，国本坚而民生遂，自有道矣。占毕小儒，称说寓兵于农而弗绝，其愚以祸天下，亦至此哉！农之不可兵也，厉农而祇以弱其国也；兵之不可农也，弱兵而祇以芜其土也。故卫所兴屯之法，销天下之兵，而中国弱，坐以授洪图于他族，所繇来久矣。且所谓屯田者，卤莽灭裂，化肥壤为硗土，天下皆是也！可弗为永鉴乎？（《读通鉴论》卷十七）

综合以上观之，王氏实具备极高明之历史解释艺术。追溯渊源，阐释原因，分析背景，缕述变迁，探究影响，为西方史家解释历史之艺术，可向全世界骄傲者，而王氏皆擅长之。此中西史学极富意义之暗合也。此中国健全之史论可以与西方之历史解释相比拟者也。世咸知中国之史学体例，与西方绝相悬殊，仅纪事本末体略近之。而不知史论之体，与西方史学体例，反极接近焉。中西史学之息息相通，此为其一也。自王氏之史论，中国历史演进之大端可见，苏、吕纵横捭阖之议论，亦邈然无矣。

王氏之史论，所不同于西方者，为表现之方式不同，非精神上有何歧异。王氏遵守中国史家传统，由会通史实所得之解释，以数语括之，所写成之短文，亦仅举主要史实，绝大部分史实，只隐约于其后，系统亦不完密。西方史家则注重系统，注重史实与解释之配合，史实随解释而详尽列举，解释则有一极完密之系统，由此而一部体大思精之历史巨著出焉。自外表观之，为中国之所无，实则可能不过中国史论中之数语数行也。中国史论之体例待改善扩大，王氏史论中有无数精义待发挥为专著，此则有俟于将来矣。

三　王氏之历史哲学

王氏之历史解释，有极富哲学意味者，与西方斯彭格勒①（Oswald Spengler, 1880—1936）、汤恩比②（Arnold J. Toynbee, 1889—1975）之历史哲学相比较，颇为相似。此为在中国所能仅见者。此为王氏能鸟瞰历史处。

1. 治乱循环论

王氏于中国历史上遍求定律、通则，其一则治乱循环论也。治

---

① 编者注：多译斯宾格勒。
② 编者注：多译汤因比。

乱循环论在中国有其远源，自孟子倡言："天下之生久矣，一治一乱。"（《孟子·滕文公》篇）以后中国之史家，大致皆能相信此种理论，而以王氏言之最切，论之最精。王氏之言曰：

> 天下之生，一治一乱。帝王之兴，以治相继。（《读通鉴论》卷二十二）
>
> 天下之势，一离一合，一治一乱而已。离而合之，合者不继离也；乱而治之，治者不继乱也。明于治乱合离之各有时，则奚有于五德之相禅，而取必于一统之相承哉？夫上世不可考矣。三代而下，吾知秦隋之乱，汉唐之治而已；吾知六代五季之离，唐宋之合而已。治乱合离者天也。合而治之者人也。（同书卷十六）
>
> 乱与治相承，恒百余年而始定。（同书卷二十四）
>
> 战国之争，逮乎秦项，凡数百年，至汉初而始定。三国之争，逮乎隋末，凡数百年，至唐初而始定。安史之乱，延乎五代，凡百余年，至太平兴国而始定。靖康之祸，延乎蒙古，凡二百余年，至洪武而始定。其间非无暂息之日，若可以定者。然而支蔓不绝，旋踵复兴，非但上有暴君，国有奸雄，抑亦人心风俗，一动而不可猝静，虐矫习成，杀机易发，上欲扑之而不可扑也。（同书卷十一）

是王氏以为治与乱相循环，天下统一则治，天下分离则乱；而由乱而治，恒历百余年或数百年；治乱之枢机，系于人心风俗，人心风俗一动而不可猝静，则天下之乱，不可旦夕敉平。以人心风俗论世乱，此史家之慧眼也。近世人心风俗日靡，岂世界之动乱，尚无已时耶?!

2. 兴亡决定论

王氏论兴亡,有类似西方之所谓历史决定论(historical determinism)者,如论摧抑人才而国渐积以亡云:

> 人才之摧抑已极,则天下无才,流及于百年之余,非逢变革,未有能兴者也。故邪臣之恶,莫大于设刑网以摧士气,国乃渐积以亡。迨其后,摧抑者之骨已朽矣,毛击钳网之风亦渐不行矣,后起者出而任当世之事,宜可尽出其才,建扶危定倾之休烈。而熏灼之气,挫其初志,逼侧之形,围其见闻,则志淫者情为之靡,而怀贞者德亦已孤;情靡者相沿而滥,德孤者别立一不可辱之崖宇,退处以保其贞。于是而先正光昭俊伟之遗风,终不可复。(《宋论》卷十一)

论君暗相奸而国必亡云:

> 君暗相佞,天下有乱人而无奸雄,则乱必起,民受其毒,而国固可以不亡;君暗相奸,有奸雄以芟夷乱人,而后国之亡也,不可复支。汉唐之亡,皆奸相移政,而奸雄假名义以中立,伺天下之乱,不轻动而持其后,是以其亡决矣。(《读通鉴论》卷二十四)

论魏晋之兴亡云:

魏削宗室而权臣篡，晋封同姓而骨肉残。故法者，非所以守天下也，而怀愍陷没，琅邪复立国于江东者，几百年，则晋为愈矣。天下者非一姓之私也。兴亡之修短有恒数，苟易姓而无原野流血之惨，则轻授他人而民不病。魏之授晋，上虽逆而下固安，无乃不可乎？（同书卷十一）

论土崩瓦解云：

徐乐土崩瓦解之说，非古今成败之通轨也。土崩瓦解，其亡也均，而势以异。瓦解者，无与施其补葺，而坐视其尽。土崩者，或欲支之，而不能也。秦非土崩也，一夫呼而天下蜂起，不数年而社稷夷，宗枝斩，亡不以渐，盖瓦解也。栋本不固，榱本不安，东西南北，分裂以坠，俄顷分溃，而更无余瓦，天下视其亡而无有为之救者，盖当其瓦合之时，已无有相浃而相维之势矣。隋元亦犹是也。周之日削，而三川之地始入于秦；汉之屡危，而后受篡于魏；唐之京师三陷，天子四出，而后见夺于梁；宋之一汴二杭，三闽四广，而后终沉于海。此则土崩也。或支庶犹起于遐方，或孤臣犹守其丘垒，城陷而野有可避之宁宇，社移而下有逃禄之遗忠，盖所以立固结之基者，虽极深厚，而啮蚀亦历日月而深，无可如何也。土崩者必数百年而继以瓦解，瓦解已尽而天下始宁。际瓦解之时，天之害气，人之死亡，彝伦之戕贼，于是而极。其圮坏而更造之，君相甚重矣。固有志者所不容不以叙伦拨乱自责也。（同书卷三）

论宋至徽宗之季年已为必亡之势云：

> 宋至徽宗之季年，必亡之势，不可止矣。匪徒女直之强，不可御也；匪徒童贯之借金亡辽之非策也；尤匪徒王黼受张觳之降，以挑狡虏也。君不似乎人之君，相不似乎君之相，垂老之童心，冶游之浪子，拥离散之人心，以当大变，无一而非必亡之势。(《宋论》卷八)

以宋徽宗季年为必亡之势，以兴亡之修短有恒数，以土崩者必数百年而继以瓦解，瓦解已尽而天下始宁，此宁非类似西方之历史决定论耶？

3. 天道论与气数论

王氏之治乱循环论与兴亡决定论，源于其天道论与气数论。王氏富天道思想，以为人世间之治乱合离，皆有天道存焉。故曰：

> 治乱合离者，天也；合而治之者，人也。……一合而一离，一治而一乱，于此可以知天道焉，于此可以知人治焉。(《读通鉴论》卷十六)
>
> 一治一乱，天也。犹日之有昼夜，月之有朔弦望晦也。(《读通鉴论》卷末《叙论一》)

此其治乱循环论之源于其天道论也。

王氏亦信气数运转流变，如云：

> 天地文明之气，日移而南。(同书卷三)

此言气数在地域上之运转。

> 天地之气，五百余年而必复。周亡而天下一，宋兴而割据绝。(《宋论》卷十五)

此言气数在时间上之流变。

气数穷而必亡，为历历不爽者：

> (晋)明帝不天，中原其复矣乎？天假五胡以乱中夏，气数之穷也。(《读通鉴论》卷十三)

> 江东王气之将尽也，为之主者，气先疲也。……夕阳之照，晨星之光，趋于尽而已矣。(同书卷十八)

> 宇文氏之亡，虏运之衰已讫也。(同书卷十八)

气数恒历百年或数百年而衰而尽：

> 呜呼！一代之兴，传至五世七世，祚运已将衰矣。百年内外，且有灭亡之忧。一旦天不佑而人不归，宗庙鞠为茂草，子孙夷乎舆皂，陌纸杯浆，无复有过陵园而洒涕者！(《宋论》卷十三)

此又其兴亡决定论之本源也。

待气数已穷尽，而天乃默移之：

> 宇文氏鲜卑之运已穷，天乃默移之，而授之杨氏，以进李

氏而□中国。故杨氏之篡，君子不得谓之贼。于宇文氏则逆，于中国则顺。非杨氏之能以中国为心，而天下之戴杨氏以一天下也。天地之心，默移之也。（《读通鉴论》卷十三）

此又王氏天道论与气数论之合一也。

西方盛倡历史循环论之史家如汤恩比氏者，心目中有一上帝存在，且每以之作历史之最后解释。中西史家解释历史之暗合有如此。

四　王氏之归纳史实与比较史实

王氏为一大思想家，受其思想影响最深之谭嗣同尝云："五百年来学者，真通天人之故者，船山一人而已。"（《仁学》卷上）论王氏者，无不盛推其为大思想家，而鲜许其为史家。张之洞于《书目答问》中，不列王氏于史家。近人所著之中国史学史，如柳诒徵之《国史要义》，朱希祖之《中国史学通论》，金毓黻之《中国史学史》，李宗侗之《中国史学史》《史学概要》，皆不言其史学，其姓名亦未被提及。以梁启超之博学宏识，承认《读通鉴论》《宋论》在史论中最有价值，而不认为是王氏第一等著作（梁氏《中国近三百年学术史》页八〇）。梁氏承认《读通鉴论》《宋论》之价值，亦以其"往往有新解"（梁氏《清代学术概论》页一五），"立论往往迥异流俗"，以及借史事以发表其一贯精神而已（梁氏《中国近三百年学术史》页八〇）。故归结于史论一类之书，"无论若何警拔，总易导读者入于奋臆空谈一路"（梁氏《中国历史研究法》第二章）。此梁氏亦未以纯粹史家许王氏也。晚近以来，科学之史学盛行，王氏之史论，富主观之演绎，而无史家客观之归纳精神，殆为史学界之一致评论，王氏之不被视之为史家也固宜。

虽然，王氏亦岂无史家客观之归纳精神？王氏之主观思想，又岂影响其为杰出史家？王氏史家客观之归纳精神，有极值称道者，愿为表而出之。

王氏立论，有极广大深厚之史实基础，非为"奋臆空谈"，其归纳史实之痕迹，往往清晰可见。王氏之子敔撰《姜斋公行述》云："自潜修以来，启瓮牖，秉孤镫，读十三经、廿一史，及张、朱遗书，玩索研究，虽饥寒交迫，生死当前而不变。迄于暮年，体羸多病，腕不胜砚，指不胜笔，犹时置楮墨于卧榻之旁，力疾而纂注。"又云："府君自少喜从人间问四方事，至于江山险要，士马食货，典制沿革，皆极意研究。读史读注疏，于书志年表，考覈同异，人之所忽，必详慎搜阅之，而更以闻见证之，以是参驳古今，共成若干卷。"是王氏极熟于史，玩索研究廿一史，且能考证异同，参驳古今，王氏已具备史家之条件，非一般学者对于史实仅有泛泛之知识也。故能畅论上下古今数千年，而背后则隐藏无限史实，虽王氏每不细举史实，仅列最主要者，然此为史之归纳，而非主观之演绎，则昭昭然也。如苏、吕之史论，纵横捭阖，诚无史家之归纳精神，王氏则反对之，斥之为"淫辞"（《读通鉴论》卷十四）。王氏亦非如苏、吕等史论家，就兴之所至，任选一人一事而予夺之，而能自古以论至今，此为论史，而非泛论；此为史家由归纳而至于立论也。

王氏归纳史实，其痕迹之清晰可见者，如《宋论》卷一云：

> 自太祖勒不杀士大夫之誓，以诏子孙，终宋之世，文臣无欧刀之辟。张邦昌躬篡而止于自裁，蔡京、贾似道陷国危亡，皆保首领于贬所。语曰："周之士贵，士自贵也。"宋之初兴，岂

有自贵之士，使太祖不得而贱者，感其护惜之情乎？夷考自唐僖懿以后，迄于宋初，人士之以名谊自靖者，张道古、孟昭图而止；其辞荣引去，自爱其身者，韩偓、司空图而止；高蹈不出，终老岩穴者，郑遨、陈抟而止。若夫辱人贱行之尤者，背公死党，鬻贩宗社，则崔胤、张濬、李磎、张文蔚倡之于前，而冯道、赵凤、李昊、陶谷之流，视改面易主为固然，以成其风尚。其他如和凝、冯延巳、韩熙载之俦，沉酣倡俳之中，虽无巨愿，固宜以禽鱼畜玩，而无庸深惜者也。士之贱于此而极，则因其贱而贱之，未为不惬也。恶其贱而激之使贵，必有所惩，而后知改抑御世之权也。然而太祖之于此，意念深矣。

《读通鉴论》卷二十四云：

自天宝兵兴以后，迄于宋初，天下浮薄之士，置身私门，背公死党以逆命。……激安禄山以反者，幽燕部曲也；党刘展以反者，江淮亲旧也；劝李宝臣以抗命者，王武俊也；导李惟岳以自立者，毕华也；说朱滔以首乱者，王侑也；奉四叛以称王者，李子千也。自非端士，必怀禄以为恩，足不涉天子之都，目不睹朝廷之法，知我用我，生死以之，而遑问忠孝哉？故自田承嗣、薛嵩、李正己、李希烈以洎乎李克用、朱温、王建、杨行密，皆有尽心推戴之士，以相煽而起，朝廷孤立，无与为谋。唐之亡，亡于人之散，明矣。

此归纳史实之清晰可见者也。
《读通鉴论》卷二十四云：

51

乱与治相承，恒百余年而始定。而枢机之发，系于一言，曰利而已。……唐自安史以后，称乱者相继而起，至于德宗之世，而人亦厌之矣。故田悦、李惟岳、朱滔、李怀光之叛，将吏士卒，皆有不愿从逆之情，抗凶竖而思受王命。然而卒为所驱使者，以利啖之，而众暂食其饵也。田绪杀田悦，虑将士之不容，乃登城大呼，许缗钱千万，而三军屏息以听。李怀光欲奔据河东，众皆不顺，而许以东方诸县，听其俘掠，于是席卷渡河。嗣是以后，凡据军府结众心以擅命者，皆用此术而盅众以逞志。……天子听命于藩镇，藩镇听命于将士。迄于五代，天子且以贿得。延及宋而未息，郊祀无名之赏，几空帑藏，举天下以出没生死于钱刀。呜呼！利之亡国败家也，盗贼一倡其术，而无不效之尤也！则乱何繇已也？！

同书卷十云：

国政之因革，一张一弛而已。风俗之变迁，一质一文而已。上欲改政而下争之，争之而固不胜。下欲改俗而上抑之，抑之而愈激以流。故节宣而得其平者，未易易也。东汉之中叶，士以名节相尚，而交游品题，互相持以成乎党论，天下奔走如鹜，而莫之能止，桓灵侧听奄竖，极致其罪罟以摧折之，而天下固慕其风而不以为忌。曹孟德心知摧折者之固为乱政，而标榜者之亦非善俗也，于是进崔琰、毛玠、陈群、钟繇之徒，任法课能，矫之以趋于刑名，而汉末之风暂息者数十年。琰、玠杀，孟德殁，持之之力穷，而前之激者，适以扬矣。太和之世，诸葛诞、邓飏浸起，而矫孟德综实之习，结纳互相题表，未尝师汉末之为，而若或师之，且刊方向圆，崇虚堕实，尤不能如李、杜、范、张之崇名节以励俗矣，乃遂以终魏之世，迄于晋而不为衰止。然则孟德之综核名实也，适以壅已决之水于须臾，而助其流溢已耳。故曰抑之而愈以流也。名之不胜实，文之不胜质也久矣。然古先圣人，两俱不废，以平天下之情。奖之以名者，以劝其实也；导之以文者，以全其质也。……因名以劝实，因文以全质，而天下欢忻鼓舞于敦实崇质之中，以不荡其心。此而可杜塞之，以域民于矩矱也，则古先圣人，何弗围天下之跃冶飞扬于钳网之中也？以为拂民之情，而固不可也。情者，性之依也。拂其情，拂其性矣。性者，天之安也。拂其性，拂其天矣。志郁而勃然以欲兴，则气亦蕴蝹屯结，而待隙以外泄。迨其一激一反，再反而尽弃其质，以浮荡于虚名，利者争托焉，伪者争托焉，激之已极，无所择而惟其所泛滥。夏侯玄、何晏以之亡魏；王衍、王戎以之亡晋；五胡起，江东仅存，且蔓引以迄于陈隋而不息。非崇质尚实者之激，而岂至此哉？桓灵激之矣，奄竖激之矣，死亡接踵，而激犹未甚。桓灵奄竖，不能掩其名也，孟德琰珑，并其名而掩之，而后诡出于玄虚，横流于奔竞，莫能禁也。以傅咸、卞壸、陶侃之公忠端亮，折之而不胜，董昭欲以区区之辨论，使曹叡持法以禁之，其将能乎？圣王不作，礼崩乐坏，政暴法烦，祇以增风俗之浮荡而已矣。

此由归纳无数史实而获致历史上之通则也。

遍《读通鉴论》《宋论》之中，胪列史实以立论者，不一而足。故王氏之史论，不涉于虚浮，而为史家之论。史家描述之笔，亦随之而涌出。描述宋初和平气象则云：

宋初……催科不促，狱讼不繁，工役不损，争讦不兴。禾黍既登，风日和美，率其士民，游泳天物之休畅，则民气以静，民志以平，里巷佻达之子弟，消其嚣凌之戾气于恬愉之下，而不皇皇然逐锥刀于无厌。（《宋论》卷三）

描述唐显庆迄乎景龙朝廷之变乱情形则云：

唐自显庆迄乎景龙，五十有五年，朝廷之乱极矣。艳妻接迹，昏主死亡而不悟，嬖幸之宣淫，酷吏之恣杀，古今所未有也。（《读通鉴论》卷二十一）

描述自唐迄五代强臣擅兵以思篡夺之风气则云：

自唐以来，强臣擅兵以思篡夺者，相沿成习，无有宁岁久矣。朱温、李克用先后以得中原，而李嗣源、石敬瑭、刘知远踵之以兴。盖其间效之蹶起，或谋而不成，或几成而败者，锋刃相仍，民以荼毒也，不可胜纪。当其使为偏裨与赞逆谋也，已伏自窃之心，延及于石、刘之代，而无人不思为天子矣。安重荣、安从进、杨光远、杜重威、张彦泽、李守贞虽先后授首，而主臣喋血，以竞雌雄，败则族，胜则帝，皆侥幸于不可知之数。（同书卷三十）

描述永嘉以后风俗之转变则云：

永嘉之后，风俗替矣。而晋初东渡，有若郗鉴、卞壶、桓彝之流，秉政而著立朝之节；纪瞻、祖逖、陶侃、温峤，忘身以宏济其艰危。乃及谢傅薨，王国宝用事以后，在大位者若有衣钵以相传，擅大位以为私门传家之物，君屡易，社屡屋，而磐石之家自若。于是以苟保官位为令图，而视改姓易服为浮云之聚散。惟是寒门武吏，无世业之可凭依，得以孤致其恻隐羞恶之天良。（同书卷十六）

描述浮屠输入中国后流行之盛况则云：

浮屠之入中国，至唐宋之际，几千年矣。信从之者，自天子达于比户，贫寡之民，老稚妇女，皆翕然焉。拓跋氏、宇文氏、唐武宗凡三禁之，威令已迫，天下顾为之怨愤，不旋踵而复张。（同书卷三十）

描述五代时期江东西蜀之保存学术则云：

自唐乱以来，朱温凶戾，殄杀清流，杜荀鹤一受其接纳，而震栗几死；陷其域中者，人以文藻风流为大戒，岂复有撩猛虎而矜雅步者乎？李存勖、石敬瑭皆沙陀之孽；刘知远、郭威，一执帚之佣也，犷悍相沿，弓刀互竞，王章以毛锥司权算，且不免噪啄于群枭，六籍百家，不待焚坑，而中原无憖遗矣。抑且契丹内蹂，千里为墟，救死不遑，谁暇闵遗文之废坠？周世宗稍欲拂拭而张之，而故老已凋，新知不启，王朴、窦仪，起自燕赵，简质有余，而讲习不夙，隔幕望日，固北方学士之恒也。惟彼江东西蜀者，保国数十年，画疆自守，兵革不兴，水

55

浃山椒，縢缄无损，故人士得以其从容之岁月，咀文苑之英华。则欲求博雅之儒，以采群言之胜，舍此二方之士，无有能任之者。（《宋论》卷二）

史家归纳无限史实，而最后出之以综合性之描述，皆此之类。此为苏、吕史论中所未有，而王氏史论中则屡见之，谓王氏无史家客观之归纳精神，宁为公允乎？王氏史家客观之归纳精神，由王氏之比较史实，亦可窥见，此为史家客观归纳精神之由小而大者。王氏每取古今之史实而比较之，由比较而看其异同，由异同而窥其意义。如《宋论》卷一云：

三代以下，称治者三，文景之治，再传而止；贞观之治，及子而乱；宋自建隆息五季之凶危，登民于衽席，迨熙宁而后，法以斁，民以不康。繇此言之，宋其裕矣。

《读通鉴论》卷六云：

起于学士大夫，习经术，终陟大位者三，光武也，昭烈也，梁武帝也。故其设施与英雄之起于草泽者有异，而光武远矣。昭烈习于儒而淫于申韩，历事变而权术荡其心，武侯年少而急于勋业，是以刑名乱之。梁武篡而反念所学，名义无以自容，不获已而闻浮屠之法，有心亡罪灭之旨，可以自覆，故托以自饰其恶，愚矣。然而士大夫释服入见者，面无毁容，则终身不录，终不忍使大伦绝灭于天下，人道犹藉以仅存，固愈于萧道成之唯利是尚也。光武则可谓勿忘其能矣。天下未定，战争方巫，汲汲然式古典，修礼乐，宽以居，仁以行，而缘饰学问，以充其美。见龙之德，在飞不舍，三代以下称盛治，莫有过焉。故曰光武远矣。呜呼！古无不学之天子，后世乃有不学之相臣。以不学之相臣，辅草泽之天子，治之不古，自高帝始。

同书卷二云：

贾谊、陆贽、苏轼，之三子者，迹相类也。贽与轼自以为类也，人之称之者亦以为类也；贽盖希谊矣，而不能为谊，然有愈于谊者矣；轼且希贽矣，而不能为贽，况乎其犹欲希谊也？奚以明其然耶？谊之说豫教太子以端本，奖廉隅以善俗，贽弗逮焉。而不但此，傅梁怀王，王堕马毙，谊不食死，贽弗能也。所以知其不能者，与窦参为难之情，胜于忧国也。顾谊之为学，粗而不纯，几与贽等。而任智任法，思以制匈奴，削诸侯。其三表五饵之术，婴稚之巧也；其削吴楚而益齐，私所亲而不虑，贻他日莫大之忧，是仆妾之智也。贽之所勿道也。故辅少主，婴孤城，仗节守义，以不丧其贞者，贽不如谊。而出入纷错之中，调御轻重之势，斟酌张弛，以出险而经远也，谊不如贽。是何也？谊年少愤盈之气，未履艰屯，而性之贞者略恒疏，则本有余而末不足，斯谊与贽轻重之衡，有相低昂者矣。若夫轼者，恶足以颉颃二子乎？酒肉也，佚游也，情夺其性者久矣；宠禄也，祸福也，利胜其命者深矣；志役于雕虫之技，以耸天下而矜其慧；学不出于揣摩之术，以荧天下而雠其能；习于其父仪、秦、鞅、斯之邪说，遂欲以揽天下而生事于平康之世；文饰以经术，而自曰吾谊矣；诡测夫利害，而自曰吾贽矣；

迷失其心，而听其徒之推戴，且曰吾孟子矣；俄而取道于异端，抑曰吾老聃矣，吾瞿昙矣。若此者谊之所不屑，抑赞之所不屑也。绛灌之非谊曰"擅权纷乱"，于谊为诬，于轼允当之矣。藉授以幼主危邦，恶足以知其所终哉？乃欲推而上之，列于谊与赞之间，宋玉所云相者举肥也。王安石之于谊似矣，而谊正，谊之于方正学似矣，而正学醇。正学凌谊而上之，且不能以戡祸乱，而几为咎首。然则世无所求于己，己未豫图其变，端居臆度，而欲取四海而经营之，未有能济者也。充谊之志，当正学之世，尽抒其所蕴，见诸施行，殆可与齐黄并驱乎？赞且不能，而轼之淫邪也勿论已。故抗言天下者，人主弗用而不足惜。惟赞也能因事纳忠，则明君所衔勒而使驰驱者也。

王氏能于楮墨之间，目游神驰于千古，即在于能比较古今史实。古今由之会通，论断藉以出现，而论断限之于比较关系之上，非纯自枢机发出，此为史家之论断也。故观王氏之史论，其浩瀚处，汪汪若千顷之波，而细寻其源，则为众细流之总汇也。由比较古今无数细微之史实，而古今治乱兴衰之通例出，而古今融会贯通，若凝成一体。若然，则王氏之为史家，殆不容丝毫置疑。

五　王氏解释历史之基本思想

王氏既富史家客观之归纳精神矣，而王氏为一大思想家，《读通鉴论》《宋论》又为其晚年之作品，谓王氏纯粹客观，其思想绝未影响其历史解释，殊不可能，然则王氏之客观归纳精神，宁非可议？实则王氏之思想，促使王氏成为一旷代之大史家；史家主观之演绎，与客观之归纳，亦往往相辅相成，非二者绝不相涉也。史家归纳，必先有假设，由假设而归纳，为变相之演绎；演绎过程中，亦有归纳成分在内。近代西方史家亦多否认归纳之绝对客观性。世界亦决无绝对客观之史家。史家摒绝思想，则不能形成假设，无假设，史料浩如烟海，如何归纳？故史家之思想，为史家之灵魂，史家而有广大浩阔之思想，由此出发，辅之以归纳精神，此大史家也。历史之深处大处，靠此类史家以发掘之矣。王氏之思想，可称广大浩阔，其形成之背景，可约略而言之。

王氏字而农，号姜斋，湖南衡阳人，晚年隐居湘西之石船山，学者称船山先生。生明万历四十七年（1619），卒清康熙三十一年（1692）。少负俊才，颖悟过人，读书十行俱下，一字不遗。七岁而毕十三经。十六而学韵语，阅古今人所作诗不下十万。甲申之变，悲愤不食者数日，作"悲愤诗"一百韵，吟已辄哭。清师下湖南，举兵衡山，战败军溃，遂至肇，瞿式耜荐之桂王，为行人司行人。以劾王化澄，化澄将构大狱陷之死地，会降帅高必正救之，得免。遂至桂林依瞿式耜，清兵克桂林，式耜殉难，王氏知事不可为，遂决计遁隐，时年三十三。嗣是窜伏祁永涟邵山中，流离困苦，一岁数徙其处。尝匿常宁瑶洞，变姓名为瑶人。康熙八年（1669），定居石船山，筑土室，名曰观生居，遂以地之僻而久藏焉。卒年七十四，自题遗像曰："把镜相看认不来，问人云此是姜斋，龟于朽后随人卜，梦未圆时莫浪猜？谁笔仗？此形骸。闲愁输汝两眉开，铅华未落君还在？我自从天乞活埋。"葬于大乐山高节里，自题其墓曰："明遗臣王夫之之墓。"自铭曰："抱刘越石之孤愤，而命无从致；希张横渠之正学，而力不能企；幸全归于兹丘，固衔恤以永世。"王氏之志，亦可悲矣！（以上见王敔《姜斋公行述》、潘宗洛《船山先生

59

传》、邓显鹤《船山著述目录》、王之春《船山公年谱》《王氏夕堂永日绪论序》《姜斋文集补遗》。)

当王氏之时，海内硕儒，北有容城，西有鳌峚，东南则昆山、余姚，而亭林先生为之魁。王氏刻苦似二曲，贞晦过夏峰，多闻博学，志节皎然，不愧顾黄两先生。顾诸君子肥遁自甘，声名益炳，羔币充庭，干旄在野。虽隐逸之荐，鸿博之征，皆以死拒，而公卿交口，天子动容，其志易白，其书易行。王氏窜身瑶洞，绝迹人间，席棘饴荼，声息不出林莽，门人故旧，又无一有气力者，为之推挽。是王氏声光之晦，视并时诸儒为尤甚。然王氏栖伏林泉，四十余年，刻志著书，萧然自得。其著书也，大抵为人心之衰，世道之递，学术之不明，汪洋浩瀚，烟雨迷离，以绵邈旷远之词，写沉菀隐幽之志。其书说经部分，关于易经者六种（《周易内传》《周易内传发例》《周易大象解》《周易稗疏》《周易考异》《周易外传》），关于书经者三种（《书经稗疏》《尚书引义》《尚书考异》），关于诗经者四种（《诗经稗疏》《诗经考异》《诗经叶韵辨》《诗广传》），关于礼记者一种（《礼记章句》），关于《春秋》者四种（《春秋家说》《春秋世论》《春秋稗疏》《续春秋左氏传博议》），关于四书者五种（《四书训义》《读四书大全说》《四书稗疏》《四书考异》《四书详解》），关于小学者一种（《说文广义》）。其解释诸子之书，则有《老子衍》《庄子解》《庄子通》《吕览释》《淮南子注》。其解释宋儒之书，则有《张子正蒙注》《近思录释》。其论史之书，则有《读通鉴论》《宋论》（王氏六十九岁时开始撰《读通鉴论》）。其史料书，则有《永历实录》《莲峰志》。其杂著，则有《思问录内外篇》《俟解》《噩梦》《黄书》《识小录》《搔首问》《龙源夜话》等。此外诗文集、诗余、诗话及诗选等又若干种。《相宗络索》及《三藏法师八十规矩论赞》两种，则为论法相宗之书焉。其著述可谓包罗万象矣（以上见邓显鹤《船山著述目录》、唐鉴《清学案小识》、张西堂《王船山学谱著述考》部分）。

自王氏著述之宏富，可知其学之博大。曾国藩《序船山遗书》云："先生殁后，巨儒迭兴，或攻良知捷获之说，或辨易图之凿，或详考名物训诂音韵，正诗集传之疏，或修补三礼时享之仪，号为卓绝，先生皆已发之于前，与后贤若合符契。"其学盖能囊括一代者也。

王氏之学，博大以外，精深尤为其特色。以与并时大家黄宗羲相比较，黄氏贡献在学案，自所创获者不大。王氏则理趣甚深，持论甚卓，不徒近三百年所未有，即列之宋明诸儒，其精深实无多让。盖王氏之学，神契横渠，羽翼朱子，深邃于易春秋，由之畅演精绎，而一家之言出焉。余廷灿于《船山先生传》云："其学深博无涯涘，而原本渊源，尤神契正蒙一书，于清虚一大之旨，阴阳法象之状，往来原反之故，靡不有以显幽扶微，折其奥窔。"又云："横渠以礼为堂，以易为室，所称四先生之学，柱立不挑者；而著正蒙一书，尤穷天地之奥，达性命之原，反经精义，存神达化，朱子亦谓其广大精深，未易窥测。先生究察于天人之故，通乎昼夜幽明之原，即是书畅演精绎，与自著《思问录》内外二篇，皆本隐之显，原始要终，朗然如揭日月。至于扶树道教，剖析数千年学术源流，分合同异，自序罗罗指掌，尤可想见先生素业。虽其逃名用晦，遁迹知稀，从游盖寡，而视真西山、魏了翁以降，姚、许、欧、吴诸名儒，仅仅拾雒闽之糟粕，以称理学，其立志存心，浅深本末，相距何如也。"则王氏之学，尤能上接张横渠之学也。"希张横渠之正学"，王氏亦自铭之矣。

王氏之学博大精深如此，而又生值神州陆沉明社丘墟之日，窜伏穷山历四十余年，其思想之广大浩阔而又带悲愤之气也殆为必然。

其影响于其历史之解释者，约有数大端：

1. 经世思想

清初诸大儒，含亡国之痛，对明末王学之空疏起反动，皆富经世思想。王氏又深于《春秋》，方其避兵深山，窜居瑶洞，犹时时讲说《春秋》不辍，故其谈史学，与春秋经世之思想极吻合。其言曰：

> 所贵乎史者，述往以为来者师也。为史者记载徒繁，而经世之大略不著，后人欲得其得失之枢机以效法之，无繇也。则恶用史为？（《读通鉴论》卷六）
>
> 史者垂于来今以作则者也。（同书卷二十）
>
> 礼乐刑政之兴废，荒隅盗贼之缘起，皆于史乎征之。（同书卷十五）
>
> 史之为书，见诸行事之征也。则必推之而可行，战而克，守而固，行法而民以为便，进谏而君听以从，无取于似仁似义之浮谈，祇以致悔吝而无成者也，则智有所尚，谋有所详，人情有所必近，时势有所必因，以成与得为期，而败与失为戒，所固然矣。然因是而卑污之说进焉，以其纤曲之小慧，乐与跳荡游移，阴慝钩距之术而相取；以其躁动之客气，迫与轻挑忮忿武健驰突之能而相依；以其妇姑之小慈，易与狐媚猫驯涎忍柔巽之情而相昵。闻其说者，震其奇诡，歆其纤利，惊其决裂，利其响呕，而人心以盘，风俗以淫，彝伦以斁，廉耻以堕。若近世李贽、钟惺之流，导天下于淫邪，以酿□□□□之□，岂非逾于洪水，烈于猛兽者乎？溯其所繇，则司马迁、班固喜为恢奇震耀之言，实有以导之矣。读项羽之破王离，则须眉皆奋

而杀机动；览田延年之责霍光，则胆魄皆张而戾气生，与市侩里魁同慕汲黯、包拯之绞急，则和平之道丧；与词人游客共叹苏轼、苏辙之浮夸，则惇笃之心离；谏而尚谲，则俳优且贤于伊训；谋而尚诈，则甘誓不齿于孙吴；高允翟黑子之言，祗以奖老奸之小信；李克用三垂冈之叹，抑以侈盗贼之雄心；甚至推胡广之贪庸，以抑忠直，而惬鄙夫之志；伸冯道之逆窃，以进夷盗，而顺无赖之欲；轻薄之夫，妄以为慷慨悲歌之助；雕虫之子，喜以为放言饰说之资。若此之流，允为残贼。此编（指《读通鉴论》）所述，不敢姑容。刻志兢兢，求安于心，求顺于理，求适于用。顾惟不逮，用自惭恧，而志则已严，窃有以异于彼也。（同书卷末《叙论三》）

是王氏以为史之为书，所以经世，著经世之大略，以为来者之师。离此而史家徒繁记载，则史已失去其作用。史家若喜为恢奇震耀之言，则驯致而人心以蛊，风俗以淫，彝伦以斁，廉耻以堕，祸且流于无穷。中国史学，富经世思想，而言之最恺切最沉痛者，似无有逾于王氏者矣。王氏史学中既富经世思想，故其论史，喜论政治、风俗、财赋、学术，以期有济于用，而精见亦随之而出。

以论政治而言，王氏《读通鉴论》《宋论》中，大部分为论政治，其论政治，目的为在资治。其于《叙论》中云："治道之极致，上稽尚书，折以孔子之言，而蔑以尚矣。其枢则君心之敬肆也；其戒则怠荒刻核，不及者倦，过者欲速也；其大用，用贤而兴教也；其施及于民，仁爱而锡以极也。以治唐虞，以治三代，以治秦汉而下，迄至于今，无不可以此理推而行也。以理铨选，以均赋役，以诘兵戎，以饬刑罚，以定典式，无不待此以得其宜也。"（《读通鉴论》卷末《叙论四》）王氏心目中之治道，有一极致，则其论政治，目的在资治，已极显然。无怪其赞《通鉴》曰："旨深哉！司马氏之名是编也，曰资治者，非知治知乱而已也，所以为力行求治之资也。"（见同上）

以论风俗而言，王氏屡言风俗之变迁，风俗之良窳，既富警世作用，亦寓有极高远之见。如言历代之衰乱，由于人心风俗之动（见《读通鉴论》卷十一，前文已引），即极具史家之慧眼，可以为中外引为鉴镜。

以论财赋而言，王氏亦能从财赋以论治乱兴衰，此西方近代史家之眼光也。如《读通鉴论》卷二十三云：

> 自唐以上，财赋所自出，皆取之豫兖冀雍而已足，未尝求足于江淮也。恃江淮以为资，自第五琦始。当其时，贼据幽冀，陷两都，山东虽未尽失，而隔绝不通，蜀赋既寡，又限以剑门栈道之险，所可资以赡军者惟江淮，故琦请督租庸，自汉水达洋州，以输于扶风，一时不获已之计也。乃自是以后，人视江淮为腴土，刘晏因之，辇东南以供西北，东南之民力殚焉，垂及千年，而未得稍纾！

卷二十六又云：

> 安史作逆以后，河北乱，淄青乱，朔方乱，汴宋乱，山南乱，泾原乱，淮西乱，河东乱，泽潞乱，而唐终不倾者，东南为之根本也。唐立国于西北，而植根本于东南。第五琦、刘晏、韩滉皆藉是以纾天子之忧，以抚西北之士马，而定其倾。

唐虽乱而东南之根本不动摇,唐终不倾,然輂东南之财赋以供西北,东南之民力遂殚,亦祸延无穷。凡此皆为"述往以为来者师"也。

以论学术而言,王氏论学术,每有深意,如《宋论》卷二云:

> 光武之兴道艺也,雅乐仪文,得之公孙述也;拓跋氏之饰文教也,传经定制,得之河西也。四战之地,不足以留文治,则偏方晏处者存焉。蒙古决裂天维,而两浙三吴,文章盛于晚季,刘、宋、章、陶,藉之以开一代之治。

"四战之地,不足以留文治,则偏方晏处者存焉",此为极富深意之历史通则。《读通鉴论》卷十五更畅论河西儒学与隋统一之关系云:

> 儒者之统,与帝王之统,并行于天下,而互为兴替。其合也,天下以道而治,道以天子而明。及其衰,而帝王之统绝,儒者犹保其道以孤行而无所待,以人存道,而道可不亡。魏晋以降,玄学兴而天下无道,五胡入而天下无君,上无教,下无学,是二统者,皆将斩于天下。乃永嘉之乱,能守先王之训典者,皆全身以去,西依张氏于河西。若其随琅邪而东迁者,则固多得之于玄虚之徒,灭裂君子之教者也。河西之儒,虽文行相辅,为天下后世所宗主者亦鲜,而矩矱不失,传习不废,自以为道崇,而不随其国以荣落。故张天锡降于苻秦,而人士未有随张氏而东求荣于羌氏者。吕光叛,河西割为数国,秃发沮渠乞伏,蠢动喙息之酋长耳,杀人生人,荣人辱人,惟其意,

而无有敢施残害于诸儒者，且尊之也，非草窃一隅之夷能尊道也，儒者自立其纲维而莫能乱也。至于沮渠氏灭，河西无复孤立之势，拓跋焘礼聘殷勤，而诸儒始东。阚骃、刘昞、索敞，师表人伦，为北方所矜式。然而势屈时违，祗依之以自修其教，未尝有乘此以求荣于拓跋，取大官执大政者。呜呼！亦伟矣哉！江东为衣冠礼乐之区，而雷次宗、何允出入佛老以害道，北方之儒，较醇正焉。流风所被，施于上下，拓跋氏乃革面而袭先王之文物，宇文氏承之，而隋以一天下。苏绰、李谔定隋之治具，关朗、王通开唐之文教，皆自此昉也。一隅耳而可以存天下之废绪；端居耳而可以消百战之凶危；贱士耳而可以折嗜杀横行之□类。其书虽不传，其行谊虽不著，然其养道以自珍，无所求于物，物或求之而不屈，则与姚枢许衡标榜自鬻于蒙古之廷者，相去远矣。是故儒者之统，孤行而无待者也。天下自无统而儒者有统。道存乎人，而人不可以多得，有心者所重悲也！

以隋之统一，归因于河西儒学，由之以畅论一隅可以存天下之废绪，端居可以消百战之凶危，此史家之卓见，亦富有经世之深意也。"士生礼崩乐圮之世，而处僻远之乡，珍重遗文，以须求旧之代，不于其身，必于其徒，非有爽也。坐销岁月于幽忧困菀之下者，殆所谓自弃者与？道胜者道行而志已得，文成者文著而心以亨。奚必任三事，位彻侯，而后足以荣与？汉兴功臣，名多湮没，而申培、伏胜，遗泽施于万年。然则以纂述为束缚英才之徽纆者，细人之陋也，以沮丧君子而有余疚已。"（《宋论》卷二）然则王氏之栖伏穷山著书，宁非为存天下之学术，以待治世之来临欤？居今日而思王氏之论，深有亲切之感焉。

王氏论史，力主褒贬，其用意亦在经世也。"古之为史者，莫不有奖善惩恶之情，随小大而立之鉴。"（《续春秋左氏博议》卷上）王氏之褒贬，系根据儒家之观点："百王不易，千圣同原者，其大纲则明伦也，察物也；其实政则敷教也，施仁也；其精意则祇台也，跻敬也，不显之临，无射之保也。此则圣人之道统，非可窃者也。"（《读通鉴论》卷十三）王氏以此绝对观点，施之褒贬，而立鉴戒，期以有益于世教民生，而存宇宙间和平雍穆之气。此王氏史学中经世思想之最高境界也。近人反对褒贬，提倡客观，有言褒贬者，咸不以史家视之，实则世间宁有完全客观而丝毫不肆其褒贬之史家哉？且王氏之褒贬，极富历史色彩，其于《读通鉴论·叙论》中云："编中于大美大恶，昭然耳目，前有定论者，皆略而不赘。推其所以然之繇，辨其不尽然之实，均于善而醇疵分，均于恶而轻重别，因其时，度其势，察其心，穷其效。"此又论王氏褒贬之学所不可不知者也。

2. 民族思想

王氏民族思想之浓厚，在中国史家中，殆无出其右者。身遭国变，又受春秋学之影响，于是以激昂悲愤之笔，写其内诸夏而外夷狄之思，凡匈奴、突厥、契丹、女真、蒙古，皆所摈斥，满族尤为其所深恶痛绝者焉。其历史解释，亦由此源源而出。

王氏以为天下之大防二，夷狄华夏也，君子小人也。春秋严夷夏之防，为古今之通义，万世不易之公理（以上见《读通鉴论》卷十四）。屈节以事夷者，为万世之罪人：

谋国而贻天下之大患，斯为天下之罪人，而有差等焉。祸在一时之天下，则一时之罪人，卢杞是也。祸及一代，则一代之罪人，李林甫是也。祸及万世，则万世之罪人，自生民以来，惟桑维翰当之。刘知远决策以劝石敬瑭之反，倚河山之险，恃士马之强，而知李从珂之浅软，无难摧拉，其计定矣。而维翰急请屈节以事契丹，敬瑭智劣胆虚，遽从其策，称臣割地，授予夺之权于夷狄，知远争之而不胜。于是而生民之肝脑，五帝三王之□□礼乐，驱以入于狂流，契丹弱而女真乘之，女真弱而蒙古乘之，□祸无□，人胥为夷。非敬瑭之始念也，维翰尸之也。（《读通鉴论》卷二十九）

夷夏通婚以及徙戎塞内，皆所积极反对：

天子以女配夷，臣民狃而不以为辱，夷且往来于内地，而内地之女子，妇于胡者多矣。胡虽杂母之气，而狎其言语，駤戾如其父，慧巧如其母，益其所不足，以佐其所有余。故刘渊、石勒、高欢、宇文黑獭之流，其狡狯乃凌操懿而驾其上。（同书卷二）

汉魏徙戎于塞内，空朔漠以延新起之夷，相踵相仍，如蟹之登陆，陵陵藉藉以继进，天地之纪，乱而不可复理，乾坤其将□乎？（同书卷十二）

其极也，则主张：

可禅，可继，可革，而不可使异类间之。（《黄书原极》）

戎狄者，欺之而不为不信，杀之而不为不仁，夺之而不为不义。(《读通鉴论》卷二十八)

王者之于戎狄，暴则惩之，顺则远之，各安其所，我不尔侵，而后尔不我虐。(同书卷七)

王氏如此激烈之民族思想，有其原理性之地形论与习气说互相配合：

天以洪钧一气，生长万族，而地限之以其域，天气亦随之而变，天命亦随之而殊。中国之形如箕，坤维其膺也，山两分而两迤，北自贺兰，东垂于碣石，南自岷山，东垂于五岭，而中为奥区，为神皋焉。故裔夷者，如衣之裔垂于边幅，而因山阻漠以自立。地形之异，即天气之分，为其性情之所便，即其生理之所存。滥而进宅乎神皋焉，非不歆其美利也，地之所不宜，天之所不佑，性之所不顺，命之所不安。是故拓跋氏迁雒而败，完颜氏迁蔡而亡。游鳞于沙渚，啸狐于平原，将安归哉？待尽而已矣。(同书卷十三)

夷狄之与华夏，所生异地，其地异，其气异矣；气异而习异，习异而所知所行蔑不异焉。乃于其中亦自有其贵贱焉，特地界分，天气殊，而不可乱。乱则人极毁，华夏之生民，亦受其吞噬而憔悴。防之于早，所以定人极而保人之生。(同书卷十四)

语曰："王者不治夷狄。"谓沙漠而北，河洮而西，日南而南，辽海而东，天有殊气，地有殊理，人有殊质，物有殊产，各生其所生，养其所养，君长其君长，部落其部落，彼无我侵，我

69

无彼虞，各安其纪而不相渎耳。若夫九州之内，负山阻壑之族，其中为夏者，其外为夷；其外为夏者，其中又为夷；互相襟带，而隔之绝之，使胸腋肘臂，相亢悖而不相知，非无可治，而非不当治也，然且不治，则又奚贵乎君天下者哉？君天下者，仁天下者也。仁天下者，莫大乎别人于禽兽，而使贵其生。苗夷部落之魁，自君于其地者，皆导其人以驵戾淫虐，沉溺于禽兽，而掊削诛杀，无间于亲疏，仁人固弗忍也。则诛其长，平其地，受成赋于国，涤其腥秽，被以衣冠，渐之摩之，俾诗书礼乐之泽兴焉，于是而忠孝廉节，文章政事之良材，乘和气以生，夫岂非仁天下者之大愿哉？以中夏之治夷，而不可行之九州之外者，天也；其不可不行之九州之内者，人也。惟然而取蛮夷之土，分立郡县，其功溥，其德正，其仁大矣。（《宋论》卷六）

以地形划分夷狄与华夏之界限，九州以外，即所谓沙漠以北，河洮以西，日南以南，辽海以东，皆视之为夷狄之域，其地形殊，其天气异，其人之习性亦不同，故严夷狄华夏之防，使彼此和平共存，以定人极而保人之生。若夫九州以内之夷狄，则可诛其长，平其地，而被以华夏文化，使其别于禽兽，此固所谓仁天下也。王氏之民族思想如此，无怪其论史往往自此以发其议论，肆其褒贬矣。

3. 演进思想

王氏富演进思想，为近代学术界所艳称。中国传统学者，类皆醉心古代；中国传统学术中，亦无西方演进思想，王氏独能摆脱传统之藩篱，自辟蹊径，不可谓非中国学术界豪杰之士也。

王氏屡言理势："理者固有也，势者非适然也，以势为必然，然而有不然者存焉。"(《春秋家说》卷一）此理有定而势无定之说（张西堂《王船山学谱》），势既无定，故以时为重，而演进之思想出焉。其及于其历史之解释也，则为"三代之制，不可行于后世者有二，农不可兵，兵不可农，相不可将，将不可相也"（《读通鉴论》卷二）。"封建不可复行于后世，民力之所不堪，而势在必革也"（见同上）。"封建选举之法，不可行于郡县。易曰，变通者，时也三代之王者，其能逆知六国强秦以后之朝野，而豫建万年之制哉？……封建也，学校也，乡举里选也，三者相扶以行，孤行则踬矣。用今日之才，任今日之事，所损益可知已。"（见同书卷三）皆为以演进思想而从事历史解释也。"古之天下，人自为君，君自为国，百里而外，若异域焉。治异政，教异尚，刑异法，赋敛惟其轻重，人民惟其刑杀，好则相昵，恶则相攻，万其国者万其心，而生民之困极矣。尧舜禹汤弗能易也。至殷之末，殆穷则必变之时，而犹未可骤革于一朝。故周大封同姓，而益展其疆域，割天下之半，而归之姬氏之子孙，则渐有合一之势，而后世郡县一王，亦缘此以渐统一于大同，然后风教日趋于画一，而生民之困，亦以少衰。故孟子之言治详矣，未尝一以上古万国之制，欲行于周末，则亦灼见武王周公绥靖天下之大权，而知丘民之欲在此而不在彼。以一姓分天下之半，而天下之瓦合萍散者，渐就于合。故孟子曰：'定于一。'大封同姓者，未可即一而渐一之也。"（同书卷二十）则言从散乱到统一，为历史发展必然之趋势，与近代学者所称由部落而封建以至集权国家之社会发展阶段相似。凡王氏言历史演进，往往类此。

惟王氏之演进思想，有极不同于西方之演进思想者，则循环之义参于其中也。王氏极深于易，其演进思想，自易而来，易言"穷则变，变则通，通则久"，王氏则言："天下之势，循则极，极则反。"

(《春秋世论》卷四)"极重之势,其末必轻,轻则反之也易"(《宋论》卷七)。以致王氏虽屡言历史之演进,而循环论亦杂然出于其间。如王氏之《气数论》,一治一乱论,皆循环论也,无不出于易。如《思问录》外篇云:

> 天地之气,衰旺彼此迭相易也。太昊以前,中国之人,若麋聚鸟集,非必日照月临之下而皆然也,必有一方焉,如唐虞三代之中国也。既人力所不通,而方彼之盛,此之衰,而不能征之。迨此之盛,则彼又衰,而弗能述以授人,故亦蔑从知之也。以其近且小者推之,吴、楚、闽、越,汉以前夷也,而今为文教之薮;齐、晋、燕、赵,唐隋以前之中夏也,而今之椎钝駤戾者,十九而抱禽心矣;宋之去今五百年耳,邵子谓南人作相,乱自此始,则南人犹劣于北也;洪永以来,学术、节义、事功、文章,皆出荆扬之产,而贪忍无良,弑君卖国,结宫禁,附宦寺,事仇雠者,北人为尤酷焉,则邵子之言,验于宋而移于今矣;今且两粤滇黔,渐向文明,而徐豫以北,风俗人心,益不忍问。地气南徙,在近小间有如此者。推之荒远,此混沌而彼文明,又何怪乎?易曰,乾坤毁则无以见易,非谓天地之灭裂也,乾坤之大文不行于此土,则其德毁矣。故曰,黄帝尧舜垂衣裳而天下治,盖取诸乾坤,则虽谓天开地辟于轩辕之代焉可矣。

又云:

> 治乱循环,一阴阳动静之机也。今云乱极而治,犹可言也,

借曰治极而乱，其可乎？乱若生于治极，则尧舜禹之相承，治已极矣，胡弗即报以永嘉靖康之祸乎？方乱而治人生，治法未亡，乃治；方治而乱人生，治法弛，乃乱。阴阳动静，固莫不然。阳含静德，故方动而静；阴储动能，故方静而动。故曰，动静无端，待其极至而后大反，则有端矣。

此由易而王氏衍出其气数论与治乱循环论，而二者与西方之演进思想，实相径庭。晚近西方之历史循环论继演进史观以蜂起，演进思想必济之以循环论，乃为不曲解历史欤？则王氏为不可及矣。

4. 人道思想

王氏之学，渊源于张横渠，"张子之学，上承孔孟之志，下救来兹之失，如皎日丽天，无幽不烛，圣人复起，未有能易焉者也"（《张子正蒙注·序论》）。其于横渠之学，可谓服膺矣。横渠之学，"为天地立心，为生民立命，为往圣继绝学，为万世开太平"。其作正蒙，倡言："民吾同胞，物吾与也。""尊高年，所以长其长；慈孤弱，所以幼其幼。""凡天下疲癃残疾惸独鳏寡，皆吾兄弟之颠连而无告者也。"以致及于王氏，而形成极富伟大精神之人道思想。反对用兵，为此种思想之所表现：

> 兵者，毒天下者也，圣王所不忍用也。自非鳞介爪牙，与我殊类，而干我藩垣，绝我人极，不容已于用也，则天下可以无兵。（《读通鉴论》卷五）

> 以驱民于死而取胜，突围陷阵者有赏，肉薄攻城者，前殒而后进，则嗜杀者，非嗜杀敌，而实嗜杀其人矣。……用兵之

杀人也，其途非一，而驱人为无益之死者，莫甚于攻城。投鸿毛于烈焰，而亟称其勇以奖之，有人之心，尚于此焉变哉！（同书卷十三）

反对杀人毒民，为此种思想之所发扬：

（杨）素者，天下古今之至不仁者也。其用兵也，求人而杀之以立威，使数百人犯大敌，不胜而俱斩之，自有兵以来，惟尉缭言之，惟素行之。盖无他智略，惟忍于自杀其人而已矣。其营仁寿宫也，丁夫死者万计，皆以杀人而速奏其成。旷古以来，惟以杀人为事者，更无其匹。呜呼！人之不仁，至于此极！（同书卷十九）

曹操父见杀而兴兵报之，是也。坑杀男女数十万人于泗水，遍屠城邑，则惨毒不仁，恶滔天矣！（同书卷九）

隋之毒民亟矣，而其殃民以取灭亡者，仅以两都六军宫官匠胥之仰给，为数十年之计，置雒口兴雒回雒黎阳永丰诸仓，敛天下之口食，贮之无用之地，于是粟穷于比屋，一遇凶年，则流亡殍死，而盗以之亟起，虽死而不恤，旋扑旋兴，不亡隋不止。其究也，所敛而积者，祗为李密聚众，唐公得民之资，不亦愚乎？（同书卷十九）

刑具之有木棓竹根箍头楔指绞踝立枷匣床诸酷具，被之者求死不得。自唐武氏后，无用此以毒民者。宋之末年，有司始复用之，流及于今，法司郡邑，下至丞尉，皆以逞其暴怒，而血肉横飞，不但北寺缇帅为然也。呜呼！宋以此故，腥闻于上天，亟剿其命，不得已授赤子于异姓，而冀使息虐，亦惨矣哉！

(《宋论》卷十四）

反对食人，尤为此种思想之所磅礴郁积：

> 张巡捐生殉国，血战以保障江淮，其忠烈功绩，固出颜杲卿、李澄之上，尤非张介然之流所可企望。贼平，廷议褒录，议者以食人而欲诎之。国家崇节报功，自有恒典，诎之者非也，议者为已苛矣。虽然，其食人也，不谓之不仁也不可。……夫人之不忍食人也，不待求之理而始知其不可也，固闻言而心悸，遥想而神惊矣。于此而忍焉，则必非人而后可。……无论城之存亡也，无论身之生死也，所必不可者，人相食也。汉末饿贼起而祸始萌，隋末朱粲起而祸乃烈。然事出盗贼，有人心者，皆恶之而不忍效。忠臣烈士，亦驯习以为故常，则后世之贪功幸赏者，且以为师，而恶流万世，哀哉！若张巡者，唐室之所可褒，而君子之所不忍言也！（《读通鉴论》卷二十三）

> 张巡守睢阳，食尽而食人，为天子守以抗逆贼，幸全江淮千里之命，君子犹或非之。臧洪怨袁绍之不救张超，困守孤城，杀爱妾以食将士，陷其民，男女相枕而死者七八千人。……洪以私恩为一曲之义，奋不顾身，而一郡之生齿，为之并命，殆所谓任侠者与？于义未也。而食人之罪，不可逭矣。天下至不仁之事，其始为之者，未必不托于义，以生其安忍之心。洪为之，巡效之，而保其忠。于是而朱粲之徒，相因以起，浸及末世，凶岁之顽民，至父子兄弟夫妻，相噬而心不戚，而人之视蛇蛙也无以异。（同书卷九）

能保境安民者，则汲汲称道之：

　　王潮约军于闽海，秋毫无犯；王建从綦母谏之说，养士爱民于西蜀；张全义招怀流散于东都，躬劝农商；杨行密定扬州，辇米赈饥；成汭抚集凋残于荆南，通商劝农。此数子者，君子酌天地之心，顺民物之欲，予之焉可矣。存其美，略其愿，不得以拘致主帅之罪罪王潮，不得以党贼之罪罪全义，不得以僭号之罪罪王建，不得以争夺之罪罪行密，不得以逐帅自立之罪罪成汭。而其忘唐之尚有天子，莫之恤而擅地自专者，概可勿论也。非王潮不能全闽海之一隅，非王建不能保两川于已乱，非全义不能救孙儒刃下之余民，非行密不能苏高骈虐用之孑黎。且其各守一方，而不妄觊中原，以糜烂其民，与暴人争衰王。以视朱温、李克用之竭民肝脑，以自为君而建社稷，仁不仁之相去，岂不远哉！呜呼！至是而民为重矣！非倚之以安君而卫社稷之谓也，视其血染溪流，膏涂原草者，虽欲不重之，而有人心者固不忍也。（同书卷二十七）

天下丧残，生民屠毒，则激愤悲恸以述之：

　　李克用自潞州争山东，而三州之民，俘掠殆尽，稼穑绝于南亩；秦宗权寇掠焚杀，北至滑卫，西及关辅，东尽青齐，南届江淮，极目千里，无复烟火，车载盐尸，以供糇粮；孙儒攻陷东都，环城寂无鸡犬；杨行密攻秦彦毕师铎于扬州，人以堇泥为饼充食，掠人杀其肉而卖之，流血满市；李罕之领河阳节度，以寇钞为事，怀孟晋绛数百里间，田无麦禾，邑无烟火者，殆将十年；孙儒引兵去扬州，悉焚庐舍，驱丁壮及妇女渡江，杀老弱以充食；朱温攻时溥，徐泗濠三州之民，不得耕获，死者十六七。若此者凡数十年，殃之及乎百姓者，极乎不忍见不忍言之惨！（见同上）

  丧乱已酷，屠割如鸡豚，野死如蛙蚓，惊窜如麋鹿，馁瘠如鸠鹄，子视父之剖胸裂肺而不敢哭，夫视妻之强搂去室而不敢顾，千里无一粟之藏，十年无一荐之寝！（见同上）

  凡此皆王氏之人道思想也，凡此皆王氏之解释历史自人道思想以出发也。古今中外之历史，变化万端，而不变者为人不能离历史以去，人之价值，永恒存在，而不容丝毫忽视。史家以不忍人之心，贬残贼以为来者戒，褒仁慈以为来者师，为史家绝对之任务；史学中应富人道思想，以维持人之价值，为万世不易之通义。历史之最大功用在此，人类所以异于禽兽，而渐自草昧以进于文明者在此。谈王氏史学，明乎此，则可以知王氏史学之为不可及矣，亦可以窥王氏史学之最高境界矣。然此亦为中国史学之一种境界，特于王氏而表露无遗无余耳。此言中国史学所不可不知者也（英人 J. Needham 于其大著 *Science and Civilization in China* 第二册第十七章称王氏为唯物主义者，殊不可解）。

六　王氏之史学方法论

  王氏有一套极高明之史学方法论，亟待表彰焉。国人言史学方法论，皆盛推刘知几与章学诚，未有称及王氏者。《史通》《文史通义》为专言史学之书，其详及史学方法论，自不待言。《读通鉴论》

《宋论》则为论史事，从事于历史解释，性质与二者极不同，以致其论及史学方法之处，深为所掩。此有待表而出之也。

王氏之史学方法论，集中于批评史事之真伪，举凡夸诞、附会、溢美、溢恶、掩饰之处，皆曲予揭示之，以使真相呈露。其批评之方法，极为客观，亦极富哲学精神。如《读通鉴论》卷三云：

> 司马迁挟私以成史，班固讥其不忠，亦允矣。李陵之降也，罪较著而不可掩。如谓其孤军支虏而无援，则以步卒五千出塞，陵自衒其勇，而非武帝命之不获辞也。陵之族也，则嫁其祸于李绪，迨其后李广利征匈奴，陵将三万余骑追汉军，转战九日，亦将委罪于绪乎？如曰陵受单于之制，不得不追奔转战者，匈奴岂伊无可信之人，令陵有两袒之心，单于亦何能信陵，而委以重兵，使深入而与汉将相持乎？迁之为陵文过若不及，而抑称道李广于不绝，以奖其世业。迁之书为背公死党之言，而恶足信哉！

卷六云：

> 更始不足以有为，史极言之，抑有溢恶之辞。欲矜光武之盛，而掩其自立之非，故不穷更始之恶，则疑光武之有惭德也。

卷七云：

> 班超之于西域，戏焉耳矣。以三十六人横行诸国，取其君，欲杀则杀，欲禽则禽，古今未有奇智神勇而能此者。盖此诸国

者，地狭而兵弱，主愚而民散，不必智且勇，而制之有余也。万里之外，孱弱之夷，苟且自王，实不能逾中国一亭长。其叛也，不足以益匈奴之势，其服也，不足以立中夏之威，而欺弱凌寡，挠乱其喙息，以诧奇功，超不复有人之心，而今古艳称之，不益动妄人以为妄乎？发穴而攻蝼蛄，入沼而捕鳅鲦，曰，智之奇勇之神也，有识者笑之久矣。光武闭玉门，绝西域，班固赞其盛德。超，固之弟也，尝读固之遗文，其往来报超于西域之书，述窦宪殷勤之意，而美其远略，则超与固非意异而不相谋也。其立言也如彼，其兄弟相奖，诬上侥幸，以取功名也如此。弄文墨趋危险者之无定情，亦至此乎？班氏之倾危，自叔皮而已然，流及妇人而辩有余，其才也，不如其无才也。

卷十云：

呜呼！惜名节者谓之浮华，怀远虑者谓之铦巧。《三国志》成于晋代，固司马氏之书也，后人因之，掩抑孤忠，而以持禄容身，望风依附之逆党为良图，公论没，人心蛊矣。

卷十四云：

桓温伐燕，大败于枋头，申允料之验矣。允曰："晋之廷臣，必将乖阻以败其事。"史不著乖阻之实，而以孙盛阳秋直书其败观之，则温之败，晋臣所深喜而乐道之者也。……春秋予桓文之功，讳召王请隧之逆，圣人之情见矣。若孙盛之流，徇流俗而矜直笔，幸灾乐祸，亦恶足道哉！

以上皆为就史事之作者以批评史事之真实程度也。又如卷七云：

  史有溢词，流俗羡焉，君子之所不取。纪明帝之世，百姓殷富，曰粟斛三十钱。使果然也，谋国者失其道，而民且有馁死之忧矣。一夫之耕，中岁之获，得五十斛止矣，终岁勤劳，而仅得千五百钱之利，口分租税徭役出于此，妇子食于此，养老养疾死葬婚嫁给于此，盐酪耕具取于此，固不足以自活，民犹肯竭力以耕乎？所谓米斛三十钱者，尽天下而皆然乎？抑偶一郡国之然而诧传之也？使尽天下而皆然，尚当平籴收之，以实边徼①，以御水旱，而不听民之狠戾。然而必非天下之尽然也，则此极其贱而彼犹踊贵，当国者宜以次输移而平之，讵使粟死金生，成两匮之苦乎？故善为国者，粟常使不多余于民，以启其轻粟之心，而使农日贱。农日贱，则游民商贾日骄。故曰，粟贵伤末，粟贱伤农。伤末之与伤农，得失何择焉。太贱之后，必有饿殍。明帝之世，不闻民有馁死之害，是以知史之为溢词也。

卷八云：

  《史纪》董卓之辟蔡邕，邕称疾不就，卓怒曰："我能族人。"邕惧而应命。此殆惜邕之才，为之辞以文其过，非果然也。卓之始执国柄，亟于名而借贤者以动天下，盖汲汲焉。除公卿子

---

① 编者注：此读为 yáo，原指西南少数民族，此处指代边境。

弟为郎，以代宦官；吊祭陈、窦，复党人爵位；征申屠蟠；推进黄琬、杨彪、荀爽为三公；分任韩馥、刘岱、孔伷、张邈为州郡，力返桓灵宦竖之政，窃誉以动天下。蔡邕首被征，岂其礼辞不就而遽欲族之哉？故以知卓之未必有此言也。且使卓而言此矣，亦其粗犷不择，一时嚗发之词，而亦何足惧哉？申屠蟠不至，晏然而以寿终矣；袁绍横刀揖出，挂节上东门，而弗能迫杀之矣；卢植力沮宏农之废，而止于免官，迫然以去矣；郑泰沮用兵之议，巽辞而解矣；朱俊、黄琬，不欲迁都，而皆全身以退矣。邕以疾辞，未至如数子之决裂，而何为其族耶？狂夫之言，一怒而无余。卓之暴，市井亡赖之谰言也，而何足惧耶？

卷十六云：

孟子曰："尽信书则不如无书。"《尚书》删自仲尼，且不可尽信，况后世之史哉。郁林王昭业之不足为君，固已。然曰："世祖积钱及金帛，不可胜计，未暮岁而用尽。"则诬矣。夷考暮岁之中，未尝有倾宫璇室裂缯凿莲之事也。徒以掷涂赌跳之戏，遂荡无穷之帑乎？隋炀之侈极矣，用之十三年而未竭。郁林居位几何时，而遽空其国邪？当其初立，王融先有废立之谋矣，萧鸾排抑子良，挟权辅政，即有篡夺之心矣，引萧衍同谋而征隋王子隆，于是而其谋益亟，郁林坐卧于刀锯之上，而愚不知耳。鸾已弑主自立，王晏、徐孝嗣文致郁林之恶，以掩鸾滔天之罪，欲加之罪，何患无辞乎？史于宋主子业及昱，皆备纪其恶，穷极岁蝶，不可以人理求者，而言之已确，岂尽然哉？

乱臣贼子，弑君而篡其国，讵可曰君有小过，而我固不容，则极乎丑诋，而犹若不足，固其所矣。夫宋孝武之惩于逆劭也，明帝之必欲立昱而固其位也，齐武之明而俭也，夫岂不知子孙之不肖，而思有以正之乎？大臣挟人人可为主之心，不以戴贼为耻，谁与进豫教之道于先，献箴规之言于后者？待其不道，暴其恶以弑之已耳。此三数君者，亦尝逆师保之训，杀忠谋之臣否邪？此可以知在廷之心矣。人道绝，廉耻丧，公然讦数其君之恶，而加以已甚之辞，曰此其宜乎弑而宜乎篡者也，恶足信哉！

又云：

拓跋宏之伪也，儒者之耻也。夫宏之伪，欺人而遂以自欺久矣。欲迁雒阳而以伐齐为辞，当时亦孰不知其伪者，特未形之言，勿敢与争而已。出其府藏金帛衣器，以赐群臣，下逮于民，行无故之赏，以饵民而要誉，得之者固不以为德也，皆欺人而适以自欺也。犹未极形其伪也。至于天不雨，而三日不食，将谁欺，欺天乎？人未有三日而可不食者，况其在豢养之子乎？高处深宫，其食也孰知之？其不食也孰信之？大官不进，品物不具，宦官宫妾之侧，孰禁之，果不食也欤哉？！而告人曰不食数日，犹无所感。将谁欺，欺天乎？

卷二十六云：

唐之立国，至宣宗二百余年，天下之乱屡矣，而民无有起而为盗者。大中六年,鸡山贼乃掠蓬果三州,言辞悖慢,民心之离,于是始矣。崔铉之言曰:"此皆陛下赤子,迫于饥寒。"当是时也,外无吐蕃回纥之侵陵,内无河北淮蔡泽潞之叛乱,民无供亿军储括兵远戍之苦,宣宗抑无宫室游观纵欲敛怨之失,天下亦无水旱蟊螟千里赤地之灾,则问民之何以迫于饥寒,而遽走险以自求斩艾乎?然则所以致之者,非有司之虐害而谁耶?李行言李君奭以得民而优擢,宜足以风厉廉隅,而坊止贪浊矣,然而固不能也。君愈疑,臣愈诈,治象愈饰,奸蔽愈滋,小节愈严,大贪愈纵,天子以综核御大臣,大臣以综核御有司,有司以综核御百姓,而弄法饰非者骄以玩,朴愿自保者罹于凶,民安得不饥寒,而攘臂以起哉!小说载宣宗之政,琅琅乎其言之,皆治象也。温公亟取之,登之于策,若有余美焉。自知治者观之,则皆亡国之符也。

《宋论》卷二云:

人之可信者,不贪不可居之名;言之可信者,不传不可为之事。微生之直,仲子之廉,君子察其不谱;室远之诗,漂杵之书,君子辨其不实。人恶其饰言饰行以乱德也,言恶其溢美溢恶以乱道也,君子之以敦实行,传信史,正人心,厚风俗者,诚而已矣。江州陈兢,九世同居,而太宗岁赐以粟。盖闻唐张公艺之风,而上下相蒙以矜治化也。九世同居,天下亦多有之矣,其宅地广,其田牧便,其习业同,未可遽为孝慈友爱,人皆顺以和也。公艺之告高宗也曰忍,夫忍必有不可忍者矣,则父子之谇语,妇姑之勃溪,兄弟之交愈,以至于斁伦伤化者皆有之，公艺悉忍而弗较，以消其狱讼雠杀之大恶而已。使其皆孝慈友爱以无尤也，则何忍之有邪？故公艺之言，犹不敢增饰虚美以惑人，为可信也。传陈兢之家者曰："长幼七百口，人无闲言。"已溢美而非其实矣。又曰："有犬百余，共一牢食，一犬不至，群犬不食。"其诞至此，而兢敢居之为美，人且传之为异，史且载之为真，率天下以伪，君子之所恶夫乱德之言者，非此言哉？！人而至于百，则合食之顷，一有不至，非按而数之，且不及察矣。犬而至百，坌涌而前，一犬不至，即智如神禹，未有能一览而知者，奚况犬乎？计其家七百口之无闲言，为夸诞之说，亦如此而已矣。……且以陈氏之族如彼其善矣，又何赐粟以后，九世之余，寂寂无足纪数，而七百口敦仁崇让之子弟，曾无一人能树立于宋世哉？当唐末以后之丧乱，江州为吴楚交争之冲，陈氏所居，僻远于兵火，因相保以全其家，分数差明而无讼狱雠杀之衅，陈氏遂栩栩然以自矜，有司乃栩栩然以夸异，太宗且栩栩然以饰为时雍之化，相率为伪，而犬亦被以荣名。史氏传其不足信者，而世信之！

以上主要皆为就情理之当然以批评史事之是否可信也。
又如《读通鉴论》卷十一云：

贾充之力阻伐吴也，不知其何心，或受吴赂而为之间，或忌羊杜二王之有功，而夺其宠，皆未可知。抑以充之积奸之情度之，不但然也。曹操讨董卓，剿黄巾，平袁绍，战功赫然，而因以篡汉；司马懿拒诸葛，平辽东，司马昭灭蜀汉，兵权在握，而因以篡魏。充知吴之必亡，而欲留之以为己功，其蓄不轨之志已久，特畏难而未敢发耳。乃平吴之谋，始于羊祜，祜卒，举杜预以终其事，充既弗能先焉，承其后以分功，而不足以逞，惟阻其行以俟武帝之没，已秉国权，而后曰吴今日乃可图矣，则诸将之功，皆归于己，而己为操懿也无难。此其情杜预张华固已知之，惮武帝之宠充，而未敢言耳。观其纳女于太子，知惠帝之愚，而以甥舅畜之。曹操之妻献帝，杨坚之妻周主，皆此术也。其谋秘，其奸伏，时无有摘发之者，而史亦略之。千载之下，有心有目，灼见其情，夫岂无故以挠大猷也哉？

卷十八云：

宇文邕之政，洋溢简册，若驾汉文景明章而上之。乃其没也，甫二年而杨氏取其国若掇。赟虽无道，然其修怨以滥杀，惟宇文孝伯王轨而止，其他则固未尝人立于鼎镬之上也，淫昏虽汰，在位两浃岁而已，邕果有德在人心，讵一旦而遽忘之？乃其大臣如韦孝宽、杨惠、李德林、高颎、李穆，皆能有以自立者，翕然奉杨氏而愿为之效死。坚虽有后父之亲，未尝久执国柄，如王莽之小惠遍施也；抑未有大功于宇文，如刘裕之再造晋室，灭桓破贼也；且未尝如萧道成仅存于诛杀之余，人代为不平而思逞也；坚女虽尸位中宫，而失宠天元，不能如元后之以国母久秉朝权也，然而人之去宇文也，如恐不速，邕骨未冷，而宗社已移，则其为君也可知矣。德无以及人，而徒假先王之令名，以欺天下，天下其可欺乎？史之侈谈之也，记其迹也；论史者之艳称之也，为小人儒者，希冀荣宠，而相效以袭先王之糟粕，震矜之以藻悦其门庭也。故拓跋宏、宇文邕几于圣，而禹汤文武之道愈堕于阱，而不能自拔。试思之，恶有圣德如斯，不三岁而为权奸所夺，臣民崩角以恐后者乎？！

卷二十云：

魏征之折封德彝曰："若谓古人淳朴，渐至浇诡，则至于今日，当悉化为鬼魅矣。"伟哉！其为通论已。……夫乐道古而为过情之美称者，以其上之仁，而羡其下之顺；以贤者匡正之德，而被不肖者以淳厚之名。使能揆之以理，察之以情，取仅见之传闻，而设身易地以求其实，则尧舜以前，夏商之季，其民之淳浇贞淫，刚柔愚明之固然，亦无不有如躬阅者矣。惟其浇而不淳，淫而不贞，柔而疲，刚而悍，愚而顽，明而诈也，是以尧舜之德，汤武之功，以于变而移易之者，大造于彝伦，辅相乎天地。若其编氓之皆善邪？则帝王之功德亦微矣。唐虞以前，无得而详考也，然衣裳未正，五品未清，昏姻未别，丧祭未修，狉狉獉獉，人之异于禽兽无几也。故孟子曰："庶民去之，君子存之。"舜之明伦察物，存唐虞之民所去也。同气之中而有象，况天下乎？若夫三代之季，尤历历可征焉。当纣之世，朝歌之沉酗，南国之淫奔，亦孔丑矣。数纣之罪曰："为逋逃萃渊薮。"皆臣叛其君，子叛其父之枭与豺也。至于春秋之世，弑君者三十三，弑父者三，卿大夫之父子相夷，兄弟相杀，姻党相灭，无国无岁而无之。蒸报无忌，黩货无厌，日盛于朝野。孔子成《春秋》而乱贼始惧，删诗书，定礼乐，而道术始明。然则治唐虞三代之民难，而治后世之民易，亦较然矣。

卷二十五云：

　　王伾、王叔文以邪名古今，二韩刘柳，皆一时之选，韦执谊具有清望，一为所引，不可复列于士类，恶声一播，史氏极其贬诮，若将与赵高、宇文化及同其凶逆者。平心以考其所为，亦何至此哉？自其执政以后，罢进奉宫市五坊小儿，贬李实，召陆贽阳城，以范希朝韩泰夺宦官之兵柄，革德宗末年之乱政，以快人心，清国纪，亦云善矣。顺宗抱笃疾，以不定之国储嗣立，诸人以意扶持，而冀求安定，亦人臣之可为者也。所未审者，不能自量其非社稷之器，而仕宦之情穷耳。初未有移易天位之奸也。于时宦官乘德宗之危病，方议易储，以危社稷，顺宗喑而不理，非有夹辅之者，则顺宗危而宪宗抑且不免，代王言，颁大政，以止一时之邪谋，而行乎不得已，亦权也。宪宗储位之定，虽出于郑絪，而亦俱文珍、刘光琦、薛盈珍等诸内竖，修夺兵之怨，以为诛逐诸人之地，则韦执谊之惊，王叔文之忧色，虽有自私之情，亦未尝别有推奉，思摇国本，如谢晦、傅亮之为也。乃史氏指斥其恶，言若不胜，实核其词，则不过曰"采听谋议，汲汲如狂，互相推奖，閒然自得，屏人窃语，莫测所为"而已。观其初终，亦何不可测之有哉？所可憎者，器小而易盈，气浮而不守，事本可共图，而故出之以密，谋本无他奇，而故居之以险，胶漆以固其类，亢傲以待异己，得志自矜，身危不悟。以要言之，不可大受而已矣。因是而激盈廷之怨，寡不敌众，谤毁腾于天下，遂若有包藏祸心，为神人所共怒者。要亦何至此哉？

《宋论》卷二云：

> 观于赵普卢多逊进退之际，可以知普之终始矣。普在河阳，上表自诉曰："外人谓臣轻议皇弟，臣实预闻皇太后顾命，岂有间然？"太祖得表，手封而藏之宫中。夫所谓轻议者，议于太祖之前也。议与不议，太祖自知，普何庸表诉？苟无影迹，太祖抑可宣诸中外，奚必密缄以俟他日？然则欲盖弥彰之心见矣。传弟者非太祖之本志，受太后之命而不敢违耳。迨及暮年，太宗威望隆而羽翼成，太祖且患其逼，而知德昭之不保，普探志以献谋，其事甚秘，卢多逊窥见以擿发之，太祖不忍于弟，以遵母志，弗获已而出普于河阳，交相覆蔽，以消他日之衅隙，则普当太祖时，以毁秦王者毁太宗，其术一也。太宗受其面欺，信藏表之言，以为戴己，曾不念立廷美者，亦太后之顾命也，普岂独不预闻，而导太宗以置之死，又何心耶？普之言曰"太祖已经一误"，普之情见矣。普于太祖非浅也，知其误而何弗劝之改图？则当日陈不误之谋于太祖，而不见听。小人虽谲，不期而自发其隐，恶能掩哉！

以上又为王氏能逆知古人之心，能设身易地以洞烛史事之真相也。

就史事之作者，以批评史事之真伪，为极客观之一项史学方法。史事经记录以留传，记录者之情感与思想，未有不注入其中者。司马迁为李陵文过若不及，陈寿为司马氏而多回护之笔，大史家且如此，遑论其他？"研究历史之前，先研究史家。"（E. H. Carr, *What is History?* 1961, p. 38）西方史家已大声强调之矣。

就情理之当然者以批评史事之是否可信，为极富哲学精神之一项史学方法。往事邈矣，古今悬隔，古人欲欺世以留名，伪造美事，垂诸简册，拓跋宏天不雨而三日不食，陈兢之家，九世同居，长幼七百口，人无闲言，皆为不可信之伪事，而又无确切之证据以否定之，则以情理之必不可能发生者，以判定其伪。此为极富哲学精神之批评史事之方法，亦为极上乘之批评史事之方法，由此而后人免为古人所欺者多矣。

逆知古人之心，设身易地以洞烛史事之真相，为既客观又富哲学精神之一项史学方法。古今之世殊，古今人之心不殊，居今之世，以今人之心，上通古人之心，则心心相印，古人之心，无不灼然可见。"取仅今之传闻，而设身易地以求其实""设身于古之时势，为己之所躬逢；研虑于古之谋为，为己之所身任"（《读通鉴论》卷末《叙论四》），此西方史家所盛言之历史想象（historical imagination），历史上之真理，藉之以获得，约已消逝于天地间之往事，亦藉之以复现。史家精神，此刻与历史息息相通，史家此刻最能了解历史，以言史家之客观，孰大于此焉。然则王氏之史学方法论，又宁不可颉颃于刘知几与章学诚之间乎！

七　结　语

王氏于兵败衡山以后，以诗写其悲愤云："悲风动中夜，边马嘶且惊，壮士匣中刀，犹作风雨鸣。飞将不见期，萧条阻北征，关河空杳霭，烟草转纵横。披衣视良夜，河汉已西倾，国忧今未释，何用慰平生。"（见王氏《五十自定稿·杂诗四首》，此诗作于己丑，顺治六年，王氏兵败衡山之次年。）追知国事不可为，则郁沮哀痛，至不能已。"哭内弟郑岙生"诗云:"生亦不可期,死亦不可悲,鸡鸣月落杉桥路,且与须臾哭别离!"(见同上,此诗作于庚子,顺治十七年。)《宋论》卷十四慨然以宋末谢皋羽等之处境自喻云:"谢皋羽、龚圣予、郑忆翁、汪水云诸君子者,仕既无君,隐亦无土,欲求一曲之水,一卷之山,散发行吟,与中原遗黎,较晴雨,采橡栭,而不可得。然后君子之道果穷!"其转变而为学术上之参悟,则为"贫而安,犯而不校,子孙不累其心,避就不容其巧;当世之安危,生民之疾苦,心念之而不尝试与谋;文章誉望,听之后世,而不亟于自旌;其止如山,其涵如水,通古今参万变以自纯"(《读通鉴论》卷八)。然则王氏学术能神契前贤,开启来世,又岂偶然乎?"西伯拘羑里,演《周易》;孔子厄陈蔡,作《春秋》;屈原放逐,著《离骚》;左丘失明,厥有《国语》;孙子膑脚,而论《兵法》;不韦迁蜀,世传《吕览》;韩非囚秦,《说难》《孤愤》;《诗》三百篇,大抵贤圣发愤之所为作也。"(《史记·自序》)古今之道一也。

刘继庄盛称王氏云:"洞庭之南,天地元气,圣贤学脉,仅此一线。"(《广阳杂记》卷二)然王氏殁后,其学濒于灭绝,全祖望于雍乾之际,汲汲表章鼎革诸老,而王氏之名,仅一见于《刘继庄传》。道咸间邓显鹤始搜其遗书,刻十八种,一百五十卷,咸丰四年,毁于兵燹。同治初,曾国荃重刻《船山遗书》,共五十八种,三百二十二卷,海内学者,始得见其遗书焉。而此外未刻及已佚者犹多。

晚清以来,治王氏之学者渐多,其民族思想,亦直接影响及于近代,其哲学思想、政治思想,皆为近人所乐道。惟其史学则仍待发扬,近人所著之中国史学史中,王氏无一席之位;《读通鉴论》《宋论》虽为近人所嗜读,而不予以较高之评价;间有专篇论文论及其史学者(如郑鹤声《读王船山先生〈读通鉴论〉〈宋论〉》,载于《史地学报》三卷七期），亦不能发其精蕴。此则发人深慨者！故本文不惮繁言，以阐明其史学，冀以为中国史学增遗产，与西方史学较短长。如略去王氏史论之浮议（此为王氏史论之缺点，不能为之掩饰），济以西方适合于解释之史学体例，则中国将有极精彩之新史学著作问世，谨拭目以待之矣。

第三章　顾炎武与清代历史考据学派之形成

一　概　论

　　清代学术，一言以蔽之，为考据学。明代王学极盛而敝，学者束书不观，游谈无根，于是清初学者起反动，而考据学产生。考据学切实际，重证据，富有科学求真之精神，具备客观研究之方法，一反王学之主观与空疏。中国学术，至是而放出新异彩焉。

　　清代考据学，至乾嘉而极盛。经学家治经不重发明经义，而重文字之训诂校勘；史家治史不从事于写史，而醉心于古史之考订辨正。经学之吴皖两派，吴派以惠栋为首，其弟子沈彤、江声、余萧客最著，而汪中、江藩、刘台拱等皆汲其流；皖派以戴震为首，衍其学者，有金榜、程瑶田、凌廷堪、任大椿、卢文弨、孔广森、段玉裁、王念孙、王引之，而段氏、王念孙父子最能光大其学。吴派之学，以博闻强记为入门，以尊古家法为究竟；皖派之学，则"实事求是，不主一家"（钱大昕《潜研堂文集》卷三十九《戴震传》），"无稽者不信，不信必反复参证而后即安"（余廷灿《戴东原先生事略》，载于《耆献类征》卷百三十一）。故吴皖两派之经学家，皆为考据学家。史学之派别，此时未有明显之旗帜，然绝大多数之史家，将考据学变为史学之最终目的，为考据而考据，史家如不以考据治历史，即不足齿诸史家之林。以章学诚之卓才宏识，大声疾呼，谓考据不足以尽史学，而丝毫不能有所动。风气所趋，如狂风，如怒涛，不可遏御。若王鸣盛之《十七史商榷》，钱大昕之《廿二史考异》，洪颐煊之《诸史考异》，陈景云之《两汉书订误》，沈钦韩之《两汉书疏证》，杭世骏之《三国志补注》，章宗源之《隋书经籍志考证》，彭元瑞之《五代史记注》，汪辉祖之《元史本证》，皆其代表性之作品也。于是浩浩荡荡之历史考据学派，可以成立。此为中国历史上声势最大之史学派，其渊源虽不若浙东史学派深远，其师承虽不若浙东史学派清晰可寻，然其声势远较浙东史学派为大，其蔓延之地区远较浙东史学派为广，其影响于近代者，亦远较浙东史学派为深。道咸以后，虽以世变日深，史学发生转变，而历史考据学家，仍不乏其人。晚清民初以来，虽西方史学东渐，而乾嘉历史考据学之风不绝，近代最有价值之史学作品，往往皆属于考据性之史学作品。然则谓清代史学，主要为历史考据学，谓清代有一极大之历史考据学派，于无形中形成，实无不可。清儒最恶立门户，凡诸大师皆交相师友，经学史学自难言严格之派别，后人就其潮流之所趋而命以学派之名，以说明一代学术发展之大势，则有不容已者焉。

清代考据学，以顾炎武为鼻祖。顾氏深恶明代理学家"舍多学而识，以求一贯之方，置四海之困穷不言，而终日讲危微精一之说"（《亭林文集》卷三《与友人论学书》），于是提倡切实读书，博学于文，以从事于经世致用之学。其治学之方法，极为客观，普遍网罗证据，严格批评证据，由证据而得结论，不自结论而寻找证据。当时此为一崭新之治学方法，流传甚为普遍，效法之人前后相望，于是被称之为考据学。迄于乾嘉，遂至极盛，乾嘉时代之经学家史家，鲜不以顾氏为宗师，历史考据学派之形成，顾氏与有影响力量焉。其间发展消息，有待进一步论述者。

二　顾氏学术之中心思想

1. 顾氏之反王学

《亭林文集》（以下简称《文集》）卷三《与施愚山书》云：

> 理学之名，自宋人始有之。古之所谓理学，经学也。非数十年不能通也。故曰："君子之于春秋，没身而已矣。"今之所谓理学，禅学也，不取之五经，而但资之语录，校诸帖括之文而尤易也。（又见《蒋山佣残稿》卷二，以下简称《残稿》）

同卷《与友人论学书》云：

> 窃叹夫百余年以来之为学者，往往言心言性，而茫乎不得其解也。命与仁，夫子之所罕言也；性与天道，子贡之所未得闻也。性命之理，著之易传，未尝数以语人。其答问士也，则曰："行己有耻"；其为学，则曰："好古敏求"；其与门弟子言，举尧舜相传所谓危微精一之说一切不道，而但曰："允执其中，四海困穷，天禄永终。"呜呼！圣人之所以为学者，何其平易而可寻也。故曰："下学而上达。"颜子之几乎圣也，犹曰："博我以文"；其告哀公也，明善之功，先之以博学。自曾子而下，笃

实无若子夏，而其言仁也，则曰："博学而笃志，切问而近思。"今之君子则不然，聚宾客门人之学者数十百人，"譬诸草木，区以别矣"，而一皆与之言心言性，舍多学而识，以求一贯之方，置四海之困穷不言，而终日讲危微精一之说，是必其道之高于夫子，而其门弟子之贤于子贡，祧东鲁而直接二帝之心传者也。我弗敢知也。

《日知录》卷十八"心学"条云：

愚按心不待传也。流行天地间，贯彻古今而无不同者，理也。理具于吾心，而验于事物。心者所以统宗此理，而别白其是非。人之贤否，事之得失，天下之治乱，皆于此乎判。此圣人所以致察于危微精一之间，而相传以执中之道，使无一事之不合于理，而无有过不及之偏者也。禅学以理为障，而独指其心曰："不立文字，单传心印。"圣贤之学，自一心而达之天下国家之用，无非至理之流行，明白洞达，人人所同，历千载而无间者，何传之云？俗说浸淫，虽贤者或不能不袭用其语，故僭书其所见如此。

同卷"朱子晚年定论"条云：

以一人而易天下，其流风至于百有余年之久者，古有之矣，王夷甫之清谈，王介甫之新说。其在于今，则王伯安之良知是也。孟子曰："天下之生久矣，一治一乱。"拨乱世，反之正，岂不在于后贤乎？

卷七"夫子之言性与天道"条云：

　　刘石乱华，本于清谈之流祸，人人知之。孰知今日之清谈，有甚于前代者。昔之清谈，谈老庄，今之清谈，谈孔孟。未得其精，而已遗其粗，未究其本，而先辞其末，不习六艺之文，不考百王之典，不综当代之任务，举夫子论学论政之大端，一切不问，而曰一贯，曰无言，以明心见性之玄言，代修己治人之实学，股肱惰而万事荒，爪牙亡而四国乱，神州荡覆，宗社丘墟。昔王衍妙善玄言，自比子贡，及为石勒所杀，将死，顾而言曰："呜呼！吾曹虽不如古人，向若不祖尚浮虚，戮力以匡天下，犹可不至今日。"今之君子，得不有愧乎其言？！

　　由以上可知顾氏积极反对明代王守仁一派之理学，视之为禅学，比之于清谈，神州荡覆，宗社丘墟，皆认为实由此派理学有以导之。盖对于明代理学起反动，为清初学术界之潮流，王夫之云："侮圣人之言，小人之大恶也。……姚江之学，横拈圣言之近似者，摘一句一字以为要妙，窜入其禅宗，尤为无忌惮之至。"（《俟解》）"数传之后，愈徇迹而忘其真，或以钩考文句，分支配拟为穷经之能，仅资场屋射覆之用，其偏者以臆测度，趋入荒杳。"（《中庸补传衍》）黄宗羲云："明人讲学，袭语录之糟粕，不以六经为根柢，束书而从事于游谈。"（《鲒埼亭集》卷十一《梨洲先生神道碑文》）"世之讲学者，非墨守训诂之习，则高谈性命之理，大言炎炎，小言詹詹，有其声而无宫角，宁当于琴瑟钟鼓之调乎？"（《南雷文约》卷二《兵部督捕右侍郎西山许先生墓志铭》）黄氏之学，上宗王（守仁）、刘（宗周），而持论犹如此，可知清初学术界潮流之所趋。其中言论最激烈，态度最严正,影响最深远者,厥为顾氏也。梁启超许之为反动期而从事于黎明运动者之第一人(见梁著《清代学术概论》页八),洵为至当之论。

2. 顾氏尊崇宋代理学

梁启超于《清代学术概论》云:

> "清代思潮"果何物耶?简单言之,则对于宋明理学之一大反动,而以"复古"为其职志者也。……其启蒙期运动之代表人物,则顾炎武、胡渭、阎若璩也。其时正值晚明王学极盛而敝之后,学者习于"束书不观,游谈无根",理学家不复能系社会之信仰,炎武等起而矫之,大倡"舍经学无理学"之说,教学者脱宋明儒羁勒,直接反求之于古经。

是梁氏直以顾氏反对自宋迄明之理学矣。惟自顾氏著作《日知录》《亭林文集》中寻证据,顾氏所反对者为王守仁一派所讲之理学,而非自宋以来之理学。"古之所谓理学,经学也,非数十年不能通也。"顾氏对古之理学,固极为推崇,认为即是经学,非用数十年之功不能通,此所谓古,系指宋代,因顾氏认为理学之名自宋人始有之也。顾氏所反对之宋代理学,仅为陆九渊一派,自其《文集》卷六《下学指南序》一文中可以窥其意。王学与陆学相近,顾氏力反王学,自反陆学。自全祖望为顾氏写《神道表》,将顾氏《与施愚山书》中"古之所谓理学,经学也"一语,改写为"古今安得别有所谓理学者,经学即理学也"(《鲒埼亭集》卷十二《亭林先生神道表》)。于是顾氏变为极彻底之反理学家,反对自宋迄明之理学,只承认经学，此为一大误会，顾氏从未有"经学即理学"之言也。

顾氏极尊崇宋代程朱学派之理学家，《文集》卷五《华阴县朱子祠堂上梁文》中云："惟绝学首明于伊雒，而微言大阐于考亭，不徒羽翼圣功，亦乃发挥王道，启百世之先觉，集诸儒之大成。"对朱熹可谓尊崇已极。又与友人论易书（《文集》卷三），对程颢之易传，备致称赞："昔之说易者，无虑数千百家，如仆之孤陋，而所见及写录唐宋人之书亦有十数家，有明之人之书不与焉，然未见有过于程传者。"《日知录》中论周易者，多引用程子之说。《日知录》卷十四有"嘉靖更定从祀"一条，对于程朱以外之宋代理学家，如蔡沈、胡安国、张栻、吕祖谦、张载、邵雍，亦皆恭维，谓宜从祀孔庙、然则又焉能谓顾氏反对宋人之理学哉！（见《牟润孙注史斋丛稿》页一六六至一七〇）

顾氏之学，且出自朱熹一派，江藩《汉学师承记》、章学诚《文史通义》、方东树《汉学商兑》、皮锡瑞《经学历史》，均已言之矣。

3. 顾氏开创新学术

清初学术界最有朝气之现象，为学者纷纷开创新学术。黄宗羲倡言："读书不多，无以证斯理之变化；多而不求于心，则为俗学。"（《鲒埼亭集》卷十一《梨洲先生神道碑文》）兼读书与思想二者而重之，此为对明代学术上之一大矫正。顾氏既肆力反对王学，于是进一步对学术提出建设性之主张：

> 愚所谓圣人之道者如之何？曰："博学于文。"曰："行己有耻。"自一身以至于天下国家，皆学之事也；自子臣弟友以至出入、往来、辞受、取与之间，皆有耻之事也。耻之于人大矣！

不耻恶衣恶食，而耻匹夫匹妇之不被其泽，故曰："万物皆备于我矣，反身而诚。"呜呼！士不先言耻，则为无本之人；非好古而多闻，则为空虚之学。以无本之人，而讲空虚之学，吾见其日从事于圣人而去之弥远也。(《文集》卷三《与友人论学书》)

窃以为圣人之道，下学上达之方，其行在孝弟忠信，其职在洒扫应对进退，其文在诗、书、三礼、《周易》《春秋》，其用之身，在出处、辞受、取与，其施之天下，在政令、教化、刑法，其所著之书，皆以为拨乱反正，移风易俗，以驯致乎治平之用，而无益者不谈。一切诗、赋、铭、颂、赞、诔、序、记之文，皆谓之巧言而不以措笔。其于世儒尽性至命之说，必归之有物有则五行五事之常，而不入于空虚之论。仆之所以为学者如此。(同上卷六《答友人论学书》)

究顾氏之意，为以博学代空疏，而博学之人，又须具有有耻之行为。学如何而后可谓之博？必自一身以至于天下国家之事，皆倾心学之，于是好古而多闻，为博学之必要条件，读经书与史书，为博学必不可缓之要务，《诗》《书》、三《礼》、《周易》《春秋》为必读，廿一史、《通鉴》亦须兼读（兼读史书之证据，详下引文）。有耻之行为，则在孝弟忠信以至出入、往来、辞受、取与之间。言学问而兼言行为，使二者密切配合，此顾氏所开创之新学术也。

就读经书与史书而言，顾氏曾屡屡慨叹读经书与读史书者之无其人矣：

嗟乎！八股盛而六经微，十八房兴而廿一史废。昔闵子骞以原伯鲁之不说学，而卜周之衰。余少时见有一二好学者，欲通旁经而涉古书，则父师交相谯呵，以为必不得颛业于帖括，而将为坎坷不利之人。岂非所谓大人患失而惑者与？若乃国之盛衰，时之治乱，则亦可知也已。(《日知录》卷十六《十八房》条)

唐穆宗长庆三年二月，谏议大夫殷侑言，司马迁班固范晔三史，为书劝善惩恶，亚于六经，比来史学废绝，至有身处班列，而朝廷旧章，莫能知者。于是立三史科及三传科。《通典》"举人条例"，其史书《史记》为一史，《汉书》为一史，《后汉书》并刘昭所注志为一史，《三国志》为一史，《晋书》为一史，李延寿《南史》为一史，《北史》为一史，习《南史》者兼通《宋齐志》，习《北史》者通《后魏》《隋书志》。自宋以后，史书烦碎冗长，请但问政理成败所因，及其人物损益关于当代者，其余一切不问。国朝自高祖以下及睿宗实录并贞观政要，共为一史。今史学废绝，又甚唐时，若能依此法举之，十年之间，可得通达政体之士，未必无益于国家也。(同上"史学"条)

史言薛昂为大司成，寡学术，士子有用《史记》西汉语，辄黜之。在哲宗时，尝请罢史学，哲宗斥为俗佞。吁！何近世俗佞之多乎？！（见同上）

读经书必读注疏，为顾氏之主张："唐时入仕之数，明经最多，考试之法，令其全写注疏，谓之帖括。议者病其不能通经。……今之学者，并注疏而不观，殆于本末俱丧。然则今之进士，又不如唐之明经也乎？"(《日知录》卷十六"明经"条)"注疏刻于万历中年，但颁行天下，藏之学官，未尝立法以劝人之诵习也。试问百年以来，其能通十三经注疏者几人哉？"(《文集》卷三《与友人论易书》)学人不读注疏，顾氏愤慨如此。因此力主科举考试时，"凡四书五经之文，皆问疑义，使之以一经而通之五经，又一经之中，亦各有疑义，如《易》之郑王，《诗》之毛郑，《春秋》之三传，以及唐宋诸儒不同之说，四书五经，皆依此发问。其对者，必如朱子所云，通贯经文，条举众说，而断以己意"（《日知录》卷十六"拟题"条）。考试方法既为问疑义，又使对者条举众说，断以己意，自非读注疏不可。参与考试者既须读注疏，则学人之必读注疏，自不待言可知矣。

读史书所以通古今，顾氏极重视之，科举考试时，"其表题专出唐宋，策题兼问古今，人自不得不读《通鉴》矣"（《日知录》卷十六"拟题"条）。选生员，"必选夫五经兼通者而后充之，又课之以二十一史与当世之务而后升之"（《文集》卷一《生员论上》）。考试取士，为国家培植人才之初步，顾氏自此着眼，设想出让士子读史书之方法，由之以挽救史学之荒废，顾氏之苦心孤诣，数百年后仍可以意想而见也。

4. 顾氏新学术中之经世思想

顾氏所开创之新学术，富有极浓厚之经世思想，此为顾氏新学术中之中心思想，亦清初学术思想之大潮流也。

顾氏反王学，即系自经世思想出发，所谓"置四海之困穷不言，而终日讲危微精一之说"，所谓"不习六艺之文，不考百王之典，不综当代之务，举夫子论学论政之大端，一切不问，而曰一贯，曰无言，以明心见性之空言，代修己治人之实学，股肱惰而万事荒，爪牙亡而四国乱，神州荡覆，宗社丘墟"，皆顾氏反王学之主要理由也。顾氏于诗文中，时时流露其经世思想：

君子之为学也，非利己而已也，有明道淑人之心，有拨乱反正之事，知天下之势之何以流极而至于此，则思起而有以救之。(《亭林余集·与潘次耕札》)

今日者，拯斯人于涂炭，为万世开太平，此吾辈之任也。仁以为己任，死而后已。(《残稿》卷一《病起与蓟门当事书》，又见《文集》卷三)

君子之为学，以明道也，以救世也。徒以诗文而已，所谓雕虫篆刻，亦何益哉？(《残稿》卷一《与》，又见《文集》卷四，题作《与人书二十五》)

孔子之删述六经，即伊尹、太公救民于水火之心，而今之注虫鱼，命草木者，皆不足以语此也。故曰："载之空言，不如见诸行事。"夫《春秋》之作，言焉而已，而谓之行事者，天下后世用以治人之书，将欲谓之空言而不可也。愚不揣，有见于此，故凡文之不关于六经之指，当世之务者，一切不为。而既以明道救人，则于当今之所通患，而未尝专指其人者，亦遂不敢以辟也。(《文集》卷四《与人书三》)

文之不可绝于天地间者，曰：明道也，纪政事也，察民隐也，乐道人之善也。若此者，有益于天下，有益于将来，多一篇多一篇之益矣。若夫怪力乱神之事，无稽之言，剿袭之说，谀佞之文，若此者，有损于己，无益于人，多一篇多一篇之损矣。(《日知录》卷十九"文须有益于天下"条)

春雨对空山，流泉傍清畎，枕石且看云，悠然得所遣，未敢慕巢由，徒夸一身善，穷经待后王，到死终黾勉。(《亭林诗集》卷五《春雨》)

第三章 顾炎武与清代历史考据学派之形成

以明道救世为胸怀，拨乱反正，拯斯人于涂炭，为万世开太平，凡文之无益于天下，不关于六经之指，当世之务者，一切不为，其经世思想，为何若耶？！

顾氏亦真能将其经世思想，寓于其著述之中："望七之年，衰颓已甚，有志三代之英，恨未登乎大道；不忘百姓之病，徒自托于空言。"(《残稿》卷二《答王茂衍》)顾氏未得志以实践其经世思想，故只能寓经世思想于著述之中。所作《日知录》《音学五书》《天下郡国利病书》《肇域志》，皆为经世也。"自年五十以后，笃志经史，其于音学，深有所得，今为五书，以续三百篇以来久绝之传。而别著《日知录》，上篇经术，中篇治道，下篇博闻，共三十余卷。有王者起，将以见诸行事，以跻斯世于治古之隆，而未敢为今人道也。"(《残稿》卷一《与》，又见《文集》卷四，题作《与人书二十五》)"《日知录》之刻……意在拨乱涤污，法古用夏，启多闻于来学，待一治于后王，自信其书之必传，而未敢以示人也。若《音学五书》，为一生之独得，亦足羽翼六经。"(《文集》卷六《与杨雪臣》)"所著《日知录》三十余卷，平生之志与业皆在其中，惟多写数本以贻之同好，庶不为恶其害己者之所去，而有王者起，得以酌取焉，其亦可以毕区区之愿矣。"(《文集》卷三《与友人论门人书》)"一生所著之书，颇有足以启后王而垂来学者。《日知录》三十卷，已行其八，而尚未惬意。《音学五书》四十卷，今方付之剞劂。"(《残稿》卷二《答曾庭闻书》，又见《文集》卷三)顾氏作《日知录》《音学五书》，其用意在经世，自顾氏之所自言，昭然若揭诸日月。《日知录》中所谈之问题，十之七八，可以坐而言而起而行。《音学五书》虽若与经世无关，然顾氏之意，则固在"天之未丧斯文，必有圣人复起，举今日之音，而还之淳古"(《音学五书序》)者也。至于顾氏作《天下郡

103

国利病书》《肇域志》，其目的在经世，极为明显，不待烦言矣。

言顾氏之经世思想，有一重要资料，极值参考，即顾氏致其甥徐元文之书也。徐氏扶摇青云，侧身史馆，顾氏以在野之身，驰书委婉规戒之：

> 身当史局，因事纳规，造膝之谟，沃心之告，有急于编摩者，固不待汗简奏功，然后为千秋金镜之献也。关辅荒凉，非复十年以前风景，而鸡肋蚕丛，尚烦戎略；飞刍挽粟，岂顾民生？至有六旬老妇，七岁孤儿，挈米八升，赴营千里。于是强者鹿铤，弱者雉经，阖门而聚哭投河，并村而张旗抗令。此一方之隐忧，而庙堂之上或未之深悉也。吾以望七之龄，客居斯土，饮瀣餐霞，足怡贞性，登严俯涧，将卜幽栖，恐鹤唳之重惊，即鱼潜之非乐，是以忘其出位，贡此狂言，请赋祈招之诗，以代麦丘之祝。不忘百姓，敢自托于鲁儒；维此哲人，庶兴哀于周雅。当事君子倘亦有闻而叹息者乎？（《文集》卷六《答徐甥公肃书》）

以造膝之谟，沃心之告，急于编摩，又以怆凉之笔，描述一方生民之疾苦，其悲天悯人之胸怀，灼然可见，其为民请命之呼声，几近悲鸣，凡稍具恻隐之心者，固不仅闻而叹息者矣！论顾氏学术，必知其中心思想为经世，故缕述之如上。

5. 顾氏经世思想形成之背景

顾氏之学，上接宋儒，远溯孔孟，其具有经世思想，殆为必然。然至于激昂奋发，若不可终日者，则另有身世与时代之背景焉。

第三章　顾炎武与清代历史考据学派之形成

顾炎武，字宁人，江苏昆山人。初名绛，国变后易名炎武，或自署蒋山佣，学者称亭林先生。生明万历四十一年（1613），卒清康熙二十一年（1682），年七十。少落落有大志，不与人苟同，耿介绝俗，其双瞳子，中白而边黑，见者异之（一说其左目眇，见张穆《顾亭林先生年谱》）。最与里中归庄相善，共游复社，有归奇顾怪之目。幼承祖父命出继堂叔为子，嗣母王氏，未婚守节，养之于襁褓之中。清兵下江南，纠合志士起兵吴江，事败，幸得脱。母王氏避兵常熟，遂绝食十五日而死，遗言后人勿事二姓。闽中唐王使至，以职方司主事相召，以母未葬，不果往。旋念东南悍将骄卒，不足成事，且民气柔脆，地势不宜进取，于是浩然决计北游，欲通观形势，阴结豪杰，以图光复（时顾氏四十五岁）。往来鲁燕晋陕豫诸省，遍历塞外，而置田舍于章丘长白山下，然以其地湿，不欲久留。每言马伏波田畴皆从塞上立业，欲居代北。尝曰："使吾泽中有牛羊千，则江南不足怀也。"遂又与富平李因笃垦田于雁门之北，五台之东，而又苦其地寒，但经营创始，使门人辈司之，身复出游，往还河北诸边塞。年六十七，始卜居陕之华阴。尝谓秦人慕经学，重处士，持清议，实他邦所少。而华阴绾毂关河之口，虽足不出户，而能见天下之人，闻天下之事。一旦有警，入山守险，不过十里之遥。若志在四方，则一出关门，亦有建瓴之便。王征君山史筑斋延之，乃定居焉。置五十亩田于华下，供晨夕，而东西开垦所入，别贮之以备有事，又饵沙苑蒺藜而甘之曰："啖此久，不肉不茗可也。"康熙十九年（1680），其夫人卒于昆山，寄诗挽之而已。康熙二十一年，卒于华阴，无子（以上主要参考全祖望《亭林先生神道表》，张穆《顾亭林先生年谱》及《亭林诗文集》）。

顾氏自中年以后北游，不复南返，其游踪所至，每以诗文述其

105

胸怀，或扬声哀号，或幽忧饮泣，其凄凉，其悲愤，有非笔墨所能尽述者：

> 我行至北方，所见皆一概。
> 岂有田子春，尚守卢龙塞。
> 驱车且东之，英风宛然在。
> 山中无父老，故宅恐荒秽。
> 浭水久还流，盘山仍面内。
> 地道无亏崩，天行有蒙昧。
> 骋目一遐观，浩然发深忾。
> 可怜壮游人，不遇熙明代。
> （《亭林诗集》卷三《玉田道中》）

> 流落天涯意自如，孤踪终与世情疏。
> 冯驩元不曾弹铗，关令安能强著书。
> 榆塞晚花重发后，滦河秋雁独飞初。
> 从兹一览神州去，万里徜徉兴有余。
> （同上《永平》）

> 白下西风落叶侵，重来此地一登临。
> 清笳皓月秋依垒，野烧寒星夜出林。
> 万古河山应有主，频年戈甲苦相寻。
> 从教一掬新亭泪，江水平添十丈深。
> （同上《白下》）

居然濩落念无成，隙驷流萍度此生。
远路不须愁日暮，老年终自望河清。
常随黄鹄翔山影，惯听青骢别塞声。
举目陵京犹旧国，可能钟鼎一扬名。
（同上《五十初度时在昌平》）

频年落落事孤征，每到穷边一寄情。
马迹未能追穆后，虎头空自相班生。
风吹白草桑干岸，月照黄沙盛乐城。
忽见丹青意惆怅，君看曹霸陡才名。
（同上卷四《重至大同》）

平生慕古人，立志固难满。
自觉分寸长，用之终已短。
良友日零落，凄凄独无伴。
流离三十年，苟且图饱暖。
壮岁尚无闻，及今益樗散。
治蜀想武侯，匡周叹微管。
愿一整颓风，俗人谓迂缓。
孤灯照遗经，雪深坐空馆。
（同上卷五《岁暮》）

万里河山人落落，三秦兵甲雨凄凄。
（同上《雨中至华下宿王山史家》）

自笑飘萍垂老客，独骑羸马上关西。

（同上）

独抱遗弓望玉京，白头荒野泪沾缨。
霜姿尚似嵩山柏，旧日闻呼万岁声。

（同上《三月十九日行次嵩山会善寺》）

与友人书，亦每寄其感慨：

为天涯独往之人，类日暮倒行之客。(《残稿》卷二《答周籀书》，又见《文集》卷四，题作《与周籀书书》）

若炎武者，黄冠蒯屦，久从方外之踪，齿豁目盲，已在废人之数。(《残稿》卷二《与李湘北学士书》，又见《文集》卷三，题作《与李湘北书》）

久客四方，年垂七十，形容枯槁，志业衰隤。……逃名寂寞之乡，混迹渔樵之侣。(《残稿》卷三《复陈蔼公》，又见《文集》卷三，题作《复陈蔼公书》）

历崤函，观雒汭，登太室，游大騩，域中五岳，得游其四，不惟遂名山之愿，亦因有帅府欲相招致，及今未至，飘然去之，鸿鹄之飞，意南而至于南，意北而至于北，此亦中材而处末流之一术矣。(《残稿》卷二《与李紫澜》）

"孤灯照遗经，雪深坐空馆""风吹白草桑干岸，月照黄沙盛乐城"，则诚满目凄凉矣！天涯独往，日暮倒行，效孤雁之独飞，黄鹄之翱翔，"自笑飘萍垂老客""白头荒野泪沾缨""万里河山人落落，三秦兵甲雨凄凄",则凄凉之中,又无限悲愤矣!顾氏于凄凉悲愤之中,经世思想,如波涛之汹涌。"存亡得失之故,往来于胸中。"(见《残稿》卷二《答李紫澜》:"五十年来,存亡得失之故,往来于胸中,每不能忘也。"此书作于康熙十七年,顾氏六十六岁。)《与戴耘野》书则云:"弟生罹多难,沦落异邦,长为率野之人,无复首丘之日。然而九州历其七,五岳登其四,今将卜居太华,以卒余龄。百家之说,粗有窥于古人,一卷之文,思有裨于后代。此则区区自矢而不敢惰偷者也。"(《文集》卷六)《五十初度》诗亦云:"举目陵京犹旧国,可能钟鼎一扬名"也。

纵观顾氏经世思想之浓,与其节操之劲,若相辉映。顾氏晚年,声名极高,清廷开博学鸿儒科、开明史馆,屡欲召致之,皆以死力辞:"七十老翁何所求?正欠一死。若必相逼,则以身殉之矣。"(《残稿》卷二《与同邑叶讱庵书》,又见《文集》卷三,题作《与叶讱庵书》)其劲节有凛凛不可侵犯者。其诗曾云:"蟋蟀吟堂阶,疏林延夕月。草木得坚成,吾人珍晚节,亮哉岁寒心,不变霜与雪。忧患自古然,守之俟来哲。"(《诗集》卷四《德州讲易毕奉柬诸君》)清初遗老,皆砺清节。而晚节最劲者,则未有能及顾氏者矣。

顾氏节操之劲,与民族思想相关,此亦明末清初多节烈之士之症结所在也。严夷夏之辨,为清初思想界之一大潮流,顾氏处此潮流之中,受此潮流之冲激,又受母教之影响,以致辨之益严。其母之遗言曰:"我虽妇人,身受国恩,与国俱亡,义也。汝无为异国臣子,无负世世国恩,无忘先祖遗训,则吾可以瞑于地下。"(《亭林余集·先妣王硕人行状》)其为陈梅作墓志铭,述陈氏告其孙芳绩之言:"士不幸而际此,当长为农夫以没世。一经之外,或习医卜,慎无仕宦。"由之慨然申言云:"嗟乎!可谓贤矣。余出游四方,尝本其说以告今之人，谓生子不能读书，宁为商贾百工技艺食力之流，而不可求仕。犹之生女不得嫁名门旧族，宁为卖菜佣妇，而不为目挑心招，不择老少之伦。而滔滔者天下皆是，求一人焉如陈君与之论心述古而不可得，盖三十年之间而世道弥衰，人品弥下，使君而及见此，其将嗷然而哭，如许子伯之悲世者矣！"（见同上《常熟陈君墓志铭》）其辞修《明史》与叶方蔼之书则曰："顷闻史局中复有物色及之者，无论昏耄之资，不能黾勉从事，而执事同里人也，一生怀抱，敢不直陈之左右。先妣未嫁过门，养姑抱嗣，为吴中第一奇节，蒙朝廷旌表，国亡绝粒，以女子而蹈首阳之烈，临终遗命，有无仕异代之言，载于志状。故人人可出，而炎武必不可出矣。"（《残稿》卷二《与同邑叶䚮庵书》）以原抄本《日知录》（张继购之于北平，由明伦出版社印行）与清刻本《日知录》（即现在通行之本）相对勘，原抄本称明必曰本朝，称明太祖必曰我太祖，称崇祯必曰先帝，称明初必曰国初。清刻本则改本朝为明朝，改我太祖为明太祖，改先帝为崇祯，改国初为明初。余如内侵之夷狄，原抄本称曰胡，曰虏，清刻本则改为边、为塞、为敌、为外国，五胡改为刘石，中原左衽改为中原涂炭（黄侃《日知录校记》）。凡此种种，轻重褒贬，差之毫厘，谬之千里。亦有全节遭窜改或削除者。全条遭削除者，则有卷九"素夷狄行乎夷狄"、卷二十九"胡服"两条，"素夷狄行乎夷狄"一条，清刻本有目无文，"胡服"条则目与文皆无。"胡服"条较长（约一千三百零四字，小注九十八字），谨引"素夷狄行乎夷狄"条全文于下，以说明顾氏内诸夏而外夷狄之思想：

  素夷狄行乎夷狄，然则将居中国而去人伦乎？非也。处夷狄之邦而不失吾中国之道，是之谓素夷狄行乎夷狄也。六经所载，帝舜滑夏之咨，殷宗有截之颂，礼记明堂之位，春秋朝会之书，凡圣人所以为内夏外夷之防也，如此其严也！文中子以元经之帝魏，谓天地有奉，生民有庇，即吾君也。何其语之偷而悖乎！宋陈同甫谓黄初以来陵夷四百余载，夷狄异类迭起以主中国，而民生常觊一日之安宁于非所当事之人。以王仲淹之贤，而犹为此言，其无以异乎凡民矣！夫兴亡有迭代之时，而中华无不复之日，若之何以万古之心胸而区区于旦暮乎！（杨循吉作《金小史》序曰，由当时观之，则完颜氏帝也，盟主也，大国也，由后世观之，则夷狄也，盗贼也，禽兽也。）此所谓偷也。汉和帝时侍御史鲁恭上疏曰：夫戎狄者四方之异气，蹲夷踞肆，与鸟兽无别，若杂居中国，则错乱天气，污辱善人。夫以乱辱天人之世，而论者欲将毁吾道以殉之，此所谓悖也。孔子有言：居处恭，执事敬，与人忠，虽之夷狄不可弃也。夫是之谓素夷狄行乎夷狄也。若乃相率而臣事之，奉其令，行其俗，甚者导之以为虐于中国，而借口于素夷狄之文，则子思之罪人也已。

然则顾氏之民族思想，有不下于王夫之"可禅、可继、可革，而不可使异类间之"（《黄书原极》）之极端民族本位之思想矣。

清初学者，耻事异族，故竞相敦励气节，又以"兴亡有迭代之时，中华无不复之日"，遂将经世思想寓之于学术著作之中，以待后王之采用，此清初学者经世思想之浓厚，又源于其民族思想者也。

三 顾氏所开创之考据学

顾氏新学术之中心思想，虽为经世，然以清代文网甚密，往往不为后人所敢言。其治新学术之方法，则流传甚广，效法之人极多，于是而顾氏之考据学出焉。顾氏之考据学，极富科学精神，其大略可得而言也。

一曰证据之普遍归纳也。顾氏主博学于文，故极勤于学，自少至老，未尝一日废书，出必载书数簏自随，旅店少休，披寻搜讨，曾无倦色（见潘次耕《日知录序》）。足迹所至，无三月之淹，友人所赠二马二骡，驮带书卷，一年之中，半宿旅店（见《文集》卷六《与潘次耕》）。所至厄塞，即呼老兵退卒，询其曲折，或与平日所闻不合，则即坊肆中发书而对勘之。或径行平原大野，无足留意，则于鞍上默诵诸经注疏。偶有遗忘，则于坊肆中发书而熟复之（见全祖望《鲒埼亭集·亭林先生神道表》）。见同辈召客宴饮终日，辄为攒眉，客退必戒之曰："可惜一日虚度矣！"（见王山史《山志》，王山史为顾氏莫逆之交）其勤学如此。

顾氏之勤于学，自钞书开始，其《钞书自序》云：

> 先祖曰："著书不如钞书。凡今人之学，必不及古人也；今人所见之书之博，必不及古人也。小子勉之，惟读书而已。"……自炎武十一岁，即授之以温公《资治通鉴》曰："世人多习纲目，余所不取。凡作书者，莫病乎其以前人之书改窜而为自作也。班孟坚之改《史记》，必不如《史记》也；宋景文之改《旧唐书》，必不如《旧唐书》也；朱子之改《通鉴》，必不如《通鉴》也。至于今代，而著书之人，几满天下，则有盗前人之书而为自作者矣，故得明人书百卷，不若得宋人书一卷也。"炎武之游四方，十有八年，未尝干人，有贤主人以书相示者，则留，或手钞，或募人钞之。（《文集》卷二）

所著《天下郡国利病书》《肇域志》，皆为钞书之成果，其《天下郡国利病书序》云：

> 崇祯己卯，秋闱被摈，退而读书。感四国之多虞，耻经生之寡术，于是历览二十一史以及天下郡县志书，一代名公文集及章奏文册之类，有得即录，共成四十余帙，一为舆地之记，一为利病之书。乱后多有散佚，亦或增补，而其书本不曾先定义例，又多往代之言，地势民风与今不尽合，年老善忘，不能一一刊正，姑以初稿存之箧中，以待后之君子斟酌去取云尔。

《肇域志序》则云：

> 此书自崇祯己卯起，先取一统志，后取各省府州县志，后取二十一史参互书之。凡阅志书一千余部，本行不尽，则注之旁；旁又不尽，则别为一集曰备录。年来糊口四方，未遑删订，以成一家之书。叹精力之已衰，惧韦编之莫就，庶后之人有同志者为续而传之，俾区区二十余年之苦心不终泯没尔。

钱大昕为《天下郡国利病书》手稿本题词云：

> 《天下郡国利病书》未有椠本，外间传写，以意分析，失其元第，然犹珍为枕中之秘。顷莬圃孝廉购得传是楼旧藏本三十四册，识是先生手迹，蝇头小楷，密比行间，想见昔贤用心专勤。

阮元跋《肇域志》手稿本云：

> 亭林生长乱离，奔走戎马，阅书数万卷，手不辍录。观此帙密行细书，无一笔率略，始叹古人精力过人，志趣远大。(《揅经室》三集《顾亭林先生肇域志跋》)

《天下郡国利病书》《肇域志》二者皆为未定之稿，其手稿本皆留传至今日，数百年后仍可亲见顾氏钞书之真迹，诚如钱阮二氏所云"蝇头小楷，密比行间""密行细书，无一笔率略"也。偶或出自钞胥手者，皆由顾氏朱笔校改（此据钱氏题词，今《四部丛刊》影印本已不见顾氏朱笔痕迹矣），顾氏之钞书有如此。

顾氏之钞书，为材料之归纳，换言之，亦即为证据之归纳也。以上所言两书，为初稿，未及删订，如以顾氏之《日知录》而言，其钞书为证据之归纳，极为显然。《日知录》自序云：

> 愚自少读书，有所得辄记之，其有不合时，复改定，或古人先我而有者，则遂削之。积三十余年，乃成一编。

积三十余年，写成《日知录》，其基础奠立于平日读书，有所得辄记录之，记录既多，经过批评、组织，而其富创见性之结论出。《日知录》中多录往事前言，即顾氏钞书之证据，而其钞书又其立论之基础也。兹举《日知录》中两条，以说明顾氏立论，系由普遍归纳证据而来，卷二十八"东向坐"条云：

> 古人之坐，以东向为尊。故宗庙之祭，太祖之位东向。即

交际之礼，亦宾东向而主人西向。《新序》，楚昭奚恤为东面之坛一，秦使者至，昭奚恤曰"君客也，请就上位"是也。《史记·赵奢传》，言括东向而朝军吏。《田单传》，言引卒东乡坐，师事之。《淮阴侯传》，言得广武君，东乡坐，西乡对，师事之。《王陵传》，言项王东乡坐陵母。《周勃传》，言每召诸生说士东乡坐责之，趣为我语。《田蚡传》，言召客饮，坐其兄盖侯南乡，自坐东乡，以为汉相尊，不可以兄故私挠。《南越传》，言王太后置酒，汉使者皆东乡。《汉书·盖宽饶传》，言许伯请之，乃往从西阶上东乡特坐。《楼护传》，言王邑父事护，时请召宾客，邑居樽下，称贱子上寿，坐者百数，皆离席伏，护独东向正坐，字谓邑曰，公子贵如何。《后汉书·邓禹传》，言显宗即位，以禹先帝元功，拜为太傅，进见东乡。《桓荣传》，言乘舆尝幸太常府，令荣坐东面，天子亲自执业。此皆东向之见于史者。曲礼，主人就东阶，客就西阶，自西阶而升，故东乡，自东阶而升，故西乡，而南乡特其旁位，如庙中之昭。故田蚡以处盖侯也。

《孝文纪》，西乡让者三，南乡让者再。注，宾主位东西面，君臣位南北面，是时群臣至代邸上议，则代王为主人，故西乡。

《旧唐书》，卢简求子汝弼为河东节度副使，府有龙泉亭，简求节制时手书诗一章，在亭之西壁，汝弼复为亚帅，每亭中燕集，未尝居宾位，西向俯首而已。是唐人亦以东向为宾位也。

卷二十九"海师"条云：

海道用师，古人盖屡行之矣。吴徐承率舟师自海入齐，此苏州下海至山东之路。越王勾践命范蠡舌庸率师沿海溯淮，以绝吴路，此浙东下海至淮上之路。唐太宗遣强伟于剑南，伐木造舟舰，自巫峡抵江扬，趋莱州，此广陵下海至山东之路。汉武帝遣楼船将军杨仆从齐浮渤海击朝鲜，魏明帝遣汝南太守田豫督青州诸军，自海道讨公孙渊，秦苻坚遣石越率骑一万，自东莱出右，径袭和龙，唐太宗伐高丽，命张亮率舟师自东莱渡海，趋平壤，薛万彻率甲士三万，自东莱渡海，入鸭绿水，此山东下海至辽东之路。汉武帝遣中大夫严助，发会稽兵浮海，救东瓯，横海将军韩说自句章浮海，击东越，此浙江下海至福建之路。刘裕遣孙处沈田子自海道袭番禺，此京口下海至广东之路。隋伐陈，吴州刺史萧璛遣燕荣以舟师自东海至吴，此又淮北下海而至苏州也。公孙度越海攻东莱诸县，侯希逸自平卢浮海，据青州，此又辽东下海而至山东也。宋李宝自江阴率舟师，败金兵于胶西之石白岛，此又江南下海而至山东也。此皆古人海道用师之效。

顾氏由普遍归纳证据以得结论，往往类此。如非平日读书"有所得辄记之"，曷克臻此？近人治学，盛行作卡片，实即顾氏之所谓钞书矣。

顾氏撰《音学五书》，尤能普遍归纳证据，如《唐韵》正卷四于"牙"字下，注云"古音吾"，共列举三十九条证据，于"家"字下，注云"古音姑"，共列举六十二条证据，《唐韵》正卷五于"行"字下，注云"古音杭"，至列举三百七十六条证据。为证明文字之古音，无不遍举证据。证据何能一朝尽来？是必有赖于平时之随得随录矣。

二曰证据之反复批评也。顾氏著作态度，极为慎重，远有非近人所能及者。其致潘耒书云：

> 著述之家，最不利乎以未定之书，传之于人。(《残稿》卷二《与次耕书》，又见《文集》卷四，题作《与潘次耕书》)

潘氏请刻《日知录》，告以"再待十年，如不及年，则以临终绝笔为定"（见同上）。撰写《音学五书》，耗时三十余年（与《日知录》同时撰写），所过山川亭鄣，无日不以其稿自随，凡五易稿而手书者三，已登版而刊改者犹至数四（《音学五书后序》）。其著作态度之慎重如此，无怪其于《日知录》卷十九"著书之难"条寄其感慨云："宋人书如司马温公《资治通鉴》，马贵与《文献通考》，皆以一生精力成之，遂为后世不可无之书。而其中小有舛漏，尚亦不免。若后人之书，愈多而愈舛漏，愈速而愈不传。所以然者，其视成书太易，而急于求名故也。"

顾氏著作态度既如此慎重，则其对证据必反复批评，以至于可用而后已。观其答友人问别后一年又成《日知录》几卷云：

> 尝谓今人纂辑之书，正如今人之铸钱。古人采铜于山，今人则买旧钱名之曰废铜以充铸而已，所铸之钱，既已粗恶，而又将古人传世之宝，舂剉碎散，不存于后，岂不两失之乎？承问《日知录》又成几卷，盖期之以废铜。而某自别来一载，早夜诵读，反复寻究，仅得十余条。然庶几采山之铜也。(《文集》卷四《与人书十》)

既云"早夜诵读，反复寻究"，则其对证据之反复批评可知，以致一年只能得区区十余条。《日知录》卷二十三"氏族相传之讹"条云："白氏，唐白居易自序家状曰：'出于楚太子建之子白公胜，楚杀

117

白公，其子奔秦，代为名将，乙丙已降是也，裔孙白起有大功于秦，封武安君。'按白乙丙见于僖之三十三年，白公之死，则哀之十六年，后白乙丙一百四十八年。曾谓乐天而不考古，一至此哉？"按此条胪列白氏等十二氏，一一批评其始出相传之讹，且批评皆极精确，顾氏对所用证据之批评，举一可例其余矣。

顾氏对于批评证据之方法，不曾明言，窃意其最主要之方法之一，为查原书。《日知录》卷二十六"通鉴"条纠《通鉴》之误七处，皆极精，其所用之方法，主要为以《通鉴》之文与《通鉴》所依据之原文相比较，如以《史记·匈奴传》纠《通鉴》之误云："《通鉴》，汉武帝元光六年，以卫尉韩安国为材官将军，屯渔阳，元朔元年，匈奴二万骑入汉，杀辽西太守，略二千余人，围韩安国壁，又入渔阳雁门，各杀略千余人。夫曰围韩安国壁，其为渔阳可知，而云又入渔阳，则疏矣。考《史记·匈奴传》本文则云：'败渔阳太守军千余人，围汉将军安国，安国时千余骑亦且尽，会燕救至，匈奴引去。'其文精密如此，《通鉴》改之不当。"《日知录》卷三十一"大明一统志"条云："《一统志》引古事，舛戾最多，未有若密云山之可笑者。《晋书·石季龙载记》，段辽弃令支奔密云山，遣使诈降，季龙使征东将军麻秋迎之，辽又遣使降于慕容皝，曰彼贪而无谋，吾今请降求迎，彼不疑也，若伏重兵要之，可以得志。皝遣子恪伏兵密云，麻秋统兵三万迎辽，为恪所袭，死者什六七，秋步遁而归。是段辽与燕合谋而败赵之众也。今《一统志》云，密云山在密云县南一十五里，亦名横山，昔燕赵伏兵于此，大获辽众。是反以为赵与燕谋而败辽之众，又不言段而曰辽，似以辽为国名。岂修志诸臣，并晋书而未之见乎？"以《大明一统志》之文，与《晋书》原文相稽，则引古事最可笑之舛戾立见。遍顾氏著述中，利用查原书以进行批评，往往而有。此为极客观之批评方法也。

三曰证据之确切提出也。顾氏主张引书注出处。《日知录》卷十六"经义论策"条云："今之所谓时文，既非经传，复非子史，展转相承，皆杜撰无根之语。"顾氏于其下自注曰："前辈时文，无字不有出处。今但令士子作文，自注出处，无根之语，不得入文。"是顾氏主张士子作文，即须自注出处。《与彦和甥书》云："今欲吾甥集门墙多士十数人，委之将先正文字注解一二十篇来，以示北方学者。除事出四书不注外，其五经子史，古文句法，一一注之，如李善之注文选，方为合式也。此可以救近科杜撰套语之弊。"（见《残稿》卷二，《文集》卷三，《残稿》题作《与和甥》，《文集》题作《与彦和甥书》）所谓"先正文字"，系指明万历以前可传之八股文，顾氏希望其甥集门人注出此类文字之出处，除出于四书者不注外，凡五经子史，古文句法，皆一一注之。顾氏主张引书注出处，即此已不难窥见矣。

顾氏在其著述中，引书皆能注出处。《日知录》卷七"季路问事鬼神"条云："天地有正气，杂然赋流形，下则为河岳，上则为日星（文信公《正气歌》）。可以谓之知生矣。孔曰成仁，孟曰取义，而今而后，庶几无愧（《衣带赞》）。可以谓之知死矣。"出处普通如《正气歌》《衣带赞》，亦且确切注出，其他可知。《日知录》卷十"马政"条云："汉晁错言令民有车骑马一匹者，复卒三人（师古曰，当为卒者，免其三人，不为卒者，复其钱。本传），文帝从之。故文景之富，众庶街巷有马，阡陌之间成群，乘牸牝者摈而不得会聚（《汉书·食货志》）。若乃塞之斥也，桥桃致马千匹（《货殖传》），班壹避坠于楼烦，致马牛羊数千群（《叙传》），则民间之马，其盛可知。武帝轮台之悔，乃修马复令（复卒三人之令。《西域传》）。唐玄宗开元九年诏，天下之有马者，州县皆先以邮递，军旅之役，定户复缘以升之。百姓畏苦，乃多不畜马，故骑射之士减曩时。自今诸州民勿限有无荫，能家畜十马以下，免帖驿邮递征行，定户无以马为赀。(《唐书·兵志》）古之人君，其欲民之有马如此。惟魏世宗正始四年十一月丁未禁河南畜牝马（《魏书·本纪》），元世祖至元二十三年六月戊申括诸路马，凡色目人有马者，三取其二，汉民悉入官，敢匿与互市者罪之（《元史·本纪》）。"引书一一确注出处如此，即近人亦不过如此矣。撰肇域志，"本行不尽，则注之旁；旁又不尽，则别为一集曰备录"（《文集》卷六《肇域志序》）。撰《天下郡国利病书》，或注于行间，或注于行外，或注于上下，有涂改讹误者，有添补遗漏者，有阐明文义者，有补充事实订正疑异者，则顾氏之注，又不仅注引书之出处而已也。

尤值进一步称述者，顾氏引书，大致能引原文。《日知录》卷二十"引古必用原文"条云："凡引前人之言，必用原文。"顾氏引史事，略加剪裁，不失原文风格（极少词句更动处），引前人之言，则引原文，不轻加更动，以顾氏所引，与原文相对照，可以知其忠实程度。如《日知录》卷十七"进士得人"条引黄宗羲《明夷待访录·取士篇》，仅删去原文数语以及将原文"科目"一词改成"科第"，原文"百千万人"改成"千百万人"，他皆与原文一致。顾氏之引书，已极具近代精神矣。

引书之其他细则，顾氏亦言及之：

> 凡述古人之言，必当引其立言之人；古人又述古人之言，则两引之，不可袭以为己说也。诗曰，自古在昔，先民有作。程正叔传易未济三阳皆失位，而曰斯义也，闻之成都隐者。是

则时人之言，而亦不敢没其人。君子之谦也，然后可与进于学。（《日知录》卷二十"述古"条）

注疏家凡引书，下一曰字，引书之中又引书，则下一云字，云曰一义，变文以便读也。此出于《论语》，牢曰子云是也。若史家记载之辞，可下两曰字，《尚书》多方周公曰王若曰是也。（孟子书多有两曰字，如公都子曰，告子曰。公孙丑问曰，高子曰。公孙丑曰，伊尹曰。公孙丑曰，诗曰。）（同上"史书下两曰字"条）

所言已可谓细致矣。由以上言之，顾氏实能将证据确切提出，考据学之特色，于此觇焉。

四曰证据之审慎组合也。由证据以得结论，为顾氏考据学最科学之精神，证据组合之审慎，尤为顾氏所得结论极接近于精确之关键。顾氏所谓"早夜诵读，反复寻究"，有关于证据之批评者，亦有关于证据之组合者；所谓"其有不合时，复改定，或古人先我而有者，则遂削之"，则完全表现出组合证据之审慎。顾氏于初刻《日知录·自序》亦云："炎武所著《日知录》，因友人多欲钞写，患不能给，遂于上章阉茂之岁，刻此八卷。历今六七年，老而益进，始悔向日学之不博，见之不卓，其中疏漏往往而有，而其书已行于世，不可掩。渐次增改，得二十余卷，欲更刻之，而犹未敢自以为定，故先以旧本质之同志。"将已行世之作，渐次增改，而犹未敢自以为定，复质之友人，以相切磋。阎若璩《潜丘劄记》驳正《日知录》五十余条，顾氏皆欣然采纳之；张力臣考正《音学五书》一二百处，亦予以接受。然则顾氏为真不可及矣。

顾氏弟子潘耒于《日知录序》云：

121

> 有一疑义，反复参考，必归于至当；有一独见，援古证今，必畅其说而后止。

《四库全书·日知录提要》云：

> 炎武学有本原，博赡而能通贯，每一事必详其始末，参以证佐，而后笔之于书，故引据浩繁，而牴牾者少。

此皆足以说明顾氏组合证据之审慎也。

五曰直接证据之搜寻与应用也。顾氏取证据，不以纸上文献为满足，往往有超出纸上文献者。所作《金石文字记序》云：

> 余自少时，即好访求古人金石之文，而犹不甚解，及读欧阳公《集古录》，乃知其事多与史书相证明，可以阐幽表微，补阙正误，不但词翰之工而已。比二十年间，周游天下，所至名山、巨镇、祠庙、伽蓝之迹，无不寻求，登危峰，探窈壑，扪落石，履荒榛，伐颓垣，畚朽壤，其可读者，必手自钞录，得一文为前人所未见者，辄喜而不寐。一二先达之士，知余好古，出其所蓄，以至兰台之坠文，天禄之逸字，旁搜博讨，夜以继日。遂乃抉剔史传，发挥经典，颇有欧阳、赵氏二录之所未具者，积为一帙，序之以贻后人。（《文集》卷二）

此为顾氏对金石文字之访求，当时"怀毫舐墨，踯躅于山林猿鸟之间"（见同上）之情景，犹可以想见。

《日知录》卷四"春秋时月并书"条云：

《春秋》时月并书，于古未之见。考之《尚书》，如《泰誓》，十有三年春，大会于孟津。《金縢》，秋大熟，未获。言时则不言月。《伊训》，惟元祀十有二月乙丑。太甲中，惟三祀十有二月朔。《武成》，惟一月壬辰。《康诰》，惟三月哉生魄。《召诰》，三月惟丙午朏。《多士》，惟三月。《多方》，惟五月丁亥。《顾命》，惟四月哉生魄。《毕命》，惟十有二年六月庚午朏。言月则不言时。其他钟鼎古文多如此。《春秋》独并举时月者，以其为编年之史，有时有月有日，多是义例所存，不容于阙一也。

此为用金石文字为证据，以与史书互相证明者。

顾氏尤重视亲见亲闻之证据，以所见所闻与文献记载互相印证。如《日知录》卷十一"黄金"条云：

> 宋太宗问学士杜镐曰："两汉赐予，多用黄金，而后代遂为难得之货，何也？"对曰："当时佛事未兴，故金价甚贱。"今以目所睹记，及《会典》所载国初金价推之，亦大略可考。……幼时见万历中赤金止七八换，崇祯中十换，江左至十三换矣。

此为以所见论金价也。

同书同卷"钱法之变"条云：

> 予幼时见市钱，多南宋年号，后至北方，见多汴宋年号，真行草字体皆备，间有一二唐钱。自天启崇祯广置钱局，括古钱以充废铜，于是市人皆摈古钱不用，而新铸之钱，弥多弥恶，旋铸旋销，宝源宝泉二局，祢为奸蠹之窟。故尝论古来之钱，

凡两大变，隋时尽销古钱一大变，天启以来一大变也。

此为以所见论钱法之变也。

同书卷十二"人聚"条云：

予少时见山野之氓，有白首不见官长，安于畎亩，不至城中者。洎于末造，役繁讼多，终岁之功，半在官府，而小民有"家有二顷田，头枕衙门眠"之谚（见《曹县志》）。已而山有负嵎，林多伏莽，遂舍其田园，徙于城郭。又一变而求名之士，诉枉之人，悉至京师。辇毂之间，易于郊坰之路矣。锥刀之末，将尽争之。五十年来，风俗遂至于此。

此为以所见论风俗之变也。

《莱州任氏族谱序》云：

予读《唐书》韦云起之疏曰："山东人自作门户，更相谈荐，附下罔上。"袁术之答张沛曰："山东人但求禄利，见危授命，则旷代无人。"窃怪其当日之风，即已异于汉时；而历数近世人材，如琅邪、北海、东莱，皆汉以来大儒所生之地，今且千有余年，而无一学者见称于时，何古今之殊绝也？至其官于此者，则无不变色咋舌，称以为难治之国，谓其齐民之俗有三：一曰逋税，二曰劫杀，三曰讦奏。而余往来山东者十余年，则见夫巨室之日以微，而世族之日以散，货贿之日以乏，科名之日以衰，而人心之日以浇且伪，盗诬其主人而奴讦其长，日趋于祸败而莫知其所终。（《文集》卷二）

此为以所见论山东风俗之变也。

《悲村记》云：

> 予尝历览山东、河北，自兵兴以来，州县之能不至于残破者，多得之豪家大姓之力，而不尽恃乎其长吏。（《文集》卷五）

"《钱粮论》下"云：

> 愚尝久于山东，山东之民，无不疾首蹙额而诉火耗之为虐者。独德州则不然，问其故，则曰：州之赋二万九千，二为银八为钱也。钱则无火耗之加，故民力纾于他邑也。非德州之官皆贤，里胥皆善人也，势使之然也。又闻之长老言，近代之贪吏，倍甚于唐宋之时，所以然者，钱重而难运，银轻而易赍；难运，则少取之而以为多；易赍，则多取之而犹以为少。非唐宋之吏多廉，今之吏贪也，势使之然也。（《文集》卷一）

此为以所见所闻以论国家治乱生民休戚之故也。

《日知录》卷十二"馆舍"条云：

> 读孙樵《书褒城驿壁》，乃知其有沼有鱼有舟。读杜子美《秦州杂诗》，又知其驿之有池有林有竹。今之驿舍，殆于隶人之垣矣。予见天下州之为唐旧治者，其城郭必皆宽广，街道必皆正直。廨舍之为唐旧创者，其基址必皆宏敞。宋以下所置，时弥近者制弥陋。此又樵记中所谓州县皆驿，而人情之苟且，十百于前代矣。

同书同卷"河渠"条云：

> 予行山东巨野、寿张诸邑，古时潴水之地，无尺寸不耕，而忘其昔日之为川浸矣。近有一寿张令修志，乃云："梁山泺仅可十里，其虚言八百里，乃小说之惑人耳。"此并五代宋金史而未之见也。(《五代史》，晋开运元年五月丙辰，滑州河决，浸汴、曹、濮、单、郓五州之境，环梁山，合于汶水，与南旺蜀山湖连，弥漫数百里。《宋史·宦者传》，梁山泺古巨野泽，绵亘数百里，济、郓数州，赖其蒲鱼之利。《金史·食货志》，黄河已移故道，梁山泺水退，地甚广，遣使安置屯田。)书生之论，岂不可笑也哉！

此皆为不仅据文献记载，而必亲自走访其地也。金石文字，以及亲所目睹者，皆为直接证据，顾氏应用之以与纸上证据相发明，此顾氏之考据学所以为不可及也。

普遍归纳证据，反复批评证据，证据之来源，一一指出，证据之组合，费尽心思，又参用纸上以外之证据，然则顾氏之考据学，极富科学精神，昭昭然不可诬也。

四　顾氏在史学上之新建设

顾氏尝屡屡慨叹明初以后史学之芜废矣：

> 先朝之史，皆天子之大臣与侍从之官承命为之，而世莫得见。其藏书之所，曰皇史宬。每一帝崩，修实录，则请前一朝

之书出之，以相对勘，非是莫得见者。人间所传止有《太祖实录》。国初人朴厚，不敢言朝廷事，而史学因以废失。正德以后，始有纂为一书附于野史者，大抵草泽之所闻，与事实绝远，而反行于世。世之不见实录者从而信之。万历中，天子荡然无讳，于是实录稍稍传写流布。至于光宗而十六朝之事具全。然其卷帙重大，非士大夫累数千金之家不能购，以是野史日盛，而谬悠之谈遍于海内。(《文集》卷五《书吴潘二子事》)

汉时天子所藏之书，皆令人臣得观之。……晋宋以下，此典不废。……且求书之诏，无代不下，故民间之书，得上之天子，而天子之书，亦往往传之士大夫。自洪武平元，所收多南宋以来旧本，藏之秘府，垂三百年，无人得见。而昔时取士一史三史之科，又皆停废，天下之士，于是乎不知古司马迁之《史记》，班固之《汉书》，干宝之《晋书》，柳芳之《唐历》，吴兢之《唐春秋》，李焘之《宋长编》，并以当时流布。至于会要日历之类，南渡以来，士大夫家亦多有之，未尝禁止。今则实录之进，焚草于太液池，藏真于皇史宬，在朝之臣，非预纂修，皆不得见，而野史家传，遂得以孤行于世，天下之士，于是乎不知今。是虽以夫子之圣，起于今世，学夏殷礼而无从，学周礼而又无从也。况其下焉者乎？岂非密于禁史，而疏于作人，工于藏书，而拙于敷教者邪。(《日知录》卷十八"秘书国史"条)

史学芜废如此，故顾氏殚力治史，其在史学上，有其不可磨灭之新建设焉。

顾氏幼时侍祖父，十岁读《左传》《国语》《战国策》《史记》，十一岁读《通鉴》，十四岁读《通鉴》毕。继读《邸报》，明泰昌以后事颇窥崖略。自明崇祯己卯（十二年）后，历览二十一史、十三朝实录、天下图经、郡县志书、前辈文编、说部，凡有关于民生利害者，皆随手录之。于是其史学知识，乃浩乎其沛然矣（以上见《残稿》卷二《答李紫澜》，《文集》卷二《营平二州史事序》，卷六《答徐甥公肃书》《天下郡国利病书序》《肇域志序》，《亭林余集·三朝纪事阙文序》，全祖望《亭林先生神道表》）。王昶《与汪中书》云："闻顾亭林先生，少时每年以春夏温经，请文学中声音宏敞者四人，设左右坐，置注疏本于前，先生居中，其前亦置经本，使一人诵而己听之，遇其中字句不同，或偶忘者，详问而辩论之，凡读二十纸，再易一人，四人周而复始。计一日温书二百纸。十三经毕，接读三史，或南北史。故亭林先生之学如此习熟，而纤悉不遗也。"顾氏于读经读史所下功力之深有如此。

顾氏对于明史，亦即其所谓国史，极为注意，曾撰熹庙谅阴记事、三朝纪事阙文、圣朝记事、圣安纪事，皆为有关明史之作。《熹庙谅阴记事跋》云："昔年欲撰两朝纪事，先成此卷，所本者先大父当时手录邸报，止纪大事，其迁除月日，多有未详，别购天启以来人家所藏报本，岁月相续，几于完备。寻为友人潘柽章借去。炎武既客游，柽章遭祸以死，其报本亦遂失之。求诸四方，不可复得。后之传者，日远日讹。炎武自度衰老，不能成是书，而此卷为熹宗初政，三案之发端具焉，复不可泯，因录存之，名曰熹庙谅阴记事。"顾氏承其祖父之所遗，所搜藏明代史料，极为珍贵，惟毁于一次史狱。吴炎、潘柽章以英年富史才，欲写明史，购得《明实录》，复旁搜文集奏疏，怀纸吮笔，早夜矻矻，其所手书，盈床满箧，顾氏极敬重之，假以所藏有关于明代史料之书千余卷（不止所藏报本也，此据《文集》卷五《书吴潘二子事》）。迨庄廷鑨史狱作，吴、潘与难，而顾氏所蓄之明史料尽亡矣。此对顾氏之治明史，打击至深且巨，此后二三十年，顾氏不再治明史，答徐甥公肃书云："幼时侍先祖，自十三四岁读完《资治通鉴》后，即示之以邸报，泰昌以来颇窥崖略。然忧患之余，重以老耄，不谈此事已三十年，都不记忆，而所藏史录奏状一二千本，悉为忘友借观，中郎被收，琴书俱尽。承吾甥来札惓惓勉以一代文献，衰朽讵足副此？"（《文集》卷六）与潘次耕札云："吾昔年所蓄史事之书，并为令兄取去，令兄亡后，书既无存，吾亦不谈此事。久客北方，后生晚辈，益无晓习前朝之掌故者。令兄之亡十七年矣，吾今年六十有七，以六十有七之人，而十七年不谈旧事，十七年不见旧书，衰耄遗忘，少年所闻，十不记其一二。又当年牛李朔蜀之事，殊难置喙。退而修经典之业，假年学易，庶无大过。不敢以草野之人，追论朝廷之政。"（《残稿》卷三，又见《文集》卷四，题作《与次耕书》）顾氏以死辞参与修《明史》，固为持其不仕异姓之亮节，然其精力已用于其他方面，对于有明一代掌故，业已生疏，亦为事实，所存之明代史料，又皆丧失，无怪有人欲荐其佐修明史，毅然答以"不为介推之逃，则为屈原之死"（《残稿》卷二《记与孝感熊先生语》）矣！就暗于明代掌故而言，顾氏固不能望及浙东黄宗羲万斯同之项背也。

顾氏往往论及修明史之法，其《庙讳御名议》一文云："不讳者，君前父前之义也。国史为一代之书，不载帝讳，何以传信后世？臣请依历朝实录之例，于列圣建立之初，大书曰：立皇子某为皇太子，曰：立皇子某为某王。并直书御名，不必减去点画，以合君前父前之义。"（《余集》）其与潘次耕札云："有一得之愚，欲告诸良友者，自庚申至戊辰邸报，皆曾寓目，与后来刻本记载之书，殊不相同。今之修史者，大段当以邸报为主，两造异同之论，一切存之，无轻删抹，而微其论断之辞，以待后人之自定，斯得之矣。"(《残稿》卷三，又见《文集》卷四，题作《与次耕书》)《日知录》卷十八"三朝要典"条则云："门户之人，其立言之指，各有所借，章奏之文，互有是非，作史者两收而并存之，则后之君子，如执镜以照物，无所逃其形矣。褊心之辈，谬加笔削，于此之党，则存其是者，去其非者，于彼之党，则存其非者，去其是者，于是言者之情隐，而单辞得以胜之。且如要典一书，其言未必尽非，而其意别有所为。继此之为书者，犹是也。此国论之所以未平，而百世之下，难乎其信史也。崇祯帝批讲官李明睿之疏曰：'纂修实录之法，惟在据事直书，则是非互见。'大哉王言，其万世作史之准绳乎！"于是非异同之论，两收而并存之，以待后人之自定，此殊为修国史（即所谓近代史）之良法也。顾氏数十年不治明史，而论修明史之法如此，其寄情于明史，亦可知矣。观其《赠潘节士柽章》诗云："北京一崩沦，国史遂中绝，二十有四年，记注亦残缺。中更夷与贼，出入互轇轕，亡城与破军，纷错难具说。三案多是非，反复同一辙，始终为门户，竟与国俱灭。我欲问计吏，朝会非王都；我欲登兰台，秘书入东虞。文武道未亡，臣子不敢诬。窜身云梦中，幸与国典俱。有志述三朝，并及海宇图。一书未及成，触此忧患途。同方有潘子，自小耽文史，荦然持巨笔，直溯明兴始。谓惟司马迁，作书有条理，自余数十家，充栋徒为尔。上下三百年，粲然得纲纪。"(《诗集》卷二）于明史意殷如此，然则顾氏治明史兴趣之转移，岂为得已哉？

　　顾氏中年以后，不治明史，并非自此与历史绝缘，而为将治史之范围扩大，其所治者，为自远古以迄明清之际之历史也。治史重通贯，为顾氏史学之一大特色，顾氏选历史上种种问题，进行研究，而特重问题之通贯性，不将问题局限于一短暂时间以内，如《日知录》卷三十一"长城"条即述自战国以迄隋大业中历代所筑之长城。卷十二"街道"条,亦为述自古以来之街道:"古之王者,于国中之道路,则有条狼氏涤除道上之狼扈,而使之洁清。于郊外之道路,则有野庐氏达之四畿,合方氏达之天下,使之津梁相凑,不得陷绝。而又有遂师以巡其道修,候人以掌其方之道治。至于司险掌九州之图,以周知其山林川泽之阻,而达其道路,则舟车所至,人力所通,无不荡荡平平者矣。晋文之霸也,亦曰司空以时平易道路。而道路若塞,川无舟梁,单子以卜陈灵之亡。自天街不正,王路倾危,涂潦遍于郊关,污秽钟于辇毂。诗曰,周道如砥,其直如矢。君子所履,小人所视。眷言顾之,潸焉出涕。其斯之谓与?说苑,楚庄王伐陈,舍于有萧氏,谓路室之人曰:巷其不善乎?何沟之不浚也!以庄王之霸,而留意于一巷之沟,此以知其勤民也。后唐明宗长兴元年正月,宗正少卿李延祚奏请止绝车牛,不许于天津桥来往。明制,两京有街道官,车牛不许入城。"《日知录》中类此者多矣。《四库全书·日知录提要》云:"炎武学有本原,博赡而能通贯,每一事必详其始末。"可谓至当之论也。

顾氏所选历史上之问题,偏重于学术、政治、文物、制度、地理、风俗等方面。顾氏自言:"《日知录》上篇经术,中篇治道,下篇博闻。"(已见前引)《四库提要》谓《日知录》:"书中不分门目,而编次先后,则略以类从,大抵前七卷皆论经义,八卷至十二卷,皆论政事,十三卷论世风,十四卷十五卷论礼制,十六卷十七卷论科举,十八卷至二十一卷,皆论艺文,二十二卷至二十四卷杂论名义,二十五卷论古事真妄,二十六卷论史法,二十七卷论注书,二十八卷论杂事,二十九卷论兵及外国事,三十卷论天象术数,三十一卷论地理,三十二卷为杂考证。"若以近代化之名词括之,则不外学术、政治、文物、制度、地理、风俗诸大端也。就学术等诸大端，选择问题，详考而博辨之，又一一寓其经世思想："夫惟于一乡之中，官之备而法之详，然后天下之治，若网之在纲，有条而不紊。"(《日知录》卷八"乡亭之职"条)"天下之治，始于里胥，终于天子。……自古及今，小官多者其世盛，大官多者其世衰，兴亡之涂，罔不由此。"(见同上)"以县治乡，以乡治保，以保治甲。"(同上"里甲"条)"胥吏之权，所以日重而不可拔者，任法之弊，使之然也。开诚布公以任大臣，疏节阔目以理庶事，则文法省而径窦清，人材庸而狐鼠退矣。"(同上"都令史"条)"法制禁令，王者之所不废，而非所以为治也。其本在正人心，厚风俗而已。"(同上"法制"条)"愿后之持权衡者，常以正风俗为心，则国家必有得人之庆矣。"(同上"员缺"条)"法令者，败坏人材之具，以防奸宄而得之者什三，以沮豪杰而失之者，常什七矣。"(同上卷九"人材"条)"人主之所患，莫大乎唯言而莫予违。"(同上"封驳"条)"刺史六条，为百代不易之良法。"(同上"部刺史"条)"削考功之繁科，循久任之成效，必得其人而与之以权，庶乎守令贤而民事理，此今日之急务也。"(同上"守令"条)"人主苟欲亲民，必先亲牧民之官，而后太平之功可冀矣。"(同上"京官必用守令"条)"呜呼！人徒见艺祖罢节度为宋百年之利，而不知夺州县之兵与财，其害至于数百年而未已也！"(同上"藩镇"条)"宦官之盛，由于宫嫔之多，而人主欲不近刑人，则当以远色为本。"(同上"宦官"条)"财聚于上，是谓国之不祥。不幸而有此，与其聚于人主，无宁聚于大臣。"(同上卷十二"财用"条)"呜呼！太祖起自侧微，升为天子，其视四海之广，犹吾庄田，兆民之众，犹吾佃客也。故其留心民事如此。当时长吏得以言民疾苦，而里老亦得诣阙自陈。后世雨泽之奏，遂以寝废，天灾格而不闻,民隐壅而莫达,然后知圣主之意,有不但于祈年望岁者。民亲而国治,有以也夫。"(同上"雨泽"条)"苟非返普天率土之人心,使之先义而后利,终不可以致太平。故愚以为今日之务,正人心急于抑洪水也。"(同上"河渠"条)"嗟呼!论世而不考其风俗,无以明人主之功。余之所以斥周末而进东京,亦春秋之意也。"(同上卷十三"周末风俗"条)"秦之任刑虽过,而其坊民正俗之意,固未始异于三王也。汉兴以来,承用秦法以至今日者多矣,世之儒者,言及于秦,即以为亡国之法,亦未之深考乎?"(同上"秦纪会稽山刻石"条)"知保天下,然后知保其国。保国者,其君其臣肉食者谋之。保天下者,匹夫之贱与有责焉耳矣。"(同上"正始"条)"小雅废而中国微,风俗衰而叛乱作。"(同上"清议"条)"天下风俗最坏之地,清议尚存,犹足以维持一二。至于清议亡,而干戈至矣。"(见同上)"汉人以名为治,故人材盛;今人以法为治,故人材衰。"(同上"名教"条)"今日所以变化人心,荡涤污俗者,莫急于劝学奖廉二事。"(见同上)"士大夫之无耻,是谓国耻。"(同上"廉耻"条)"呜呼!自古以来,边事之败,有不始于贪求者哉?吾于辽东之事有感!"(见同上)"自万历季年,搢绅之士,不知以礼饬躬,而声气及于宵人(如汪文言一人为东林诸公大玷),诗字颁于舆皂,至于公卿上寿,宰执称儿,而神州陆沉,中原涂炭,夫有以致之矣。"(同上"流品"条)"板荡之后,而念老成,播迁之余,而思耆俊,庸有及乎?有国者登崇重厚之臣,抑退轻浮之士,此移风易俗之大要也。"(同上"重厚"条)"自神宗以来,黩货之风,日甚一日,国维不张,而人心大坏,数十年于此矣。书曰,不肩好货,敢恭生生,鞠人谋人之保居叙钦。必如是而后可以立太平之本。"(同上"贵廉"条)"文章之士,多护李陵,智计之家,或称谯叟,此说一行,则国无守臣,人无植节，反颜事雠，行若狗彘而不之愧也。何怪乎五代之长乐老，序平生以为荣，灭廉耻而不顾者乎！春秋僖十七年，齐人歼于遂。《穀梁传》曰：'无遂则何以言遂？其犹存遂也。'故王蠋死而田单复齐，宏演亡而桓公救卫，此足以树人臣之鹄，而降城亡子，不齿于人类者矣！（今浙江绍兴府有一种人谓之隋民。世为贱业，不敢与齐民齿。志云，其先是宋将焦光瓒部曲，以叛宋降金被斥。）"（同上"降臣"条）"为国以礼，后王其念之哉！"（同上卷十五"火葬"条）"有天下者，诚思风俗为人才之本，而以教化为先，庶乎德行修而贤才出矣。"（同上卷十七"生员额数"条）"用八股之人才，而使之理烦治众，此夫子所谓贼夫人之子也。"（同上"出身授官"条）"愚尝谓自宋之末造，以至有明之初年，经术人才，于斯为盛。自八股行而古学弃，大全出而经说亡，十族诛而臣节变。洪武永乐之间，亦世道升降之一会矣。"（同上卷十八"书传会选"条）"举业至于抄佛书，讲学至于会男女，考试至于鬻生员，此皆一代之大变，不在王莽、安禄山、刘豫之下。"（同上"钟惺"条）"万历间人多好改窜古书，人心之邪，风气之变，自此而始。"（同上"改书"条）"今日致太平之道何繇？曰：君子勤礼，小人尽力。"（同上卷二十八"赌博"条）"有圣人起，寓封建之意于郡县之中，而天下治矣。"（《文集》卷一《郡县论一》）凡此所引，皆顾氏经世思想之极为彰明昭著者也。"史书之作，鉴往所以训今。"（《文集》卷六《答徐甥公肃书》）为顾氏之观念。事关民生国命者，详考博辨，穷源溯本，讨论其所以然，而慨然著其化裁通变之道，经世思想与科学思想，相互掩映，谓非史学上之盛事可乎。

顾氏治史，能怀疑，亦能阙疑，二者不偏废，亦顾氏史学之深值称道者也。《日知录》卷七"厚葬"条云："史策所载，未必皆为实录。"卷三"诗序"条云:"诗之世次,必不可信。今诗亦未必皆孔子所正。"卷二十三"氏族相传之讹"条云:"氏族之书,所指秦汉以上者,大抵不可尽信。""汉时碑文,所述氏族之始,多不可据。"卷二"古文尚书"条云:"孟子曰:'尽信书则不如无书。'于今日而益验之矣。"凡此皆足以说明顾氏能怀疑。怀疑为治史之起点,尤为以考据治史之起点,胸中无所疑,则何从纠谬而发覆?惟怀疑须有限度,如举凡载籍所载者,一一而怀疑之,不问有无证据,则不至如近代疑古学派直指大禹为爬虫不已也。故必须济之以阙疑。顾氏尝屡屡强调阙疑矣,《日知录》卷二"丰熙伪尚书"条云:"五经得于秦火之余,其中固不能无错误,学者不幸而生乎二千余载之后,信古而阙疑,乃其分也。"卷四"春秋阙疑之书"条云:"孔子曰,吾犹及史之阙文也。史之阙文,圣人不敢益也。《春秋》桓十七年冬十月朔,日有食之。传曰,不书日,官失之也。僖公十五年夏五月,日有食之。传曰,不书朔与日,官失之也。以圣人之明,千岁之日,至可坐而致,岂难考历布算,以补其阙?而夫子不敢也。况于史文之误,而无从取正者乎?况于列国之事,得之传闻,不登于史策者乎?左氏之书,成之者非一人,录之者非一世,可谓富矣,而夫子当时未必见也。史之所不书,则虽圣人有所不知焉者。且《春秋》鲁国之史也,即使历聘之余,必闻其政,遂可以百二十国之宝书,增入本国之记注乎?若乃改葬惠公之类不书者,旧史之所无也。曹大夫宋大夫司马司城之不名者,阙也。郑伯髡顽楚子麇齐侯阳生之实弑而书卒者,传闻不胜简书,是以从旧史之文也。左氏出于获麟之后,网罗浩博,实夫子之所未见。乃后之儒者,似谓已有此书,夫子据而笔削之,即左氏之解经,于所不合者,亦多曲为之说。而经生之论,遂以圣人所不知为讳,是以新说愈多,而是非靡定。故今人之学《春秋》之言，皆郢书燕说，而夫子之不能逆料者也。子不云乎？多闻阙疑，慎言其余。岂特告子张乎？修《春秋》之法，亦不过此。"同卷"王入于王城不书"条云："襄王之复，《左氏书》夏四月丁巳，王入于王城，而经不书。其文则史也，史之所无，夫子不得而益也。"同卷"所见异辞"条云："孔子生于昭定哀之世，文宣成襄则所闻也，隐桓庄闵僖则所传闻也。国史所载，策书之文，或有不备，孔子得据其所见以补之。至于所闻，则远矣，所传闻，则又远矣。虽得之于闻，必将参互以求其信。信则书之，疑则阙之，此其所以为异辞也。"多闻阙疑，慎言其余，凡所不能知不能通者，则阙之。穿凿之习，附会之说，将自此而廓清。怀疑复能阙疑，此顾氏之所以为大史家也。

顾氏考史，有极客观之标准。凡两种或两种以上之说相互岐异者，相信较古之说。《日知录》卷二十二"尧冢灵台"条云："舜陟方乃死，见于书。禹会诸侯于涂山，见于传。惟尧不闻有巡狩之事。墨子曰，尧北教乎八狄，道死，葬蛩山之阴；舜西教乎七戎，道死，葬南已之市；禹东教乎九夷，道死，葬会稽之山。此战国时人之说也。自此以后，《吕氏春秋》则曰，尧葬于谷林。太史公则曰，尧作游成阳。刘向则曰，尧葬济阴。《竹书纪年》则曰，帝尧八十九年作游宫于陶，九十年帝游居于陶，一百年帝陟于陶。说文，陶，再成丘也。在济阴有尧城，尧尝所居，故尧号陶唐氏，而尧之冢始定于成阳矣。但尧都平阳，相去甚远。耄期之年，禅位之后，岂复有巡游之事哉？囚尧偃朱之说，并出于《竹书》，而鄄城之迹，亦复相近。（《括地志》曰：故尧城在濮州鄄城县东北十五里。《竹书》云：昔尧德衰，为舜所囚也。又有偃朱故城，在县西北十五里。《竹书》云：舜囚尧，复偃塞丹朱，使不与父相见也。按此皆战国人所造之说。

第三章 顾炎武与清代历史考据学派之形成

或人告燕王,谓启攻益而夺之天下。韩非子言汤使人说务光自投于河。大抵类此。)诗书所不载,千世之远,其安能信之?"同条云:"《临汾县志》曰:尧陵在城东七十里,俗谓之神林,高一百五十尺,广二百余步,旁皆山石,惟此地为平土,深丈余,其庙正殿三间,庑十间,山后有河一道,有金泰和二年碑记。窃考舜陟方乃死,其陵在九疑;禹会诸侯于江南,计功而崩,其陵在会稽;惟尧之巡狩,不见经传,而此其国都之地,则此陵为尧陵无疑也。按志所论,似为近理。但自汉以来,皆云尧葬济阴成阳,未敢以后人之言为信。"此考尧舜之事,相信诗书所载,诗书所不载者,不敢相信战国以后人之说也。《日知录》卷二十五"介子推"条云:"介子推事,见于《左传》则曰:'晋侯求之不获,以绵上为之田。'曰:'以志吾过,且旌善人。'《吕氏春秋》则曰:'负釜盖簦,终身不见。'二书去当时未远,为得其实。然之推亦未久而死,故以田禄其子尔。《史记》之言稍异,亦不过曰:'使人召之,则亡,闻其入绵上山中,于是环绵上山中而封之,以为介推田,号曰介山而已。'立枯之说,始自屈原。燔死之说,始自庄子。《楚辞·九章·惜往日》:'痛而追求,封介山而为之禁兮,报大德之优游,思久故之亲身兮,因缟素而哭之。'庄子则曰:'介子推至忠也,自割其股以食文公,文公后背之,子推怒而去,抱木而燔死。'(《盗跖篇》。东方朔《七谏》,《丙吉传》《长安士伍尊书》,刘向《说苑》《新序》因之。)于是瑰奇之行彰,而廉靖之心没矣。今当以左氏为据,割骨燔山,理之所无,皆不可信。"此考介子推事,相信去当时未远之《左传》,而不相信屈原庄子后起之说也。

《文集》卷六《子胥鞭平王之尸辨》一文云:"太史公言子胥鞭楚平王之尸,《春秋》传不载,而予因以疑之。疑《春秋》以前无发

137

冢戮尸之事，而子胥亦不得以行之平王也。郑人为君讨贼，不过斫子家之棺而已。齐懿公掘邴歜之父而刖之，卫出公掘褚师定子之墓，焚之于平庄之上，传皆书之以著其虐，是《春秋》以前无发冢戮尸之事也。平王固员之父雠，而亦员之君也。且淫刑之罪，孰与篡弑？一人之仇，孰与普天？报怨之师，孰与讨贼？唐庄宗尚不加于朱温，而子胥以加之平王，吾又以知其无是事也。考古人之事，必于书之近古者。《穀梁传》云，吴入楚，挞平王之墓。《贾谊新书》亦云，《吕氏春秋》云鞭荆平之墓三百。《越绝书》云，子胥操捶笞平王之墓。《淮南子》云，阖闾鞭荆平王之墓，舍昭王之宫。而《季布传》亦言，此伍子胥所以鞭平王之墓也。盖止于鞭墓，而传者甚之以为鞭尸，使后代之人，蔑弃人伦，仇对枯骨。赵襄子漆智伯之头，王莽发定陶恭王母丁姬之冢，慕容隽投石虎尸于汉水，姚苌倮挞苻坚，荐之以棘，王颁发陈高祖陵，焚骨取灰，投水而饮之，杨琏真珈取宋诸帝之骸，与牛马同瘗。或快意于所仇，或肆威于亡国，未必非斯言取之也。"此考子胥鞭平王之尸事，不相信《史记》所载，而相信书之近古者《穀梁传》《贾谊新书》《越绝书》《淮南子》之所载也。

去古未远之书，距离史实发生之时间较近，为较能得其实。西方近代史家珍贵直接史料，与此实相通。顾氏复用之以考音韵："据唐人以正宋人之失，据古经以正沈氏唐人之失，而三代以上之音部分秩如，至赜而不可乱。"（《音学五书序》）论许慎《说文》则云："自隶书以来，其能发明六书之指，使三代之文，尚存于今日，而得以识古人制作之本者，许叔重说文之功为大。后之学者，一点一画，莫不奉之为规矩。而愚以为亦有不尽然者。且以六经之文，《左氏》《公羊》《穀梁》之传，毛苌、孔安国、郑众、马融诸儒之训，而未必尽合。况叔重生于东京之中世，所本者不过刘歆、贾逵、杜林、徐巡等十余人之说，而以为尽得古人之意，然与？否与？"（《日知录》卷二十一"说文"条）此顾氏之议论极值注意者也。

顾氏论写史方法，极为精辟细致。《日知录》卷十九"文章繁简"条云："辞主乎达，不论其繁与简也。繁简之论兴，而文亡矣。《史记》之繁处，必胜于《汉书》之简处。《新唐书》之简也，不简于事，而简于文，其所以病也。时子因陈子而以告孟子，陈子以时子之言告孟子，此不须重见而意已明。齐人有一妻一妾而处室者，其良人出，则必餍酒肉而后反，其妻问所与饮食者，则尽富贵也。其妻告其妾曰，良人出则必餍酒肉而后反，问其与饮食者，尽富贵也，而未尝有显者来，吾将瞯良人之所之也。有馈生鱼于郑子产，子产使校人畜之池。校人烹之，反命曰：'始舍之，圉圉焉，少则洋洋焉，悠然而逝。'子产曰：'得其所哉！得其所哉！'校人出曰：'孰谓子产智？予既烹而食之。'曰：'得其所哉！得其所哉！'此必须重叠，而情事乃尽。此孟子文章之妙。使入《新唐书》，于齐人则必曰：'其妻疑而瞯之。'于子产则必曰：'校人出而笑之。两言而已矣。是故辞主乎达，不主乎简。'刘器之曰：'《新唐书》叙事，好简略其辞，故事多郁而不明。'此作史之病也。且文章岂有繁简邪？昔人之论，谓如风行水上，自然成文。若不出于自然，而有意于繁简，则失之矣。当日进《新唐书》表云，其事则增于前，其文则省于旧。《新唐书》所以不及古人者，其病正在此两句也。"

史文尚简，几为通论（如刘知几于《史通》中力主之），顾氏独易以达字，使史家文辞，能叙明往事，此为史家写史不二之法门也。《日知录》卷二十"古人不以甲子名岁"条云："史家之文，必以日系月，以月系年。钟鼎之文，则不尽然，多有月而不年，日而不月者。"同卷"史家追纪月日之法"条云："或曰，铸刑书之岁，是则然矣，

139

其下云'齐燕平之月',又曰其明月,则何以不直言正月二月乎?曰,此正史家文字缜密处。史之文有正纪,有追纪。其上曰:春王正月,既齐平,二月戊午,盟于濡上。正纪也。此曰:齐燕平之月,壬寅,公孙段卒,其明月,子产立公孙泄及良止以抚之。追纪也。追纪而再云正月二月,则嫌于一岁之中,而有两正月二月也。故变其文而云,古人史法之密也。"同卷"史家月日不必顺序"条云:"古人作史,取其事之相属,不论月日,故有追书,有竟书。《左传》成公十六年鄢陵之战,先书甲午晦,后书癸巳。甲午为正书,而癸巳则因后事而追书也。昭公十三年,平丘之盟,先书甲戌,后书癸酉。甲戌为正书,而癸酉则因后事而追书也。昭公十三年,楚灵王之弑,先书五月癸亥,后书乙卯丙辰。乙卯丙辰为正书,而五月癸亥则因前事而竟书也。盖史家之文,常患为月日所拘,而事不得以相连属。故古人立此变例。"同卷"重书日"条云:"《春秋》桓公十二年,书丙戌公会郑伯,盟于武父。丙戌,卫侯晋卒。重书日者,二事皆当系日,先书公者,先内而后外也。后人作史,凡一日再书,则云是日。"同卷"古人必以日月系年"条云:"自《春秋》以下,纪载之文,必以日系月,以月系时,以时系年。此史家之常法也。"此为确言史家纪载之文,必以日系月,以月系时,以时系年,而又患为月日所拘,而事不得以相连属,故举出古人正书(即所谓正纪)、追书(即所谓追纪)、竟书之变例也。

《日知录》卷二十"年号当从实书"条云:"正统之论,始于习凿齿,不过帝汉而伪魏吴二国耳。自编年之书出,而疑于年号之无所从,而其论乃纷纭矣。夫年号与正朔自不相关。故周平王四十九年,而孔子则书之为鲁隐公之元年,何也?《春秋》,鲁史也,据其国之人所称而书之,故元年也。晋之乘存,则必以是年为鄂侯之二年矣。楚之梼杌存，则必以是年为武王之十九年矣。观《左传》文公十七年，郑子家与晋韩宣子书曰，寡君即位三年，而其下文曰十二年、十四年、十五年，则自称其国之年也。襄公二十二年，少正公孙侨对晋之辞曰：在晋先君悼公九年，我寡君于是即位。而其下文遂曰，我二年，我四年，则两称其国之年也。故如《三国志》，则汉人传中自用汉年号，魏人传中自用魏年号，吴人传中自用吴年号。推之南北朝五代辽金，并各自用其年号。此之谓从实（若病其难知，只须别作年表一卷）。且王莽篡汉，而班固作传，其于始建国、天凤、地皇之号，一一用以纪年。盖不得不以纪年，非帝之也。后人作书，乃以编年为一大事，而论世之学疏矣。"年号从实而书，不使之与正朔之论相关涉，此为史家写史存真之方法也。

《日知录》卷二十六"《史记》于序事中寓论断"条云："古人作史，有不待论断，而于序事之中，即见其指者，惟太史公能之。《平准书》末载卜式语，《王翦传》末载客语，《荆轲传》末载鲁勾践语，《晁错传》末载邓公与景帝语，《武安侯田蚡传》末载武帝语，皆史家于序事中寓论断法也。后人知此法者鲜矣，惟班孟坚间一有之。如《霍光传》载任宣与霍禹语，见光多作威福，《黄霸传》载张敞奏见祥瑞，多不以实，通传皆褒，独此寓贬，可谓得太史公之法者矣。"此为所寄望于史家写史于序事中寓论断之方法也。

至如《日知录》卷二十"史书人君未即位"条云："史书人君未即位之例，《左传》晋文公未入国，称公子，已入国称公。《史记》汉高帝未帝称汉王，未王称沛公。"卷二十六"新唐书"条云："史家之文，例无重出。若不得已而重出，则当斟酌彼此，有详有略，斯谓之简。"同卷"元史"条云："顺帝纪，大明兵取太平路，大明兵取集庆路。其时国号，未为大明。曰大明者，史臣追书之也。古人记事之文，有不得不然者，类如此。"同卷"新唐书"条云："昔人谓宋子京不喜对偶之文，其作史，有唐一代，遂无一篇诏令。如德宗《兴元之诏》，不录于书，徐贤妃《谏太宗疏》，狄仁杰《谏武后营大像疏》，仅寥寥数言，而韩愈《平淮西碑》，则全载之。夫史以记事，诏疏俱国事之大，反不如碑颂乎？柳宗元《贞符乃希恩饰罪之文》，与相如之封禅颂异矣，载之尤为无识。"凡此皆有关史家写史之法也。

顾氏对于写志状之方法，言之尤精尤切，而感慨亦寓于其中焉。列传为史体，不当作史之职，顾氏认为不应为人立传，而可为人作志作状（参见《日知录》卷十九"古人不为人立传"条）。惟志状不可妄作："志状在文章家为史之流，上之史官，传之后人，为史之本。史以记事，亦以载言。故不读其人一生所著之文，不可以作；其人生而在公卿大臣之位者，不悉一朝之大事，不可以作；其人生而在曹署之位者，不悉一司之掌故，不可以作；其人生而在监司守令之位者，不悉一方之地形土俗，因革利病，不可以作。今之人未通乎此，而妄为人作志，史家又不考而承用之，是以牴牾不合。子曰：盖有不知而作之者。其谓是与？"（《日知录》卷十九"志状不可妄作"条）顾氏于作志状之文，所持立场甚严，与陈介眉书云："顷者黄先生（梨洲）之季君主一（百学）寓书于弟，欲为其母夫人乞铭，读其行状，殊为感恻。但黄先生见存，而友人特为其夫人作志，所据状又出其子之词，以此迟回，未便下笔。敢祈酌示，或黄先生自为之，而友人别作哀诔之文，则两得之矣。"（《残稿》卷二）"与人书十八"云：《宋史》言刘忠肃每戒子弟曰，士当以器识为先，一命为文人，无足观矣。仆自一读此言，便绝应酬文字，所以养其器识而不堕于文人也。悬牌在室，以拒来请，人所共见，足下尚不知邪？抑将谓随俗为之，而无伤于器识邪？中孚（李颙）为其先妣求传再三，终已辞之。盖止为一人一家之事，而无关于经术政理之大，则不作也。"(《文集》卷四）黄宗羲为其所景仰者，而不为其夫人作铭，李容则其莫逆之交也，亦不为其先妣作传，诚以一家之行状，未必可信，且止为一人一家之事，而无关于经术政理之大也。

如其人应名垂青史，则顾氏未尝不为之作志状："古之人所以传于其后者，不以其名而以其实，不以其天而以其人。以其名以其天者，世人之所以为荣；以其实以其人者，君子之所修而不敢怠也。"（《文集》卷五《贞烈堂记》）"忠臣义士，性也，非慕其名而为之。名者，国家之所以报忠臣义士也。报之而不得其名，于是姑以其事名之，以为后之忠臣义士者劝，而若人之心何慕焉，何恨焉。平原君朱建之子骂单于而死，而史不著其名，田横之二客自到以从其主，而史并亡其姓。录其名者而遗其晦者，非所以为劝也。"（同上《拽梯郎君祠记》）《亭林文集》中之《汝州知州钱君行状》《吴同初行状》《书吴潘二子事》《歙王君墓志铭》《山阳王君墓志铭》《富平李君墓志铭》《亭林余集》中之《中宪大夫山西按察司副使寇公墓志铭》《文林郎贵州道监察御史王君墓志铭》《常熟陈君墓志铭》《从叔父穆庵府君行状》《先妣王硕人行状》，皆为顾氏所作之志状，皆为忠臣义士烈女奇行有关经术政理之大，不忍不为之传者："予不忍二子之好学笃行而不传于后也，故书之。"（《书吴潘二子事》）"余苏人也，公之遗事在苏，救一方之困，而定仓卒之变，为余所目见者，不可以无述。"（《中宪大夫山西按察司副使寇公墓志铭》）"先妣之节之烈，可以不辱仁人义士之笔。"（《先妣王硕人行状》）然则顾氏之作志状，固出于史家阐幽之笔也。

五　顾氏史学与乾嘉时代历史考据学派之形成

顾氏尝谓人曰："性不能舟行食稻，而喜餐麦跨鞍。"（江藩《汉学师承记》卷八）然岂止舟鞍稻麦之辨哉？其学亦北学也。顾氏四十五岁以前所交朋友，如归庄，如潘柽章，如吴炎，皆文史之材。四十五岁以后北游，至莱州交任子良，至青州交张尔岐（稷若）、徐夜（东痴），至邹平交马骕（宛斯），至长山交刘孔怀（果庵），至太原交傅山（青主），至代州交李天生（子德），至华阴交王宏撰（山史），至盩厔交李容（中孚）。凡此诸人，惟徐夜以能诗鸣，李容以理学著，其他皆精考核，为博古之士。顾氏好考据之学，与其北游以后所交多北方博古之士，有极密切之关系，考据之学，固当时北方之学也。如马骕著《绎史》，起上古，迄秦亡，每卷一篇，为一百六十卷，卷首有微言一篇，谓："纪事则详其颠末，纪人则备其始终。十有二代之间，君臣之迹，理乱之由，名法儒墨之殊途，纵横分合之异势，了然具焉。除列在学官四子书不录，经传子史，文献攸存者，靡不毕载。传疑而文极高古者，亦复弗遗。真赝错杂者，取其强半。附托全伪者，仅存要略而已。汉魏以还，称述古事，兼为采缀，以观异同。若乃全书阙轶，其名仅见，纬谶诸号，尤为繁多，则取诸笺注之言，类萃之帙，虽非全璧，聊窥一斑。又百家所记，或事同文异，或文同人异，互见迭出，不敢偏废，所谓疑则传疑，广见闻也。"此为考据学家所作之校勘、辨伪、辑逸工作。顾氏极倾服之。（王渔洋《池北偶谈》，谓马氏此书，最为精博，时人称为马三代，昆山顾亭林尤服之。）顾氏太原遇阎若璩，以所撰《日知录》相质，阎氏为改订五十余条，顾氏虚心从之。阎氏所长，专在考据，往往负气求胜，惟极服膺顾氏，谓："当吾发未燥时，即爱从海内读书者游，博而能精，上下五百年，纵横一万里，仅仅得三人：曰钱牧斋宗伯，顾亭林处士，及先生梨洲（指黄宗羲）而三。"（《潜丘劄记》卷四《南雷黄氏哀辞》）顾氏当时与北方博古之士交游，彼此互相影响，互相砥砺，考据学之风气，于是普遍传播，以致有乾嘉时代之盛。然则清代考据学之盛，清初北方诸儒，皆与有力焉。惟顾氏治考据，体大思精，所造特卓，故后人群推崇之耳。

认为顾氏为清代开国儒宗，为清初以来一致之论调。"世推顾亭林氏为开国儒宗"（《文史通义·浙东学术》篇），乾嘉时代浙东史家章学诚此言，已足可证明当时顾氏之地位及其影响。汪中亦乾嘉时人，其《述学别录》中《与毕侍郎书》，称中少日问学，实私淑顾亭林处士，故尝推六经之旨，以合于世用，及为考古之学，惟实事求是，不当墨守。阮元《国朝儒林传稿》，以顾氏居首。张穆于道光二十三年自序《顾亭林先生年谱》云："本朝学业之盛，亭林先生实牖启之，而洞古今，明治要，学识眩贯，卒亦无能及先生之大者。"伍崇曜于咸丰三年《跋张著顾谱》云："国朝儒者，学有根柢，以顾亭林先生为最。"民国以来学者，持论与此相同，如梁启超云："论清学开山之祖，舍亭林先生没有第二个人。"（梁著《中国近三百年学术史》页五三）"亭林的著述，若论专精完整，自然比不上后人。若论方面之多，气象规模之大，则乾嘉诸老，恐无人能出其右。要而论之，清代许多学术，都由亭林发其端，而后人衍其绪。"（见同上页六三）其他持此论者犹多。

认为顾氏为清代开国儒宗，皆指经学方面，罕有认为顾氏为开有清一代之史学者。而细稽之，顾氏不惟为清代经学之建设者，亦为清代史学之建设者。乾嘉时代历史考据学派之形成，顾氏尤与有大功焉。今请自二者之有关联处以言之。

顾氏治史，重钞书，其钞书即作札记之工夫。乾嘉时代历史考据学派之史家，虽不若顾氏强调钞书，而未有不重视作札记者。此二者有发展上之先后关系也。如王鸣盛之《十七史商榷》，钱大昕之《十驾斋养新录》《廿二史考异》，卢文弨之《钟山札记》《龙城札记》，俞正燮之《癸巳类稿》《癸巳存稿》，赵翼之《陔余丛考》《廿二史劄记》，皆为作札记之结晶品。梁启超于《清代学术概论》云："呜呼！自吾之生，而乾嘉学者已零落略尽，然十三岁肄业于广州之学海堂，堂则前总督阮元所创，以朴学教于吾乡者也。其规模矩矱，一循百年之旧。十六七岁游京师，亦获交当时耆宿数人，守先辈遗风不替者。中间涉览诸大师著述，参以所闻见，盖当时'学者社会'之状，可仿佛一二焉。大抵当时好学之士，每人必置一'札记册子'，每读书有心得则记焉。……推原札记之性质，本非著书，不过储著书之资料。"乾嘉时代学者作札记之情形，大略如此。顾氏重钞书，乾嘉时代之历史考据学家重作札记，就发展之过程而言，二者之关系，可以推想而知也。

顾氏治史，重校勘，由校勘以发现问题。乾嘉时代历史考据学派之史家，未有不重视校勘者。如王鸣盛于《十七史商榷序》云："予识暗才懦，一切行能，举无克堪，惟读书校书颇自力。尝谓好著书不如多读书，欲读书必先精校书。校之未精而遽读，恐读亦多误矣；读之不勤而轻著，恐著且多妄矣。二纪以来，恒独处一室，覃思史事，既校始读，亦随读随校。购借善本，再三雠勘；又搜罗偏霸杂史，稗官野乘，山经地志，谱牒簿录，以暨诸子百家，小说笔记，诗文别集，释老异教；旁及于钟鼎尊彝之款识，山林冢墓祠庙伽蓝碑碣断阙之文，尽取以供佐证，参伍错综，比物连类，以互相检照，所谓考其典制事迹之实也。"又云："嘻嘻，予岂有意于著书者哉？不过出其校书读书之所得，标举之以诒后人，初未尝别出新意，卓然自著为一书也。"由是可知王氏之《十七史商榷》，主要为校书之成绩，亦即为校勘之成绩也。他如钱大昕之《廿二史考异》，洪颐煊之《诸史考异》，周寿昌之《汉书注校补》，梁玉绳之《史记志疑》，汪辉祖之《元史本证》，皆主要为校勘之成绩，亦皆为受顾氏之影响激荡者也。

顾氏治史，重证据之归纳。乾嘉时代历史考据学派之史家，对此持之尤严，凡立一说，必凭证据，由证据而产生其说，非由其说而找寻证据；孤证不定其说，其无反证者姑存之，得有续证则渐信之，遇有力之反证则弃之，隐匿证据或曲解证据，则认为大不德。于是形成一种为学问而学问之学术研究风气，治史不先有任何观点，不渗有其他因素，顾氏之经世思想，固已不可见，而其重归纳之精神，则发挥至淋漓尽致也。《四库全书总目提要》盛称《日知录》考据精详，而薄其经济，未必全为媚清取容之论，要亦可以说明顾氏考据之学对乾嘉时代影响之深且巨也。

顾氏治史，重博雅，如博搜金石文字，以助考史，即其一端。浸假至乾嘉时代，历史考据学派之史家，未有不重博雅者，未有不广泛利用辅助科学，以作史实考订之工具者，如经学、小学、舆地、金石、版本、音韵、天算诸门之学，皆用之以助考史，史家亦往往兼为经学家、小学家、舆地学家、金石学家、版本学家、音韵学家、天算学家。如钱大昕即为一几乎精通各种学问之史家。由顾氏于清初之倡博学于文，至乾嘉史家之认为"一物不知，君子所耻"，其间实有呼应之关系也。

顾氏治史，主张引书注出处。乾嘉时代历史考据学派史家治史无不详注出处，如王鸣盛云："予所著述，不特注所出，并凿指第几卷某篇某条。且必目睹原书，佚者不列。"（《十七史商榷》卷九十八"十国春秋"条）则较顾氏为更进一步矣。

顾氏考史，有其取信之标准，即相信较古之记载。此固已启崔述之史学，崔氏于《考信录提要》云："今《考信录》中，凡其说出于战国以后者，必详为之考其所本，而不敢以见于汉人之书者，遂真以为三代之事。""余为《考信录》，于汉晋诸儒之说，必为考其原本，辨其是非，非敢诋諆先儒，正欲平心以求其一是。""今为《考信录》，不敢以载于战国秦汉之书者悉信以为实事，不敢以东汉魏晋诸儒之所注释者悉信以为实言，务皆究其本末，辨其同异，分别其事之虚实而去取之。"即钱大昕之考史，亦往往以此作标准，如于《秦四十郡辨》一文云："言有出于古人而未可信者，非古人之不足信也。古人之前，尚有古人，前之古人无此言，而后之古人言之，我从其前者而已矣。秦四十郡之说，昉于《晋书》。《晋书》为唐初人所作，自今日而溯唐初，亦谓之古人，要其去秦汉远矣。《太史公书》秦始皇二十六年，分天下为三十六郡，未尝实指为某某郡也。班孟坚《地理志》列汉郡国百有三，又各于郡国下详言其沿革，其非汉置者，或云秦置，或云故秦某郡，或云秦郡，并之正合三十六之数。是孟坚所说，即始皇所分之三十六郡也。……西晋以前，本无四十郡之说。自裴骃误解《史记》，以略取陆梁地在分郡之后，遂别而异之。其注三十六郡，与汉志同者三十三，别取内史、鄣郡、黔中三郡以当之，而秦遂有三十九郡矣。《晋志》又增入闽中一郡，合为四十。嗣后精于地理如杜君卿、王应麟、胡三省辈，皆莫能辨。四十郡之目，遂深入人肺腑，牢不可破矣。地理之志，莫古于孟坚，亦莫精于孟坚，不信孟坚，而信房乔敬播诸人，吾未见其可也。即溯而上之，肇自裴骃，骃亦刘宋人也，岂转古于孟坚哉！"(《潜研堂文集》卷十六）此与顾氏之考信标准，若合符节矣。

顾氏治史之客观精神，影响于乾嘉历史考据学派史家者尤大。钱大昕云："史家以不虚美不隐恶为良，美恶不掩，各从其实。"(《潜研堂文集》卷二十四《史记志疑序》）王鸣盛云："大抵史家所记，典制有得有失，读史者不必横生意见，驰骋议论，以明法戒也，但当考其典制之实，俾数千百年建置沿革，了如指掌，而或宜法，或宜戒，待人之自择焉可矣。其事迹则有美有恶，读史者亦不必强立文法，擅加与夺，以为褒贬也，但当考其事迹之实，俾年经事纬，部居州次，纪载之异同，见闻之离合，一一条析无疑，而若者可褒，若者可贬，听之天下之公论焉可矣。书生匈臆，每患迂愚，即使考之已详，而议论褒贬，犹恐未当，况其考之未确者哉？盖学问之道，求于虚不如求于实，议论褒贬，皆虚文耳。作史者之所记录，读史者之所考核，总期于能得其实焉而已矣。此外又何多求耶？"(《十七史商榷序》）此皆承有顾氏客观精神之遗产也。

由上以言，顾氏为清代经学之建设者，亦为清代史学之建设者，乾嘉时代历史考据学派之形成，所受顾氏之影响，固昭然若揭也。

第四章　黄宗羲与清代浙东史学派之兴起

清代史学，以历史考据学派与浙东史学派为主流。历史考据学派由顾炎武开蚕丛，浙东史学派自黄宗羲而昌大。浸假至乾嘉时代，历史考据学风靡史学界，而浙东史学派亦有大史家全祖望、邵晋涵、章学诚出乎其间。道咸以降，迄于今日，历史考据学之风不绝，而浙东史学之统，亦可觅寻。章学诚于《文史通义·浙东学术》篇云："世推顾亭林氏为开国儒宗，然自是浙西之学，不知同时有黄梨洲氏，出于浙东，虽与顾氏并峙，而上宗王、刘，下开二万，较之顾氏，源远而流长矣。"此为对清初至乾嘉学派之划分，由顾氏所开创之浙西之学，就史学部分而言，即历史考据学；由黄氏所发展之浙东之学，其主要成就，则悉在史学，而其源可上溯宋元，与理学发生极密切之关系，此为治中国史学史者，所宜深切致意者也。

一　宋元以后浙东史学派之形成

1. 浙东之地理环境

浙西之学，范围广阔，非局限于浙西之地。浙东之学，则囿于浙东一隅。浙东浙西之分，据乾隆元年刊刻进呈之《浙江通志》卷一云：

> 元至正二十六年，置浙江等处行中书省，而两浙始以省称，领府九。明洪武九年，改浙江承宣布政使司。十五年割嘉兴、湖州二府属焉，领府十一。国朝因之，省会曰杭州，次嘉兴，次湖州，凡三府，在大江之右，是为浙西。次宁波，次绍兴、台州、金华、衢州、严州、温州、处州，凡八府，皆大江之左，是为浙东。

所谓"大江"，系指钱塘江（浙江之下游）。至于"两浙"之称，则起源极早，唐置浙江西道、浙江东道，宋改称浙江西路、浙江东路。浙东地区，山川清淑，都邑盛丽，物土殷饶，人文彬郁。以宁波一地而言，唐宋时代，宁波（唐宋时宁波称明州）为全国经济上之大动脉，东起宁波，西讫长安，水运畅通无阻，以此作背景，宁波之制造、贸易、交通、金融等事业，遂极发达。宁波如此，其他浙东各地，无不可称之为"财赋之上腴"（嵇曾筠《浙江通志序》中语）。地理环境既称优越，学术之成长发展，遂为必然之趋势。

2. 浙东之学术风气

两宋数百年间，浙东各地学者辈出，讲学论道，学风彬彬，蔚为文教之邦。全祖望云：

> 吾乡自宋元以来，号为邹鲁。（《鲒埼亭集外编》卷十六《槎湖书院记》）

151

永嘉、金华、宁波三处之学风尤盛，明州于北宋时已有理学大师，庆历五先生并起讲学于仁宗时代，此时濂洛关闽诸学派，尚未兴起。全氏于《庆历五先生书院记》云：

> 有宋真仁二宗之际，儒林之草昧也。当时濂洛之徒，方萌芽而未出，而睢阳戚氏在宋，泰山孙氏在齐，安定胡氏在吴，相与讲明正学，自拔于尘俗之中，亦会值贤者在朝，安阳韩忠献公，高平范文正公，乐安欧阳文忠公，皆卓然有见于道之大概，左提右挈，于是学校遍于四方，师儒之道以立，而李挺之、邵古叟辈，其以经术和之，说者以为濂洛之前茅也，然此乃跨州连郡，而后得此数人者以为师表，其亦难矣。而吾乡杨杜五先生者，骈集于百里之间，可不谓极盛欤？夷考五先生皆隐约草庐，不求闻达，而一时牧守来浙者，如范文正公、孙威敏公，皆抠衣请见，惟恐失之。最亲近者，则王文公。乃若陈（执中）贾（昌朝）二相，非能推贤下士者也，而亦知以五先生为重。文公新法之行，大隐石台鄞江已逝，西湖桃源尚存，而不肯一出以就功名之会。年望弥高，陶成倍广，数十年以后，吾乡遂称邹鲁，丘樊缊褐，化为绅缨，其功为何如哉！五先生之著述，不传于今，故其微言亦阙。虽然，排奸诋奄，谠论廪廪，丰清敏之劲节也；急流勇退，藁月萍风，周银青之孤标也；再世兰芽，陇南弗替，史冀公父子之纯孝也；婴儿乐育，以姓为字，陈将乐、俞顺昌之深仁也；杀虎之威，同于驱鳄，姚夔州之异政也；于公治狱，民自不冤，袁光禄之神明也；一编麟经，以绍绝学，汪正奉之丰瀟也；金橘不知，萧然诗叶，望春先生之清贫也；即以有负门墙，如舒信道者，其人不足称，而文辞

终属甬上名笔,则五先生之渊源可知矣。嗟乎,岂特一时之盛哉!故国绵绵,凡周之士,奕世衣冠人物,历久不替,终宋之代,如楼如黄如丰如陈如袁如汪,其出而撑拄吾乡者,必此数家高曾之规矩,燕及孙子,然后知君子之泽,虽十世而未艾也。五先生之讲堂,皆已不存,即鄞江桃源二席,亦非旧址。予乃为别卜地于湖上而合署之。睢阳学统,至近日而汤文正公发其光,则夫薪火之传,幸勿以世远而替哉!(见同上)

杜醇、楼郁、王致、王说、杨适为庆历五先生之名,《宋史》未立传,《宋元学案》卷六曾略传之。其讲学盖与胡瑗、孙复同时。是时永嘉之王开祖遥与相应,杜门著书,从学常数百人,永嘉后来问学之盛,始基于此(《宋元学案》卷六)。宋室南渡以后,浙东学风益盛,淳熙四先生(鄞袁燮、慈溪杨简、定海沈焕、奉化舒璘)为象山高弟,于是江右陆学,大行于浙东,各地书院林立,讲学者蜂起,如开禧中徐愿(袁燮高弟)、许孚(受业杨简)讲学,一时从者如云(《鲒埼亭集外编》卷十六《翁州书院记》)。元明两代,浙东讲学之风不辍,姚江风雅,固为后人所憧憬:

正德丙寅,谢文正致政归,与冯雪湖相唱和,戏排旧韵,别创新词,往复至于八九。嘉靖辛酉,吕文安忧归,与黄醒泉相唱和,当花对酒,登山临水,无日无之。姚江风雅,唯此两时为最盛。承平士大夫之风流,今无复有梦见之者矣。(黄宗羲《南雷文定前集》卷十《黄醒泉府君传》)

贞元之运,尤融结于姚江之学校,学脉之绝续,天下之盛衰皆系之：

> 贞元之运，融结于姚江之学校，于是阳明先生者出，以心学教天下。示之作圣之路，马医夏畦，皆可反身认取；步趋唯诺，无非太和真觉。……今之学脉不绝，衣被天下者，皆吾姚江学校之功也。是以三百年以来，凡国家大节目，必吾姚江学校之人，出而搘定。宋无逸之篡修《元史》；黄犀、陈子方之自沈逊国；宸濠之变，死之者孙忠烈，平之者王文成；刘瑾窃政，谢文正内主弹章；魏奄问鼎，先忠端身殉社稷；北都之亡，施恭愍执绥龙驭；南都之亡，孙熊伏剑海岛；其知效一官，德合一君者，不可胜数。故姚江学校之盛衰，关系天下之盛衰也。（黄宗羲《南雷文约》卷四《余姚县重修儒学记》）

至于书院之讲学，自为人所深知，黄宗羲讲学于甬上证人书院，而甬上学风为之一变：

> 证人书院一席，蕺山先生越中所开讲也，吾乡何以亦有之？盖梨洲先生以蕺山之徒，申其师说，其在吾乡从游者日就讲，因亦以证人名之。……吾乡自隆万以后，人物稍衰，自先生之陶冶，遂大振，至今吾乡后辈，其知从事于有本之学，盖自先生导之。（《鲒埼亭集外编》卷十六《甬上证人书院记》）

讲经会之成立，亦足以证明学风之极盛：

> 制科盛而人才绌，于是当世之君子，立讲会以通其变，其

兴起人才，学校反有所不逮。如朱子之竹林，陆子之象山，五峰之岳麓，东莱之明招，白云之仙华，继以小坡江门西樵龙瑞。逮阳明之徒，讲会且遍天下。其衰也，犹吴有东林，越有证人。古今人才，大略多出于是。然士子之为经义者，亦依仿之而立社。余自涉事至今，目之所睹，其最著者，云间之几社，有才如何刚陈子龙徐孚远，而不能充其所至；武林之读书社，徒为释氏之所网罗；娄东之复社，徒为奸相之所訾謷。此无他，本领脆薄，学术庞杂，终不能有所成就。丁未戊申间，甬上陈夔献创为讲经会，搜故家经学之书，与同志讨论得失，一义未安，迭互锋起，贾马卢郑，非无纯越，必使倍害自和而后已。思至心破，往往有荒途，为先儒之所未廓者。数年之间，仅毕诗易三礼，诸子亦散而之四方，然皆有以自见。呜呼盛矣！（《南雷文约》卷二《陈夔献墓志铭》）

东方为学之士，雨并笠，夜续灯，聚夔献之家，劈肺烹蛤蜊，蔬橡杂陈，以饮食之，连床大被，所谈不出于王霸，积月日不厌。余每过必如之。（见同上）

自宋元以来浙东之学术风气如此，浙东学术遂在中国学术史上，放万丈异彩。

3. 浙东学术与浙东史学派之形成

浙东学术，特著于史学，于是南宋时代，浙东史学派出现，此为中国历史上最早之史学派。南宋以前，中国之史学虽盛，而史学之派别未曾形成。自浙东史学派出，中国之史学，迈入一新纪元，积数世无数史家之智慧与精力，大致在同一精神笼罩下，共同为史学辟蚕丛，宁非史学上之盛事！

浙东史学派不惟出现最早，亦且为中国持续最久之史学派。迄至近代，浙东史学派之脉，未至全斩。近人金毓黻论史学，一以专门名家者为断，弗取学派之说，曾否定浙东史学派之存在：

> 考浙东学派起于宋，时有永嘉学派金华学派之称，永嘉之著者为陈傅良（止斋）、叶适（水心），金华之著者为吕祖谦（东莱）、陈亮（同甫）。祖谦与朱子同时，于朱陆二派之岐异，则兼取其长，而辅之以中原文献之传。而陈傅良叶适陈亮皆好言事功。同时又有唐仲友（说斋），以经制之学，孤行其教。当时号称浙学。吕祖谦既著《大事记》，其后又有王应麟（伯厚）籍于浙江之后仪，究心史学，著述最富，亦承永嘉金华之风而兴起者也。浙东人研史之风，元明之世，本不甚盛。至清初黄宗羲出，昌言治史，传其学于万斯同，继起者又有全祖望章学诚邵晋涵，皆以浙东人而为史学名家，于是浙东多治史之士，隐然以近代之史学为浙东所独擅，并上溯于宋之永嘉金华，以为渊源之所自，世人之不究本末者，亦翕然以此称之，一哄成市，岂得为定论哉？观黄宗羲承其师刘宗周之教，而导源于王阳明，盖与宋代吕叶二陈绝少因缘。其源如此，其流可知。万斯同固亲承黄氏之教矣。全祖望私淑黄氏，续其未竟之学案，亦不愧为黄氏嫡派。至于章邵二氏，异军特起，自致通达，非与黄全诸氏有何因缘。谓为壤地相接，闻风兴起则可。谓具有家法，互相传受，即起章邵二氏于九原，亦不之承也。（金著《中国史学史》第九章《近代史家述略》）

第四章　黄宗羲与清代浙东史学派之兴起

此为殊待商榷之论。按全祖望于《宋元学案》称浙东之学为"浙学"(《宋元学案》卷八十六《东发学案序录》),又称之为"婺学"(《宋元学案》卷六十《说斋学案》),"永嘉之学"(《宋元学案》卷四十八《梅翁学案序录》)。至章学诚则"浙东学术"(《文史通义·浙东学术》篇)之名出。"浙学"之范围过泛,"婺学""永嘉之学"又失之于偏,章氏所定之名,自较适宜。浙东学者,皆攻史学,"浙东史学"之名,因之可立。章氏亦时直称浙东史学(见下引文)。此浙东史学命名之不容置疑者也。

浙东史学,自南宋以来。即历有渊源。章学诚云：

> 浙东史学,自宋元数百年来,历有渊源。(《校雠通义》外篇《与胡雒君论校胡稚咸集二篇》)

又云：

> 浙中自元明以来,藏书之家不乏。盖元明两史,其初稿皆辑成于甬东人士。故浙东史学,历有渊源,而乙部储藏,亦甲他处。(《章氏遗书》卷二十九外集二《与阮学使论求遗书》)

永嘉之周行己、郑伯熊,及金华之吕祖谦、陈亮,创浙东永嘉、金华两派之史学(近人何炳松有此说,见何著《浙东学派溯源》及《通史新义》下编第十一章),即朱熹所目为"功利之学"者也。金华一派又由吕祖谦传入宁波而有大史家王应麟之出现。吕氏之学,兼取朱陆,而又以中原文献之统润色之,曾著有大事记。王氏论学,亦兼取诸家,然其综罗文献,实师法吕氏(全祖望主此说,见《鲒

157

埼亭集外编》卷十六《同谷三先生书院记》)。所著《玉海》一书，为文献学之大宗。稍后又有胡三省出。元明之世，浙东史学虽趋衰微，而其统不绝。以元代而论，浙东学者讲性理之学以外，往往兼治史学，如元末诏修宋、辽、金三史，甬人袁瓘出其先世遗书有关史事者上之，诸史之成，多所取资。袁氏尝从王应麟游，以学显于朝。降至明初，浦江宋濂、义乌王祎、宁海方孝孺，皆笃学危行，见重于时，亦皆有其史学。明初以后，浙东史学诚衰，至清初黄宗羲出，则骤成中兴之新局面，此下遂开宁波万斯同、全祖望与绍兴章学诚、余姚邵晋涵之史学。数百年间，师教乡习，濡染成风，前后相维，若脉可寻，此"浙东史学派"之可以成立者也。所谓"学派"或"某家"，往往为后人之命名，一部分学者，于比较固定之地区，从事于讲学著述，其宗旨目标，大致相同，且其学为后人所师法，则某家某学派出。浙东地区，数百年间，史家前后相望，其精神相衔接，其传授之脉络可追寻，然则名之为浙东史学派，又有何不可哉？！"昔也宋金华，文章莫与雠，后此三百年，玉峰为介丘。元明二代史，属之以阐幽，推琴起讲堂，束帛多英俦，直不让南董，于以赞春秋。"(《南雷诗历》卷四《次徐立斋先生见赠》)黄宗羲已自赞浙东史学矣。故自南宋以后，浙东史学派之形成，为不容置疑。清初以后，浙东史学派之昌大，则黄宗羲之大贡献也。(黄氏与宋代吕叶二陈之因缘以及对章邵二氏之影响，于后文详之。)

二 黄宗羲之振兴浙东史学派

黄宗羲对史学之大建设，亦即对史学之大贡献，为振兴浙东史学派。从此浙东史学，为中国史学放光辉，为世界史学增遗产，凡

第四章　黄宗羲与清代浙东史学派之兴起

史学上之纯真精神，博大思想，精深理论，往往可于浙东史学得之，其影响及于近代，亦至深且巨。

1. 黄氏之学术与清代浙东史学之渊源

浙东史学之渊源，章学诚屡言之：

> 浙东之学，言性命者，必究于史。（《文史通义·浙东学术》篇）

> 南宋以来，浙东儒哲，讲性命者，多攻史学，历有师承。（《章氏遗书》卷十八文集三《邵与桐别传》）

由章氏之言，可知浙东史学之渊源为理学，浙东史家皆为理学家。惟自宋以后，理学派别纷歧，浙东史学之所出，有待进一步之确定。

何炳松力主浙东史学渊源于宋代理学家程颐，其言曰：

> 初辟浙东史学之蚕丛者，实以程颐为先导，程氏学说本以无妄与怀疑为主，此与史学之根本原理最为相近。加以程氏教人多读古书，多识前言往行，并实行所知，此实由经入史之枢纽。传其学者多为浙东人，故程氏虽非浙人，而浙学实渊源于程氏。浙东人之传程学者，有永嘉之周行己、郑伯熊，及金华之吕祖谦、陈亮等，实创浙东永嘉、金华两派之史学。（《通史新义》下编第十一章）

何氏此说甚新颖，惟过于强调程颐之学在浙东所发生之影响。

浙东于程颐之学传入以前，已自有其理学，庆历五先生之讲学，在程学出现以前。永嘉九先生（周行己、许景衡、刘安节、刘安上、戴述、赵霄、张辉、沈躬行、蒋元中）固传程学，亦兼传关学（见《宋元学案》卷三十二《周许诸儒学案序录》）。淳熙四先生则传陆学，史蒙卿、黄震则传朱学。浙东之理学，固有千门万户之观，而要以陆学最为盛行。浙东之史家吕祖谦、陈亮、王应麟、胡三省皆非宗程学者。以浙东史学渊源，直接归之于程学，此偏颇之说也。（陈训慈曾写《清代浙东之史学》一文驳之，载于《史学杂志》二卷五、六期。）

章学诚曾云：

> 浙东之学，虽出婺源，然自三袁之流，多宗江西陆氏，而通经服古，绝不空言德性，故不悖于朱子之教。至阳明王子，揭孟子之良知，复与朱子牴牾。蕺山刘氏，本良知而发明慎独，与朱子不合，亦不相诋也。梨洲黄氏，出蕺山刘氏之门，而开万氏弟兄经史之学，以至全氏祖望辈，尚存其意，宗陆而不悖于朱者也。（《文史通义·浙东学术》篇）

以陆学辅之以朱子之学，解释为浙东之学之渊源，极合实情。浙东之学，其发挥在史学，则浙东史学之渊源，为朱陆而非仅程学，不待辨而可知。其云："梨洲黄氏，出蕺山刘氏之门，而开万氏弟兄经史之学，以至全氏祖望辈，尚存其意，宗陆而不悖于朱。"则道出清代浙东史学之渊源及其关键所在，此黄氏之学术，有待进一步了解者也。

黄氏以父命从刘蕺山（宗周）游，其时志在举业，不能有得，

第四章　黄宗羲与清代浙东史学派之兴起

不过聊备蕺山门人之一数。其后天移地转，僵饿深山，尽发蕺山藏书而读之（黄氏次婿为蕺山之冢孙，黄氏从其家搜得遗书，乃大阐其传），近二十年，胸中碍室解剥。（见《南雷文案》卷一《恽仲升文集序》，亦略见《思旧录》及《孟子师说》题辞。）于是尽得刘学之传。陈之问为黄氏作寿文云："黄子于蕺山门为晚出。独能疏通其微言。证明其大义，推流溯源，以合于先圣不传之旨，然后蕺山之学，如日中天。"（见《南雷文约》卷三《陈令升先生传》）同时人之评论，谅非无据也。

蕺山上承王阳明之学，属于姚江学派。黄氏曾云："余谓先师之意，即阳明之良知。先师之诚意，即阳明之致良知。"（《南雷文定》三集卷二《董吴仲墓志铭》）因之黄氏之学，"上宗王、刘"（《文史通义·浙东学术》篇）之说可通。王、刘之学，上承宋代陆学之统，黄氏与宋代理学中之陆学，关系极为密切，自不待言。黄氏亦尊朱："诸儒大成，厥惟考亭，双峰定宇，焕如日星，四书辑释，成于仲宏，为世津梁，大全所凭。"（《南雷文定》四集卷三《国勋倪君墓志铭》，饶双峰、陈定宇、倪仲宏皆为传朱子之学者。）"吾心之所是，证之朱子而合也，证之数百年来之儒者而亦合也。"（《南雷文案》卷一《恽仲升文集序》）其对朱子可谓推崇备至矣。朱陆以外，宋代各家之学，黄氏皆能会通。"自濂洛以至今日，儒者百十家，余与泽望（其弟宗会），皆能知其宗旨离合是非之故。"（《南雷文定》前集卷八《前乡进士泽望黄君圹志》）全祖望亦云："公以濂洛之统，综会诸家，横渠之礼教，康节之数学，东莱之文献，艮斋止斋之经制，水心之文章，莫不旁推交通，连珠合璧，自来儒林所未有也。"（《鲒埼亭集》卷十一《梨洲先生神道碑文》）然则金毓黻谓黄氏"盖与宋代吕叶二陈绝少因缘"，亦未细稽史实矣。

黄氏之学术，既如此波澜壮阔，遂为清初之学术，开创新气象。明人讲学之习气，首为黄氏所攻击：

> 明人讲学，袭语录之糟粕，不以六经为根柢，束书而从事于游谈。(《鲒埼亭集》卷十一《梨洲先生神道碑文》)

> 世之讲学者，非墨守训诂之习，则高谈性命之理，大言炎炎，小言詹詹，有其声而无宫角，宁当于琴瑟钟鼓之调乎。(《南雷文约》卷二《兵部督捕右侍郎酉山许先生墓志铭》)

> 自蕺山先师梦奠之后，大儒不作，世莫之宗，墙屋放言，小智大黠，相煽以自高，但有讲章而无经术。(《南雷文约》卷一《万充宗墓志铭》)

继则提倡读书：

> 读书不多，无以证斯理之变化；多而不求于心，则为俗学。(《鲒埼亭集》卷十一《梨洲先生神道碑文》)

姚江学派末流，束书不观，游谈无根，黄氏兼读书与思想二者而重之，是学术上之一大矫正。江藩于《汉学师承记》云："宗羲之学，出于蕺山，虽姚江之派，然以慎独为宗，实践为主，不恣言心性，堕入禅门，乃姚江之诤子也。又以南宋以后，讲学家空谈性命，不论训诂，教学者说经则宗汉儒，立身则宗宋学。"其学术上之气象与范围，已超乎姚江学派矣。黄氏亦真能读书者，既尽发家藏书读之，不足，则抄之同里世学楼钮氏、澹生堂祁氏、南中则千顷斋黄氏、吴中则绛云楼钱氏，穷年搜讨，游屐所至，遍历通衢委巷，搜鬻故书，薄暮，一童肩负而返，乘夜丹铅，次日复出以为常。年六十如少壮时，冬夜身拥缊被，足踏土炉上，执卷危坐，暑月则以麻帷蔽其体，限读若干卷，卷数不登，终不休息。行年八十，犹手不释卷（见《黄梨洲先生年谱》等）。此岂讲学家所肯为者耶？！

黄氏重思想，故究心于宋以后之理学，认为理学为学术之体："尝观古今学术不能无异同，然未有舍体而言用者。所谓体者理也。宋儒穷理之学，可谓密矣。"（《南雷文案》外卷《张母李夫人六十寿序》）黄氏重读书，故屡言读何书与读书之程序："学者必先穷经，经术所以经世，必兼读史，史学明而后不为迂儒。"（钱林、王藻所作《黄宗羲传》）经书与史书为黄氏所倡读之书，而必先读经书，再读史书，旁及于九流百家。黄氏尝谓"学问必以六经为根柢"（见《年谱》），尤慨叹于读史者之无人："自科举之学盛，而史学遂废。昔蔡京蔡卞当国，欲绝灭史学，即《资治通鉴》板亦议毁之，然而不能。今未尝有史学之禁，而读史者顾无其人。由是而叹人才之日下也！"（《南雷文约》卷四《补历代史表序》）因之黄氏之倡读经书与史书，为清初学术以崭新姿态出现之关键，其与清代浙东史学之发展，尤有最密切之关系。

史学与读书不可一日须臾离，黄氏为大理学家，亦为大史家，即由于重视读书。浙东之学，宗陆而不悖于朱，而朱子重思想亦重读书，故由浙东之学而有浙东史学。姚江学派末流，固束书不观，而王阳明则泛滥经史，而始归宿于心，初非空谈心性，流为玄虚。王氏曾云："以事言谓之史，以道言谓之经。事即道，道即事。春秋亦经，五经亦史。"（《传习录·答徐爱问》）又云："《易》是庖牺氏之史，《书》是尧舜以下之史，《礼乐》是三代之史。"如此倡言五经皆史之论，则王氏之学，固与史学相通矣。刘蕺山之学，未尝不自读书始，其学尤富史学精神，黄氏云："先师蕺山曰：'予一生读书，不无种种疑团，至此终不释然，不觉信手拈出，大抵于儒先注疏，无不一一牴牾者，诚自知获戾斯文，亦姑存此疑团，以俟后之君子。'"（《南雷文约》卷二《陈乾初先生墓志铭》）此种怀疑与存疑之精神，为史家之精神。黄氏之学，上宗王、刘，远接朱、陆与宋代各家，则其倡读经书与史书，而最后归宿于史学，为必然之趋势。然则清代浙东史学之渊源，由黄氏之学，亦可知矣。其源与南宋以来之浙东史学相接，而由于黄氏之开辟，其流衍乃长，理学与史学亦遂为两种关系密切之学术。

2. 黄氏之遭逢及其经世思想

南宋以来之浙东史学，极富经世思想。永嘉、金华诸子之学，无不汲汲于经世。全祖望于《宋元学案》卷六十《说斋学案》云：

> 乾淳之际，婺学最盛，东莱兄弟（吕祖谦、吕祖俭）以性命之学起，同甫（陈亮）以事功之学起，而说斋（唐仲友）则为经制之学。考当时之为经制者，无若永嘉诸子，其于东莱、同甫，皆互相讨论，臭味契合。

明初杨维桢云：

> 余闻婺学在宋有三氏，东莱氏以性学绍道统，说斋氏以经世立治术，龙川氏（陈亮）以皇帝王霸之略志事功。（《宋文宪公集序》）

第四章 黄宗羲与清代浙东史学派之兴起

此无怪朱子斥永嘉、金华之学为功利之学也。

王应麟位至尚书，文天祥出于其门，及宋之亡，王氏慨然曰："士不以秦贱，经不以秦亡，俗不以秦坏。"（见《鲒埼亭集》外编卷十九《宋王尚书画像记》及《王氏困学纪闻》）其经世思想，灼然可见。

胡三省于宋亡后，写成《通鉴音注》及《释文辩误》百余卷，其中颇多微言深旨，以寓其民族国家之思。（近人陈垣曾写《通鉴胡注表微》一书以表彰之。）此胡氏之经世思想也。

黄氏之经世思想，流露于其所有著述之中，此有得之于浙东史学者，与其遭逢，尤有最直接最密切之关系。今谨先言其遭逢。

黄氏字太冲，学者称梨洲先生，浙江余姚人，生于明万历三十八年（1610），卒于清康熙三十四年（1695），年八十六。父亲黄尊素，东林党名士，为宦官魏忠贤所害。庄烈帝即位，黄氏年十九，袖长锥，草疏入京讼冤，至则魏忠贤已伏诛。与许显纯、崔应元对簿，出所袖长锥锥许显纯，流血蔽体，又殴崔应元胸，拔其须，归而祭其父，其少年气盛有如此。从此声名渐显，隐然为东林子弟领袖。

崇祯十七年，北京陷，庄烈帝殉国，福王即位南京，阉党阮大铖柄政，骤兴党狱，名捕正人一百四十人，欲尽杀之，黄氏之名，亦列其中。会清兵至，得免。黄氏踉跄归浙东，纠合黄竹浦子弟数百人（黄竹浦为黄氏所居之乡），随诸军于江上，号世忠营。后军败，退入四明山，结寨自固。鲁王在海上，往赴之，与张煌言、冯京第等力图匡复，时潜往内地，为之布署，清廷极畏忌之，悬名逮捕，濒于死者屡。及明统既绝，遂奉母乡居，毕力于著述（以上主要参考《年谱》及全祖望《梨洲先生神道碑文》）。

黄氏一生遭逢之险恶及其凄楚蕴结之情，可以其诗与文见其仿佛：

165

江上愁心丝百尺，平生奇险浪千堆。

（《南雷诗历》卷一《钓台》诗，此诗作于庚子，顺治十七年。《梨洲遗著汇刊本》《南雷诗历》误庚子为甲子。）

吾处荒山间，数里无邻舍，
二更风雨起，高冈麂来下，
初闻老人咳，再闻新鬼骂，
草堂四五人，摇手戒言话，
寂然万籁中，鸣声愈悲咤。

（同上《麂鸣》诗，此诗作于辛丑，顺治十八年，此时黄氏居四明山龙虎山堂。）

半生滨十死，两火际一年。

（同上《五月复遇火》诗，此诗作于壬寅，康熙元年。是年龙虎山堂及黄氏乡中故居，皆遇火灾。）

霜雪消磨四十年，眼前无物不凄然，
盛衰变故更千辈，城市山林亦累迁。

（同上《老母七十寿辰》诗，此诗作于癸卯，康熙二年。）

亡国何代无，此恨真无穷，
青天白日淡，幽谷多悲风，
更无杂鸟来，杜宇哭朦胧。

（同上卷三《宋六陵》诗，此诗作于癸亥，康熙二十二年。）

第四章　黄宗羲与清代浙东史学派之兴起

　　此身久不关天壤，犹有鸦声到树头，
　　身后定中无水观，总然瓦石亦难投。
　　残骸桎梏向黄泉，习惯滔滔成自然。
　　东汉赵岐真足法，沙床散发得安眠。
（同上卷四《剡中筑墓杂言》诗，此诗作于丁卯，康熙二十六年。）

　　盖闻承平之父老兮，终身不见夫兵革；
　　独丧乱之于余兮，前未往而后复迫；
　　疲曳而不免避地兮，尚遑遑其何适。
（《南雷文定》前集卷十一《避地赋》）

　　余空山麋鹿，不谐世用。
（《南雷文约》卷二《董在中墓志铭》）

　　余以危叶冲风，滨于十死。
（《南雷文案》外卷《寿徐兰生七十序》）

　　自北兵南下，悬书购余者二，名捕者一，守围城者一，以谋反告讦者三，绝气沙墠者一昼夜，其他连染逻哨所及，无岁无之，可谓濒于十死者矣。

（《南雷余集·怪说》）

《辞修郡志》则曰：

> 某岩下鄙人，少逢患难，长薿流离，遂抱幽忧之疾，与世相弃，牧鸡圈豕，自安贱贫，时于农瑣余隙，窃弄纸笔，戚话邻谈，无关大道。不料好事者标以能文之目，使之记生卒，饰吊贺，根孤伎薄，发露丑老，然终不敢自与于当世作者之列，盖歌虞颂鲁，润色鸿业，自是名公巨卿之事，而欲以壹郁之怀，枯槁之容，规其百一，岂不虞有画虎之败哉？（《南雷文案》卷二《辞张郡侯请修郡志书》）

《辞博学鸿儒之诏征》则曰：

> 某年近七十，不学而衰，稍涉人事，便如行雾露中。老母年登九十，子妇死丧略尽，家近山海，兵声不时撼动，尘起镝鸣，则扶持遁命。二十年以来，不敢妄渡钱塘，渡亦不敢一月留也。母子相依，以延漏刻。若复使之待诏金马，魏野所谓断送老头皮也。（《南雷文案》卷二《与陈介眉庶常书》）

其遭逢如此，其心情如此，于是其经世思想，油然而兴：

> 古者儒墨诸家，其所著书，大者以治天下，小者以为民用，盖未有空言无事实者也。后世流为词章之学，始修饰字句，流连光景，高文巨册，徒充污惑之声而已。（《今水经序》）

> 自后世儒者，事功与仁义分途，于是当变乱之时，力量不足以支持，听其陆沉鱼烂，全身远害，是乃遗亲后君者也。（《孟子师说》卷一）

> 儒者之学，经纬天地。而后世乃以语录为究竟，仅附答问

第四章　黄宗羲与清代浙东史学派之兴起

一二条于伊洛门下，便厕儒者之列，假其名以欺世，治财赋者则目为聚敛，开阃扞边者，则目为粗材，读书作文者，则目为玩物丧志，留心政事者，则目为俗吏，徒以生民立极，天地立心，万世开太平之阔论，钤束天下，一旦有大夫之忧，当报国之日，则蒙然张口，如坐云雾，世道以是潦倒泥腐，遂使尚论者，以为立功建业，别是法门，而非儒者之所与也。(《南雷文定》后集卷三《赠编修弁玉吴君墓志铭》)

著《明夷待访录》，其目的在经世：

余常疑孟子一治一乱之言，何三代而下之有乱无治也？乃观胡翰所谓十二运者，起周敬王甲子，以至于今，皆在一乱之运。向后二十年，交入大壮，始得一治。则三代之盛，犹未绝望也。前年壬寅夏，条具为治大法，未卒数章，遇火而止。今年自蓝水返于故居，整理残帙，此卷犹未失落于担头舱底，儿子某某请完之。冬十月，雨窗削笔，喟然而叹曰：昔王冕仿《周礼》，著书一卷，自谓吾未即死，持此以遇明主，伊吕事业，不难致也。终不得少试以死。冕之书未得见，其可致治与否，固未可知。然乱运未终，亦何能为大壮之交。吾虽老矣，如箕子之见访，或庶几焉。岂因夷之初旦，明而未融，遂秘其言也？！(《明夷待访录自序》)

其云"吾虽老矣，如箕子之见访，或庶几焉"，经世思想，洋溢于字里行间，书中所言，亦无非经邦济民之术。此无怪汤斌许为"经世实学"(《南雷文定》附录《汤斌与黄宗羲书》)；顾炎武读之再三，

169

赞叹："百王之敝，可以复起，而三代之盛，可以徐还也。"(《顾炎武与黄宗羲书》，见《南雷文定》附录）或以黄氏以艰贞蒙难之身，而存一待访之见于胸中，宁非失据？不知《待访录》成于康熙二年（1663），是时遗老以顺治方殂，光复有日，黄氏正欲为代清而兴者设法。观全祖望跋《待访录》云："征君自壬寅（康熙元年）前，鲁阳之望未绝。天南讣至，始有潮息烟沉之叹，饰巾待尽，是书于是乎出。"(《鲒埼亭集》外编卷三十一《书明夷待访录后》）则黄氏之节，为不可夺矣。

黄氏之经世思想如此，故重"吉凶同患之学"，而不以许由务光"遁世之学"为然（见《破邪论》"从祀"一条）。然黄氏之晚年，极近于遁世者，非若顾炎武之一生栖遑于途，为复明大业而尽瘁也。黄氏于此，屡有解释，于《杨士衡先生墓志铭》则云：

> 唯先生为得其正兮，足不越乎榆枌；彼世路之是非兮，亦相割如吴秦；何必汗漫而远游兮，方为故国之遗民。（《南雷文定》四集卷三）

于《谢时符先生墓志铭》既称遗民为天地之元气，而论及士之分，则谓止于不仕：

> 嗟呼！亡国之戚，何代无之。使过宗周而不悯黍离，陟北山而不忧父母，感阴雨而不念故夫，闻山阳笛而不怀旧友，是无人心矣！故遗民者，天地之元气也。然士各有分，朝不坐，宴不与，士之分亦止于不仕而已。所称宋遗民如王炎午者，尝上书速文丞相之死，而己亦未尝废当世之务。是故种瓜卖卜，

第四章　黄宗羲与清代浙东史学派之兴起

呼天抢地，纵酒祈死，穴垣通饮馔者，皆过而失中者也。（《南雷文约》卷二）

于《兵部左侍郎苍水张公墓志铭》既述张煌言与文天祥之忠节，而反之于己则云：

余屈身养母，戈戈自附于晋之处士，未知后之人其许我否也？（同上卷一）

于《余恭人传》则直接认为殉国与仿徨草泽之间，并足千古不朽：

宋之亡也，文、陆身殉社稷，而谢翱、方凤、龚开、郑思肖，仿徨草泽之间，卒与文、陆并垂千古。（《南雷文定》三集卷二）

黄氏之晚节，固有可议者，如于尚书徐乾学、明史馆总裁徐元文、叶方蔼，皆极力应付（可参阅《南雷文约》卷四《传是楼藏书记》，《南雷诗历》卷二《次叶讱庵太史韵》，《诗历》卷四《次徐立斋先生见赠》）。作《余姚县重修儒学记》则曰："圣天子崇儒尚文。"（《南雷文约》卷四）作《周节妇传》则曰："今圣天子无幽不烛，使农里之事，得以上达。"（《南雷文定》三集卷二）此为顾炎武、王夫之所决不忍言者。大抵黄氏于康熙十六年以后，气节之劲，已不如昔日。（《次叶讱庵太史韵》一诗作于丁巳，康熙十六年；《次徐立斋先生见赠》一诗作于己巳，康熙二十八年；《传是楼藏书记》《余姚

171

县重修儒学记》盖皆作于康熙十六年以后;《周节妇传》作于康熙二十七年以后。)"幸喜荒村无鼓角,待留旧岁到明晨"(《南雷诗历》卷四《戊辰除夕》,此诗作于戊辰,康熙二十七年),目睹天下承平,"饰巾待尽"之意已无。"当夫丧乱之际,凡读书者孰不欲高箕颍之节。逮夫事变之纷拏,居诸之修永,波路壮阔,突灶烟销,草莽篱落之间,必有物以害之。故卑者茅靡于时风,高者决裂于方外。其能确守儒轨,以忠孝之气,贯其终始者,盖亦鲜矣。此无他,凡故畴新亩,廪假往来,屋庐僮仆,吾不能忘世,世自不能忘吾,两不相忘,则如金木磨荡,燎原之势成矣。"(《南雷文定》四集卷三《杨士衡先生墓志铭》,此文作于辛未,康熙三十年。)黄氏亦自言气节之难守矣。

虽然,黄氏终为能守大节者。其潜息浙东,不轻渡钱塘,亦非遁世。自其学术而观之,其经世思想,固如波涛之汹涌澎湃也。此为言黄氏之经世思想,所不能不知者。

3. 黄氏在史学上之重大成就

黄氏之经世思想,形之于学术,为肆力于史学。"夫二十一史所载,凡经世之业,无不备矣。"(《南雷文约·补历代史表序》)以历史为经世之书,为黄氏之观点。故倡言:"学必原本于经术,而后不为蹈虚;必证明于史籍,而后足以应务。"(《鲒埼亭集》外编卷十六《甬上证人书院记》)自明十三朝实录,上溯二十一史,黄氏靡不究心。其在史学上之重大成就,殊值大书特书者,凡有数端焉。

一曰对于明史料之征存也。黄氏自以孤臣之泪,无补于故国之亡,因搜集南明经营恢复之事迹,成《行朝录》九种(《隆武纪年》《赣州失事纪》《绍武争立纪》《鲁纪年》《舟山兴废》《日本乞师纪》

《四明山寨纪》《永历纪年》《沙定洲纪乱》），其中多为黄氏所身历者，如《鲁纪年》述鲁王在海上之悲惨景象云：

> 上自浙河失守以后，虽复郡邑，而以海水为金汤，舟楫为宫殿，陆处者惟舟山两年耳。海舶中最苦于水，侵晨洗沐，不过一盏，舱大周身，穴而下，两人侧卧，仍盖所下之穴，无异于棺中也。御舟稍大，名"河艍"，其顶即为朝房，诸臣议事在焉。落日狂涛，君臣相对，乱礁穷岛，衣冠聚谈，是故金鳌橘火，零丁飘絮，未罄其形容也。有天下者，以此亡国之惨，图之殿壁，可以得师矣！

此为史料中最珍贵之当事人直接之记载，亦寓有其垂训后世之深意。

此外《赐姓始末》一种，为记述郑成功之节，许其以一旅存故国衣冠。（《梨洲遗著汇刊》有《郑成功传》，记："康熙三十九年，仁皇帝圣旨，朱成功系明室遗臣，非朕之乱臣贼子，敕遣官护送成功及子经两柩，归葬南安，如田横故事，置守冢，建祠祀之。"而黄氏卒于康熙三十四年，宁能记身后之事耶？又传中屡称"天朝""本朝""我朝"，此必非黄氏忍于如此称呼者，黄氏其他著述中，从不如此称清朝，称清朝之皇帝为"圣天子"，已为其最大限度矣。故《郑成功传》绝非出于黄氏之手。谢国桢《黄梨洲学谱》曾略辨之，并云："按日本内阁文库藏有《明季遗志录》内有岛上附传，记郑成功事，或即其书。"又《行朝录》或单行，或合为六卷，李慈铭《越缦堂日记》云："是编卷一为《隆武纪年》《赣州失事》《绍武之立》，卷二为《鲁纪年》上下，《舟山兴废》《日本乞师》《四明山寨》，卷三为《永历纪年》，卷四为《沙定州之乱》《赐姓始末》，卷五为《江右记变》《张元箸先生事略》,卷六为《郑成功传》。")

《海外恸哭记》一种,为储备明室光复后纂修创业起居注之资料。其序言曾云:"澟(按为黄氏之托名)故学于旧史者也,因次一时流离愁苦之事,为《海外恸哭记》,以待上之收京反国,即创业起居注之因也。"

又成《明史案》二百四十二卷(已佚),条举一代之事,以供采撷,备参定(《钱林文献征存录》)。

黄氏所存明代之大量史料,则见于其所著之《南雷文约》《南雷文案》《南雷文定》之中也。《南雷文定》凡例云:

> 余多叙事之文。尝读姚牧庵元明善集,宋元之兴废,有史书所未详者,于此可考见。然牧庵明善,皆在廊庙,所载多战功。余草野穷民,不得名公巨卿之事以述之,所载多亡国之大夫,地位不同耳,其有裨于史事之缺文一也。

是黄氏文集中所载之叙事之文,为备史事之缺文,亦即为保存一代之历史。黄氏虽以文章名于时,从不以文士自居,其门人郑梁序其《南雷文案》云:"吾师黄先生非欲以文见者也。……使斯集出而天下指先生为一时之文士,则吾辈弟子之罪大矣。"是黄氏为文,另有其深意,《文约》《文案》《文定》所载叙事之文,绝大部分为墓志铭、神道碑铭、墓碑、墓表、圹志、行述、事略、哀辞、传记、寿序等,皆为存历史,而非以炫辞章,彼盖以碑传为史传者也。故凡桑海之交,奇节异行之士,皆悯其名节即将泯灭而思以残墨存留之,黄氏屡屡述此意:

桑海之交，士之慕义强仁者，一往不顾，其姓名隐显，以俟后人之掇拾。然而泯灭者多矣，此志士之所痛也！故文丞相幕府之士，《宋史》既以之入《忠义传》矣，好事者又为《幕府列传》，附之丞相之后，以张之逊国，梁田玉诸人，乃得之古寺承尘之上，而后传世。元微之云："天下大乱，死忠者不必显，从乱者不必诛。"顾此数行残墨，所以补造化者，可不亟钦？（《南雷文定》四集卷三《都督裘君墓志铭》）

尝读《宋史》所载二王之事，何其略也？夫其立国亦且三年，文、陆、陈、谢之外，岂遂无人物？顾闻陆君实有《日记》，邓中甫有《填海录》，吴立夫有《桑海遗录》，当时与文、陆、陈、谢同事之人，必有见其中者，今亦不闻存于人间矣。国可灭，史不可灭，后之君子，能无遗憾耶？！乙酉丙戌，江东草创，孙公嘉绩、熊公汝霖、钱公肃乐、沈公宸荃，皆闻文、陆、陈、谢之风而兴起者，一时同事之人，殊多贤者，其事亦多卓荦可书。二十年以来，风霜销铄，日就芜没，此吾序董公之事，而为之泫然流涕也！（《南雷文约》卷一《户部贵州清吏司主事兼经筵日讲官次公董公墓志铭》）

天启朝，以攻逆奄而死者，一十有三人，其后人为世所指名者，惟黄魏两家。李贼陷都城，子一死之，是亦可以免于疑论矣。顾四十年以来，子一之大节，尚然沉滞，则党人余论锢之也。乾坤未毁，所赖吾党清议，犹有存者。子一以同难视余犹弟，余老矣，可不及其未死，披发白日乎？（同上《翰林院庶吉士子一魏先生墓志铭》）

余尝观宋时文谢幕府之士，身填沧海者无论矣，其散而之四方者，亦不负初心，皆能洁然以自老，程篁墩尝为遗民录记

175

之。余与泽望拾遗其后,残编之不灭没者,尚不啻百余□。(《南雷文案》外卷《陆汝和七十寿序》)

其于慷慨殉国,大节可与日月争光者,固汲汲表章:

崇祯末,大臣为海内所属望,以其进退卜天下之安危者,刘蕺山、黄漳海、范吴桥、李吉水、倪始宁、徐隽里屈指六人。北都之变,范、李、倪三公,攀龙髯上升,则君亡与亡;蕺山、漳海、隽里在林下,不与其难,而次第致命,蕺山以饿死,漳海以兵死,隽里以自经死,则国亡与亡,所谓一代之斗极也。(《南雷文约》卷一《光禄大夫太子太保吏部尚书谥忠襄徐公神道碑铭》)

两公(指文天祥与张煌言)之心,匪石不可转,故百死之余,愈见光彩。文山之指南录,公之北征纪,虽与日月争光可也。文山镇江遁后,驰驱不过三载。公丙戌航海,甲辰就执,三度闽关,四入长江,两遭覆没,首尾十有九年。文山经营者,不过闽广一隅。公提孤军,虚喝中原而下之,是公之所处为益难矣。(同上《兵部左侍郎苍水张公墓志铭》)

于守节之遗民,亦为之发明沉屈:

余读杜伯原谷音所记二十九人,釜崎历落,或上书,或浮海,或杖剑沉渊,寰宇虽大,此身一日不能自容于其间。以常情测之,非有阡陌,是何怪奇之如是乎?不知乾坤之正气,赋而为刚,不可屈挠。当夫流极之运,无所发越,则号呼呶拿,

176

穿透四溢，必伸之而后止。顾世之人以庐舍血肉锁之，以习闻熟见覆之，始指此等之为怪民，不亦冤乎？（同上卷二《时裡谢君墓志铭》）

如述谢泰臻之节云：

故社既屋，入先师庙伐鼓恸哭，解巾服焚于庭，沉舟之痛，时切于怀，援壁上琴弹之，格格不能成声，推之而起曰："人琴俱亡矣！"一日不知所往，留书几上，曰："儿曹无庸觅我，以从我志。"家人迹之于天童山，趺坐灌莽中，已剪发为头陀。从此踪迹不定，或雪夜赤足，走数十里，偃卧冰上；或囊其所著书挂于项，登深崖绝巘，发而读之，声琅琅应山谷，采乌喙生啖之。如是者四五年，惟恐此形容之关于天壤也。（见同上）

类此感人肺腑之叙述，屡见于黄氏《文集》中："徘徊家国存亡之故，执笔泫然。"（同上卷一《文渊阁大学士吏兵二部尚书谥文靖朱公墓志铭》）"停笔追思，不知流涕之覆面也。"（同上卷三《钱忠介公传》）"家国之恨，集于笔端，不觉失声痛哭，栖鸟惊起，后之览者，亦将有感于斯文。"（《南雷文定》前集卷十《明司马淡若张公传》）黄氏亦痛哭流涕以述之矣！

历史绝非胜利者之战利品，失败者与少数，亦绝非历史之垃圾堆。天地之元气，历史之真精神，往往存在于失败者与少数之间。舍名位之赫然者，捃拾沟渠墙壁之间，起酸魂落魄，支撑天下，此史家之大任务也。如殉国之烈士，守节之遗民，赴汤蹈火，呼天抢地，天地之元气在焉，历史之真精神寓焉，史家如不从而汲汲表章之，历史将徒为一虚伪之躯壳乎？黄氏一生从事于表章奇节，发明沉屈，此黄氏史学之为不可及也，此亦浙东史学之为不可及也。

黄氏表章奇节，发明沉屈，其资料主要根据亲身见闻，于《明司马澹若张公传》云：

皇寂□散，口说流行，余以身所见闻者，诠次其事。(《南雷文定》前集卷十)

于《刘瑞当先生墓志铭》云：

余固瑞当之未亡友也，身历其盛衰，使余不言，溪上之风流，后来无有知之者矣。(《南雷文约》卷一)

于《王仲撝墓表》云：

某与仲撝交二十余年，与之同事而无成，与之共学而未毕，仲撝生时，已无人知仲撝者，向后数年，复更何如？此纸不灭，亦知稽山块土，曾塞黄河也。(同上卷二)

于《移史馆吏部左侍郎章格庵先生行状》云：

会稽章誉，持格庵先生家传，以余为先生同门友也，再拜乞行状，将以上之史馆。先生在崇祯间，为一代眉目，岂可令其遗事舛驳零落乎？谨以故所闻见状之。(同上卷三)

亲身见闻以外，亦参用有关文献，如于《兵部左侍郎苍水张公墓志铭》云：

> 余友李文胤谓文山属铭于邓元荐，以元荐同仕行朝也。今行朝之臣无在者，苍水之铭，非子而谁？余乃按公奇零草北征录及公族祖汝翼世系，次第之以为铭。（同上卷一）

于《陈乾初先生墓志铭》云：

> 翼（陈翼，乾初长子）以志铭见属，其时未读乾初之书，但以翼所作事实，稍节成文。今详玩遗稿，方识指归，有负良友多矣，因理其诸言，以忏前过。（同上卷二）

然则黄氏之所记述者，为极珍贵之历史矣。至其以碑传为史传之微意，亦时时流露之，"后之君子，其考信于斯文"（同上卷一《大学士机山钱公神道碑铭》）。"太史遁荒，石渠萧瑟，茫茫来者，谁稽故实，藉此铭章，有如皎日。"（《南雷文案》卷三《旌表节孝冯母郑太安人墓志铭》）"公魄不返，公魂无庙，幽铭阳碣，无地可施。爰撰行状一通，移之史官，以为列传之张本。"（《南雷文约》卷三《移史馆熊公雨殷行状》）以一般写碑传者视黄氏，宁不为大谬哉！数十年后，私淑黄氏之全祖望，亦为以碑传为史传者也。

黄氏与清之修《明史》，亦有极密切之关系。黄氏娴于明代掌故，为当代人所共知。吴任臣与黄氏书云："虞山既逝，文献有归，当今舍先生其谁！"（《南雷文定》附录）李逊之亦与之书云："吾老翁兄闭户著述，从事国史，将成一代金石之业。"（见同上）当代人直认其闭户著述，为专门从事于《明史》之撰写也。清设史馆修《明史》，拟使之参与修史工作，时叶方蔼与徐元文为史馆总裁，徐元文以为黄氏不可召而致，或可聘之修史，乃以礼聘，黄氏以母届耄期己亦老病为辞。清廷于是下诏浙中督抚，凡黄氏素所论著及所见闻，有资明史者，钞录来京，宣付史馆。黄氏林泉名山之业，乃得以发其幽光矣。

黄氏之辞史馆，为持其遗民之节，然存留有明三百年之历史，则其素志也。"国可灭，史不可灭。"（《南雷文案》卷三《旌表节孝冯母郑太安人墓志铭》）为其极大之观念，与明史馆总裁叶徐二氏屡通款曲，其意似在存史。徐氏延其子百家参史局，黄氏以书戏之曰："昔闻首阳二老，托孤于尚父，遂得三年食薇，颜色不坏。今我遣子从公，可以置我矣。"（见《年谱》）则黄氏之微意，亦可知矣。史局大案，必咨正之，历志出吴检讨任臣之手，总裁千里遗书，乞审正而后定（见《年谱》及《南雷文定》后集卷一《答万贞一论明史历志书》）。尝论《宋史》别立《道学传》，为元儒之陋，《明史》不当仍其例（《南雷文定》前集卷四有《移史馆论不宜立理学传书》）。朱检讨彝尊适有此议，汤斌出黄氏书示众，遂去之（李元度《国朝先正事略》）。《地理志》亦多取其《今水经》为考证。即《明史》之《儒林传》，亦多本之于《明儒学案》也。（此说全祖望主之，见《鲒埼亭集》外编卷十六《城北镜川书院记》。）自汉唐以来，大儒惟刘向著述，强半登于班史，三统历入《历志》，鸿范传入《五行志》，七略入《艺文志》，其所续《史记》，散入诸传，《列女传》虽未录，亦为范史所祖述。黄氏于二千年后，以亡国之遗民，感叹潮息烟沉之不暇，而其论述得登于《明史》，亦云幸矣。观浙抚李本晟致书黄氏云："本朝自系顺天应人之举，而桀犬之吠尧者不必讳。既将勒成信史，必应阐幽抉隐，以定千古爱书。"（见《南雷文定附录》）"先生山居揣摹，必有成局。傥出千秋卓见，以破举世疑城，即勒成一家之书，以补正史所未备，亦安有不可乎？"（见同上）此中国史学之精神可向全世界骄傲者也。

尤要者为黄氏命其最熟于明代掌故之弟子万斯同参与修史，且勉之曰："一代是非，能定自吾辈子手，勿使淆乱，白衣从事，亦所以报故国也。"万氏临赴史馆，以大事记（黄尊素所记）三史钞等文献授之，并赠之以诗云：

> 史局新开上苑中，一时名士走空同；
> 是非难下神宗后，底本谁搜烈庙终。
> 此世文章推嫠女，定知忠义及韩通；
> 凭君寄语书成日，纠缪须防在下风。

> 管村彩笔挂晴霓，季野观书决海堤；
> 卅载绳床穿皂帽，一篷长水泊篮溪。
> 猗兰幽谷真难闭，人物京师谁与齐；
> 不放河汾声价倒，太平有策莫轻题。

（《南雷诗历》卷二《送万季野贞一北上》）

以一代是非相托付，并寄语莫题太平之策，师生期许之殷，故国之思，以及为前代存信史之精神，感人肺腑矣！

十年后又赠诗云：

> 三迷湖头入帝畿，十年乌背日光飞；
> 四方声价归明水，一代贤奸托布衣。

良夜剧谈红烛跋，名园晓色牡丹旗；

不知后会期何日，老泪纵横未肯稀。

（《南雷诗历》卷四《送万季野北上》，此诗作于康熙二十八年，《送万季野贞一北上》诗作于康熙十八年。）

序万氏《补历代史表》则云：

嗟乎！元之亡也，危素趋报恩寺，将入井中，僧大梓云："国史非公莫知，公死是死国之史也。"素是以不死。后修元史，不闻素有一词之赞。及明之亡，朝之任史事者众矣，顾独藉一草野之万季野以留之，不亦可慨也夫?！（《南雷文约》卷四）

黄氏对《明史》情感之深，以及万氏对《明史》之贡献，皆昭然若揭。

又如寄望陈介眉参与修《明史》云：

方今朝廷开史局，纂修《明史》，取草野之士以充赋，明示以翰苑无雄文奥学之人也。然余观今所取于草野者，以视明初所取之三十二人，相去何等，必有能辨之者。此固不具论。其亦有能度越于吾介眉者乎？吾不能知。今之在翰苑者，由介眉推之，未可便谓草野之士胜于翰苑也。吾闻朝廷之上，欲留介眉，分任史事，便当励其三长，即未敢侈口迂固，然必能考真伪，定是非，有所载削，不附和于流俗，此便可关草野之口而夺之气矣。盖明初之有求于遗逸者，议论之公；而今之不敢信草野者，闻见之陋也。奈何急于南还（时陈介眉在京师翰林院，其父陈伯美于一年前北上谢封翰林院编修之恩,介眉于是上疏陈情,乞侍南还),不为当世张一闻见之路乎?(《南雷文案》外卷《陈伯美先生七十寿序》,此文作于己未,康熙十八年,清廷开史馆,纂修《明史》。)

此皆其欲存留有明三百年历史之彰明较著者也,此皆其所影响于清之纂修《明史》者也,此亦皆其于亡国之余而经世思想能获得发挥者也。(国脉既斩,宗社既覆,堤崩鱼烂,无可挽救,转而探讨及于国家兴亡民族盛衰之大原,为清初史学界之一种趋势。黄氏碑传之文,往往论及明亡之故,如《南雷文约》卷一《大学士机山钱公神道碑铭》《光禄大夫太子太保吏部尚书谥忠襄徐公神道碑铭》《巡抚天津右佥都御史留仙冯公神道碑铭》等,皆论及之,此为黄氏经世思想及于其史学者。此等经世思想与史学之有关联处,黄氏著述中极多见,兹不多赘。)

二曰学术思想史之创作也。中国有学术思想史,自黄氏写《明儒学案》《元儒学案》《宋儒学案》始。(近人咸以中国有学术史,自黄氏写学案始。窃意如以黄氏学案之内容而言,则以称学术思想史为宜。)此史学上之大创作也。黄氏为大理学家,宋元明三代之学术思想,主要为理学,因之黄氏为最有资格写宋元明三代之学术思想史者。《明儒学案》写成于康熙十五年,《元儒学案》《宋儒学案》则未及成书而黄氏谢世。就《明儒学案》而言,黄氏对明代之学术思想,最有阐扬与保存之功。"尝谓有明文章事功,皆不及前代,独于理学,前代之所不及也。牛毛茧丝,无不辨晰,真能发先儒之所未发。"(《明儒学案发凡》)其对于明代理学之真知与表扬,皆为他人所不及,明代理学得此书而大明,无怪被叹为"明室数百岁之书"

(《南雷文定》四集卷一《明儒学案序》)也。

黄氏以前，曾有周汝登撰《圣学宗传》，孙钟元撰《理学宗传》。黄氏谓周汝登主张禅学，扰金银铜铁为一器，是其一人之宗旨，非各家之宗旨；孙钟元则杂收不复甄别，其批注所及，未必得其要领，而闻见亦陋。(《明儒学案发凡》)黄氏之《明儒学案》，则以新面目出现。

黄氏所搜罗之材料极广，凡各家遗书，皆尽力访求之，若有所不及。于《明儒学案发凡》云：

> 是书搜罗颇广，然一人之闻见有限，尚容陆续访求。即羲所见而复失去者，如朱布衣《语录》，韩苑洛南瑞泉穆玄庵范栗斋诸公集，皆不曾采入。海内有斯文之责者，其不吝教我，此非末学一人之事也。

自此种搜罗材料之态度，可知《明儒学案》包藏之丰富。黄氏极醉心于集部书，读宋元文集至数百家(见《南雷文定》后集卷一《沈昭子耿岩草序》)，于《明文案序》则作豪语云："试观三百年来，集之行世藏家者，不下千家，每家少者数卷，多者至于百卷，其间岂无一二情至之语，而埋没于应酬讹杂之内，堆积几案，何人发视？即视之，而陈言一律，旋复弃去。向使涤其雷同，至情孤露，不异援溺人而出之也。有某兹选，彼千家之文集，庞然无物，即尽投之水火，不为过矣！"(《南雷文约》卷四)黄氏不欲以文名，而于明代文集肆力如此，则其广搜有明一代讲学诸家之文集语录，为不待言而可知者。此《明儒学案》所以与以前类似之作不能同日而语者也。

《明儒学案》撰写之方法，极有开创性，亦为撰写学术思想史极佳之方法。网罗有明一代之理学家，为之分别学派；每一学派，立一学案；《学案》前几皆有序言，以说明某一学派盛衰传递之迹；各家皆为之作传，以介绍其时代、经历及师友渊源；各家之学术思想，皆自其全集"纂要钩玄"（语见《明儒学案发凡》），以各家所存留之原文，阐明各家之学术思想，不参以后人之主观批评与文字上之润色组合；黄氏间有批评，皆附于正文之后，此疆彼界，清楚划分。在黄氏以前，未有用此方法以撰写学术思想史者。撰写学术思想史，在今后有更进步之方法，然黄氏所创之方法，实有其不可磨灭处，其方法背后所代表之精神，尤有价值。

最值得称道者，为黄氏之客观精神也。黄氏之撰写方法，已极富客观精神矣，黄氏复能广泛容纳明代各学派，给予以相当之位置，不受其本身学派立场之影响。于《明儒学案发凡》即开宗明义曰：

> 学问之道，以各人自用得著者为真。凡倚门傍户，依样葫芦者，非流俗之士，则经生之业也。此编所列，有一偏之见，有相反之论，学者于其不同处，正宜着眼理会，所谓一本而万殊也。以水济水，岂是学问？

郑性序《明儒学案》亦曰：

> 道并行而不相悖，此天地之所以为大也。三教既兴，孰能存其一去其二？并为儒而不相容，隘矣。孔子大中，如天地之无不持载，无不覆帱，是以能祖述尧舜，宪章文武。然尝欲无言，且曰："攻乎异端，斯害也已。"大贤而下，概莫之及。后

> 儒质有纯驳，学有浅深，异同错出。宋惟周子浑融，罕露圭角。朱陆门人，各持师说，入主出奴。明儒沿袭，而其间各有发挥开辟，精确处不可掩没。梨洲黄子，胪为学案，而并录之。后之观者，毋师己意，毋主先入，虚心体察，孰纯孰驳，孰浅孰深，自呈自露，惟以有裨于为己之学，而合乎天地之所以为大，其于道也，斯得之矣。

黄氏如此容纳各学派，有其学术理论上之根据，所谓"一本而万殊"者，即其学术理论。黄氏自序《明儒学案》曾畅言之：

> 盈天地皆心也，变化不测，不能不万殊。心无本体，功力所至，即其本体。故穷理者，穷此心之万殊，非穷万物之万殊也。穷心则物莫能遁，穷物则心滞一隅。是以古之君子，宁凿五丁之间道，不假邯郸之野马，故其途亦不得不殊。奈何今之君子，必欲出于一途，使美厥灵根者，化为焦芽绝港？夫先儒之语录，人人不同，只是印我心体之变动不居。若执定成局，终是受用不得。……某为《明儒学案》，上下诸先生，浅深各得，醇疵互见，要皆功力所至，竭其心之万殊者，而后成家。未尝以矇瞳精神，冒人糟粕。于是为之分源别派，使其宗旨历然。由是而之焉，固圣人之耳目也。

以心万殊，功力所至，为其本体，故殊途百虑之学出，然则黄氏之能容纳各学派，殆为必然矣。

黄氏既由一本万殊之理论，衍出殊途百虑之学，于是尽力将各家学说之主要宗旨，和盘托出，此固为撰写学术思想史最重要之点。

第四章　黄宗羲与清代浙东史学派之兴起

黄氏云：

> 大凡学有宗旨，是其人之得力处，亦是学者之入门处。天下之义理无穷，苟非定以一二字，如何约之使其在我？故讲学而无宗旨，即有嘉言，是无头绪之乱丝也。学者而不能得其人之宗旨，即读其书，亦犹张骞初至大夏，不能得月氏要领也。是编分别宗旨，如灯取影。杜牧之曰："丸之走盘，横斜圆直，不可尽知，其必可知者，是知丸不能出于盘也。"夫宗旨亦若是而已矣。（《明儒学案发凡》）

若就《明儒学案》整部书而言，亦有其本身之宗旨，虽兼容并包有明一代各学派，而实以大宗属姚江，凡宗姚江与辟姚江者，是非互见，得失两存。"有明学术，白沙开其端，至姚江而始大明。……无姚江，则古来之学脉绝矣！"（《姚江学案序》）于《诸儒学案序》则云："诸儒学案者，或无所师承，得之于遗经者；或朋友夹持之力，不令放倒，而又不可系之朋友之下者；或当时有所兴起，而后之学者无待者，俱列于此。上卷则国初为多，宋人规范犹在。中卷则皆骤闻阳明之学而骇之，有此辨难，愈足以发明阳明之学，所谓他山之石，可以攻玉也。下卷多同时之人，半归忠义，所以证明此学也，否则为伪而已。"然则黄氏著学案之宗旨可知矣。

黄氏未写成之《宋儒学案》《元儒学案》（一称《宋元儒学案》），由其子黄百家及雍乾间之全祖望续补，称《宋元学案》，全氏自乾隆十年至十九年，十年之中，无岁不修此书，其所修补者，殆居全书十之六七，有原本所有而为之增损者，有原本所无而为之特立者，亦有自原本析出而别为一案者。草创甫定，而全氏卒，后又有王梓

187

材、冯云濠为之辑补。此书之佳处，每一学案之前，先立一表，备举其师友弟子，以明学派渊源，及其传授之广，次立传略，次录论学语，后缀附录，载其遗闻逸事，及后人评论，其方法视《明儒学案》为更进一步矣。

三曰一般史学理论之建设也。黄氏往往有极精之史学理论，为一般人所不言，今特为表而出之。

《南雷文约》卷三《地狱》一文中云：

> 大奸大恶将何所惩创乎？曰："苟其人之行事，载之于史，传之于后，使千载而下，人人欲加刃其颈，贱之为禽兽，是亦足矣。孟子所谓'乱臣贼子惧'，不须以地狱蛇足于其后也。"

此黄氏之垂训史学，与其经世思想遥相呼应者也。

《南雷文约》卷四《明名臣言行录序》云：

> 史之为体，有编年，有列传。言行录固列传之体也。列传善善恶恶，而言行录善善之意长，若是乎恕矣。然非皎洁当年，一言一行足为衣冠之准的者，无自而入焉。则比之列传为尤严也。

《南雷文案》卷二《再辞张郡侯修志书》云：

> 志与史例，其不同者，史则美恶俱载，以示褒贬，志则存美而去恶，有褒而无贬，然其所去，是亦贬之之例也。

第四章 黄宗羲与清代浙东史学派之兴起

同上《与李杲堂陈介眉书》云：

> 夫铭者，史之类也。史有褒贬，铭则应其子孙之请，不主褒贬，而其人行应铭法则铭之，其人行不应铭法则不铭，是亦褒贬寓于其间。后世不能概拒所请，铭法既亡，犹幸一二大人先生一掌以堙江河之下，言有裁量，毁誉不淆，如昌黎铭王适，言其谩妇翁，铭李虚中卫之玄李于，言其烧丹致死，虽至善若柳子厚，亦言其少年勇于为人，不自贵重。岂不欲为之讳哉？以为不若是，则其人之生平不见也。其人之生平不见，则吾之所铭者，亦不知谁何氏也。将焉用之？

同上卷三《张节母叶孺人墓志铭》云：

> 从来碑志之法，类取一二大事书之，其琐细寻常，皆略而不论。而女妇之事，未有不琐细者，然则竟无可书者矣。就如节妇，只加节之一字而足，其余亦皆琐细也。如是而何以为文乎？予读震川文之为女妇者，一往深情，每以一二细事见之，使人欲涕。盖古今来事无巨细，唯此可歌可涕之精神，长留天壤。

此黄氏由其寓褒贬之垂训史学，所衍出之作志作列传作言行录作碑铭之大法也。

《行朝录》之三《绍武争立纪》云：

> 若帝之从容遇难，追配毅宗，所谓亡国而不失其正者，宁

可以地之广狭，祚之修短而忽之乎？

此黄氏不以成败论史，为史学上树立不可磨灭之理论也。
《南雷文约》卷四《万履安先生诗序》云：

今之称杜诗者，以为诗史，亦信然矣。然注杜者，但见以史证诗，未闻以诗补史之阙，虽曰诗史，史固无藉乎诗也。逮夫流极之运，东观兰台，但记事功，而天地之所以不毁，名教之所以仅存者，多在亡国之人物。血心流注，朝露同晞，史于是而亡矣。犹幸野制遥传，苦语难销，此耿耿者，明灭于烂纸昏墨之余，九原可作，地起泥香，庸讵知史亡而后诗作乎？是故景炎祥兴，《宋史》且不为之立本纪，非指南集杜，何由知闽广之兴废？非水云之诗，何由知亡国之惨？非白石晞发，何由知竺国之双经？陈宜中之契阔，心史亮其苦心；黄东发之野死，宝幢志其处所，可不谓之诗史乎？元之亡也，渡海乞援之事，见于九灵之诗，而铁崖之乐府，鹤年席帽之痛哭，犹然金版之出地也。皆非史之所能尽矣。明室之亡，分国鲛人，纪年鬼窟，较之前代干戈，久无条序，其从亡之士，章皇草泽之民，不无危苦之词，以余所见者，石斋次野介子霞舟希声苍水密之十余家，无关受命之笔，然故国之铿尔，不可不谓之史也。先生固十余家之一也，生平未尝作诗，今续骚堂寒松斋粤草，皆遭乱以来之作也。避地幽忧，访死问生，惊离吊往，所至之地，必拾其遗事，表其逸民，而先生之诗，亦遂凄楚蕴结而不可解矣。夫蔓草零露，仍归天壤，亦复何限，先生独不能以余力留之乎？故先生之诗，真诗史也，孔子之所不删者也。

此黄氏崇尚诗史，以诗补史之阙，而维持宇宙于不堕之理论也。流极之运，史官但记事功，而天地之所以不毁，名教之所以仅存者，多在亡国之人物，于是藉诗以传之，而后耿耿者得以明灭于烂纸昏墨之余也。此又其表章幽隐之微意也。

《历代甲子考》云：

> 信《汉志》，不如信《史记》；信《史记》又不如信经文也。

《金石要例》附论《文管见》云：

> 叙事须有风韵，不可担板。今人见此，遂以为小说家伎俩。不观《晋书》《南北史》列传，每写一二无关系之事，使其人之精神生动，此颊上三毫也。史迁伯夷孟子屈贾等传，俱以风韵胜。其填《尚书》国策者，稍觉担板矣。

此则黄氏所提出史家相信第一手史料之原则以及史家叙事应有之技术也。

4. 黄氏之科学精神与其史学

黄氏之史学，受其极浓厚之经世思想之影响，由是其史学有灵魂，具气象，然流弊亦易产生。浓厚之经世思想，如不辅之以科学精神，其发挥于史学，必难使之成为有价值之学术。黄氏生当易代，变故迭更，煅炼于兵革，震撼于风涛，抢呼迫促于沦亡崩坠之交，其富有经世思想，极为自然，然黄氏亦富有科学精神，此为其最不可及处，此为其成为一代大史家之重要关键。

黄氏之科学精神，表现于史学，首先为客观态度，此前既言之矣。不轻信史实，亦为其富有科学精神之象征，野史、郡县之志、氏族之谱，皆不轻信：

> 逆奄之乱，去今五十余年，耳目相接，其大者已牴牾如此（辨证牴牾之文过长，不征引）。向后欲凭纸上之语，三写成乌，岂复有实事哉！（《南雷文约》卷三《辨野史》）

> 以余观之，天下之书，最不可信者有二，郡县之志也，氏族之谱也。郡县之志，狐貉口中之姓氏，子孙必欲探而出之，始以贿赂，继之恫喝，董狐南史之笔，岂忍弹雀！氏族之谱，无论高门悬簿，各有遗书，大抵子孙粗读书者，为之掇拾讹传，不知考究，牴牾正史，徒诒蛮笑。嗟夫！二者之不可取信如此。（《南雷文定》三集卷一《淮安戴氏家谱序》）

即《实录》亦举其不可信之处：

> 余选明文近千家，其间多有与《实录》异同。盖《实录》有所隐避，有所偏党，文集无是也。（《南雷文约》卷四《陆石溪先生文集序》）

由不轻信史实，进而至于考辨，则黄氏科学精神之具体发挥。论诗则曰"但当辨其真伪"（《南雷诗历》题辞）。读十三经，则字比句栉，三礼之升降拜跪，宫室器服之微细，三传之同异义例，氏族时日之杂乱，钩稽考索，不遗余力（《南雷文定》前集卷八《前乡进士泽望黄君圹志》）。辨伪书则曰：

近时伪书流行，聊举一二，如甲申之死，则杂以俘戮；逆阉之难，则杂以牖死；杨嗣昌丧师误国，冬心诗颂其功劳；洪承畴结怨秦人，绥寇纪张其挞伐。高官美谥，子姓私加；野抄地志，纤儿信笔。此录出，庶几收廓清之功矣。(《南雷文约》卷四《明名臣言行录序》)

桑海之交，纪事之书杂出，或传闻之误，或爱憎之口，多非事实。以余所见，唯传信录、所知录、劫灰录，庶几与邓光荐之《填海录》，可考信不诬。(同上卷二《桐城方烈妇墓志铭》)

正史亦纠其谬而正其伪，如纠《唐书》之谬云：

有唐凡二十帝，不得其死者七人，而玄宗肃宗之死不著，宪宗虽著，而弑君之故不明。按晏元献守长安，村民安氏富财，云素事一玉髑髅，弟兄析居，欲分为数片，元献取观，自额骨左右皆玉也。元献曰：此岂得于华州蒲陆县泰陵乎？民言其祖父实于彼得之。元献因与僚属言，唐小说载玄宗迁西内，李辅国令刺客夜携铁锤，击其脑作磬声，玄宗谓刺客曰，我固知命尽汝手，昔叶法善劝我服玉及丹，今我脑骨成玉，丹在其中。刺客抉脑取丹而去。此真玄宗之髑髅也。因命瘗之泰陵。元献又云：相传肃宗之死如武乙，为暴雷所震，可验其不孝之罪也。《唐书·李辅国传》但言玄宗自徙西内，怏怏不豫，至弃天下。不知史官为之讳乎？抑其事秘无有传闻之者乎？玄宗崩于宝应元年四月甲寅，肃宗崩于是月丙寅，相去仅十一日。当玄宗崩时，肃宗已疾革，其死于疾明矣。武乙之厄讹也。《唐书·宦者

193

传》，柳泌以金石进，宪宗饵之，躁甚，数暴怒，恚责左右，踵得罪，禁中累息。王守澄陈宏志弑帝于中和殿，缘所饵以暴崩告天下，初未尝及郭后与穆宗也。裴庭裕东观奏记云，宪宗宴驾之夕，宣宗虽幼，颇记其事，追恨光陵（穆宗陵）商臣之酷，即位后，诛锄恶党，无漏网者。时郭太后无恙，以上英察孝果，且怀惭惧，一日与二侍儿升勤政楼，倚衡而望，便欲陨于楼下，左右急持之，即闻于上，上大怒，其夕后暴崩，上志也。《唐书》亦载大中十二年二月，废穆宗忌日，停光陵朝拜及守陵宫人。由此言之，是郭后穆宗，皆与闻乎故者也。郭后之罪通天矣。顾其列传云，中人有为后谋称制者，后怒曰：吾效武氏耶？今太子虽幼，尚可选重臣为辅，吾何与外事哉？文宗问后如何可为盛天子，后曰，谏臣章疏宜审览，度可用用之，有不可，以询宰相，毋拒直言，勿纳偏言，以忠良为腹心，此盛天子也。至于弑逆之事，则为之洗刷曰，宣宗立，于后诸子也，而母郑故侍儿，有曩怨，帝奉养礼稍薄，后郁郁不聊，与一二侍人登勤政楼，将自陨，左右共持之，帝闻怒，是夕后暴崩。读之竟是贤后，是非颠倒若此。观两君被弑大节目，尚且不能如春秋晋楚之史，其他又何论哉！吴缜之纠缪，但取碑事烦文，稽其错误，此等处无有为之纠者，抑末矣。(《破邪论》"唐书"条)

即作《匡庐游录》，考证古迹，亦无不典核精详，则黄氏考辨之学，盖可知矣。黄氏天官地志，金石算数，卦影革轨，艺术杂学，无不包举（见《南雷文定》前集卷八《前乡进士泽望黄君圹志》及《南雷文约》卷三《陈令升先生传》），此皆有助于其治史之考辨也。作实地考察，尤为黄氏科学精神之表现。于《黄山续志序》云：

余未穷峰峦之形胜，尽烟云之变态，岂能为序？（《南雷文约》卷四）

写《四明山志》则走密岩，宿雪窦，登芙蓉峰，历鞠侯岩：

道藏中有丹山图咏，以四明山名胜，制为法曲，而托之木元虚撰，贺知章注，其图为祠宇观所刻，与元道士毛永贞石田山房诗合为一卷，则此咏此注，亦永贞之徒所为。按木华字元虚，在晋为杨骏府主簿，而咏中所称宋应则郑宏齐谢朓何昕梁范颜，初未尝自掩覆其年代之不伦也。四面七十峰疆域，因是图咏，而龈割就理。然亦不免淆乱，如以小溪接梨洲，以翠严属西面，以紫溪附大小晦，以抱子山置大小皎，皆疏略之甚。永贞住山中四十年，与掘药采薪者相习，何难于考校真实，而乃有此失耶？至其攀援故事，大概子虚乌有，不可以纪传勘之，固卤莽道士之常，不足怪也。原图不传，在《余姚县志》者，复多谬误。余既为别作，其咏注之失，亦稍正之。忆岁辛巳，在金陵从朝天宫翻道藏，自易学以外，干涉山川者，皆手钞之，矻矻穷日，此卷亦在其中。岁壬午，至自燕京，便与晦木、泽望，月下走密岩，探石质藏书处；宿雪窦，观隐潭冰柱大雪；登芙蓉峰，历鞠侯岩，至过云，识所谓木冰。归而晦木为赋，泽望为游录，余则为《四明山志》。（同上《丹山图咏序》）

当余手钞道藏之时，方欲遍游天下名山，四明不过从此发迹。即不然而自绝于世，亦泥封洞口，猿鸟以为百姓，药草以当粮糗，山原石道，别有往来。岂意三十年来，芒屩檞笠，未沾岳雨，兹山亦遭劳攘，高栖之志，尚无寄托，执笔图此，有

涕滂然！（见同上）

作史认为应有乘传之求，不能徒据残书：

> 夫作者无乘传之求，州郡鲜上计之集，不通知一代盛衰之始终，徒据残书数本，诔墓单辞，便思抑扬人物，是犹两造不备而定爰书也。（同上卷二《谈孺木墓表》）

由上以言，黄氏之富有科学精神，及其科学精神影响及于史学，殆不容置疑。

三　黄宗羲以后浙东史学派之传递

黄宗羲以后，传浙东史学者，为万斯同、全祖望、章学诚、邵晋涵，皆为继黄氏以兴起者也。万斯同以黄氏衣钵弟子，进入明史馆，参与修《明史》工作，明史之不亡，万氏贡献最巨，万氏又撰《儒林宗派》一书，性质与《明儒学案》接近；所撰《宋季忠义录》《六陵遗事》《两浙忠贤录》《明季两浙忠义考》，或表章忠烈，或追述乡邦遗献，尤得黄氏史学之精神。全祖望于雍乾之际，私淑黄氏，续撰《宋元学案》："黄竹门墙尺五天，瓣香此日尚依然，千秋兀自绵薪火，三径劳君盼渡船。酌酒消寒欣永日，挑灯讲学忆当年，《宋元学案》多宗旨，肯令遗书叹失传。"（《鲒埼亭诗集》卷四《仲春仲丁之半浦陪祭梨洲先生》诗）其精神盖上接黄氏者也；所撰《鲒埼亭集》，亦为以碑传为史传，积极表章明末清初气节之士，最与黄氏《南雷文约》《南雷文定》《南雷文案》相似。章学诚生值乾嘉，所受

time代之影响已多，然其论史学，自经世思想出发，在当时为空谷足音，而其统则源自浙东；醉心修方志，极有黄全诸氏文献学之色彩；宗国之思，于论及明季史事时，亦略可见之（章氏遗书中如《徐汉官学士传》《章恪庵遗书目录序》等篇，皆可征其犹有宗国之思）；论及浙东学术最多而积极为之表章者，亦为章氏，观于"世推顾亭林氏为开国儒宗，然自是浙西之学，不知同时有黄梨洲氏，出于浙东，虽与顾氏并峙，而上宗王、刘，下开二万，较之顾氏，源远而流长矣"（《文史通义·浙东学术》篇）诸语，可知其精神之所寄矣。

邵晋涵家学渊源，先世多讲学，至其从祖廷采主讲姚江书院十七年，卓然为余姚王学之后劲，然其兼治史学，实出黄氏之教，所著《宋遗民所知录》《明遗民所知录》，既隐寓民族之痛，而《东南纪事》《西南纪事》《思复堂文集》，记胜国遗闻逸事尤详，只以穷老海滨，闻见未广（《东南纪事》《西南纪事》二书所记多闻之黄氏），所记或有疏舛，然其征存国史之志，以史经世之心，不惟有黄氏之教，且下启邵晋涵、章学诚之史学。（章氏对邵廷采极为倾服，而邵氏史学出于黄氏，则章氏与黄氏之渊源亦可知。）邵晋涵承其家学与浙东史学之统，好治晚明文献，于明季党祸缘起，奄寺乱政，及唐王鲁王本末，从容谈论，往往出于正史之外，故国之思，黍离之痛，亦隐然可见。然则谓"章、邵二氏，异军特起，自致通达，非与黄、全诸氏有何因缘"，宁为笃论哉！

道咸以后，浙东史学之脉，仍未断绝，定海黄式三言守心慎独，远契蕺山之教，所著《周季编略》，尤可征其治经而归宿于史。其子以周继承其学，尤深三礼，礼书通故一书，不惟集礼学之大成，且亦为古代典章文物之渊薮。（黄式三生于乾隆五十四年，卒于同治元年；黄以周生于道光八年，卒于光绪二十五年。）近代浙东鄞人陈训慈于《清代浙东之史学》一文中云："降迄今日，吾乡宿学大师，或闭户潜修，或主讲黉舍，犹多以史学知名。盖学风递嬗，浸成乡习，源深流长，由来以渐，非偶然之故也。作者生长于四明，每徘徊先哲之遗址，缅怀当年讲诵之盛。"（此文发表于1931年，见《史学杂志》二卷五、六期。）近代浙东地区，黄全讲学论道之盛，固渺乎不可复见，然甬绍名师宿儒，犹多致力史乘，则为浙东史学之绵延不绝者也。

第五章　万斯同之史学

　　浙东史学，历宋、元、明数代，赓续发展①，至清初黄宗羲氏出，而骤成中兴局面。黄氏从刘宗周游，又值国变，天移地转，乃融悲愤、节义于学术之中，以理学之体，发为经世之史学。所著《明儒学案》《元儒学案》《宋儒学案》，为学术思想史之巨制②；所辑《南雷文约》《南雷文案》《南雷文定》，为以碑传代史传，无愧班马之宏文。"徘徊家国存亡之故，执笔泫然。"③"家国之恨，集于笔端，不觉失声痛哭，栖鸟惊起，后之览者，亦将有感于斯文。"④其悲愤凄婉，后人可以想象；"后之君子，其考信于斯文"⑤，"太史遁荒，石渠萧瑟，茫

---

① 浙东地区，北宋时代，已兴起讲学风气。庆历五先生并起讲学于仁宗时代，此时濂、洛、关、闽诸学派，尚未兴起。宋室南渡以后，浙东学风益盛，浙东史学派亦于此时出现。永嘉之周行己、郑伯熊，及金华之吕祖谦、陈亮，创浙东永嘉、金华两派之史学。厥后王应麟、胡三省皆浙东之大史学家。元明两世，浙东史学稍趋衰微，而其统不绝。至清代而浙东史学达于鼎盛。说见何炳松《浙东学派溯源》（商务，1933年）、《通史新义》（商务，1928年）下编第十一章；陈训慈《清代浙东之史学》（《史学杂志》二卷五、六期，1932年）；杜维运《黄宗羲与清代浙东史学派之兴起》（《故宫文献季刊》二卷三、四期，1971年6、9月）。

② 黄宗羲写《宋儒学案》《元儒学案》（一称《宋元儒学案》）未成，由其子黄百家及雍乾间之全祖望续补，称《宋元学案》。

③ 《南雷文约》卷一《文渊阁大学士吏兵二部尚书谥文靖公墓志铭》。

④ 《南雷文定》前集卷十《明司马澹若张公传》。

⑤ 《南雷文约》卷一《大学士机山钱公神道碑铭》。

茫来者，谁稽故实，藉此铭章，有如皎日。"①其存史之志愿，千古可以共鉴。

首传黄氏史学者，为万斯同氏。万氏字季野，学者称石园先生，浙江鄞县人，生于明崇祯十一年（1638）。其父万泰以文章风节领袖东南②，泰有八子，万氏最幼，性不驯，乃闭之空室中，万氏窃视架上，有明史料数十册，读之甚喜，数日而毕。③自是酷嗜读史，从黄氏游，黄氏置之高座④，得闻蕺山刘氏之学。其读书，五行并下，如决海堤⑤，复能过目成诵，明洪武至天启实录，皆能暗诵。⑥清康熙十八年（1679），设史馆修《明史》，总裁徐元文延万氏入史馆，万氏初不欲往，请之其师黄氏，黄氏勉之，乃成行。至则辞史馆而寄居总裁所，任刊修之职，不署衔，不受俸，以明其以布衣参与修史之节。其后继徐元文任总裁之张玉书、陈廷敬、王鸿绪，皆延万氏于其家，迄于康熙四十一年（1702）万氏卒于京师止。然则万氏之尽瘁史学，盖可知矣。万氏之史学，有极值称述者三。

一曰《明史》之创垂也：清初志修《明史》者，殆难枚举。若钱谦益，若戴名世，若吴炎、潘柽章，若参与明史馆之毛奇龄、朱彝尊、施闰章、汤斌、汪琬、尤侗、潘耒，皆其著者，而真能留有明三百年之历史者，必以万氏为第一人。以钱、戴、吴、潘四氏与万氏相比较，钱谦益娴于明代掌故，而无万氏之史德；戴名世有优美之史才，而不若万氏能尽去文人之习；吴炎、潘柽章史才、史识

---

① 《南雷文案》卷三《旌表节孝冯母郑太安人墓志铭》。
② 见李杲堂《历代史表序》。
③ 全祖望《鲒埼亭集》卷二十八《万贞文先生传》。
④ 全祖望《鲒埼亭集》卷二十八《万贞文先生传》。
⑤ 全祖望《鲒埼亭集》卷二十八《万贞文先生传》。又黄宗羲于《南雷诗历》卷二《送万季野贞一北上》诗云："管村彩笔挂晴霓，季野观书决海堤。"
⑥ 钱大昕《潜研堂文集》卷三十八《万先生斯同传》。

第五章　万斯同之史学

皆具，而博学不能望万氏之项背。万氏自束发未尝为时文，专意古学，博通诸史，尤熟于明代掌故。[1]少馆于某氏，其家有列朝实录，默识暗诵，未尝有一言一事之遗。长游四方，就故家长老求遗书，考问往事，旁及郡志、邑乘、杂家志传之文，靡不网罗参伍。[2]然则万氏之明代历史知识，可谓丰富无伦矣。万氏复自历史扩充范围，讲求经世之学，其所谓经世，非因时补救[3]，而为"尽取古今经国之大猷，而一一详究其始末，斟酌其确当，定为一代之规模，使今日坐而言者，他日可以作而行"[4]。此即彼所谓"儒者之实学"[5]。以视徒竭一生精力于古文，而为无益天地生民之空言者，相去固不可道里计。万氏写史，着意于"一代之制度，一朝之建置，名公卿之嘉谟嘉猷，与夫贤士大夫之所经营树立"[6]，此等识见，盖自其经世之实学而发源也。万氏又为黄宗羲高弟，受理学训练，认为"身心性命之学，犹饥渴之于饮食"[7]，其理学之造诣亦可知。其理学沛而及于史，则为能见历史之是非，表章气节，发明沉屈，其大端也。如于《书宋史王应麟传后》一文云："宋末东南遗老，莫贤于王厚斋、黄东发二公。宋社既移，二公并潜隐山泽，杜门著书，二十余年，至穷饿以没，其高风峻节，真足师表百世。乃宋史二公之传，于宋亡之后，绝不及其晚节一字。此何所忌而掩抑若是？即使详书于史，何病于蒙古？蒙古人见之，岂即加谴谪？乃史官无识，使后人不得见高节，

---

[1] 钱大昕《潜研堂文集》卷三十八《万先生斯同传》。又方苞于《万季野墓表》云："季野少异敏，自束发未尝为时文，故其学博通，而尤熟于有明一代之事。"（《方望溪先生文集》卷十二）
[2] 见刘坊《万季野先生行状》（载于《万斯同石园文集》前）。
[3] 《石园文集》卷七《与从子贞一书》。
[4] 《石园文集》卷七《与从子贞一书》。
[5] 《石园文集》卷七《与从子贞一书》。
[6] 《石园文集》卷七《与从子贞一书》之《寄范笔山书》。
[7] 《石园文集》卷七《与从子贞一书》。

真恨事也！"① 由此可见万氏史识之卓越也。博学而具有卓识，又熟于明代史事，然则谓清初能留有明三百年历史者，万氏为第一人，又宁为过哉！

犹有进者，万氏修《明史》之志节，尤值盛道。观其向好友刘坊吐其心声云：

> 涂山二百九十三年之得失，竟无成书，其君相之经营创建，与有司之所奉行，学士大夫之风尚源流，今日失考，后来者何所据乎？昔吾先世，四代死王事，今此非王事乎？祖不难以身殉，为其曾玄，乃不能尽心网罗，以备残略，死尚可以见吾先人地下乎？故自己未以来，迄今廿年间，隐忍史局，弃妻子兄弟不顾，诚欲有所冀也。②

刘坊自称为一"久放风尘"③之人物，所交四方知名士，不胜指数，独服膺万氏辨析不穷之闳论，数往候之。④万氏亦以隐忍史局之"未白之衷"⑤，坦诚相告。此为万氏献身修《明史》而终有大贡献之关键所系，亦万氏劲节之所在也。

万氏尝评诸家所写之明史云：

> 郑端简之《吾学编》，邓潜谷之《皇明书》，皆仿纪传之体，而事迹颇失之略。陈东管之《通纪》，雷古和之《大政纪》，皆

---

① 万斯同《群书疑辨》卷十一。
② 见刘坊《万季野先生行状》（载于《万斯同石园文集》前）。
③ 万斯同《群书疑辨》卷十一。
④ 万斯同《群书疑辨》卷十一。
⑤ 万斯同《群书疑辨》卷十一。

仿编年之体，而褒贬间失之诬。袁永之之《献实》，犹之《皇明书》也。李宏甫之《续藏书》，犹之《吾学编》也。沈国元之《从信录》，犹之通纪。薛方山之《献章录》，犹之《大政纪》也。其他若典汇、史料、史概、国榷、世法录、昭代、典则、名山藏、颂天、胪笔、同时尚论录之类，要皆可以参观，而不可以为典要。惟焦氏《献征录》一书，搜采最广，自大臣以至郡邑吏，莫不有传，虽妍媸备载，而识者自能别之。可备国史之采择者，惟此而已。①

其不满意如此，故奋然：

欲以国史为主，辅以诸家之书，删其繁而正其谬，补其略而缺其疑，一仿通鉴之体，以备一代之大观，故凡遇载籍之有关于明事者，未尝不涉览也，即稗官野史之有可以参见闻者，未尝不寓目也。②

其素志如此。③ 其赴京师修史，盖出于不得已。其告人曰："吾此行无他志，显亲扬名，非吾愿也。但愿纂成一代之史，可藉手以报先朝矣。"④ 且以群书有不能自致者，必资有力者以成之，欲竟其事然后归。⑤ 观其"隐忍史局"四字，令人敬其节而哀其志。⑥ 观其"弱

---
① 《石园文集》卷七《寄范笔山书》。
② 《石园文集》卷七《寄范笔山书》。
③ 《石园文集》卷七《寄范笔山书》。
④ 见杨无咎《万季野先生墓志铭》（载于《石园文集》前）。
⑤ 见方苞《万季野墓表》。
⑥ 刘坊于《万季野先生行状》中亦用"濡忍"二字。

妻病子，啼号破屋"①，而乃以布衣参史局，不署衔，不受俸，则令人感佩而唏嘘不已矣。其所任刊修之职，类似近代之总审核。诸纂修官以稿至，皆送至其处覆审，每审毕，辄谓侍者曰："取某书，某卷某叶有某事，当补入；取某书，某卷某叶某事当参校。"侍者如言而至，无爽者。②一时京师修史诸公，亦多从万氏折衷，万氏皆乐为之驳正。③"不居纂修之名，隐操总裁之柄"④，盖其实情，然则谓清初设史馆修《明史》，总其成者为万氏可也。同时人或谓万氏"撰《本纪》《列传》凡四百六十卷，惟诸志未就"⑤；或谓万氏"《明史列传》三百卷，存史馆中"⑥；或谓万氏"溘然先逝，《明史列传》甫脱稿，尚未订正"⑦；稍后之全祖望则云："《明史稿》五百卷，皆先生手定，虽其后不尽仍先生之旧，而要其底本，足以自为一书者也。"⑧所谓《明史稿》或《明史列传》，系万氏自撰之稿耶？抑为核定之稿耶？万氏尝病官修之史之杂乱矣，其言曰："官修之史，仓卒而成于众人，不暇择其材之宜与事之习，是犹招市人而与谋室中之事耳。"⑨其辞史局而就馆总裁所，"惟恐众人分操割裂，使一代治乱贤奸之迹，暗昧而不明"⑩。是则其欲倾全力核定诸纂修官分撰之稿也。观其与钱名世共同

---

① 郑梁《寒村诗文选》卷一《送万季野之京序》云："季野独萧然一布衣，弱妻病子，啼号破屋。"按郑梁为万斯同好友。
② 见全祖望《万贞文先生传》。
③ 《寒村诗文选》卷二《乐府新词序》云："己未之秋，昆山徐公以监修明史入朝，来邀季野与俱。……今年春，余试来京，见一时修史诸君，多从季野折衷，季野亦乐为之驳正。"
④ 见黄云眉《明史编纂考略》（金陵学报第一卷第二期，1932年11月）。
⑤ 方苞《万季野墓表》。
⑥ 刘坊《万季野先生行状》。
⑦ 温濬临《南疆绎史序例》。
⑧ 全祖望《万贞文先生传》。
⑨ 方苞《万季野墓表》。
⑩ 钱大昕《万先生斯同传》。

核稿时,"集书盈尺者四、五或八、九不止,与钱君商榷孰为是,孰为非,孰宜从,孰不宜从,孰可取一二,孰概不足取。商既定,钱君以文笔出之"①。"季野踞高足床上坐,钱则炕几前执笔,随问随答,如瓶泻水。钱据纸疾书,笔不停缀,十行并下,而其间受托请移斧钺,乘机损益点窜诸史官之传、纪,略无罅漏。史稿之成,虽经史官数十人之手,而万与钱实居之。噫!万以茕茕一老,系国史绝续之寄,洵非偶然。"②其考核之辛劳,后人可以想见。惟彼确曾自撰史稿,观其告方苞之言曰:"昔人于《宋史》已病其繁芜,而吾所述将倍焉。非不知简之为贵也,吾恐后之人务博而不知所裁,故先为之极,使知吾所取者有可损,而所不取者,必非其事与言之真,而不可益也。子诚欲以古文为事,则愿一意于斯,就吾所述,约以义法,而经纬其文。他日书成,记其后曰:此四明万氏所草创也。则吾死不恨矣。"③是万氏计划撰写之史稿,极为繁富,有别于核定之稿。

康熙四十一年万氏卒于京师,其所撰之史稿,尚未竣事,此史稿应为诸家所称之《明史稿》或《明史列传》,系万氏所手定者。所可慨者,万氏卒于明史馆总裁王鸿绪家中,旁无亲属,所携书数十万卷,为钱名世囊括而去,所著《明史稿》数百卷,落于王鸿绪之手。王氏获此巨宝,即攘为己有,每卷皆题"王鸿绪著",板心且印有"横云山人集"字样,自此费尽心血之万稿,瞬息之间,一变而

---

① 方苞《万季野墓表》。
② 杨椿《孟邻堂集》卷二《再上明鉴纲目馆总裁书》,此为杨椿所亲见者。
③ 阮葵生《茶余客话》卷九《万斯同修明史》,此亦为阮葵生所亲见者。

为王稿矣！[1]王稿于雍正元年（1723）进呈，宣付明史馆收藏，乾隆四年（1739）张廷玉进呈之《明史》，亦即现行之《明史》，即系就王稿而增损之。其《上明史表》云："臣等于时奉敕充总裁官，率同纂修诸臣开馆排缉，聚官私之纪载，核新旧之见闻，签帙虽多，牴牾互见。惟旧臣王鸿绪之史稿，经名人三十载之用心。进在彤闱，颁来秘阁，首尾略具，事实颇详。在昔《汉书》取裁于马迁，《唐书》起本于刘昫，苟是非之不谬，讵因袭之为嫌，爰即成编，用为初稿。"[2]刊定之《明史》，其基础建立在王稿之上可见，且承认王稿"经名人三十载之用心"。于是钱大昕于《万先生斯同传》明白揭示云："乾隆初，大学士张公廷玉等奉诏刊定《明史》，以王公鸿绪史稿为本而增损之。王氏稿大半出先生手也。"然则官修正史中最称精善之《明史》[3]，其最大之功臣，为万氏可知矣。

黄宗羲于康熙三十一年（1692）撰文云：

> 嗟乎！元之亡也，危素趋报恩寺，将入井中。僧大梓云："国史非公莫知，公死，是死国之史也。"素是以不死。后修《元史》，不闻素有一词之赞。及明之亡，朝之任史事者众矣，顾独

---

[1] 讨论王鸿绪攘窃万斯同《明史稿》之专文，其著者有黄云眉《明史编纂考略》（《金陵学报》第一卷第二期，1931年11月）、李晋华《明史纂修考》（《燕京学报》专号之三，1933年12月）、陈守实《明史稿考证》（《国学论丛》第一卷第一号）、张须《万季野与明史》（《东方杂志》第三十三卷第十四号，1935年3月31日该文写成），皆收入包遵彭主编之《明史编纂考》（学生书局，1968年）一书中。另论及万斯同史学者，计有杜维运《万季野之史学》（《中国学术史论集》，1956年10月）、曹光明《万季野的史学背景》（《书目季刊》第十五卷第三期，1981年12月）、《万季野的史学》（《国立编译馆馆刊》第十一卷第二期，1981年12月）、《万季野史学中的辨伪方法》（《国立编译馆馆刊》第十二卷第一期，1983年）。广参资料，辑为详尽年谱者，有陈训慈、方祖猷合编之《万斯同年谱》（香港中文大学出版社，1991年）。

[2] 附于现行《明史》后。

[3] 可参见赵翼《廿二史劄记》卷三十一"明史""明史立传多存大体"等条。

第五章　万斯同之史学

藉一草野之万季野以留之,不亦可慨也夫?!①

以黄氏关心《明史》之情怀,于万氏赴京修史十三年后,如此慨然言之,可见万氏一身系《明史》之存亡,已为当时朝野所共见。

梁启超于民国十二年(1923)倡言云:

季野为今本《明史》关系最深之人,学者类能知之。但吾以为《明史》长处,季野实居其功;《明史》短处,季野不任其咎。季野主要工作,在考证事实以求真是,对于当时史馆原稿,既随时纠正,复自撰《明史稿》五百卷,自言吾所取者或有可损,而所不取者必非其事与言之真而不可益,故明史叙事翔实,不能不谓季野贻谋之善。……《明史》能有相当价值,微季野之力,固不及此也。②

万氏卒后二百二十一年(万氏1720年卒),博通中西史学之梁氏如此立论,殆为不可移易之论。由此言之,万氏创垂《明史》之大功,可与天地并存矣。万氏《明史稿》,尚存留天壤间,与并存之王稿相比对,相信为一史学上之重要工作。③

二曰历代史表之补作也。刘知几云:"观太史公之创表也,于帝

---

① 《南雷文约》卷四《补历代史表序》。
② 梁启超《中国近三百年学术史》(中华书局,1923年),页273。
③ 万斯同《明史稿》留存于天壤间者,据诸名之说,约有:1.北京图书馆藏福建王仁堪所藏《万季野先生明史稿》三百十三卷(除去抄取《明史》三十卷,实存二百八十三卷)。2.北京图书馆藏四百十六卷《本明史》。3.朱希祖购置《康熙抄本万季野明史稿列传》一百七十九卷。4.拜经楼藏《明史列传稿》二百六十七卷。5.中州某君呈教育部《万季野明史稿原本》十二册。惟上列是否皆万稿,尚待考定。详见包遵彭主编之《明史编纂考》。

207

王则叙其子孙，于公侯则纪其年月，列行萦纡以相属，编字戢䎡而相排，虽燕越万里，而于径寸之内，犬牙相接，虽昭穆九代，而于方尺之中，雁行有叙。使读者阅之便睹，举目可详，此其所以为快也。"① 又云："表次在篇第，编诸卷轴，得之不为益，失之不为损。用使读者莫不先看本纪，越至世家，表在其间，缄而不视，语其无用，可胜道哉！"② 刘氏一人之言论，忽谓有表为快事，忽谓表为无用之物，此为有待商榷者。

夫表所以通纪传之穷，事微不著者，录而见之，表立而纪传之文可省。《史记》立十表，凡列侯、将相、三公、九卿，功名表著者，既为立传，此外大臣无功无过者传之不胜传，而又不容尽没，则于表载之。作史体裁，莫大于是。③ 所立《十二诸侯年表》《六国年表》，又年经国纬，史事骈列，一目了然，"揽万里于尺寸之内，罗百世于方册之间"④，表之妙用，于是无穷。《汉书》继其后，立八表，所立《百官公卿表》，尤为美善。自《后汉书》以后，三国、宋、齐、梁、陈、魏、齐、周、隋诸朝之史皆无表，《南史》《北史》亦无表。《新唐书》虽立宰相、方镇、宗室世系三表，至新旧《五代史》复无表矣。正史中泰半缺表，正为其阙失，表又岂有无用之失哉？！

万氏自弱冠时，即慨叹《后汉书》无表，于是取历代正史之未著表者，一一补之，凡六十余篇⑤，益以《明史表》十三篇⑥，于是正史之表完备。其细目如下：

---

① 《史通·杂说上》。
② 《史通·表历》。
③ 《廿二史劄记》卷一"各史例目异同"条。
④ 朱彝尊《历代史表序》。
⑤ 此书或称卷数，或称篇数，相当歧异，窃意以称篇数为宜。为六十篇抑或超出，难有定论。可参阅方祖猷《季野著作考》一文（载于陈、方合著之《万斯同年谱》后）。
⑥ 或作十三卷，张廷玉修定《明史》，采万氏此表以入。

东汉部分：

诸帝统系图

诸王世表

外戚侯表

云台功臣侯表

宦者侯表

将相大臣年表

九卿年表

三国部分：

汉季方镇年表

大事年表

魏国将相大臣年表

魏将相大臣年表

魏方镇年表

汉将相大臣年表

吴将相大臣年表

三国诸王世表

晋部分：

诸帝统系图

诸王世表

功臣世表

将相大臣年表

东晋将相大臣年表

方镇年表

东晋方镇年表

僭伪诸国世表

僭伪诸国年表

伪汉将相大臣年表

伪成将相大臣年表

伪赵将相大臣年表

伪燕将相大臣年表

伪秦将相大臣年表

伪后秦将相大臣年表

伪后燕将相大臣年表

伪南燕将相大臣年表

宋部分：

诸王世表

将相大臣年表

方镇年表

齐部分：

诸王世表

将相大臣年表

方镇年表

梁部分：

诸王世表

将相大臣年表

陈部分：

诸王世表

将相大臣年表

魏部分：

诸帝统系图

诸王世表

异姓诸王世表

外戚诸王世表

将相大臣年表

西魏将相大臣年表

东魏将相大臣年表

北齐部分：

诸王世表

异姓诸王世表

将相大臣年表

周部分：

诸王世表

公卿年表

隋部分：

诸王世表

大臣年表

五代部分：

诸王世表

将相大臣年表

诸国世表

诸国年表

诸镇年表

吴将相大臣年表

南唐将相大臣年表

南汉将相大臣年表

蜀将相大臣年表

后蜀将相大臣年表

北汉将相大臣年表[①]

自此观之,可谓洋洋大观矣。所以不惮繁琐,举其细目,欲以藉见万氏补正史之大功,誉之为"不朽之盛事"[②],不为溢美。而读者于数千百年之后,逆溯数千百年以前,若列眉,若指掌,其弥足珍贵,可胜道哉!

万氏长于作表,世有定论。其《儒林宗派》《历代纪元汇考》诸书,皆表之形式也。而表之作,非"其用心也勤,其考稽也博"[③],不克奏功。万氏生千载而后,惟从故籍中精览详稽,心通本末,定其世次岁月,亦事之极难而益其史学之为不可及也。

三曰考辨学之精湛也:亦可谓之为考据学,用之于万氏,则以考辨学为宜。万氏尝作《群书疑辨》一书矣。其《辨洪武实录》云:

高皇帝以神圣开基,其功烈固卓绝千古矣。乃天下既定之后,其杀戮之惨,一何甚也?当时功臣百职,鲜得保其首领者。迨不为君用之法行,而士子畏仕途,甚于穿坎。盖自暴秦以后,所绝无而仅有者。此非人之所敢谤,亦非人之所能掩也。乃我观《洪武实录》,则此事一无所见焉。纵曰为国讳恶,顾得为信史乎?至于三十年间,荩臣硕士,岂无嘉谟嘉猷,足以垂之万祀者?乃一无所记载,而其他琐屑之事,如千百夫长之祭文,

---

[①] 此据开明书店出版之《廿五史补编》所列者。
[②] 黄宗羲《历代史表序》。
[③] 朱彝尊《历代史表序》。

番僧土酋之方物，反累累不绝焉。是何暗于大而明于小，详于细而略于巨也？洪武之史凡三修，其一在建文之世，其一在于永乐之初，此则永乐中年湖广杨荣、金幼孜所定也。吾意前此二书，必有可观，而惜乎不及见也。若此书者，疏漏已甚，何足征新朝之事实哉？君子即不观可也。①

尊重信史，不为明太祖讳恶，此万氏考辨学精华之所寄也。

其《读杨文忠传》云：

文忠之相业，其大者在定江彬之乱，而登极一诏，尤有功于帝室，使数十年之积弊，一旦尽去，己受其怨，而贻国家无穷之利，上不使新主蒙寡恩之讥，下使天下有更生之乐，即此一诏，其相业之俊伟，已逾于前后数公。迨新天子登极，不必有所更张，而天下之规模，已焕然为之丕变。呜呼！何其烈也！当是时，正人君子，布列朝端，百司众职，莫不得人，天下之士，皆欲有所发舒，以赴功名之会。一时望治者，无不以为太平可俟矣。使从此君臣相得，信任老臣，何难致一代之盛治哉！自史道发难，而庙堂之衅隙始萌。曹嘉继起，而水火之情形益著。至大礼议定，天子之大臣元老，直如寇仇，于是诏书每下，必怀愤疾，戾气填胸，怨言溢口，而新进好事之徒，复以乖戾之性佐之，君臣上下，莫非乖戾之气，故不数十年，遂致南北大乱，生民涂炭，流血成渠。盖怨气之所感，不召而自至也。由是观之，和气致祥，乖气致戾，岂不谅哉！故愚常以大礼之

---

① 《群书疑辨》卷十二。

议，非但嘉靖一朝升降之会，实有明一代升降之会也。①

由杨文忠一人之相业，论及有明一代升降之会，此万氏考辨学之兼能解释历史也。

以当时人之记载为据，以当事人之目睹为据，为万氏考辨学之标准。其辨周正云："学者生二千载之后，遥断二千载以上之事，自当以传记为据。传记多异词，更当以出于本朝者为据。周正之改月改时，一断以周人之言而自定。……夫以周之人，述周之事，岂有谬误？"②其《跋汉魏石经》云：

按《后汉书·儒林传》及《洛阳伽蓝记》，并言汉立三字石经。《晋书·卫恒传》《后魏书·江式传》及郦道元《水经注》，其言《魏石经》亦然。是两朝石刻，皆用古文篆隶三体，无可疑矣。乃隋唐《经籍志》、黄伯思《东观余论》、董逌《广川书》，谓汉用三体，魏止一体。赵明诚《金石录》、洪适隶《释》，则谓魏用三体，汉止一体，而诋《后汉书》为误。两说矛盾如此，将安适从？愚谓《儒林传》所言必不诬，即杨衒之、卫恒、江式、郦道元，皆得之目睹，岂有舛谬？……夫生数百年之后，遥度数百年以前之事，终不若目睹者之真。卫、江诸公，皆出于目睹，惟宋以后文人，未见真刻，但考索于残碑拓本，曰："此汉也，此魏也。"不得其实，而以意度之，故有此纷纭之论。……然则后人之疑汉魏，岂若前人目睹之可据哉！③

---

① 《群书疑辨》卷十二。
② 《群书疑辨》卷五《周正辨一》。
③ 《群书疑辨》卷八《跋汉魏石经二》。

聚群书而考其异同,断之以事理,为万氏考辨学之结论所从出。①其《辨昆仑》云：

> 古之论河源者,皆谓出于昆仑,而传记所载,不一其地。古人亦未有定论。或不谙道里之远近,而纫为一说；或就其耳目之闻见,而倡为异词。总由山川不能自名,又越在穷荒绝域,无地志可凭,里人可质,且语言不通,称名亦异,以故历数千百年,而终不得其实也。吾为博考古书,其言昆仑者,约有十余家。……昔人之论昆仑者,不考诸书之异同,而并为一说,致东西背驰,南北瞀乱,说愈多而愈不明。余故尽集诸书之言昆仑河源者为一编,而辨其异同。②

其《辨石鼓文》云：

> 《石鼓诗》十章,世言周宣王所刻。然历千数百年,至唐初始出,则人不能无疑。欧阳公《集古录》设为三疑,允称卓识。而后人反排之。马定国直指为西魏所建,尤为有据。众以其曾仕刘豫也,排之益力。然元刘仁本、明焦竑仍犯众议而驳之,岂好为立异哉！若杨慎笃好此文,亦以其书类小篆,疑出于秦。近世顾炎武独以诗词浅近,不类二雅,而斥之为伪。信哉斯言,石鼓自是有定论矣。或者曰:"诸家论此鼓者,皆谓宣王中兴,大会诸侯,搜于岐阳而讲武,故从臣作诗,而其书则史籀大篆也。自唐迄明,称之者无虑百十家,岂可以五六人之说,而废

---

① 万氏考辨之结论,或有可议,其理论则正确。
② 《群书疑辨》卷十《昆仑辨》。

百十家之论乎？"曰："事而真，即一二人亦足信。果非真，即百十人亦可疑。此论真伪，不论众寡也。诸家称宣王本无据，不过以'我车既攻，我马既同'数语类《小雅·车攻》之诗，故指之为宣王尔。吾正以袭用《小雅》，疑其为伪，而人顾信为真乎？夫宣王中兴，既已令诸侯，讲武事矣，何故复有此举？既有《车攻》《吉日》诸篇，被之管弦，藏之太史矣，何故复作此诗？且周之诸侯，悉在丰镐之东，将行朝令，当在东都，不当在岐阳。昔周公以洛邑居天下之中，特营东都为朝会诸侯之所，宁有舍此不会，而远会于岐阳，此事理之必无者。诸儒但美书法之美，全不顾事理之有无，真无识之至也。"①

史之难为，为万氏所深晓，其告方苞云：

史之难为久矣，非事信而言文，其传不显。李翱、曾巩所讥，魏晋以后，贤奸事迹，并暗昧而不明，由无迁固之文故也。而在今则事之信尤难。盖俗之偷久矣，好恶由心，而毁誉随之。一室之事，言者三人，而其传各异矣。况数百年之久乎？故言语可曲附而成，事迹可凿空而构，其传而播之者，未必皆直道之行也；其闻而书之者，未必有裁别之识也。非论其世，知其人，而具见其表里，则吾以为信，而人受其枉者多矣。②

网罗参伍所有资料，而以"直载其事与言，而无可增饰"之实录为指归，为万氏写史之方法，亦为万氏考辨学之最高发挥。其

---

① 《群书疑辨》卷八《石鼓文辨》。
② 《方望溪先生文集》卷十二《万季野墓表》。

第五章　万斯同之史学

言曰：

> 吾少馆于某氏，其家有列朝实录，吾默识暗诵，未敢有一言一事之遗也。长游四方，就故家长老求遗书，考问往事，旁及郡志、邑乘、杂家志传之文，靡不网罗参伍，而要以实录为指归。盖实录者，直载其事与言，而无可增饰者也。因其世以考其事，核其言，而平心以察之，则其人之本末，可八九得矣。然言之发或有所由，事之端或有所起，而其流或有所激，则非他书不能具也。凡实录之难详者，吾以他书证之；他书之诬且滥者，吾以所得于实录者裁之，虽不敢具谓可信，而是非之枉于人者盖鲜矣。[①]

万氏以毕生之力修《明史》，其所用之方法如此，《明史》之精审，关键亦在此。然则万氏之考辨学，又岂为考辨而考辨哉？又岂若乾嘉考据学之为考据而考据哉？

万氏生值国变，醉心经世之实学，往往驰书友人，畅言其意，其《与从子贞一书》，所言尤恺切：

> 今天下生民何如哉？历观载籍以来，未有若是其憔悴者也。使有为圣贤之学，而抱万物一体之怀者，岂能一日而安居于此？夫天心之仁爱久矣，奚至于今而独不然？良由今之儒者，皆为自私之学，而无克当天心者耳。吾窃不自揆，常欲讲求经世之学。……吾之所为经世者，非因时补救，如今所谓经济云尔也。

[①] 《方望溪先生文集》卷十二《万季野墓表》。

将尽取古今经国之大猷,而一一详究其始末,斟酌其确当,定为一代之规模,使今日坐而言者,他日可以作而行耳。……吾窃怪今之学者,其下者既溺志于诗文,而不知经济为何事;其稍知振拔者,则以古文为极轨,而未尝以天下为念;其为圣贤之学者,又往往疏于经世,且以为粗迹,而不欲为于是,学术与经济,遂判然分为两途,而天下始无真儒矣,而天下始无善治矣!呜呼!岂知救时济世,固孔孟之家法,而己饥己溺,若纳沟中,固圣贤学问之本领也哉!……吾非敢自谓能此者,将以吾子之志,可与语此,故不惮天下之讥,而为是言,愿暂辍古文之学,而专意从事于此,使古今之典章法制,烂然于胸中,而经纬条贯,实可建万世之长策,他日用则为帝王师,不用则著书名山,为后世法,始为儒者之实学,而吾亦俯仰于天地之间而无愧矣。①

其所谓"尽取古今经国之大猷,而一一详究其始末,斟酌其确当,定为一代之规模,使今日坐而言者,他日可以作而行",与黄宗羲之作《明夷待访录》,顾炎武之《撰日知录》,意在"拨乱涤污,法古用夏,启多闻于来学,待一治于后王"②者,所到达之境界,盖无二致。此其经世实学之弥足珍贵者,隐忍史局,耗悠久岁月于修纂《明史》,冀存有明三百年废兴成败之迹,是其经世实学以另一面貌之表现也。由此而其纯学术性之考辨学出,由此而其纯学术性之历代史表编成,经世与学术并辔,万氏诚不可及矣。

---

① 《石园文集》卷七《与从子贞一书》。
② 《亭林文集》卷六《与杨雪臣》。

第六章　戴名世之史学

戴名世字田有，一字褐夫，安徽桐城人，生于清顺治十年（1653），卒于康熙五十二年（1713），年六十一。

戴氏著《南山集》，多采录方孝标《滇黔纪闻》。又致余生书，称明季三王年号，如宋末之二王，为撰史者所不可废，以此为左都御史赵申乔所纠，因以论死。

戴氏之以文字而罹奇祸也，中国自此而一部可读之史，不传于后。戴氏为古文大家，为人人所能知，清代桐城派古文，实以戴氏为嚆矢焉。然戴氏酷嗜史学，自幼发周秦汉以来诸家之史，俯仰凭吊，好论其成败得失（《南山集》卷三《自订时文全集序》）。尤留心明朝文献，倾数十年之力，搜求遗编，讨论掌故，尝欲以独力撰明史，自谓"胸中觉有百卷书，怪怪奇奇，滔滔汩汩，欲触喉而出"（同上卷五《与刘大山书》）。又欲"入名山中，洗涤心神，餐吸沆瀣，息虑屏气，久之乃敢发凡起例，次第命笔"（见同上）。熟于明代掌故之万斯同、刘献廷、蔡瞻岷皆与之相交（数人曾相约潜隐旧京而不果）。然以中年饥饿潦倒，日奔走四方以求衣食，晚获一第（康熙四十八年戴氏中进士），卒以史事罹大僇，其史遂一字未成，可哀也！虽然，戴氏史家之风采，依然毕现焉。

自史才言之，清初史家罕有能望及戴氏者。其所遗《孑遗录》一篇（《南山集》卷十四），以桐城一邑被贼始末为骨干，而晚明流寇全部形势乃至明之所以亡者具见焉，而又未尝离桐城而有枝溢之辞。其《杨刘二王合传》（同上卷八），以杨畏知、刘廷杰、王运开、运宏四人为骨干，寥寥二千余言，而晚明四川云南形势，若指诸掌。其《左忠毅公传》（同上卷七），以左光斗为骨干，而明末党祸来历及其所生影响与夫全案重要关系人面目皆具见。他如《宏光朝伪东宫伪后及党祸纪略》《崇祯癸未榆林城守纪略》《崇祯甲申保定城守纪略》《宏光乙酉扬州城守纪略》（皆见《南山集补遗》），皆为绝佳之史家之笔。盖戴氏之于文章有天才，善于组织，最能驾驭资料而镕冶之，有浓挚之情感而寄之于所记之事，且蕴且泄，恰如其分，使读者移情而不自知。

其自述写列传之法云："史家之法，其为一人列传，则其人须眉謦欬如生；及其又为一人列传，其须眉謦欬又别矣。苏子瞻论传神之法曰，凡人意思各有所在，颊上添三毫者，其人意思，盖在颧颊间也。"（《南山集补遗》下《丁丑房书序》）又描绘百世之人云："世有一世之人，有百世之人。所谓百世之人者，生于百世之后，而置身在百世之前。唐虞之揖让于廷，而君臣咨警，吾目见其事，而耳闻其声也。南朝牧野之战，吾亲在师中，而面聆其誓诰也。吾又登孔子之堂，承其耳提而面命，而与七十子上下其论也。吾又入左氏太史公之室，见其州次部居，发凡起例，含毫而属思也。以至后世争战之祸，贤君相之经营，与夫乱贼小人之情状，无不历历乎在吾之目。是则吾生于今，而不啻生于古，自尧舜至今，凡三千年，而吾之身已三千余年而存矣。"（《南山集》卷二《杜溪稿序》）

又论作史者之必立规制也："譬如大匠之为巨室也，必先定其规

第六章 戴名世之史学

模,向背之已得其宜,左右之已审其势,堂庑之已正其基,于是入山林之中,纵观熟视,某木可材也,某木可柱也,某木可栋也榱也,某石可础也阶也,乃集诸工人,斧斤互施,绳墨并用,一指挥顾盼之间,而已成千门万户之巨观。良将之用众也,纪律必严,赏罚必信,号令必一,进止必齐,首尾必应,运用之妙,成乎一心,变化之机,莫可窥测,乃可以将百万之众,而条理不紊,臂指可使,兵虽多而愈整,法虽奇而实正。而吾窃怪夫后世之为史者,规制之不立,法律之茫然,举步促缩,触事觥觫,是亦犹之寻丈之木,尺寸之石,而不知所位置,五人十人之聚,而驾驭乖方,喧哗扰乱而不可禁止,又安望其为巨室,而用大众乎哉!"(同上卷一《史论》)能如此进入历史之中,能如此有计划之运用资料,其富史才,而能写出内容生动,组织完密之史,殆毋庸置疑矣。

自史识言之,戴氏为有孤怀宏识之史家,自其《与余生书》观之:"昔者宋之亡也,区区海岛一隅,仅如弹丸黑子,不逾时而又已灭亡,而史犹得以备书其事。今以弘光之帝南京,隆武之帝闽越,永历之帝西粤、帝滇黔,地方数千里,首尾十七八年,揆以春秋之义,岂遽不如昭烈之在蜀,帝昺之在崖州?而其事渐以灭没。近日方宽文字之禁,而天下之所以避忌讳者万端。其或菰芦山泽之间,有厪厪志其梗概,所谓存什一于千百,而其书未出,又无好事者为之掇拾,流传不久,而已荡为清风,化为冷灰。至于老将退卒,故家旧臣,遗民父老,相继渐尽,而文献无征,凋残零落,使一时成败得失,与夫孤忠效死,乱贼误国,流离播迁之情状,无以示于后世,岂不可叹也哉!"

"终明之末,三百年无史,金匮石室之藏,恐终沦散放失,而世所流布诸书,缺略不详,毁誉失实。嗟乎!世无子长孟坚,不可聊且命笔,鄙人无状,窃有志焉。而书籍无从广购,又困于饥寒,衣食日不暇给,惧此事终已废弃。是则有明全盛之书,且不得见其成,而又何况于夜郎、筇筰、昆明、洱海奔走流亡区区之轶事乎?"(《南山集》卷五)感慨于晚明史事之灭没,感慨于有明全盛之书不得见其成,而思有以存之,刀锯鼎镬之诛,若有所弗睹,此史家之孤怀宏识也。识不足以发潜德之幽光,而怀安偷生,屈于权势,史家之孤怀云乎哉?史家之宏识云乎哉?戴氏于所作朱铭德传后赞曰:"朱先生身为遗民,而能免于刑戮,要不失为中庸之道。迹其哭祭旧君,终身哀毁,其志岂不可悲哉!呜呼!自明之亡,江浙闽广间深山大泽,如先生辈者亦不少,而湮没无闻于世者多矣。安得各郡县如姜君者若而人,为之遍加搜访(戴氏作《朱铭德传》,资料得之于吴门姜邵湘),而尽使得见之于吾文也哉?"(同上卷八)

戴氏所作之《碑铭传记》,几皆为发明沉屈,表章幽隐而奋笔者也。且不特止于此也,戴氏论史之性质曰:"昔者圣人何为而作史乎?夫史者所以纪政治典章因革损益之故,与夫事之成败得失,人之邪正,用以彰善瘅恶,而为法戒于万世。是故圣人之经纶天下,而不患其或敝者,惟有史以维之也。"(同上卷一《史论》)是故力主"作史者必取一代之政治典章因革损益之故,与夫事之成败得失,人之邪正,一一了然洞然于胸中,而后执笔捺简,发凡起例,定为一书,乃能使后之读之者,如生于其时,如即乎其人,而可以为法戒"(见同上)。此种以史为万世法戒之观点,为戴氏之特识,与其"学以明道也,道以持世也"(同上卷二《困学集自序》)。"学莫大于辩道术之邪正,明先王大经大法,述往事,思来者,用以正人心而维持名教也。"(同上卷三《蔡瞻岷文集序》)种种论调相呼应。然则戴氏有其特殊之史识,而其浓厚之经世思想,亦深寓其中矣。

第六章 戴名世之史学

戴氏之史才史识，一时无两，其于史事，考据必较逊，而细稽之亦不然。其《史论》一文，言史事之难以征信与夫考据史事之方法，极为精辟。如言史事之难以征信云："今夫一家之中，多不过数十人，少或十余人，吾目见其人，吾耳闻其言，然而妇子之诟谇，其衅之所由生，或不得其情也。王伯亚旅之勤惰，或未悉其状也。推而至于一邑一国之大，其人又众矣，其事愈纷杂而不可诘矣，虽有明允之吏，听断审谳，犹或有眩于辞，牵于众，而穷于不及照者。况以数十百年之后，追论前人之遗迹，其事非出吾之所亲为记，譬如听讼，而两造未列，只就行道之人，旁观之口，参差不齐之言，爱憎纷纭之论，而据之以定其是非曲直，岂能以有当乎？夫与吾并时而生者，吾誉之而失其实，必有据其实而正之者；吾毁之而失其实，其人必与吾争辩，而不吾听也。若乃从数十百年之后，而追前人之遗迹，毁之惟吾，誉之惟吾，其人不能起九原而自明也。孟子曰：'尽信书则不如无书。'吾于诸家之史亦云。"

言考据史事之方法则云："夫史之所藉以作者有二：曰国史也，曰野史也。国史者出于载笔之臣，或铺张之太过，或隐讳而不详，其于群臣之功罪贤否，始终本末，颇多有不尽，势不得不博征之于野史。而野史者或多徇其好恶，逞其私见，即或其中无他，而往往有伤于辞之不达，听之不聪，传之不审。一事而纪载不同，一人而褒贬各别。呜呼！所见异辞，所闻异辞，吾将安所取正哉？书曰：'三人占则从二人之言。'吾以为二人而正也，则吾从二人之言；二人而不正也，则吾仍从一人之言。即其人皆正也，而其言亦未可尽从。夫亦惟论其世而已矣。一事也，必有一事之终始，一人也，必有一人之本末。综其终始，核其本末，旁参互证，而固可以得其十八九矣。子曰：'众好之，必察焉；众恶之，必察焉。'察之而有可

223

好，亦未必遂无可恶者。察之而有可恶，亦未必遂无可好者。众不可矫也，亦不可徇也。设其身以处其地，揣其情以度其变，此论世之说也。吾既论其人之世，又谙作野史者之世，彼其人何人乎？贤乎否乎？其论是乎非乎？其为局中者乎？其为局外者乎？其为得之亲见者乎？其为得之遜听者乎？其为有所为而为之者乎？其为无所为而为之者乎？观其所论列之意，察其所予夺之故，证之他书，参之国史，虚其心以求之，平其情而论之，而其中有可从有不可从，又已得其十八九矣。"

由以上观之，可知戴氏不轻信史事，其所提出考据史事之方法，即章学诚言之亦未有如此警辟细致，且与近代西方史家向全世界所炫耀之新史学方法，极为吻合。然则孰谓戴氏不精于史家考据之本领乎？戴氏尝自谓"好言史法"矣（见《南山集》卷三《方灵皋稿序》，其言云"余平居好言史法"）。自其《与余生书》，亦可见其考据史事之方法及其勤慎之态度。其书首段及末段云："余生足下：前日浮屠犁支自言永历中宦者，为足下道滇黔间事。余闻之，载笔往问焉。余至而犁支已去。因教足下为我书其语来，去年冬乃得读之，稍稍识其大略。而吾乡方学士有《滇黔纪闻》一编，余六七年前尝见之。及是而余购得是书，取犁支所言考之，以证其同异。盖两人之言，各有详有略，而亦不无大相悬殊者。传闻之间，必有讹焉。然而学士考据颇为确核，而犁支又得于耳目之所睹记，二者将何取信哉？……足下知犁支所在，能召之来与余面论其事，则不胜幸甚。"是戴氏亦富有近代史家之科学精神，为极彰明较著者矣。

抑吾治戴氏之史学，而尤有所慨叹者，顾祖禹氏写《读史方舆纪要》，俯仰古今，网罗旧典，而家境奇贫，"子号于前，妇叹于室"。其自记有云："含饥草传秋窗永，隐隐空山有哭声。"读之令人不觉涕泗之无从也！戴氏空负旷世史学，一生为饥寒所迫，幼年其父"坎坷无一遇，米盐常缺，家人儿女，依依啼号"（《南山集》卷九《先君序略》）。中年以后，日为生活奔波，而史学之大业遂废，"他日人见有草衣芒鞋，拾橡煨芋，而老于此间（指雁荡山）者，必余也夫？必余也夫？"（同上卷十一《雁荡记》）其万念歇绝，而怀遁世之思，又岂无故而然哉？！晚年一第，授翰林编修，而史祸亦起。孰谓天之欲存史学哉？！孰谓天之欲报施善人哉？！

第七章　吴炎、潘柽章之史学与风节

　　吴炎，字赤溟；潘柽章，字力田，俱江苏吴江人，明诸生，国变时年尚未及二十，矢志以私人之力著明史。康熙二年（1663），湖州庄廷鑨史狱起，牵累七十余人，二人皆与难。时潘氏年三十六，吴氏年三十八。

　　吴潘二氏皆高才，明亡以后，弃其诸生，以诗文自豪。既而曰："此不足传也，当成一代史书，以继迁、固之后。"于是购得明实录，复旁搜人家所藏文集奏疏，怀纸吮笔，早夜矻矻，其所手书，盈床满箧。昆山顾炎武亟与之交，以所居相近，每出入，未尝不相过。又以所蓄史料之书千余卷相借。及被逮鞫讯，吴氏慷慨大骂，官不能堪，至拳踢仆地。潘氏以有母故，不骂亦不辨。顾炎武于《汾州祭吴炎、潘柽章二节士》诗云"一代文章亡左马，千秋仁义在吴潘"，盖非溢美。顾氏复于《赠潘节士柽章》诗云："北京一崩沦，国史遂中绝，二十有四年，记注亦残缺。中更夷与贼，出入互轇轕，亡城与破军，纷错难具说。三案多是非，反复同一辙，始终为门户，竟与国俱灭。我欲问计吏，朝会非王都；我欲登兰台，秘书入东虞。文武道未亡，臣子不敢诬。窜身云梦中，幸与国典俱。有志述三朝，并及海宇图。一书未及成，触此忧患途。同方有潘子，自小耽文史，荦然持巨笔，直溯明兴始。谓惟司马迁，作书有条理，自余数十家，充栋徒为尔。上下三百年，粲然得纲纪。"其推崇可谓备至。自二氏遇难，其合著之明史与顾氏相借之书，遂尽付一炬。（以上主要参见《亭林文集》卷五《书吴潘二子事》，《亭林诗集》卷二《赠潘节士柽章》、卷四《汾州祭吴炎潘柽章二节士》。）

吴潘二氏之草创《明史》也，"先作长编，聚一代之书而分划之，或以事类，或以人类，条分件系，汇群言而骈列之，异同自出，参伍钩稽，归于至当，然后笔之于书"（潘耒遂《初堂文集》卷七《松陵文献序》）。其撰述方法，盖踵法司马温公，而著作指要，则取法子长，班范以下，皆署之衙官，降为皂隶。此可于钱谦益复吴氏之书见之，其书云："手书见存，郑重累纸，忾然以不朽大业，下询陈人，则仆人之欣固逾涯，而愧乃滋甚矣。既而深惟，所未敢承命者有二：伏读来札，著作指要，取法子长，班范以下，世降文靡，皆将署之衙官，降为皂隶。以卑近之学，挟中下之材，每自分古人笔格，不能窥其储胥。惟是远摹三国，近仿五代，画地守株，或可殆庶。今将与之抗论千古，高视九流，譬诸承蜩尺蠖，进舍在一步之间，试语以腾空高举，有不掉眩目自失者乎？所未敢承命一也。仆尝谓古人成书，必有因藉，龙门旁取世本，涑水先纂长编，此作史之家之高曾规矩也。往所采辑，名曰事略，盖用宋人李焘、元人苏天爵之体例，草创编摹，以俟后之作者。此书具在，识小攸存，无裨汗青，有同荟蕞，而况劫火洞然，腹笥如洗，挟面墙一隅之见，应武库八面之求，籍谈之数典，何以无讥？裨谌之谋野，敢云则获？所未敢承命二也。"（有《学集补遗》卷下《复吴江吴赤溟书》）吴氏致钱氏之书，今已不可得而见，然自钱氏之复书，可知其著作之指要，直上法司马子长，班范以下所不屑一顾也；亦可知其仰慕钱氏

227

在明史上之造诣，欲与之从容讨论，欲自其处获得若干有关之资料也。钱氏自绛云一炬，灰心空门，致未应其命，然信末仍云："三十余年，留心史事，于古人之记事记言，发凡起例者，或可少窥其涯略。近代专门名家，如海盐太仓者，亦既能拾遗斜缪，而指陈其得失矣。倘得布席函丈，明灯促席，相与讨论扬榷，下上其议论，安知无一言片辞，可以订史乘之疑误，补掌故之缺略者？柳子称太史公书，征于苏建夏无且及画工。仆得如柳子之云，缀名末简，为正史之侍医画工，岂不有厚幸乎？言及于此，胸臆奕奕然，牙颊痒痒然，又惟恐会晤之不早，申写之不尽也。门下能无辗然而一笑乎？所征书籍，可考者仅十之一二，残编啮翰，间出于焦烂之余，他日当悉索以佐网罗，不敢爱也。老病迂诞，放言裁复，并传示力田兄，共一捧腹。"学术讨论之雅事，以及吴潘二氏写明史多方面搜集资料之情况，皆跃然于纸上矣。

吴潘二氏纳交，盖在明崇祯十四、五年之间（1641—1642）。吴氏于《潘子今乐府序》云："余与潘子生同邑，幼同志，长同业，又同隐也。予长潘子二龄，方己卯、庚辰间，余从家叔父南村先生游，舍笠泽王氏，而潘子亦从其先尊人贞靖先生，舍康庄吴氏，相距二里许。诸往来二氏者，向潘子称余，亦向余称潘子，余于是始耳潘子。距三年而余稍稍挟中书君，与时贤从事，而潘子亦来，余于是始目潘子。当是时，予已薄制举业，谓非吾曹用武地。及与潘子谭，辄仆欧苏，儿韩柳，弟班扬，兄左史，犄蒙庄而夺之席，于是乃相视而笑，莫逆于心，自以潘子类我，潘子亦以余为类潘子，即识余与潘子者，谓无弗类也。用是卒与世相枘凿，无所概见。又三年而陵谷变。"（吴潘二氏《今乐府》二卷，系稿本，收入罗振玉编《殷礼在斯堂丛书》）己卯、庚辰为明崇祯十二年、十三年，三年后为崇

第七章　吴炎、潘柽章之史学与风节

祯十四年、十五年,又三年而陵谷变,已至甲申之难矣。其纳交之初,系以诗文相尚。

其以史学相砥砺,而合著《明史》,以勒成一代之书,约在明亡后五年。"又三年而陵谷变……又五年而余遂舍莺湖上。莺湖,潘子故所家也,虽退耕韭溪别业,顾时时归省其母夫人,辄过余。潘子或四五日不至,予辄命棹过潘子。一日酒酣……潘子曰:'明兴三百年间,圣君贤辅王侯外戚忠臣义士名将循吏孝子节妇儒林文苑之伦,天官郊祀礼乐制度兵刑律历之属,粲然与三代比隆,而学士大夫,上不能为太史公,叙述论列,勒成一书;次不能唐山夫人者流,被之声韵,鼓吹风雅。今予两人故在,且幸未老,不此之任,将以谁俟乎?'因相与定为目,凡得纪十八,书十二,表十,世家四十,列传二百,为《明史记》。而又相与疏轶事,及赫赫耳目前,足感慨后人者,各得数十事,潘子为题,予为解,予为题,潘子为解,损之又损,以至于百,为《今乐府》,而铙歌骑吹雅颂不在焉。"(见同上)

是吴潘二氏合著《明史》,殆始于清顺治五年(1648),其拟定之目为本纪十八,书十二,表十,世家四十,列传二百,其所命之名为《明史记》。复相与疏逸事,及赫赫耳目前,足感慨后人者百事,为《今乐府》,盖以史托之于诗。《今乐府》先成,今传于世。《今乐府》"成后半岁,而得纪十,书五,表十,世家三十,列传六十有奇,盖史事已过半矣"(见同上)。《今乐府》写成于顺治十一年,(吴氏于《潘子今乐府序》云:"巳之冬成十三,午之春成十七,三阅月而余百章悉成,后三日潘子亦悉成。"巳为癸巳,顺治十年,午为甲午,顺治十一年。)此时二氏之《明史记》,写成逾半(其中十表,系出于王寅旭之手,此据吴氏《潘子今乐府序》所言),又十年史狱起,

229

尚未脱稿（此据顾炎武《亭林文集》卷五《书吴潘二子事》），而二氏同磔于杭州之弼教坊。然则吴氏所谓"忆始交潘子，迄今十五年，家国之倾荡，亲故之存没，踪迹之聚散，岁月之迁流，悲从中来，不可断绝，而予与潘子幸无恙"（《潘子今乐府序》），其然岂其然哉！

吴氏别无著书，潘氏著书尚存者有《国史考异》《松陵文献》两种。《松陵文献》为一邑之书，潘氏凡阅前代之史，明朝之实录，天下之志乘，古今人之文集，有一字涉于松陵者，即钩摘疏记，积累成编。献以纪先贤之事迹，文以录邑人之诗文。文辞简质，不事浮华，无溢美，无支辞。读者服其精博，谓史才略见焉（见《遂初堂文集》卷七《松陵文献序》《乌青文献序》）。《国史考异》三十卷，以遭焚烧，仅余六卷。潘耒述其兄之撰写《考异》云："明有天下三百年，而史无成书。奋笔编纂，凡十数家，浅陋芜杂者固不足道，即号称淹雅，俨有体裁者，徐而按之，亦多疏漏舛错，不得事情。良以列朝实录，秘藏天府，士大夫罕得见，而野史家乘，淆乱纷糅，惟凭一说，鲜不失真也。亡兄力田，以著作之才，盛年隐居，潜心史事，与吴赤溟先生搜讨论撰，十就六七。亡兄尤博极群书，长于考订，谓著书之法，莫善于司马温公，其为《通鉴》也，先成长编，别著考异，故少牴牾。李仁甫仿其体为《九朝长编》，虽无考异之名，而事迹参差者，备载于分注。盖必如是而后为良史。于是博访有明一代之书，以实录为纲领，若志乘，若文集，若墓铭家传，凡有关史事者，一切钞撮荟萃，以类相从，稽其异同，核其虚实。积十余年，数易手稿，而成《国史考异》一书，盛为通人所称许。专言国史者，野史家史不可胜驳，惟实录有疏略与曲笔，不容不正，参之以记载，揆之以情理，钩稽以穷其隐，画一以求其当，去取出入，皆有明征，不徇单辞，不逞臆见，信以传信，疑以传疑，全史之良，

略见于此矣。"(《遂初堂文集》卷六《国史考异序》)

以《国史考异》与王世贞之《二史考》、钱谦益之《太祖实录辨证》相比较，实有过之而无不及。王氏仅发其端，未及博考。钱氏止成洪武一朝，而余者缺如。《潘氏考异》中亦援引二书，而旁罗明辨，多补二家所未及，且有驳二家所未当者。钱氏尝见其书，极为推服，观其与潘氏书云："伏读国史考异，援据周详，辨析详密，不偏主一家，不偏执一见，三复深惟，知史事之必有成，且成而必可信可传也。一官史局，半世编摩，头白汗青，迄无所就，不图老眼见此盛事。……《太祖实录辨证》……今得足下考异，从头厘正，俾不敢以郢书燕说，遗误后世，则仆之受赐多矣。"(《有学集》卷三十八《与吴江潘力田书》)又复潘氏书则云："手教盈纸，详论《实录辨证》，此鄙人未成之书，亦国史未了之案，考异刊正，实获我心。……德庆一案，事理甚明，高明既执据坚确，何容固诤！"(《有学集》卷三十九《复吴江潘力田书》)

以钱氏在当时辈分之高，与历史考据学之精，如此推崇《考异》，则潘氏在历史考据学上之造诣可知也。顾炎武尝见《考异》三卷，亦服其精审(《亭林文集》卷五《书吴潘二子事》)。大抵吴氏之考据能力不如潘，博涉群书亦略逊，而才情则或过之。潘耒所谓"亡兄尤博极群书，长于考订"，盖言其实。潘氏自言"吴子善诗与史，皆十倍于余"(潘柽章所作《吴子今乐府序》)，虽自谦之辞，亦可略见吴氏纵横之才情也。

吴潘二氏少年气盛，自可想象。"仆欧苏，儿韩柳""著作指要，取法子长，班范以下……皆署之衙官，降为皂隶"，其意气之盛为何如？然二氏固非轻浮虚骄者流，潘氏"少读左氏司马书，即穷其堂奥"(潘氏所作《吴子今乐府序》)，"尝作《通鉴》后纪，起有宋，

231

以引蒙古"(见同上),其入明朝,则"为长编,颇采实录家传,旁及辎轩,勒成数百卷"(见同上)。吴氏亦尝欲"续《史记》,述汉太初以后,迄宋祥兴,本纪略具,而载乘繁芜,未遑卒业"(见同上),则二氏虽年少,而史学之根柢已深。及其合著《明史》,固已卓然可跻于史学名家之列,复相与"搜讨论撰"者十六年(顺治五年至康熙二年),而尚未卒业,然则二氏所著之《明史》,以撰写时间之悠长而论,宁多逊于一流史著《史记》《通鉴》哉!而著史之能事,为有草创复有讨论,二人倾心相交,朝夕过从,其自草创而互相讨论者,必非一般创史者所能比拟。观二氏之著《今乐府》,互相为序,所谓"非予不能序子,非子不能序予"(吴氏所作《潘子今乐府序》),"非序《今乐府》之难,序吾两人所托者之难也"(潘氏所作《吴子今乐府序》),则知二氏相知之深,其相知深,其互相切磋讨论者必频繁,而史学之盛事极矣。倘使二氏之《明史》得传,必可一新世人耳目,而惜乎其尽付一炬也!呜呼,史学之浩劫,有逾于此者哉!

余仰慕二氏之史学与风节,悯其为世人所知者少,故自残存之资料,爬梳而表彰之。后之青年,取以为典范焉,则史学之幸也。

第八章　钱谦益其人及其史学

钱谦益，字受之，号牧斋，晚年自署蒙叟，又号东涧遗老，江苏常熟人，生于明万历十年（1582），卒于清康熙三年（1664），年八十三。

钱氏为明万历中进士，授编修，名隶东林党。崇祯元年（1628），官至礼部侍郎，会推阁臣，钱氏虑尚书温体仁侍郎周延儒并推，则名出己上，谋沮之。温体仁追论钱氏典试浙江取钱千秋关节事，予杖论赎，复贿常熟人张汉儒讦钱氏贪肆不法。钱氏求救于司礼太监曹化淳，刑毙张汉儒，温体仁引疾去，钱氏亦削籍归。流贼陷京师，明臣议立君江宁，钱氏阴推戴潞王，与马士英议不合。已而福王立，惧得罪，上书诵士英功，士英引为礼部尚书，复力荐阉党阮大铖等。清顺治三年（1646），豫亲王多铎定江南，钱氏迎降，命以礼部侍郎管秘书院事，冯铨充修明史馆正总裁，而钱氏副之。俄乞归。顺治五年（1648），凤阳巡抚陈之龙获黄毓祺，钱氏坐与交通，诏总督马国柱逮讯，钱氏诉辨，国柱遂以钱氏与黄毓祺素非相识定谳，得放还，以著述自娱。

钱氏之为人，盖不足取，迎降与阿附阉党，皆为略具羞耻之心者所不忍为。然其学则不可废，阎若璩于所作《南雷黄氏哀辞》云：

"当吾发未燥时，即爱从海内读书者游，博而能精，上下五百年，纵横一万里，仅仅得三人：曰钱牧斋宗伯，顾亭林处士，及先生梨洲而三。钱与家有世谊，余不获面；顾初遇之太原，持论岳岳不少阿，久之乃屈服我；至先生则仅闻其名。……盖自是而海内读书种子尽矣。"（《潜丘劄记》卷四）潘耒亦云："牧斋虽大节有亏，然其学问之宏博，考据之精详，亦岂易及？安得以人废言？彼所诋投身魏阉，牧斋固不受，其阿马、阮，事二姓，则诚有之。……初学集刻于崇祯朝，其时居然领袖清流，未为小人也。"（《遂初堂文集》卷十一《从亡客问》）又云："牧斋学问闳博，考据精详，家多秘书，兼熟内典。"（同上卷十一《杜诗钱笺后》）其门人瞿式耜于崇祯十六年（1643）跋其《初学集》云："先生平生持论，一味主于和平，绝无欹帆侧柁之意。特忌者不知，必欲以伐异党同之见，尽力排挤，使之沉埋挫抑，槁项山林而后快。假使先生得乘时遘会，吐气伸眉，以虚公坦荡之怀，履平康正直之道，与天下扫荆棘，而还太和雍熙之绩，岂不立奏？而无如天心未欲治平人事，转相挠阻，岁月云迈，白首空山，徒令其垂老门生，闭户诵读，共抱园桃之叹。此式耜于编纂之余，而窃不胜世道之感也！"（《初学集》卷七十九）此则令人有无限感伤者矣！钱氏之学，其成就最大者为史学。今谨言之。

钱氏为明万历年间史官，中国古史官之精神，可自其身略觇一二焉。"谦益史官也，有纪志之责。"（《初学集》卷三十五《汪母节寿序》）"余从太史氏之后，纪载国家之盛。"（同上卷三十八《马母李太孺人寿序》）"余旧待罪太史氏，思颂述国家关雎鹊巢之德，以继二南之盛。"（同上同卷《侯母段宜人六十寿序》）"余待罪国史，论次本朝忠良吏，附两汉之后。"（同上卷五十三《扶沟县知县赠南京湖广道监察御史左府君墓志铭》）于《有学集》卷十四《建文年谱序》则云："谦益往待罪史局，三十余年，网罗编摩，罔敢失坠。独于逊国时事，伤心扪泪，绸书染翰，促数阁笔，其故有三：一则曰实录无征也，二则曰传闻异辞也，三则曰伪史杂出也。旧园蚕室，尽付灰劫，头白汗青，杳如昔梦。唯是文皇帝之心事，与让皇帝之至德，三百年臣子，未有能揄扬万一者。迄今不言草亡木卒，祖宗功德，泯灭于余一人之手，魂魄私憾，宁有穷乎？"

钱氏一生，盖无时不以史官自居，不辟时畏祸，抵死奋笔，且不胜唏嘘慨叹之情。于所作《王图行状》云："谦益旧待罪太史氏，窃取书法不隐之义，作为行状，其或敢阿私所好，文致出入，曲笔以欺天下后世，不有人祸，必有天刑。谨状。"（《初学集》卷四十八《故礼部尚书兼翰林院学士协理詹事赠太子太保谥文肃王公行状》）于所作路振飞神道碑云："谦益以石渠旧老，衰残载笔，其何敢辟时畏祸，婥婀咙胡，以贻羞于信史？"（《有学集》卷三十四《光禄大夫柱国太子太师吏兵二部尚书武英殿大学士赠特进光禄大夫左柱国太傅谥文贞路公神道碑》）于所作《刘一燝墓志铭》云："谦益万历旧史官也，定陵复土，奔丧入朝，移宫甫定，国论廷辨，历历在听睹中。涖历坊局，与闻国故，与群小水火薄射，不相容贯，皆深知其所以然，其忍不抵死奋笔，别白泾渭？庸以婥婀党论，俪错青史？"（同上卷二十八《特进光禄大夫柱国少傅兼太子太傅吏部尚书中极殿大学士谥文端刘公墓志铭》）于所作《孙承宗行状》云："谦益壮而登公之门，今老矣，其忍畏势焰，避党雠，自爱一死，以欺天下万世？谨件系排缵，作为行状，以备献于君父，下之史馆，牒读编录，垂之无穷。苏子瞻之状司马君实曰：'非天下所以治乱安危者，皆不载。'谦益犹是志也。"（《初学集》卷四十七《特进光禄大夫大柱国少师兼太子太师兵部尚书中极殿大学士孙公行状》）《行状》

235

全文长至四万余言。于所作《杨涟墓志铭》云:"呜呼!公之死惨毒万状,暴尸六昼夜,蛆虫穿穴,毕命之夕,白气贯北斗,灾眚迭见,天地震动。其为冤天犹知之,而况于人乎?当其舁榇就征,自邵抵汴,哭送者数万人;壮士剑客,聚而谋篡夺者,几千人;所过市集,攀槛车,看忠臣,及炷香设祭,祝生还者,自豫冀达荆吴,绵延万余里;追赃令极,卖菜洗削者,争持数钱投县令瓯中,三年而后止;昭雪之后,街谈巷议,动色相告,芸夫牧竖,有叹有泣,公之忠义,激烈波荡海内,夫岂待志而后著?击奸之疏,愍忠之纶,大书特书,载在国史,虽微志谁不知之?若夫光宗皇帝之知公,与公之受知于先帝,君臣特达,前史无比,公之致命遂志,之死不悔者,在此;而群小之定计杀公者,亦在此。谦益苟畏祸惧死,没而不书,则举世无有知之者矣。"(同上卷五十《都察左副都御史赠右都御史加赠太子太保谥忠烈杨公墓志铭》)中国古史官不畏势焰,秉笔直书之精神,凛凛如在目前焉。

撰写《明史》,为钱氏最大之心愿。《有学集》卷三十八《再答苍略书》云:"嗟乎!西清东观,已属前生,官烛喻縻,徒成昔梦。老夫耄矣,无能为矣。庶几以余年莫齿,优游载笔,诠次旧闻,以待后之欧阳子出,而或有采取焉。用以当西京之杂记,东都之长编,犹可以解黍蝗食蠹之讥,而慰头白汗青之怅,此则某之所窃有志焉,而亦深望于同志之君子启予助我者也。"《有学集补遗》卷下《复吴江吴赤溟书》云:"仆自通籍,滥尘史局,即有事于国史。晚遭丧乱,偷生视息,犹不自恕,冀以钟漏余年,竟绸书载笔之役。天未悔祸,祝融相与,西京旧记,东观新书,插架盈箱,荡为煨烬,知天之不欲使我与于斯文也!灰心空门,不复理世间文字,六年于此矣。私心结轖,回环忖度,海内如此其大也,本朝养士三百年,如此其久也，鸿朗庄严，含章挺生，当有左马班范之俦，征石室之遗文，访瑞门之逸典，勒成一书，用以上答九庙，而下诏来兹者。倘不即死，于吾身亲见之，朝睹杀青，夕归黄壤，不致魂魄私恨无穷也。号咷博求，兼一弋获，牛毛麟角，俯仰咨嗟。去年逼除，得见《今乐府》一编。深推其采撷之富，贯穿之熟，而评断之勇也。蛮然而喜，焕然而兴，曰：所谓斯人者，其殆是乎？天诱其衷，缘隙奋笔，以葳我正史，遗民老史，扶杖辍耕，抚绛云之余灰，泣蕉园之梵草，庶几可以少慰矣乎？"《有学集》卷三十五《和州鲁氏先茔神道碑铭》云："余以余年颓景，讨论史事，蕉园之藏，竹简之籍，州次部居，爰有端绪。祝融作虐，荡无余烬，仰天而哭之，自此绝意于纂述矣。"

其对《明史》寄情之殷与用力之勤，皆流露于字里行间。绛云楼一炬，其所藏之书与写有端绪之《明史稿》，顷刻之间，荡为煨烬，其仰天而哭，其灰心空门，又岂非人之至情哉！于万历、天启、崇祯年间，钱氏名隶东林，领袖清流，未尝为小人。甲申以后，俄而阿马、阮矣，俄而迎降清师矣，于是始为士林所不齿。以钱氏垂暮之年，其仍贪恋人间之荣华富贵，声色狗马耶？抑另有其他隐情，不得不忍辱含垢人间耶？凌凤翔《序有学集诗》云："宗伯先生以文章通显，历神、熹、思三朝，名重天下。会熹庙时，巨珰窃柄，摧陷正人，先生削籍归里。及思皇登极，召起田间，未及柄用，旋复放归。已而权奸下石，身幽图圄，以垂白之老，苟延残喘，其受桎梏之辱而不辞者，以曾在史局撰《神宗实录》，自任一代文献之重，未藏名山，而传诸其人，如司马子长所云，则一死所系，岂等鸿毛哉？……夫当冀北龙去苍梧之日，以及江东骏游黄竹之年，石马晨嘶，金凫夜出，一二遗老，皆沉沦窜伏，毫逊于荒，其他凋谢磨灭，墓木已拱，而文采弗彰，可胜道哉！可胜惜哉！先生独伤心扣泪，奋其笔舌，含垢忍耻，辄复苟活，既师契而匠心，不代斫以伤手，俾后之览者，如登高台以望云物，上巢车而抚战尘，莫不耳目张皇，心胸开拓。顾其时际沧桑，有难察察言者，非好学深思，心知其意，为之铨解，而阐幽发潜，亦孰知宗伯之诗，可以备汉三史，作唐一经，其关系重大，有若此也哉！"钱氏之诗，博大精深，又皆有关时事之大，可备一朝典故，足称诗史。钱氏诗中既有史，其醉心于史，亦可知矣。然则谓钱氏为存留有明一代之史，而苟活人间，似非为之强辨，凌氏之语，必有见地。又邹式金《序有学集》云："先生目下十行，老而好学，每手一编，终日不倦，尤留心于明史，博询旁稽，纂成一百卷，惜毁于绛云一炬。岂天丧斯文耶？或所论之人，为造物忌而靳之耶？抑如龙门是非有谬于圣，而不欲传之耶？"此另外耐人寻味之语也。

钱氏之史学，有其思想基础。其序《左汇》云："自荆舒之新学行，以《春秋》为腐烂朝报，横肆其三不足之说，而神州陆沉之祸，有甚于典午，流祸浸淫，迄于今未艾。居今之世，明春秋之大义，阐定哀之微词，上医医国，此亦对症之良剂也。……《春秋》，夫子之刑书也。"（《初学集》卷二十九）以《春秋》为孔子之刑书，是否正确，大是问题。朱彝尊曾深论其非曰："或以为《春秋》孔子之刑书，不知王迹熄，《诗》亡然后《春秋》作，孔子特存其温柔敦厚之遗意，非过为刻深之文也。噫！之人也，之说也，岂深于《春秋》者哉？！"（《曝书亭集》卷五十九《春秋论四》）然钱氏之史学思想，可自此见出端倪。因之其序《汲古阁毛氏新刻十七史》云："史者，天地之渊府，运数之勾股，君臣之元龟，内外之疆索，道理之窟宅，智谞之伏藏，人才之薮泽，文章之苑圃。以神州函夏为棋局，史为其方。善读史者，如匠石之落材，如海师之探宝，其可以磔肘而量，画地而取乎？……代各一史，史各一局，横竖以罗之，参伍以考之，如登高台以临云物，如上巢车以抚战尘，于是乎耳目登皇，心胸开拓，顽者使矜，弱者使勇，怯者使通，愚者使慧，寡者使博，需者使决，憍者使沉。然后乃知夫割剥全史，方隅自命者，未有不望崖而返，向若而叹者也。"（《有学集》卷十四）此史学上之经世思想也。

于是其论经史之关系曰："六经，史之宗统也。"（同上卷三十八《再答苍略书》）"经犹权也，史则衡之有轻重也；经犹度也，史则尺之有长短也。古者六经之学，专门名家，各守师说，圣贤之微言大义，纲举目张，肌劈理解，权衡尺度，凿凿乎指定于胸中，然后出而从事于史，三才之高下，百世之往复，分齐其轻重长短，取裁于吾之权度，累黍杪忽，馨无不宜，而后可以明体适用，为通天地人之大儒。有人曰，我知轻重，我明长短。问之权度，茫如也。此无目而诤目，不通经而学史之过也。有人曰，我知权，我知度。问之以轻重长短，亦茫如也。此执钥而为日，不通史而执经之过也。经不通史，史不通经，误用其偏诐搜琐之学术，足以杀天下。是以古人慎之，经经纬史，州次部居，如农有畔，如布有幅，此治世之菽粟，亦救世之药石也。"（同上卷十四《汲古毛氏新刻十七史序》）钱氏史学中之经世思想，盖昭然若揭焉。其《初学集》中表扬节义之文，不一而足，亦系自经世思想而发也。

钱氏之史学，成就最大，与最值后人称道者，为其历史考据学。所作《太祖实录辨证》五卷（《初学集》卷一〇一至一〇五），与潘柽章《国史考异》并称，极尽史家考据之能事。"国史大书特书，发凡起例，在诸公必信而有征，立乎定哀，以指隐桓，将使谁正之哉？夫班马传汉，不没韩彭之婴僇，欧宋书唐，必著文静之抚膺。河山之誓未干，麒麟之图安在？逝者不作，来者难诬，安用出入多端，掩沉魂于青史，推敲只字，寄隐狱于丹书也哉？愚不能深知国史之微词，亦不敢妄效诸公之别例，传疑传信，良惧厚诬前人，知我罪我，庶几俟诸百世云尔。"（《初学集》卷一〇五《太祖实录辨证五》）此为钱氏对纂修《明太祖实录》诸公之发难，亦即反对立微词，讲书法，"出入多端，掩沉魂于青史；推敲只字，寄隐狱于丹书"。于是钱氏之历史考据学自此发端，"有志于史事者，信以传信，疑以传疑"（同上卷二十二《书致身录考后》，类似之论调，屡见于他处）。为彼屡屡发出之呼声。

网罗放失旧闻，考订得失，尤为彼极积极之主张。如云："谥之未定，由史之不立也。我二祖列宗之德业，如日中天，而金匮之藏寥寥，未有闻也。实录所载，不过删削邸报，而国史又多上下其手，乞哀叩头之诬，故老多能道之，恐难以信后也。国史未立，而野史盛汲之家，齐东之野，至有以委巷不经之说，诬高皇帝为嗜杀者。非裁正之，其流必不止。愚以为极宜网罗放失旧闻，考订得失，以国史为经，以野史家乘为纬，州萃部居，条分缕析，而后使鸿笔之士，润色其辞。国史既定，衮钺随之，宜谥者谥，宜去者去，宜更定者更定，以史裁谥，以谥实史，庶无虚美隐恶之恨乎？"（同上卷八十九《万历三十八年会试墨卷策五道第四问》）《序皇明开国功臣事略》则云："谦益承乏史官，窃有志于纂述。考览高皇帝开国功臣事迹，若定远黄金海盐郑晓太仓王世贞之属，人自为书，踳驳疑互，未易更仆数。则进而取征于实录。实录备载功臣录籍，所谓藏诸宗庙，副在有司者也。革除以后，再经刊削，忌讳弘多，鲠避错互。孔子曰：'吾犹及史之阙文也。'疑者丘盖不言，将使谁正之哉？天启甲子，分纂《神宗显皇帝实录》，翻阅文渊阁秘书，获见高皇帝手诏数千言，及奸党逆臣四录，皆高皇帝申命镂版，垂示后昆者。国史之脱误，野史之舛缪，一一可据以是正，然后奋笔而为是书，先之以国史，证之以谱牒，参之以别录，年经月纬，州次部居，于是开国功臣之事状粲然矣。"（同上卷二十八）

至谓史家之难，莫难于真伪之辨，则最为灼见之论。"呜呼，史家之难，其莫难于真伪之辨乎？史家之取征者三，国史也，家史也，野史也。于斯三者，考核真伪，凿凿如金石，然后可以据事迹而定褒贬。而今则何如也？自丝纶之簿，为左右之记，起居召对之籍，化为煨烬，学士大夫，各以己意为记注，凭几之言，可以增损，造膝之语，可以窜易，死君亡父，瞒天谰人，而国史伪；自史馆之实录，太常之谥议，琬琰献征之记载，委诸草莽，世臣子弟，各以私家为掌故、执简之辞；不必登汗青，裂麻之奏，不必闻朝著，飞头借面，欺生诬死，而家史伪；自贞元之朝士，天宝之父老，桑海之遗民，一一皆沉沦窜伏，委巷道路，各以胸臆为信史，于是国故乱于朱紫，俗语流为丹青，循螳蛄以寻声，佣水母以寄目，党枯仇朽，杂出于市朝，求金索米，公行其剽劫，才华之士，不自贵重，高文大篇，可以数缣邀取，鸿名伟代，可以一醉博易，而野史伪。韩退之论史官，善恶随人，憎爱附党，巧造语言，凿空构立，何所承受取信，而可草草作记，传万世乎？谓余不信，则又以人祸天刑惧之，曰：若无鬼神，岂可不自心惭愧，若有鬼神，将不福人。痛哉斯言，正为今日载笔之良规，代斫之炯鉴也。梁溪郡流绮氏，名家俊民，衔华佩实，耻国史之沦坠，慨然引为己任，先后纂述有成编矣，而又不自满假，以余为守藏旧老，不择其朦瞽而问道焉，余敢以两言进，一则曰博求，二则曰虚己。夫子作《春秋》，使子夏行求十有四国宝书，此博求也。其定礼也，一曰吾闻诸老聃，再则曰吾闻诸老聃，此虚己也。……具是二者，又取退之人祸天刑之惧，为之元龟

241

师保，于史也其庶矣乎！"（《有学集》卷十四《启桢野乘序》）其论真伪之辨，洵足发史家之深思矣。

　　治清初之学，每服膺顾炎武、黄宗羲、王夫之诸氏之学博识精，尤倾慕其峥嵘之风骨，端正之心术。必得若斯人，然后一代之学术，始呼之欲出。惟若仅就学博识精而言，毛奇龄、钱谦益较之顾王诸氏，何多让焉。顾毛钱二氏，于"'学者的道德'缺焉，后儒不宗之"（梁启超《清代学术概论》页二八）耳！然则学者之道德，宁不重于学术哉！

第九章 清初史学之建设

学术之发展，有若生命焉，其灵气蕴之于内，而英华发之于外，浸假至某一阶段，往往呈现种种必然之现象，莫之为而为，莫之致而致。明末清初，中国学术发展之一大际会也。学术界此时对旧学起反动，而学术发生新转变。顾炎武、黄宗羲、王夫之诸大师，又奋身其间，于是新学术诞生焉。然顾黄诸氏之学术，非一人之学术，实整个时代学术之所荟萃。学术发展至明末清初而必变，为一自然之趋势，遇绝顶天才如顾黄诸氏者，遂缘之以出，顾黄诸氏非能私有此一时代之学术也。即以诸氏而论，其在学术上亦未有所商榷讨论，而所论往往若合符节。如顾氏游北方，黄氏栖身浙东，足不逾钱塘，两人一生从未谋面，而顾氏读《明夷待访录》后，驰书黄氏云："炎武以管见为《日知录》一书，窃自幸其中所论，同于先生者十之六七。"（见《南雷文定》附录）王氏窜身瑶洞，绝迹人间，席棘饴荼，声息不出林莽，与中原学人绝不相接，然其持论，往往与顾氏同，如论风俗云："春秋之世，不因大夫而立功名者，颜、曾、冉、闵而已。汉之不因外戚，后世之不因宦寺者鲜矣。此风俗邪正，国家治乱之大辨也。"（《读通鉴论》卷四）"天下者待一人以安危，而一人又待天下以兴废者也。唯至于天下之风俗，波流簧鼓，而不可遏，国家之势，乃如大堤之决，不终旦溃以无余。"（同书卷五）"人心风俗，一动而不可猝静，虔矫习成，杀机易发，上欲扑之而不可扑也。"（同书卷十一）此与顾氏所云"目击世趋，方知治乱之关，必在人心风俗"（《亭林文集》卷四《与人书九》）；"《小雅》废而中国微，风俗衰而叛乱作"（《日知录》卷十三"清议"条）；"愿后之持铨衡者，常以正风俗为心，则国家必有得人之庆矣"（同书卷八"员缺"条），宁有所异耶？"学者必先穷经，经术所以经世，必兼读史，史学明而后不为迂儒。"（钱林、王藻所作《黄宗羲传》）重经术兼重史学，为黄氏学术之重心，亦为清初学术以崭新姿态出现之关键，然此非黄氏一人所能私，顾、王二氏皆兼重经学与史学，诸氏亦皆慨叹史学之废绝，顾氏"八股盛而六经微，十八房兴而廿一史废"（《日知录》卷十六"十八房"条）之慨叹，与黄氏所言："自科举之学盛，而史学遂废。昔蔡京、蔡卞当国，欲绝灭史学，即《资治通鉴》板亦议毁之，然而不能。今未尝有史学之禁，而读史者顾无其人！"（《南雷文约》卷四《补历代史表序》）其慨叹则一也。由此慨叹，遂咸思以史学济学术之空疏，而清初学术为之蜕变。历史上绝顶天才之创造，必适逢时会，顺应潮流，有历历不爽者矣。

清初学术，就史学一项而言，最值注意者，为经世思想与科学精神作其灵魂。史学所争者为真理，史家须富有实事求是之科学精神，然后史学之价值始显。史学所重者为真义，史家尤须涵育以古识今之经世思想，然后史学之任务始达。经世思想与科学精神二者同时出现于史学之中，为史学之盛事。清初大史家若顾、黄、王诸氏，其史学富有经世思想与科学精神，夫前既言之矣。然非特诸氏为然也，清初一般史家，皆有极浓厚之经世思想，亦皆富科学精神，与乾嘉时代史家之仅有科学精神，而经世思想殆濒于灭熄者，判若泾渭焉。此一代史学之大潮流也,此一代史学之大建设也。

以顾祖禹言之:

顾祖禹字景范,号宛溪,江苏无锡人,生于明崇祯四年(1631),卒于清康熙三十一年(1692),年六十二。顺治十六年,顾氏年二十九,创著《读史方舆纪要》,迄于康熙十七年,全书始告成,其后仍有所增益。顾氏之著《读史方舆纪要》也,"集百代之成言,考诸家之绪论,穷年累月,矻矻不休。至于舟车所经,亦必览城郭,按山川,稽里道,问关津,以及商旅之子,征戍之夫,或与从容谈论,考核异同"(《纪要·总叙二》);"踽踽穷饿妻子之不惜,独身闭一室之中,心周行大地九万里之内外,别白真伪,如视掌中,手画口宣,立为判决,召东西南北海之人,质之而无疑,聚魁奇雄杰闳深敏异之士,辩之而不穷,据之而有用"(《纪要·彭士望序》);"出入二十一史,纵横千八百国,凡形势之险厄,道里之近遥,山水之源委,称名之舛错,正其讹,核其实,芟其蔓,振其纲"(《纪要·熊开元序》)。此顾氏之富有科学精神,为不待辨而可知者也。或谓顾氏闭户宛溪,足不出吴会,而谓之为富有科学精神,颇待商榷,因撰述《纪要》一类之书,非足迹遍天下,不足以谓之有科学精神也。惟顾氏是否闭户不出,大是问题。顾氏足迹所至,与徐霞客相较如何,今已不可考而知。谓之一生局促一室之中,则有大谬不然者。顾氏已自言"舟车所经,亦必览城郭,按山川,稽里道,问关津,以及商旅之子,征戍之夫,或与从容谈论,考核异同"矣;康熙十二年,三藩起事,顾氏弃家南游,居耿精忠幕中,复由赣省出岭南,泛海外,冀有所藉,恢复明室,终不得志而归,凡在外者三年。只以恢复之事不成,其远游踪迹,遂深讳之而不令人知。观其殁后友朋追和之诗，如陆楣"万里鲸波征梦杳"（《梁溪诗钞》卷二十三），杜诏"剧怜孤屿海天秋"（《云山阁集》诗一）等句，可知顾氏非静处一室之中也。无锡廊下村顾氏故宅中有顾氏旧谱，内称顾氏足迹逾徐霞客。（此为张其昀氏所亲见，见张氏重印《读史方舆纪要序》。有关顾氏是否出游一问题，详见张氏之序。）然则顾氏之治学精神，亦可窥见矣。

顾氏之经世思想，为最彰明而较著者。其撰《纪要》，系受父命。"士君子遭时不幸，无可表见于世，亦惟有掇拾遗言，网罗旧典，发舒志意，昭示来兹耳。尝怪我明一统志，先达推为善本，然于古今战守攻取之要，类皆不详，于山川条列，又复割裂失伦，源流不备。夫以一代之全力，聚诸名臣为之讨论，而所存仅仅若此，何怪今之学者，语以封疆形势，惘惘莫知，一旦出而从政，举关河天险，委而去之，曾不若藩篱之限，门庭之阻哉？……嗟乎！园陵宫阙，城郭山河，俨然在望，而十五国之幅员，三百年之图籍，泯焉沦没，文献莫征，能无悼叹乎！余死，汝其志之矣。"（《纪要·总序一》）遗言在耳，河山之瞻望，遗民之隐痛，遂使其发奋从事于此一巨著之撰述，书中备载山川海岸险要，详论南北军事形势，及古今用兵兴亡成败强弱得失之故，而景物游览之胜不录焉。且不特军事一端也，观其自序云："天子内抚万国，外莅四夷，枝干强弱之分，边腹重轻之势，不可以不知也；宰相佐天子以经邦，凡边方利病之处，兵戎措置之宜，皆不可以不知也；百司庶府，为天子综理民物，则财赋之所出，军国之所资，皆不可以不知也；监司守令，受天子民社之寄，则疆域之盘错，山泽之薮慝，与夫耕桑水泉之利，民情风俗之理，皆不可以不知也；四民行役往来，凡水陆之所经，险夷趋避之实，皆不可以不知也。世乱则由此而佐折冲，锄强暴,时平则以此而经邦国,理人民,皆将于吾书有取焉耳。"(《纪要·总叙三》)其所作凡例则云:"天地位而山川奠,山川奠而州域分,形势出于其间矣。是书以一代之方舆,发四千余年之形势,治乱兴亡,于此判焉。其间大经大猷,创守之规,再造之绩,孰合孰分,谁强谁弱,帝王卿相之谟谋,奸雄权术之拟议,以迄师儒韦布之所论列,无不备载,或决于几先,或断于当局,或成于事后,皆可以拓心胸,益神智。书曰:与治同道,罔不兴;与乱同事,罔不亡。俯仰古今,亦可以深长思矣。"然则顾氏于科学精神外,复具有极浓厚之经世思想,为丝毫不容置疑者。魏禧谓:"祖禹贯穿诸史,出以己所独见,其深思远识,有在于言语文字之外,非方舆可得纪者。"(《纪要·魏序》)吴兴祚谓:"其词简,其事竅,其文著,其旨长,藏之约而用之博,鉴远洞微,忧深虑广,诚古今之龟鉴,治平之药石也。有志用世者,皆不可以无此篇。"(《纪要·吴序》)洵为真知灼见之言也。

《纪要》一书,正编一百三十卷,附录《舆图要览》四卷,《序例》一卷,共一百三十五卷。正编一百三十卷之中,首九卷历代州域形势系总论,学者展卷之余,疆域之分合,形势之轻重,皆可了然于胸中。余一百十四卷为分省纪要,各省皆有一序,综括大义。最后七卷,六卷专言河渠水利,一卷言天文分野。每卷之中,皆提絜纲领为正文,凡所考证论列,则低一格作为解释,解释之中,又有小注。解释之文,往往视正文十数倍。自为书而自注之,且自注之文,在正文之后,使读者于顷刻之间,明了其所以然,此创例之最佳者也。自乾嘉迄于近代,学者多汲其流。然则纪要一书之价值,固不仅在其内容矣。

以马骕言之：

马骕字宛斯，一字驄卿，山东邹平人，生于明泰昌元年（1620），卒于清康熙十二年（1673），年五十四。顺治十六年进士，为灵璧知县，有政绩。

马氏之主要史学著作为《绎史》，起上古，迄秦亡，每卷一篇，共一百六十卷。卷首列有《微言》一篇，其文云：

原夫载籍浩博，贵约束以刘其烦；群言异同，宜胪陈以观其备。骕少习六艺之文，长诵百家之说，未能淹贯，辄复遗忘。顷于《左氏春秋》，笃嗜成癖，爰以叙事易编年（篇目一百，各附以论），辩例图谱，悉出新裁，雠正旧失，数易稿而成书，谬为同志所欣赏矣（《辩例》三卷，《图表》一卷，《随笔》一卷，《名氏谱》一卷）。庸复推而广之，取三代以来诸书，汇集周秦以上事，撰为《绎史》。是分五部，一曰太古，二曰三代，三曰春秋，四曰战国，五曰外录（纪天官地志名物制度等），大凡一百六十篇，篇为一卷（篇帙多者，分为上下，或分为四五，用《汉书·五行志》之法）。纪事则详其颠末，纪人则备其始终。十有二代之间，君臣之迹，理乱之由，名法儒墨之殊途，纵横分合之异势，了然具焉（纪事虽止于秦末，而采书实下及梁陈，事则无微不悉，文则有长必收）。除列在学官四子书不录，经传子史，文献攸存者，靡不毕载（《周易》《尚书》《毛诗》《周礼》《仪礼》《礼记》《左传》《公羊传》《穀梁传》《尔雅》《孝经》《大戴礼记》《国语》《战国策》《鬻子》《老子》《列子》《庄子》《文子》《管子》《晏子》《荀子》《韩非子》《商子》《慎子》《尹文子》《公孙龙子》《邓析子》《墨子》《吕氏春秋》《孙武子》

第九章　清初史学之建设

《吴子》《三略》《司马法》，以上全书具在，或取其事，或取其文，或全录，或节钞。若屈原宋玉诸骚赋，则取之《楚辞文选》等书）。传疑而文极高古者，亦复弗遗（如《神农本草》《黄帝素问》《阴符经》《风后》《握机经》《山海经》《周髀算经》《穆天子传》《逸周书》《竹书纪年》《越绝书》之类，皆未必果出当年，要亦先秦遗书。至夫庄列寓言，事虽不信，文亦奇矣）。真赝错杂者，取其强半（如《鬼谷子》《尉缭子》《鹖冠子》《家语》《孔丛子》之属，或原有其书，而后世增加，或其书脱遗，而后人补窜。又如管庄之书，亦非尽出管庄之手）。附托全伪者，仅存要略而已（如《三坟》《六韬》《亢仓子》《关尹子》《子华子》《于陵子》之类，皆近代之人，依名附托，凿空立论，浅肤不伦，姑存一二）。汉魏以还，称述古事，兼为采缀，以观异同（《史记》《汉书》《后汉书》《白虎通》《风俗通》《淮南子》《贾谊新书》、陆贾《新语》、刘向《说苑》《新序》、《韩诗外传》《春秋繁露》、王充《论衡》、桓谭《新论》、刘昼《新论》、王符《潜夫论》、徐干《中论》、《颜氏家训》《吴越春秋》《华阳国志》、王嘉《拾遗记》、干宝《搜神记》、任昉《述异记》、东方朔《神异经》、刘向《列女传》、张华《博物志》、崔豹《古今注》、扬雄《法言》、桓宽《盐铁论》、《焦氏易林》《抱朴子》《许氏说文》《文心雕龙》《刀剑录》《鼎录》《十洲记》《高士传》《列仙传》《神仙传》《列异传》《录异记》《异苑》《方言》《释名》《文中子》，以上诸书，去古未远，采取详略不同。自隋以后，例概不收）。若乃全书阙轶，其名仅见（如《黄帝内传》《出军诀》《泰壹杂子》《轩辕本记》《大禹岳渎经》《师旷占》《归藏》《尚书大传》《太公金匮》《太史阴谋》《周春秋》《汲冢琐语》《师春》《春

249

秋少阳篇》《韩诗内传》《元中记》《列士传》《丹壶书》《冲波传》《子思子》《公孙尼子》《申子》《尸子》《范子计然》《缠子》《随巢子》《胡非子》《田俅子》《鲁连子》《燕丹子》《王孙子》《阙子》《金楼子》《正部》《孝子传》《三将录》《刘向别录》《氾胜之传》《丧服要记》《琴操》《琴清英》《古今乐录》，此等或真或伪，今皆亡矣）。纬谶诸号，尤为繁多（《七纬》者，《易》则干凿度、稽览图、坤灵图、通卦验、是类谋、辨终备；《诗》则含神雾、推灾度、氾历枢；《尚书》则璇玑钤、考灵曜、刑德考、帝命验、运期授；《春秋》则元命苞、文耀钩、演孔图、运斗枢、感精符、合诚图、潜潭巴、说题辞；《礼》则含文嘉、稽命征、斗威仪；《乐》则动声仪、稽耀嘉、叶图征；《孝经》则援神契、钩命诀。以上并立名诡异，而托诸孔子，起自汉哀平之际，皆附会也。此外又有《尚书中候》《春秋内事》《命历序》《论语摘辅象》《撰考谶》《河图握拒》《玉版挺辅佐》《括地象》《洛书灵准》《听龙鱼》《河图遁甲》《开山图》《论语隐义》，名目纷纭，不能悉载）。则取诸笺注之言，类萃之帙，虽非完璧，聊窥一斑（《十三经注疏》《史记索隐》《正义》《汉书注》《后汉书注》《三国志注》、王逸《楚辞注》、郦道元《水经注》、《六臣文选注》以及《左国世说》等注，以及《左国世说》等注，其旁证尚论，存古最多。至类书则《杜氏通典》《白孔六帖》《初学记》《艺文类聚》《册府元龟》《太平御览》《太平广记》《文献通考》《郑氏通志》《玉海》《说郛》《事类合璧》《天中记》《事文类聚》《锦绣万花谷》，其引用古书名目，今多未见，或联载数语，或单存片言，今皆收之）。又百家所记，或事同文异，或文同人异（即如左国公穀，序事各别，是事同文异也。麦丘邑人之祝，或曰桓公，或曰景公；舟人鸿鹄之对，或为晋平公，或为赵简子，是文同人异也。刘向韩婴等所记，尤往往相乱。至诸书用字不同，悉依原本。如《公羊》服修，《穀梁》作锻修；无骇卒，《穀梁》作侅；齐人歼于遂，《公羊》作瀸，此类甚多。《周官》法皆作法，《三礼》遍多作辩，《吕览》仅或作觐，期或作旗，《庄子》居或作姬，此各书用字之异，不可更也）。互见迭出，不敢偏废，所谓疑则传疑，广见闻也（事屡见而辞不同，亦并收之，如楚庄王大鸟之喻，介子推龙蛇之歌，皆四五见矣。或谓事无甚异，不必兼存者，然如《公》《穀》二传，其不同在只字之间，将何者可废？且管韩著书，亦多有一事两载者。古之人固有取乎尔也）。余积思十年，业已撰集成书，独是僻处下邑，学识固陋，未免搜罗有限，疏漏贻讥。仰祈海内博雅君子，或家传邺架，或腹号经笥，或游通都大邑，曾见遗书，或从馆阁中秘，钞来副本，幸邮致以篇章，及指示以名目（即如《世本》一书，后人不过转相引用，盖必失之久矣。至若皇甫《谥世纪》，谯周《古史考》，宋元人犹及见之，岂今已亡？且天下不知名之书必多矣。至金石遗文，今所习见，不过《考古图》《博古图》诸铭，及《石鼓诗》诅楚文岣嵝尧母叔孙教季札等碑而已，恐不及见者尤多。与夫碎细小品，若师旷禽经，宁戚相牛，朱仲相见之流，大凡有助此书者，并求教益）。倘获一言之赠，奚啻百朋之遗？！

自以上马氏所言，其著《绎史》，是否自经世思想出发，不可得而知。然自同时代之李清为《绎史》所作之序云："文成逾万，其旨盈千，或夺或予，遂以笔舌为衮钺。"则马氏固非仅为著述而著述也。

马氏出仕清廷，其经世思想，较同时代之明朝遗老为淡薄，乃情理之极自然者（就经世思想之维持名教方面而言，经世思想可自事功及维持名教两方面统而言之）。《绎史》所冠之微言，其最重要与最富意义者，在于其完全揭出一套治史之方法，此套治史方法，与乾嘉迄于近代所盛行者相通，殊饶科学精神焉。书后详列参考书目，为近代所广泛流行，马氏则冠之于首，就其性质，细加分类，较之近代，其分类之精密，有过之而无不及也。引用史料，严格施以批评，为近代史学界所深悉，马氏于所用史料，皆加批评，真赝错杂者取其强半；附托全伪者，仅存要略；百家所记，事同文异，文同人异，则互见迭出，不敢偏废，信则传信，疑则传疑；汉魏以还，称述古事，兼为采缀，自隋以后，一概不取，不以晚近所附会者，加之于远古，史家之科学精神，鲜有能逾于此者也。乾嘉时代，学术界盛行校勘、辨伪、辑逸等工作，马氏此书，均已发其大端。如崔述撰《考信录》云："今《考信录》中，凡其说出于战国以后，必详为之考其所本，而不敢以见于汉人之书者，遂真以为三代之事。"（《考信录提要》卷上）"今为《考信录》，不敢以载于战国秦汉之书者，悉信以为实事，不敢以东汉魏晋诸儒之所注释者，悉信以为实言，务皆究其本末，辨其同异，分别其事之虚实而去取之，虽不为古人之书讳其误，亦不至为古人之书增其误。"（见同上）虽崔氏所要求者，较马氏严格，然其所受马氏之启示，殆不容置疑。此马氏《绎史》一书，影响有清一代考据之学者，厥功至伟也。王士禛《池北偶谈》称此书"最为精博，时人称马三代，昆山顾亭林尤服之"。顾氏与马氏纳交，最值寻味，顾氏渡江而北，历交张尔岐与马氏诸人，乃一变往昔诗文华藻之习，而转归于考据，盖其时稽古朴学，似已盛于齐鲁之间，马氏乃杰出人物之一也。马氏又集《左传事纬》

《十三代纬》书，篇帙倍富，惜皆未镂版。

以潘耒言之：

潘耒，字次耕，潘柽章之弟，生于清顺治三年（1646），卒于康熙四十七年（1708），年六十三。康熙十八年，以布衣试博学鸿儒科，授翰林院检讨，纂修《明史》。当时词科以史才称者，朱彝尊、汪琬、吴任臣及耒为最著。

潘氏为《日知录》作序云："有通儒之学，有俗儒之学。学者将以明体适用也，综贯百家，上下千载，详考其得失之故，而断之于心，笔之于书，朝章国典，民风土俗，元元本本，无不洞悉，其术足以匡时，其言足以救世，是谓通儒之学。若夫雕琢辞章，缀辑故实，或高谈而不根，或剿说而无当，浅深不同，同为俗学而已矣。自宋迄元，人尚实学，若郑渔仲、王伯厚、魏鹤山、马贵与之流，著述具在，皆博极古今，通达治体，曷尝有空疏无本之学哉？！"（《遂初堂文集》卷六）潘氏从顾炎武游，其受顾氏之影响，而着眼于匡时救世之学，为极自然之发展，由之而论及于史，则谓"凡为史者，将以明著一代兴亡治乱之故，垂训方来"（同上《寇事编年序》）。"史家大端，在善善恶恶，所谓诛奸谀于既死，发潜德之幽光者，其权至重"（同上卷五《修明史议》）。此潘氏史学极重经世思想之明证也。

论奇节至行，史家宜为之叙述，则曰："古之良史，于贤士大夫，德业炳著者，既为立传，至如奇节至行，一事而足垂千秋者，则别为叙述，如《后汉书》有《独行传》，《唐书》《宋史》并有《卓行传》，《五代史》有《一行传》，皆其例也。"（同上卷六《贞行录序》）论贞臣烈士，其身可杀，其名不可泯，则曰："贞臣烈士，天地之正气，身可杀，名不可泯，故有身膏齐斧，为世大禁，而儿童妇女，

253

犹乐道其姓字者。然载笔之士，往往拘于忌讳，致使不登志乘，不列简编，岁月浸久，或遂湮灭无闻。"（同上卷六《殉国汇编序》）"呜呼！忠孝天地之大经，忠于所事而殉之以死，又臣子之极则。自昔兴王，于胜国之臣，有若此者，不惟不罪之而已，又从而褒扬嘉异之。凡以天下之善一也，于彼于此，无有重轻。且旌往以劝来，举一以风百，其利甚博，其道甚光。若周世宗之赠刘仁赡，明太祖之封余阙，此类不可胜举。至于史书，是是非非，明著法戒，尤不宜有所回枉。齐高帝敕史臣为袁粲立传；欧阳永叔修《五代史》，以不传韩通取讥；元修《宋史》，文天祥、陆秀夫、谢枋得之属皆大书特书，列之忠义。此往事之章章著明者。而或者以为疑，其亦不详于前史之例矣。明有天下三百年，其亡也，食其禄者死其事，其身可杀，其名不可灭也。"（同上卷九《赠吴子班序》）凡此皆由经世思想之所激发也。

潘氏治史，尤富征实精神。其言曰：

> 作史犹治狱也。治狱者，一毫不得其情，则失入失出，而天下有冤民。作史者，一事不核其实，则溢美溢恶，而万世无信史，故史笔非难，博闻多识为难；博闻多识非难，参伍而折衷之为难。（同上卷六《国史考异序》）

以作史犹治狱，凡事必核其实，故重博闻多识，而归极于参伍折衷。文人不核事之实，而缘饰之以文，则肆力反对之：

> 呜呼！史学之废，文人为之也。史以载事，事欲其核，事苟核矣，文即不胜无害。事未核而缘饰之以文，失实乱真，贻

误千载,弊孰甚焉。昔人以旷世之才,作一书尝三四十年而后成,岂其文词之难耶?罔罗事迹,博考而精裁之,是为难耳。今之自命为文人者,方其读史,专求文章之波澜意度,用以资其为文,一旦操史笔,亦惟求工于文词,而事迹之虚实,纪载之牴牾,有所不暇计。若然,则苟据一家之书,稍加润色,即可成史,班马氏何须父子世为之,温公何用集天下博达之士,十九年而后成《通鉴》耶?……呜呼!良史如马迁,而班固称之,不过曰其文直,其事核。苟直且核,史家之能事毕矣。(同上卷七《松陵文献序》)

文人速求名而好著书,不得之目见耳闻,影响传说,辄著于篇,尤所深恶痛绝:

国史之敝,其由野史之杂乎?野史者,国史之权舆也。微野史,则国史无所据依。然古之书苦少,今之书苦多;古之作史者,难于网罗,今之作史者,难于裁择。汉魏多纂言之书,纪事者盖寡。六朝以降,稗官盛行,大抵齐谐志怪之流,不侵史事。宋元人著书,始多及朝政,后人因采以作史,史称最劣。至明而无人不有札记,其见存者,无虑千百家,专记时事者,尚三四百种,可谓多矣。然体亦滋杂,类多荒诞不根,鄙俚舛错,可裨正史,供采撷者,十不得一二。其病原于世之文人,速求名而好著书,不得之目见耳闻,影响传说,辄著于篇,取增卷帙,资谈论而已,乱事实而误正史,不暇计也。夫所为作野史者,正以身不当史官之职,惧贤人杰士,奇节异能之日就泯没,故及时书之,以待后之人。苟不详慎,且将以吾书之纰

255

漏，而反疑所记之人之事为虚，其害可胜道哉！善著书者则不然，必亲见其人，灼知其事，度非吾不能纪也，而后为书；必覆核校量，无一言不核也，而后成书。斯其书可行于今，可据于后，即与国史相表里可也。（同上卷六《交山平寇本末序》）

发潜表微，隐恶扬善，为其素所强调，然必问其是非真伪，如实无其事，则不附和也：

客问于潘子曰："子辨致身录有诸？"曰："有之。"客曰："节义美事也，君子乐道人之善，子乃苦排从亡，得无伤厚欤？"曰："仆虽不肖，亦尝有意发潜表微，山陬海澨，有一奇节懿行，亟思表章，况近在梓里，而不乐称述欤？只以实无其事，未敢附和耳。"（同上卷十一《从亡客问》）

夫论事与断狱同，直者直，曲者曲，方为爰书；实者实，虚者虚，方为公论。倘不问其是非真伪，而概曰隐恶扬善，则是以徇庇为忠厚，以执法为峭刻也，其可乎？（同上卷五《再与徐虹亭书》）

其议修《明史》则云：

明有天下，几三百年，而未有成史。今欲创为一书，前无所因，视昔之本东观以作后汉，改旧书以修新唐者，其难百倍。然国不可以无史，史不可以难而弗为。诚得邃于史学，识著作之体者，经理其事，纵不敢远希迁固，若陈寿欧阳修之史，尚可企而及也。请言其概：曰搜采欲博，考证欲精，职任欲分，

第九章 清初史学之建设

义例欲一，秉笔欲直，持论欲平，岁月欲宽，卷帙欲简，此其大要也。前代有《起居注》《日历》《会要》诸书，明代独有《实录》，建文、景泰两朝之事既略，熹宗以后遂缺焉。郑氏今言，王氏史料，朱氏史概，何氏名山藏诸书，皆详于隆万以前。若珰祸之终始，金陵闽粤破亡之本末，皆茫无所考。非下求书之令，陈忌讳之条，悉访民间记载与夫奏议志状之流，上之史馆不可也。实录既多舛错，钱氏辨证，略见一斑。家乘爵里年月可凭，而多虚美。野史记事，言人人殊，影响附会，十居七八。必先分割排纂，以类相从，核其虚实，参伍众说，归于一是。若温公之修《通鉴》，先作丛目、长编、考异诸书，乃可下笔。是故搜采欲博，而考证欲精也。史文备各体，作者无兼才。唐修《隋书》，魏征等撰《纪传》，长孙无忌等撰《志表》，而《天文》《律历》《五行》三志，则李淳风独作。宋修《新唐书》，《本纪》欧阳修主之，《列传》宋祁主之，而刘羲叟志《天文》《五行》，王景彝志《兵志》《礼乐》，梅尧臣表《百官》《方镇》。温公《通鉴》，分任官属前后汉则刘贡父，三国至隋则刘道原，唐讫五代则范淳夫，皆妙极天下之选，各因其长而任之。今亦宜博求才彦，因能器使，表志宜仿隋唐书以事类为断，纪传宜仿《通鉴》以年代为差，职有专司，则人之心思萃于一途，而易为精密。所虑者畛域既分，彼此不相通贯。昔人讥《唐书》传有失而纪不知，表有讹而志不觉，而《元史》遂有一人立两传者。大凡作书最重义例，唐修诸史，令狐德棻先为定例，敬播等又考正类例。今为史亦宜先定规模，发凡起例，去取笔削，略见大旨。何志当增，何志当裁，何传当分，何传当合，先有定式，载笔者奉以从事，及其成也，互相雠勘，总其事者，复通为钧考,俾无疏漏舛复之失,乃可无憾。是故职事欲分,而义例欲一也。史家大端,在善善恶恶,所谓诛奸谀于既死,发潜德之幽光者,其权至重。少有曲笔,便名秽史。孙盛书桓温枋头之败,吴兢载张说证魏元忠之事,当朝将相,尚直书无隐,况隔代乎?明之亡,亡于门户,不特真小人不容借贷,而伪君子亦不当包容。若忠臣烈士,抗节致命者,宜如文天祥、谢枋得之例,大书特书,以劝忠义。无或如《五代史》不为韩通立传,见讥通人也。至于议礼之得失,夺门之功罪,从亡之疑信,康斋、白沙、阳明之学术,茶陵、江陵、太仓之相业,论者互有同异,或激扬过当,或刻核失中,惟虚心斟酌,勿主一说,而后是非可定。是故秉笔欲直,而持论欲平也。司马迁、班固、李百药、姚思廉皆父子世于其职,然后成书。其余亦竭一生之力为之。晋隋唐书设官开局,久者二三十年,少者亦数年。辽金元诸史,为期太速,故不称良史。明三百年,事迹繁多,功绪棼错,其势不可以速就。若勒限太促,必至卤莽。至于史文,贵有体要,以断制为重,不以繁富为工。班固叙二百年之事,为书百篇,论者尚嫌其繁。而《宋史》乃至五百卷,芜冗甚矣。今宜酌详略之中,明历年与唐相准,《新唐书》二百二十五卷,今史约略相当,过此则非体。是故岁月欲宽,而卷帙欲简也。博则无疏漏之讥,精则无牴牾之病,分则众目之有条,一则大纲之不紊,直则万世之公道伸,平则天下之人心服,宽则察之而无疵,简则传之而可久。于以备一代之制作,成不刊之大典,斯无愧矣。(同上卷五《修明史议》)

其上明史馆总裁书,自述作《食货志》之历程则云:

窃惟史莫难于志，志莫难于食货，而《明史·食货志》视前史为尤难。……某不揣固陋，分任此志，妄以作志必先采料，木石具而后可以筑室，缣素具而后可以缝衣。故将明代《实录》通纂一过，凡片言只字，有关于食货者，悉行节出，琐细庞杂，不厌其详。盖欲使一代物力耗度支盈绌之故，了然于胸中，而后可以下笔也。既以《实录》为主，又博采诸家著述，名臣奏议，与凡典章故实之书，次第节录，以备参考。必求如是，而后可以无憾。惟是三百年《实录》，浩如烟海，约计一年一本，每本中节出者，多则四十余纸，少则二十余纸。自洪武至万历，密行细字，抄成六十余本。惟《天启实录》，外间所无，时在史馆，时在内阁，未得纂录。崇祯朝本无《实录》，欲从新纂长编中节出，亦未得见，所缺者此两朝耳。他书如《西园闻见录》《砚山斋集考》之类，亦纂过数十种，尚欲遍阅史馆志乘诸书，恨未及也。……篝灯搦管，常至夜分。……庀材须富，裁制须简，聚千腋以为裘，酿百花而成蜜，参伍错综，良非易易。体大而思精，著书之准的，窃有志焉。（同上卷五《上某总裁书》）

大抵潘氏之治史重征赏，与其兄相若，又从学于顾炎武，其史学遂极富科学精神焉。许汝霖《序遂初堂集》云："吟鞭吊古，蜡屐寻幽，登泰岱而涉黄河，眼高四海，上会稽而探禹穴，胸著千年。"潘氏之嗜山水，喜游历，与其师顾氏酷相似，亦自顾氏学来，"耒少学于顾宁人先生，先生实甚好古，行游天下，见闻浩博，著金石文字记一书，最为精核，耒心慕焉。年来足迹所至，残碑断碣，靡不搜访，披榛剔苔，必榻一纸而后已"（同上卷七《昭陵石迹考序》）。其游历盖为治史，非为观风光，寄吟诵。"耒东吴之鄙人也，少而有意著述，窃慕司马迁之为人，遍游天下，博采山川风俗，网罗遗文旧事，以成一家之书。虽尝备员史职，而无意仕进，访古探奇，足迹几半天下。"（《遂初堂别集》卷四《致粤东当事书》）此尤为潘氏治史重征实之一端也。

以汤斌言之：

汤斌，字孔伯，号荆岘，一号潜庵，河南睢阳人，生于明天启七年（1627），卒于清康熙二十六年（1687），年六十一。

汤氏之学，源出容城孙奇逢，主于刻励实行，以讲求实用，无王学杳冥放荡之弊，故集中语录，宗旨在朱陆之间。又康熙十八年，汤氏以博学鸿儒科入翰林，其诗赋杂文，皆彬彬典雅，亦讲学家所希有矣。

汤氏之精力，殆瘁于参修明史，观其与杨树滋书云："滥芋史局，昼夜编摩，衰病侵寻，心血枯槁，头白汗青，祗堪浩叹！"（《汤子遗书》卷四）《答闽抚金悚存书》则云："某才本庸菲，承乏史局，昼夜编摩，心血耗尽。自五月十三日，复奉命进讲内廷，至七月内改讲，期于启奏之前，每日五更入朝，昧爽进讲，无论学术疏浅，不能仰助高深，且年力衰惫，史事方急，形神交瘁，枝梧无术，虽一切应酬，尽行谢绝，恐终不能无负主恩。"（同上卷四）其所撰者，为《明太祖本纪》四卷，《列传》十余卷，又成《历法志》《天文志》及英景宪孝四朝列传，时值酷暑，汗流浃背，而不少懈（见其子所作《行略》）。史之难修，与汤氏修史之勤，可以略见矣。汤氏之修史，考订期于确核，不轻信任何史料，即《实录》亦不尽信之。如于《明史凡例》议云："或曰：'阳明功业学术，《实录》议之矣，《实录》亦不足信乎？'曰：'《武宗实录》，作于世宗初年，操笔者多忌功争名之辈。定谥赠爵,在隆庆初年。从祀孔庙,在万历十二年,则事久论定也。今不从事久论定之言,又反从忌功争名之说乎?……且《实录》何可尽信?如以为《实录》可尽信也,则方正学叩头之哀,亦可信乎?'"汤氏以理学家文学家而具有此等史家精神,为深值称道者。

汤氏论学者为文,必内本于道德,而外足以经世。"窃谓学者为文,必内本于道德,而外足以经世,始不徒为空言,可以法今而传后。否则,词采绚丽,如春花柔脆,随风飘扬,转眼萧索,何足贵也。"(《汤子遗书》卷三《黄庭表集序》)其论学力反空虚无当,而以实用为归宿。其《答顾宁人书》云:"承谕近日言学者,溺于空虚无当,最中今日流弊。窃谓孔门七十子,称颜子最为好学,孔子所与终日言而不违者,今《论语》所载,不过《问仁》《问为邦》两章而已,言仁以视听言动合礼为目,为邦以虞夏商周制度为准,喟然一叹,亦以博文约礼为夫子之善诱,则圣贤之学,非空虚无当也明矣。至曰一贯,曰无言,总见圣学全体大用,内外合一,动静无非道妙,亦非虚空之说所可假借。阳明良知,实从万死一生得此把柄,当时确有实用。今人不求所以致之之方,而虚作一番光景玩弄,故流弊无穷。某妄谓今日无真紫阳,亦未必有真阳明也。"(同上卷四)

其论经史之关系,谓经史之法,同条共贯,道法明而事辞备,为史之上者。"苏洵曰:'经以道法胜,史以事辞胜,经非一代之实录,史非万世之常法。'是不明《尚书》之义,《春秋》之旨也。夫经史之法,同条共贯,《尚书》备帝王之业,经也而通史;《春秋》定万世之宪,史也而为经。修史者盖未有不祖此者也。故道法明而事辞备。此史之上也。事辞章而道法犹不悖焉,次也。二者皆失,斯为下矣。……揭傒斯曰:'有学问文章而不知史事者,不可与有学问文章，知史事而心术不正者不可与。'然则必才备三长，而克己无我，幽明不愧，乃能诛奸谀而发潜德。安得司马君实、朱元晦其人，而与之议史事哉？"（同上卷五《二十一史论》）由是言之，汤氏史学自经世思想出发，为昭然若揭者。汤氏同里田兰芳序其所拟《明史稿》云："吾里汤潜庵司空，学精而闻博，居平于天道人事，往古来今之变，皆已洞悉几微。……及其再入史馆，适有纂修《明史》之役，尝有书来曰：'仆以猥才末学，滥膺编述，不特班马门庭，所不敢望，即求如陈承祚之裁制，终觉未能。'是言也，盖谓承祚尽刊繁枝，独存劲干，与古经记事之法有合，实慕之非靳之也。故其为书，明治乱，辨盛衰，崇贤良，黜奸回，辨天人于毫芒，别是非于微末。"此汤氏所作史书经世思想之大概也。汤氏所拟《明史稿》共二十卷，《太祖本纪》四卷，《历志》三卷，《后妃传》一卷，《诸臣列传》十二卷（《诸臣列传》限于英景宪孝四朝），今皆收入《汤子遗书》中。

顺治十二年，汤氏有敬陈史法一疏，极为精辟，其史学之全部，皆寓其中，全文殊有征引之价值焉：

奏为敬陈史法，以襄文治事，臣学识疏陋，备员史馆，恭逢皇上虚己咨询，臣敢不谬陈一得，以备采择。臣窃惟史者。所以昭是非，助赏罚也。赏罚之权，行于一时。是非之衡，定于万世。皇上御极初年，即命史臣纂修《明史》，仰见皇上留心文献，与唐太宗敕魏征等撰次《隋书》，明太祖敕宋濂等纂修《元史》，可谓千古哲王，若合符节。但当时纂修，止据《实录》，未暇广采。臣愚窃以为立法宜严，取材贵备。《实录》所纪，恐有不详，臣谨取其大略，为我皇上陈之。如靖难兵起，建文易号，永乐命史臣重修《实录》，则低昂高下之间，恐未可据。他如土木之变，大礼之议，事多忌讳。况天启以后，《实录》无存，将何所依据焉。一也。二百七十余年，英贤辈出，有身未登朝，而懿行堪著；或名仅同巷，而至性可风。万一辎轩未采，金匮失登，则姓字无传，何以发潜德之光？前代史书，如隐逸、独行、孝友、列女诸传，多《实录》所未备者。二也。天文、地理、律历、河渠、礼乐、兵刑、艺文、财赋，以及公侯将相，为志为表，不得其人，不历其事，不能悉其本末原委。三也。臣谓今日时代不远，故老犹存，遗书未烬，当及此时，开献书之赏，下购求之令，凡先儒纪载，有关史事者，择其可信，并许参考。庶几道法明而事辞备矣。臣伏读顺治九年十一月十七日上谕云："明末寇陷都城，君死社稷，当时文武诸臣中，岂无一二殉君死难者？幽忠难泯，大节可风。"大哉王言，开一代忠孝之原，肃万载臣子之极。一时在京诸臣，若范景文、倪元璐、刘理顺等皆被旌录，自当照耀史册。但明末寇氛既张，蹂躏数省，或衔命出疆，或授职守土，或罢官闲居，以至布衣之士，巾帼之妇，其间往往有抗节不屈，审议自裁者。幸遇皇上扶植人伦，发微阐幽，而忠魂烈节，犹有郁郁寒泉之下者，则后世何劝焉。伏乞敕下各地督抚，确访奏闻，并将实迹宣付史馆，与范、倪诸臣并例同书，则阐幽之典，愈为光昭矣。更有请者，宋臣欧阳修纂《五代史》，不为韩通立传，后世讥之；《宋史》修于至正三年，而不讳文、谢之忠；《元史》修于洪武二年，而并列丁、普之义，古今韪之。皇上应天顺人，救民水火，云霓之望，四方徯苏。然元二年间，亦有未达天心，徒抱片节，硁硁之志，百折靡悔，虽逆我颜行，有乖倒戈之义，而临危致命，实表岁寒之心。此与海内浑一，窃名叛逆者，情事不同。

伏望皇上以万世之心为心，涣发纶音，概从宽宥，俾史臣纂修，俱免瞻顾，则如天之度，媲美前王，于以奖励臣子，昭示后世，其于纲常，似非小补。臣在史言史，不识忌讳，无任战栗陨越之至。(《汤子遗书》卷二)

不特不尽信《实录》，而主张修史立法宜严取材贵备也，不特认为史者所以昭是非，助赏罚，而预期其道法明而事辞备也，且欲由之发微阐幽，劝慰忠魂烈节郁郁于寒泉之下者。"以万世之心为心，涣发纶音，概从宽宥，俾史臣纂修，俱免瞻顾"，诚史学上"如天之度"矣。观汤氏"在史言史，不识忌讳"之语，其史家之精神，有不令人肃然起敬者哉！此疏上后，汤氏深为清廷所忌，几于获罪焉。

以朱彝尊言之：

朱彝尊，字锡鬯，号竹垞，浙江秀水人，生于明崇祯二年（1629），卒于清康熙四十八年（1709），年八十一。

康熙十八年，朱氏试博学鸿儒科，除翰林院检讨。时富平李因笃，吴江潘耒，无锡严绳孙，以及朱氏，皆以布衣入选，同修《明史》（所谓骑驴入史局者，为朱氏之语，见《曝书亭集》卷七十六朱氏为严绳孙所作之墓志铭）。后以检讨终老。

朱氏之学极博，邃于经，淹于史，贯穿于诸子百家，凡天下有字之书，无弗披览，坠闻逸事，无弗记忆，蕴蓄闳深，搜罗繁富，析理论事，考古证今，元元本本，精详确当，发前人未见之隐，剖千古不决之疑（潘耒《曝书亭集序》）。他若商周古器，汉唐金石碑版之文，以及二篆八分，莫不搜其散轶，溯其源流，往往资以补史传之缺略，而正其纰缪（查慎行《曝书亭集序》）。其《五代史记注》

云："欧阳子《五代史》，其初约尹师鲁分撰，既而不果，师鲁别撰《五代春秋》，载《河南集》，欧阳子诸帝纪，实取其材。盖心折其辞之简而有法，务削繁归于要。然《司天》《职方》二考之外，举凡礼乐、兵刑、职官、食货诸大政，略焉勿书。即《通鉴》所载者，史反阙之，毋乃太简也乎？简则必俟后人之注。徐无党寥寥数语，于大义何补焉。必若刘昭之《释续汉书》，裴松之之《注三国志》，而后颁诸学官，学者不可废也。予年三十，即有志注是书，引同里钟广汉为助，广汉力任抄撮群书，凡六载，考证十得四五。俄而卒于都城逆旅，检其巾箱，遗稿不复有也。予从云中转客汾晋，历燕齐，所经荒山废县，残碑破冢，必摩挲其文响拓之，考其与史同异。又薛氏旧史虽佚，其文多采入《册府元龟》《太平御览》诸书。兼之十国分裂，识大识小，有人自分，编迻成书，可与刘裴鼎足。通籍以后，讨论《明史》，是编置之笥中。归田视之，则大半为壁鱼穴鼠所啮，无完纸矣！抚躬自悼，五十年心事，付之永叹！"（《曝书亭集》卷三十五）其治学之概略，可以窥见矣。

朱氏之史学见解，主要见于《史馆上总裁七书》中，其《第一书》云："历代之史，时事不齐，体例因之有异。班固书无世家而有后戚传，已不同于司马氏矣。范蔚宗书无表志，后人因取司马彪《续汉书志》以为志，又不同于班氏矣。盖体例本乎时宜，不相沿袭。故汉之光武，唐之孝明，宋之真宗，皆尝行封禅之礼，作史者不必效史迁而述封禅之书也。德星庆云，醴泉甘露，器车龙马，嘉禾瑞麦，一角之兽，连理之木，九茎之芝，不绝于世，作史者不必效北魏南齐而述符瑞之志也。此志之不相沿袭也。班史苐古今人表，上及于皇初。欧阳子纪宰相世系，下逮于子姓。辽之游幸，金之交聘，他史无同焉者，此表之不相沿袭也。《史记》列传，有滑稽、日者，

《五代》有家人、义儿、伶官，宋有道学，他史无之。此传之不相沿袭也。至若皇后一也，尊之则附于帝纪，抑之则冠于臣传。公主一也，或为之传，或为之表。释老一也，或为之志，或为之传。余如天文、五行，或分为二，职官、氏族，或合为一。然则史盖因时而变其例矣。明三百年事有创见者，建文之逊国革除，长陵之靖难，裕陵之夺门，宜何以书？跻兴献王于庙，存之则为无统，去之则没其实，宜何以书？志河渠者，前史第载通塞利害而已，明则必兼漕运言之，而又有江防海防御倭之术，宜何以书？志刑法者，前史第陈律令格式而已，明则必兼厂卫、诏狱、廷杖晰之，宜何以书？若夫志地理，则安南之郡县，朵颜之三卫，曾入图版，旋复弃之，又藩封之建置，卫所之参错，宜何以书？至于土司之承袭，顺则有勤王之举，反侧者兴征讨之师，入之地志，则不能详其事，入之官制，则不能著其人，宜何以书？凡此皆体例之当先定者也。又魏、定、黔、成、英、临淮诸国，衍圣一公，咸与明相终始，则世家不可不立。惟是张道陵之后，腼颜受世禄，奉朝请，于义何居？然竟置不录，难乎免于阙漏，宜何以书？此亦体例之宜审量者也。盖作史者，必先定其例，发其凡，而后一代之事，可无纰缪。……譬诸大匠作室，必先诲以规矩，然后引绳运斤，经营揆度，崇庳修广，始可无失尺寸也矣。"（《曝书亭集》卷三十二）此主张作史必先定体例，而体例本乎时宜，不相沿袭，又必须为之审量变通也。

其《第二书》云："史馆急务，莫先聚书。汉之陈农，唐之李嘉祐，明之欧阳佑、黄蛊、危于巇、吕复，前代率命采书之官，括图籍于天下。矧《明史》一代之典，三百年之事迹，讵可止据《实录》一书，遂成信史也邪？明之藏书，王牒宝训，贮皇史宬，四方上于朝者，贮文渊阁。故事，刑部恤刑，行人奉使还，必纳书于库，以是各有书目。而万历中，辅臣谕大理寺副孙能传、中书舍人张萱等，校理遗籍，阁中故书，十亡六七，然地志具存，著于录者，尚三千余册。阁下试访之所司，请于朝，未必不可得。又同馆六十人，类皆勤学洽闻之士，必能记忆所阅之书，凡可资采获者，俾各疏所有，捆载入都，储于邸舍，互相考索。然后开列馆中所未有文集、奏议、图经、传记以及碑铭志碣之属，编为一目，或仿汉唐明之遣使，或牒京尹守道十四布政使司，力为搜集，上之史馆，其文其事，皎然可寻，于以采撰编次，本末具备，成一代之完书，不大愉快哉！昔者元修宋辽金史，袁桷列状，请搜访遗书，自《实录》正史而外，杂编野纪，可资证援参考者，一一分疏其目，具有条理。语有之，前事之不忘，后事之师也。"（见同上）此建议史馆博采群书，而不可止据《实录》，以修成有明三百年之史也。其《第三书》云："采书之议，阁下既信鄙言行之，将来史馆不患无书考证矣。独是体例犹未见颁，而同馆诸君，纷纷呈列传稿于掌记，馆中供事，遂相促迫，且将阁下之命，谓《元史》纂修，不过六七月告成，具稿宜速。此则彝尊之所不识也。昔干宝勒《晋纪》，先立凡例，凡例既立，然后纪传表志相符。贞观撰《晋书》，体例出于敬播，于是李淳风、于志宁等，则授之以志；孔颖达等则授之以纪传。治平撰《通鉴》，先编丛目草卷，草卷责之范梦得，积至四丈，截为一卷，于是两汉则授之刘攽，三国六朝隋则授之刘恕，五代十国则授之范祖禹，以故事无阙漏，而文不繁复，是史家之遗法也。司马迁续其父谈之书，以为《史记》；班固续其父彪之传，以为《汉书》；李百药续其父德林之纪传，以为《北齐书》，皆再世而就。至姚思廉《梁陈书》，曾巩谓其历三世，传父子，数十岁而乃成。《隋书》始于王劭，次以颜师古，次以魏征等，其十志成于高宗时，岁月更久。盖史之难成如此。若夫《元史》，其先开局纂修，一十六人，其后续纂，一十五人，合计其成，仅十三月尔。其文芜，其体散，其人重复。既有速不台矣，而又别出雪不台；既有完者都矣，而又别出完者拔都；既有石抹也先矣，而又别出石抹阿幸；以及阿塔赤、忽剌出两人，既附书于杭忽思、直脱儿之传矣，而又为立传。至于作佛事则本纪必书，游皇城人之礼乐志，皆乖谬之甚者。以宋濂、王祎一代之名儒，佐以汪克宽、赵汸、陈基、胡翰、贝琼、高启、王彝诸君子之文学经术，宜其陵轶前人，顾反居诸史之下。无他，迫于时日故也。伏惟阁下幸勿萌欲速之念，当以五年为期，亟止同馆诸君，勿遽呈稿，先就馆中所有群书，俾纂修官条分而缕析，瓜区而芋畴，事各一门，人各一册，俟四方书至，以类相从续之，少者扶寸，多者盈丈，立为草卷，而后妙选馆中之才，运以文笔删削，卷成一篇，呈之阁下，择其善者用之。或事有未信，文有未工，则阁下点定，斯可以无憾矣。不然，朝呈一稿焉，夕当更；此呈一稿焉，彼或异。若筑室于道，聚讼于庭，糠籹杂揉，嵌罅分裂，记述失序，编次不伦，阁下且不胜其劳，虽欲速，而汗青反无日也。《新唐书》之成，历十有七年，而纪表志传，书出两手，吴缜犹起而纠其缪，况体例莫定，草卷未编，而以六十人之稿，错陈于左右，其何以诠择而会于一？！刘知几曰：'书彼竹帛，事非容易。阁下勿易视之。幸少宽其期，毋或如《元史》之牵率。必改图焉，仿贞观治平之遗法，而后可尔。'"（见同上）此力言修史岁月宜久，而不宜若明初修《元史》，匆匆以写就也。

其《第六书》云："国史者，公天下之书也。使有一毫私意，梗避其间，非信史矣。明自万历间，顾高诸君子，讲学东林书院，士大夫向风景从，主持清议，久而渐成门户。不得其门入者，分镳而驰。迁梁之涂既殊，相争如水火。当是时，中立不倚者寡矣。究之东林多君子，而不皆君子，异乎东林者，亦不皆小人。作史者当就一人立朝行己之初终本末，定其是非，别其白黑，不可先存门户于胸中，而以同异分邪正贤不肖也。大抵小人之交，无所不比，而君子或有所不同。方宋盛时，晏殊为相，范仲淹参知政事，杜衍为枢密使，韩琦、富弼副之，可云同心辅政者矣。及赵元昊叛，仲淹主调发，弼不主调发，衍是弼议，殊是仲淹议，若不相能者然。既而退朝，语笑无间。唯其是非同异一出于公，故能成庆历之治。东林之君子则不然，一言之合，则以为同道，而信之终身；一言之乖，则斥为匪人，怀恶而不复亲比；居田间者，遥制朝柄；而庠序之士，立文社应之，转相慕袭，胶结而不可解。异议者一发而不胜，乃树援以为敌，久而假宦寺之权，以祸君子，未始不由君子之疾恶过激也。使克如晏、范、杜、韩诸老，和而不同，群而不党，宁有是哉？每见近时之论，其人而东林也，虽晚而从逆，必为之曲解；攻东林者，殉国之难，人所共知，终以为伪。执门户以论人，是非之不公，其弊有不可胜道者已。……彝尊非不知是言出必有唾其面者，然而国史天下之至公，不得以一毫私意梗避其间者也。"（见同上）此慨陈国史天下之至公，不得以一毫私意梗避其间，而由之以论东林多君子，而不皆君子，异乎东林者亦不皆小人，作史者当就一人立朝行己之初终本末，定其是非，别其白黑，不可先存门户于胸中，而以同异分邪正贤不肖也。

其《第七书》云："《明史》成书，莫难于万历之后，稗官踳驳，是非易以惑人。至崇祯一朝，无《实录》依据，尤难措手。日者阁下选同馆六人，先纂《长编》，可谓得其要矣。《长编》成于李焘，其旨宁失于繁，毋失于略。故国史官文书而外，家录野纪，靡不钩索质验，旁互而参审焉，无妨众说并陈，草创讨论，而会于一。今则止据十七年邸报，缀其月日，是非何以明，同异何以别，挂一而漏万，失焘之体例矣。家录野纪，虽未足尽凭，然亦当错综诠次，而后是非不可掩，本末具见。阁下奚不取诸史馆四方所上之书，凡涉崇祯朝事，俾纂修者一一穿联之？又是时朝中朋党，坚不可化，封疆将帅，率以爱憎废置，而贤不肖无分焉。若袁崇焕之死，钱龙锡之获罪，负天下之至冤，而党人恨不食其肉。非睹《太宗实录》，何由知计出于反间乎？盖以本朝档子，合之崇祯邸报，远不相蒙，是必兼听并观，而后可审其功罪。至于甲申寇难，朝野相传，谓懿安皇后不死，然《世祖实录》，大书元年五月葬明天启皇后张氏于昌平州，足以洗其冤矣。他若庄烈愍皇帝之谥，定自本朝，而野纪纷纭，或书思宗烈皇帝，或书毅宗烈皇帝，或书咸宗烈皇帝，或书怀宗端皇帝，宜以后定之谥大书简端者也。又甲申后殉难诸臣，但经锡谥，应特书于传后，而内官从死者，或云王之臣，或云王之心，或云王之俊，其实则王承恩，章皇帝有谕祭文，此明征矣。又莆田王公家彦，以兵部右侍郎协理戎政，亦死甲申之难，见闻者无异辞。乃顺治九年，章皇帝轸念殉国诸臣，特命礼部锡谥易名二十五人，而典礼者独遗王公不与谥，岂非阙典也与？侧闻顺治二三年，各省巡抚，题报崇祯间死事诸臣，方之野纪，当得其实，亦宜分年书之。阁下奚不请于朝，暂假文皇帝、章皇帝两朝《实录》，亟令史馆监生，誊一副本，庶纂修者，得以参详同异，而不失之偏，此非小补也。不然，以宜书者不书，是编出，览者将谓识大识小，无一具焉，可不深虑也哉！"（见同上）此畅论纂《长编》宁失于繁，毋失于略，国史官文书而外，家录野纪，皆须钩索质验，旁互参审，而不应止据十七年邸报，以纂崇祯一朝之长编也。至于《第五书》所言者为《明史》不宜立道学传。《第四书》所言者为辨燕王来朝一事之不可信，并谓："世之论者，以革除靖难之事，载诸《实录》者皆曲笔，无宁取之野史。然《实录》之失，患在是非之不公，然人物可稽，岁月无舛，后人不难论定。至逊国诸书，往往以黎丘之鬼，眩人观听，以虚为实，以伪乱真，其不滋惑焉者寡矣。""史当取信百世，讵可以无为有？"此皆极具史家之宏识焉，此皆可见其具有近代史家之科学精神焉。

以毛奇龄言之：

毛奇龄，字大可，晚岁学者称西河先生，浙江萧山人，生于明天启三年（1623），卒于清康熙五十五年（1716），年九十四。康熙十七年，以博学鸿儒征，授翰林院检讨，预修《明史》，凡在明史馆七年。

毛氏著述极富，学问方面极广，阎若璩著《尚书古文疏证》，毛氏则著《古文尚书冤词》以难阎；所著《河图原舛篇》《太极图说遗议》等，皆在胡渭前；后此清儒所治诸学，彼亦多引其绪。惟全祖望则极斥之，作《萧山毛检讨别传》（见《鲒埼亭集》外编卷十二），深讥其著书之不德，谓其集中"有造为典故以欺人者，有造为师承以示人有本者，有前人之误已经辨正而尚袭其误而不知者，有信口臆说者，有不考古而妄言者，有前人之言本有出而妄斥为无稽者，有因一言之误而诬其终身者，有贸然引证而不知其非者，有改古书以就己者"。全氏于此诸项，每项举一条为例，更著《萧山毛氏纠缪》十卷（其书今不传）。全氏之言，自有其根据。毛氏平日制行，尤多可议，德性之未醇，致影响及于学术，为深值惋惜者耳。所须为毛氏辨者，为其学术中之考辨精神，终有不能完全泯没者。《西河合集·经问》云：

予说经之书，行世颇久，从无有起而相驳难者。初以为幸，继而疑之，又既而惴惴不能已。天下无日说诸经日进退儒说，而其中无一非者，此可疑也。特予痛六艺晦蚀，不惮取儒说之祸经者，力为考辨。其间开罪诸儒，不知何等，虽此时是非未定，万一予死之后，同异顿起，异者执无何之说，乘间以入，而同者急不能决，则经祸烈矣。此可惧也。所望世之有学者，责我未备，一趁予尚在，可以改过，一则徐理其说，令彼我各邑，或不致冤枉出入，庶得泯他日同异之见，而引领无有。

其重考辨，而期望与并世学人互相讨论同异之诚恳态度，可以想见。又其寄阎潜丘《古文尚书冤词》书云：

自揣生平所学，百不如潜丘，且相于数十年，诚不忍以言论牴牾，启参差之端。祗谓圣经是非，所系极大，非可以人情嫌畏，谬为逊让。况潜丘之学，万万胜予，亦必不敢谓能胜六经。大凡有学识人，定无我见，一闻真是，便当自舍其所非。（《西河合集》书五）

毛氏所作《古文尚书冤词》，能否难倒阎氏之《尚书古文疏证》，大是问题，然其所表现之由考辨以求真之精神，则殊值称道。"圣经是非，所系极大，非可以人情嫌畏，谬为逊让。""一闻真是，便当自舍其所非。"此为何等精神耶？

毛氏治学重考辨之精神，其发挥及于史学，为注重史料之搜集，注重史事之审订，以期煌煌信史，垂之千载。观其复蒋杜陵书云："史馆稠杂，除入直外，日就有书人家，怀饼就抄。又无力雇书史代劳，东涂西窃，每分传一人，必几许掇拾，几许考核，而后乃运斤削墨，侥幸成文。其处此亦苦矣。又况衣食之累，较之贫旅且十倍艰难者耶？今同馆诸公，分为五班，自洪武至正德，作五截阄分某班祇分得弘正两朝纪传，而志表则均未及焉。某于两朝中又分得后妃六篇，名臣二十五篇，杂传一篇，合三十篇。既又以盗贼、土司、后妃三大传谬相推许，统属某起草，在阄分之外。虽此中尚有书可查，然讹舛极多。从前已刻如吾学史料诸编，比之大海一沤，百不十具。他若通纪、定纪、法传、从信种种，则又纯涉虚假，全不足凭。是以是非易决，真伪难审。此在弘正以前尚然，况嘉隆以还，则将何所依据也。客冬曾托董无庵汇征越中诸先贤志传，而并不见寄。足下虽寓公，而居越最久，越中声气，皆愿与杜陵呼噏，凡诸贤后人，无不在杜陵齿遇之末。今专以相托，嘉隆后八邑名贤，祈统为汇征寄某，使某得专任敝郡列传，其中是非真伪，不妨杜陵指定相寄，则一郡一贤，皆杜陵所表章也。朱少师傅在陈大樽集中尚有实事可录，但稍烦芜耳。至吴大司马三世，则不见状志，曩者其曾孙云章曾示一传，是孙承宗作，不善，碑版了无可纪，今并此传亦无有矣。且锦衣再袭，最铙名迹，曾见庄烈皇帝有亲笔东司房敕，而元素先生有救给谏姜采及举人祝渊诸大节，俱恍惚不明白，或向其从子伯憩抄一事实。……若倪文正、祁忠敏诸公，则足下曾作传，其稿本必具，幸悉缄示。他不能指名，悉藉搜讨。其独于吴司马公谆谆者，以伯憩与杜陵晨夕易面及也。及汤太守笃斋公开三江闸事，吕望如进士曾寄汤神传一本，荒唐之极，太守虽祀越，趋跄祷赛，然亦祭法功德之祀，而男妇感之，乃仅夸神异，而于山川陧塞兴筑利弊诸领要，全不一及。曾记金华浦阳江为禹贡三江之一，其下流由山阴西南入界，东注钱清江，而北入于海越，故称泽国，又号暵壤。众山水易潴，而濒于海而善下，潴即咽，下即溧，加之以浦阳建瓴之水，而为豁于此，稍暴涨即弥漫，而溧久而渴，其为舄卤也久矣。前此太守戴公曾遏浦阳之枝流，使之通浙江，以杀其势。至是则凿七堰而排浦阳而西之，且坝于麻溪，以截其西南之来，然后为闸三江口，以潴溧全越之水，咽即启之，渴即闭之，其名三江闸者，以此地本浦阳江入海之处，袭故名也。但其详不可得闻，其兴筑始末，又略无可考，远求指示，此亦咨诹献老之一端矣。"（同上书七）

《寄张岱乞藏史书》则云："居故乡时少，但及壮岁，即亡名走四方，从未经枢衣，得一登君子之堂，快读异书，每中夜起，忆辄成恨事。今吾乡老成，渐若晨星，而一代文献如先生者，犹幸得履修容，享耆齿，护此石纽，则夫天之厚属先生者，原有在矣。夫名山之藏，本待其人；久閟不发，必成物怪。方今圣明右文，慨念前史，开馆修辑，已幸多日，乃荐辟再三，究无实济，翰音鼓妖，于今可见。向闻先生著作之余，历纪三百年事迹，饶有卷帙，即监国一时，亦多笔札。顷馆中诸君，俱以启、祯二朝记志缺略，史宬本未备，而涿州相公家以崇祯一十七年邸报，全抄送馆编辑，名为《实录》，实则罣一漏万，全无把鼻。顷总裁启奏，许以庄烈皇帝本纪，得附福王、鲁王、唐王、桂王诸记于其末，而搜之书库，惟南都一年有泰兴李映碧廷尉《南渡录》，西南建号有冯再来少司寇滇黔诸记稍备考索。至鲁国隆武，始终阙然。今总裁竟以是纪分属某班，旋令起草，此正淳典殷献之时也。不揣鄙陋，欲恳先生门下，慨发所著，汇何姜京兆宅，抄录史馆，以成史书。夫《汉书》蓝本，肇于叔皮，然而远胜他书者，以史官分严，虑有得失，反不若茂才闭户之闿而公也。若夫欧阳五代，成于私著，然而宋直用之，而迥不及他史者，以匹士疏陋，三家言事，万不若史局之审而核，博而通也。今以先生之学力，媲美茂才，然且家有赐书，远过欧九，其苦心撰著，原不欲藏之井中，而一旦私入史乘，传之其人，将先生忼慨亮节，必不欲入仕，而宁穷年矻矻，以究竟此一编者，发皇畅茂，致有今日，此固有明之祖宗臣庶，灵爽在天，所几经保而护之，式而凭之者也。仲尼云：'贤者识其大者。'向使仲尼复生，亦当啧啧称献贤矣。若其中忌讳，一概不禁，祇将本朝称谓，一易便了。至其事则正无可顾也。且史成呈进，当详列诸书所自，不敢蔑沫。……书到即乞启钥确付京兆宅抄付。"（同上书四）此皆毛氏注重史料搜集之绝好证明也。

其奉史馆总裁札子，则就明正德年间大学士梁储之史事，详加审订，认为所谓草制、齿剑、沮居守、斥护卫四大事，按之实录，暨一切记载，悉属亡是，且不惟亡是，而往往反是，如疏居守反曰沮居守，复护卫反曰斥护卫。札子全文约六千余言，旁征博引，极尽史家考据之能事。"千秋信史，所贵核实，故曰不遗善，不讳恶。又曰劝善惩恶，比之赏罚。"（同上书一）"依违姑且调停之说，其于史皆有害。"（见同上）"夫煌煌信史，而但取文饰，曰生色，真不解也！"（见同上）"捏造之不可也，捏造则何不可造也。捏造非史也。"（见同上）此又其史学见解之一般也。凡此皆足以说明毛氏注重史事之审订，而期望煌煌信史，垂之千载也。毛氏论经史之关系，亦极精湛。如云："经学不明，不可与论史。生平最恨宋儒史断，与圣经大悖，急欲通论二十一史，而时不我与，将就木矣。"（同上书六《与沈思斋进士论薄后称侧室书》）"读经多于经，始可通经；读史多于史，始可通史。"（同上《经问》补卷二）皆为可传之论。

以戴名世、吴炎、潘柽章、钱谦益诸家言之，其史学之富有经世思想与科学精神，前文已详述之，兹不赘矣。

第十章　清乾嘉时代之历史考据学

一　概　论

1. 清乾嘉时代历史考据学派之全盛

清乾嘉以前，中国之史学，蓬蓬勃勃，最富创作精神。北宋史学大家之辈出，史学巨著之接踵问世，固不待言。即以清初而论，中国史学界仍气象焕发，栩栩然有生气，以极勇锐之努力，浩瀚之气魄，欲为大规模之创造者，丛出不绝。志修明史者，黄宗羲、万斯同而外，有吴炎，有潘柽章，有戴名世，皆发愿以私人之力著明史，刀锯鼎镬之诛，若有所弗睹。顾炎武治史虽已好言考据，然于历代典章制度风俗习尚，多论列得失，以寓其经世致用之思想，是亦史学之一新支也。此时由顾氏新创之浙西之学，亦远不若由黄宗羲开山之浙东史学为盛。

时至乾嘉，风气骤变，考据学风靡学界，一时史学大家，咸以考据治史学，不言近世，但攻古代，利用辅助知识之广博，为古史订讹文，正误谬，补阙遗，离此则不敢有所驰骋纵横。若王鸣盛之

《十七史商榷》，若钱大昕之《廿二史考异》，其代表著作也。于是蔚为声势浩荡之历史考据学派，聪明才智之士，咸趋此途。以大史家章学诚之卓才宏识，大声疾呼，思有以矫正之，而丝毫不能有所动。风气所趋，非一二人所能挽回也。

史学重创作，发凡起例，能创垂体大思精之巨著，而史料去取之际，偶一不慎，讹谬由之而发生；史学重考据，纠谬发覆，能启释千古不解之疑窦，而攀绩补苴之余，繁琐饾饤，史学因之以萎靡。乾嘉近百年之盛世（嘉庆稍衰，而未至甚乱），若马班温公之史学巨著不可见，以钱大昕之博学多识，仅以最卓越之历史考据学家名，史学界有考据之作，而少新著之史。吾人今日研究清史，鲜得闻清代当时人之记载，中国自汉魏以来二千年，私家史料之缺乏，亦未有甚于清代者。史学以记述当代为首要，时代愈近，史料愈多，知之愈详，询访质证亦愈便。以史学自任者，不以其时撰成宏博翔实之书以贻后人，致使千百年后，此一时期之史迹，迷离惝恍，几经无数专家，耗毕生之力，辗转考据，而仍不能得其全部真相，此不能不令人浩叹，而史家亦不能不引为愧怍者也。不幸乾嘉时代，史家集精力于博考古史，致以当代事迹为不足研究，此种学风及其心理，遗传及于后辈，专喜挦扯残编，不思创垂今录，迄今中国史学界仍有此现象。此中国史学之衰也。

虽然，中国之史学，亦至乾嘉而骤放新异彩。乾嘉之史学，卓然超越于前代者有二：一曰征实之精神，二曰客观之研究方法。此二者不惟开中国史学之新风气，亦与西方近代之新史学，遥遥相合。今请言其大端。

历史考据学派治史，最富征实之精神与客观之研究方法，亦与十九世纪欧洲语文考据学派之治史，蹊径甚相接近。历史考据学派

277

认为史家应不虚美，不隐恶，据事直书，以使历史真相暴白，语文考据学派大师兰克（Leopold von Ranke, 1795—1886）于其《日尔曼与罗曼尼斯民族史》①一书之序言曰："历史之目的，仅为陈示过去实际发生之情况而已。"历史考据学派利用经学、小学、天文、舆地、金石、板本等辅助科学，以考订史料，语文考据学派亦利用语言文字以批评史料；历史考据学派凡立一义，必凭证据，归纳众多史实而成其说，语文考据学派亦由史料而产生其史学观点，离去事实而不敢有所驰骋纵横。同是神往于征实之信史，同是从事于史料之批评，同是着重于史实之综合归纳。换言之，亦即皆富有实事求是之精神及客观之研究方法。此为中外史学上一殊饶趣味之比较，亦人类智慧之所应自豪者。

中国于明清之际，耶稣会教士纷纷东来，传教之外，大量介绍西学，中国朝野人士，一时为之风靡，然其时经介绍而发生影响之西学，只天文、历算、水利等实用科学，西方之史学，则未对中国史学界发生若何影响。清雍正元年（1723），放逐耶稣会教士，西学中绝者百年。此百年中，适值清雍乾嘉盛世，亦即中国历史考据学极盛时代，此时中国史学之独立发展，自不待言。自此时诸史家之全集中，亦不能发现若何受西方史学影响之痕迹。且此时适值18世纪，欧洲语文考据学派，则19世纪之产物也，二者相去百年，而互不相谋，中国且发达早于欧洲者百年，此足证我国史学进步之神速，亦可说明我中华民族为世界一极优秀之民族也。史家每言此种史学风气之形成，由于明末王学之积弊，由于清代文网之森严，斯固理所不爽。吾则以为主要由于史学发展之自然趋势。中国两千年

---

① 编者注：即《拉丁与条顿民族史》。

史学之发展，成就虽伟，流弊亦多，或强立文法，或妄相附会，或驰骋议论，或舞弄文墨，史学巨制虽浩如烟海，纰缪舛讹则不一而足，史学发展至此，已成积重难返之势。清代史家生值其后，一反其虚妄，为之纠缪发覆，为之征实考信，以扫清两千年史学之阴霾，此史家应有之觉悟，亦史学演化之自然过程也。洎乎风气既成，举世趋之，但事考订，不知其他，则史学又不能不入于颓靡之途。19世纪以后，西方史学突飞猛进，中国史学则陷于停滞状态，虽同光以后，中西文化急骤交流，中国史学受西方史学之激荡，而发生蜕变，然所变者无几，不过以尼博尔①（Bathold George Niebuhr, 1776—1831）、兰克等语言文字之考据，代替乾嘉时代之考据耳。同样局促于支离破碎之小问题，同样不能产生体大思精之大著作，故虽谓自乾嘉以来，中国之史学，无若何重大之进步可也。呜呼！三百年之史学，徘徊于考据一途，而不另进一境焉，宁不可慨乎哉！就中国史学固有之所长，参以西方史学研究之方法与撰述之体例，以创建中国今后之新史学，实为当今之急务矣。

2. 历史考据学派治史之求真精神

历史考据学派治史，最富求真精神，实事求是，不涉虚诞，反对驰骋议论，反对书法褒贬，主张史家应不虚美，不隐恶，据事直书，以期不失史实真相。钱大昕云：

> 史家以不虚美不隐恶为良，美恶不掩，各从其实。（《潜研堂文集》卷二十四《史记志疑序》）

---

① 编者注：多译尼布尔。

又云：

　　史家纪事，唯在不虚美，不隐恶，据事直书，是非自见。若各出新意，掉弄一两字，以为褒贬，是治丝而棼之也。（《十驾斋养新录》卷十三"唐书直笔新例"条）

王鸣盛于《十七史商榷序》中所言，尤足代表此派治史之精神：

　　大抵史家所记，典制有得有失，读史者不必横生意见，驰骋议论，以明法戒也，但当考其典制之实，俾数千百年建置沿革，了如指掌，而或宜法，或宜戒，待人之自择焉可矣。其事迹则有美有恶，读史者亦不必强立文法，擅加与夺，以为褒贬也，但当考其事迹之实，俾年经事纬，部居州次，纪载之异同，见闻之离合，一一条析无疑，而若者可褒，若者可贬，听之天下之公论焉可矣。书生胸臆，每患迂愚，即使考之已详，而议论褒贬，犹恐未当，况其考之未确者哉？盖学问之道，求于虚不如求于实，议论褒贬，皆虚文耳。作史者之所记录，读史者之所考核，总期于能得其实焉而已矣，此外又何多求耶？

治史能期于得其实，不务议论褒贬之虚文，已得史家治史应遵守之主要原则，亦为中国史学上之一大进步。中国史学，自宋以后，有两派甚占势力，一派为胡安国、欧阳修之流，务为简单奥隐之文词，行其溪刻隘激之褒贬；一派为苏洵、苏轼父子之辈，效纵横家言，任意雌黄史迹，以为帖括之用。自清初顾炎武倡导以考据治史，史学风气，已趋健实。迄于乾嘉，钱大昕、王鸣盛等汲其流，积极提倡，于是中国史学界之风气骤变，此虽谓之中国史学上之一大革命，亦无不可也。惜乎此派史家，皆局促于零星问题之考订，未能进一步倾其生平研究之所得，垂创征信千古之一家著述，有考史之辛勤，而未窥著史之境界，此则可为浩叹者也。

3. 历史考据学派治史之客观方法

历史考据学派治史，如何而求真耶？曰：由于利用客观方法。历史考据学派之特色及其对于中国史学之贡献，亦在于客观方法之获得应用于史学。余尝推究其最普遍利用之方法有二：

一曰归纳法之充分利用也。历史考据学派史家读史皆作札记，心有所得，则条记于纸，每每积至数千百条，由此储蓄之大量资料，再归纳而得其新说。此法倡自顾炎武，至乾嘉而广泛应用，若钱大昕之《十驾斋养新录》，即应用此法之结晶。凡一说之立，必凭证据，由证据而产生其说，非由其说而找寻证据；证据之选择，以最原始为尚，如《汉书》与《史记》牴牾，则宁信《史记》而不信《汉书》；孤证不定其说，其无反证者姑存之。得有续证则渐信之，遇有力之反证则弃之；隐匿证据或曲解证据，则认为大不德（见梁启超清代学术概论页七七）。于是形成一种"为学问而学问"之学术研究风气，治史不先有任何观点，不渗有其他因素，由史而治史，由屡次发生之史迹，而说明历史之现象，故往往能订古人之讹，发千载之覆。

二曰辅助科学之广泛利用也。历史考据学派史家治史广泛利用辅助科学，以作史实考订之工具，如经学、小学、舆地、金石、板本、音韵、天算诸专门之学，皆用之以助考史；史家亦往往兼为经学家、小学家、舆地学家、金石学家、板本学家、音韵学家、天算学家。此与近代欧美史家利用语言学、文字学、古文书学、泉币学、族谱学以及一般社会科学以治史，科目虽不尽相同，而其欲以辅助科学，使历史研究，几于客观之研究者则一。

4. 历史考据学派治史之理论基础

大凡天下之事，以极勇锐之努力，浩瀚之气魄，以终身从事之者，皆由于有其自我笃信之理论基础，无是则颓然丧矣。历史考据学，极枯燥之学问也，而此派史家从事之者，乐趣盎然，王鸣盛于《十七史商榷序》云：

> 暗砌虫吟，晓窗鸡唱，细书饮格，夹注跳行，每当目轮火爆，肩山石压，犹且吮残墨而凝神，搦秃毫而忘倦，时复默坐而玩之，缓步而绎之，仰眠床上，而寻其曲折，忽然有得，跃起书之，鸟入云，鱼纵渊，不足喻其疾也。顾视案上，有藜羹一杯，粝饭一盂，于是乎引饭进羹，登春台，飨太牢，不足喻其适也。

一般历史考据学家皆享高寿，或由于其心情怡悦所致。彼等何为毕生殚精于此枯燥之学，而仍乐趣无穷哉？王鸣盛云：

> 大凡人学问精实者必谦退，虚伪者必骄矜。生古人后，但当为古人考误订疑，若凿空翻案，动思掩盖古人，以自为功，其情最为可恶。（《十七史商榷》卷一百"通鉴与十七史不可偏废"条）

又云：

学者每苦正史繁塞难读，或遇典制茫昧，事迹樛葛，地理职官，眼眯心瞀。试以予书为孤竹之老马，置于其旁而参阅之，疏通而证明之，不觉如关开节解，筋转脉摇，殆或不无小助也欤？夫以予任其劳，而使后人受其逸；予居其难，而使后人乐其易，不亦善乎？以予之识暗才懦，碌碌无可自见，猥以校订之役，穿穴故纸堆中，实事求是，庶几启导后人，则予怀其亦可以稍自慰矣。(《十七史商榷序》)

钱大昕云：

史非一家之书，实千载之书，祛其疑乃能坚其信，指其瑕益以见其美，拾遗规过，匪为龂龂前人，实以开导后学。而世之考古者，拾班范之一言，摘沈萧之数简，兼有竹素烂脱，豕虎传讹，易斗分作升分，更日及为白芨，乃出校书之陋，本非作者之愆，而皆文致小疵，目为大创，驰骋笔墨，夸曜凡庸，予所不能效也。更有空疏措大，辄以褒贬自任，强作聪明，妄生疻痏，不卟年代，不揆时势，强人以所难行，责人以所难受，陈义过高，居心过刻，予尤不敢效也。桑榆景迫，学殖无成，唯有实事求是，护惜古人之苦心，可与海内共白。(《廿二史考异序》)

又云：

学问乃千秋事，订讹规过，非以訾毁前人，实以嘉惠后学。但议论须平允，词气须谦和，一事之失，无妨全体之善，不可效宋儒所云，一有差失，则余无足观耳。郑康成以祭公为叶公，不害其为大儒；司马子长以子产为郑公子，不害其为良史。言之不足传者，其得失固不足辩；既自命为立言矣，千虑容有一失，后人或因其言而信之，其贻累于古人者不少。去其一非，成其百是，古人可作，当乐有诤友，不乐有佞臣也。且其言而诚误耶？吾虽不言，后必有言之者，虽欲掩之，恶得而掩之？所虑者，古人本不误，而吾从而误驳之，此则无损于古人，而适以成吾之妄，王介甫、郑渔仲辈，皆坐此病，而后来宜引以为戒者也。(《潜研堂文集》卷三十五《答王西庄书》)

由以上可归纳出历史考据学派治史之理论基础，约略有三：

一、护惜古人，为古人考误订疑。

二、嘉惠后学，将史之茫昧樠葛处，疏通而证明之，自任其劳，而使后人受其逸；自居其难，而使后人乐其易。

三、实事求是，追寻真理，去古人之一非，成史籍之信美。

由此三原动力推动，一般聪明才智之士，故皆乐在其中，流连而不知反顾矣。

二 王鸣盛之历史考据学

1. 王氏论经史之异同

王鸣盛，字凤喈，一字礼堂，号西庄，晚年更号西沚，江苏嘉定人。生于清康熙六十一年（1722），卒于嘉庆二年（1797），年七十六。乾隆十九年进士，授翰林院编修，历官至内阁学士，兼礼部侍郎。乾隆二十八年，以丁父艰归里，不复出。

王氏精于经学，于东汉郑学，尤有研究。赵翼挽王氏诗云：

> 岁在龙蛇谶可惊，儒林果失郑康成。（赵翼《瓯北集》卷三十九《王西庄光禄挽诗》）

又云：

> 束发攻书到老翁，未曾一日辍研穷，遍搜汉末遗文碎（公最精郑学），不斗虞初小说工。后辈岂知真学问，几时再有此淹通？存亡莫道无关系，直在苍茫气数中。（见同上）

其说经重师法，反对以意说经，故于唐以后经学感慨言之。其言云：

> 两汉尊师法。……自唐中叶以后，凡说经者，皆以意说，无师法。夫以意说而废师法，此夫子之所谓不知而作也。（《商榷》卷二十七"师法"条，以下《十七史商榷》皆简称《商榷》）

又云：

> "自唐高宗武后以下，词藻繁兴，经术遂以凋丧。宋以道学矫之，义理虽明，而古书则愈无人读矣！"（《商榷》卷二十二"汉艺文志考证"条）

所撰《尚书后案》三十卷专宗郑康成注，郑注亡逸者采马融、王肃注补之，孔传虽伪，其训注非尽虚造者，间亦取焉。唐以后诸儒之说，则概摒弃之矣。对宋人攻击甚猛烈，尝云：

识暗心粗，胆大手滑，宋人通病。(《商榷》卷八十八"臧玠杀崔瓘"条)

又云：

心粗胆大，而自以为是，蔑弃前人，落笔便谬，宋人往往如此。(《商榷》卷七十三"宣武帅李董刘韩事"条)

对明人亦肆批评：

明代诸公创论不读唐以后书。此辈固不读唐以后书矣，而亦何尝读唐以前书乎？剿其字句，袭其声调，但以供诗文之用，遂可谓之能读乎？若果实能读遍唐以前书，虽未读唐以后书，吾必谓之学矣。然果实能读遍唐以前书，其势亦必须会通宋元，必不能截然自唐而止，画断鸿沟矣。经学史学姑不论，即唐以前文集，七才子所摹拟，大抵不过几名家，几大家，且多看选本，少看全集。博观而约取，去短而集长，惟深心嗜古之士，为能然也。(《商榷》卷八十二"唐人文集"条)

大抵王氏之经学，循吴派惠栋之藩篱，以汉儒为宗，去此不敢稍有所纵横。由此原则以治史，故稳健平实，实事求是，不敢驰骋议论，擅加褒贬。惟王氏治经而不敢驳经，治史则择善而从，正史有失，亦加箴砭，此王氏史学之所以卓越于经学也。其论经史之异同云：

> 予束发好谈史学，将壮，辍史而治经；经既竣，乃重理史业，摩研排缵。二纪余年，始悟读史之法，与读经小异而大同。何以言之？经以明道，而求道者不必空执义理以求之也。但当正文字，辨音读，释训诂，通传注，则义理自见，而道在其中矣。……读史者不必以议论求法戒，而但当考其典制之实；不必以褒贬为与夺，而但当考其事迹之实，亦犹是也。故曰同也。若夫异者则有矣，治经断不敢驳经，而史则虽子长、孟坚，苟有所失，无妨箴而砭之，此其异也。抑治经岂特不敢驳经而已，经文艰奥难通，若于古传注凭己意择取融贯，犹未免于僭越，但当墨守汉人家法，定从一师，而不敢佗徙。至于史，则于正文有失，尚加箴砭，何论裴骃、颜师古一辈乎？其当择善而从，无庸偏徇，固不待言矣。故曰异也。要之二者虽有小异，而总归于务求切实之意则一也。（《商榷序》）

王氏治经迷信汉儒，识见固不高，即所论经史之关系，见解亦远不若钱大昕、章学诚高超。钱氏谓经史不可分（见钱氏《廿二史·记序》），章氏则进一步曰："六经皆史也。"（《文史通义·易教上》）中国史学之地位，自章、钱二氏出而获得提高。王氏之见，不及此也。惟王氏治史不盲从，则有足多者。其论作史不得拟经，尤有独见：

编年虽古法，而古不可泥，宜以后出为定。即如《尚书·牧誓篇》，首突书时甲子昧爽，《金滕篇》首突书既克商二年，《康诰篇》首突书惟三月哉生魄，此岂后之史官所当取法乎？《春秋》或书爵，或不书爵，或降而称人，或书名，或书字，或书日，或书月，说者以为夫子意有予夺，此岂后人所可妄效乎？可见作史不得拟经。(《商榷》卷九十九"正史编年二体"条)

值清中叶经学风靡学界之际，有此看法，亦殊难得矣。

2. 王氏治史重纪实

王氏认为所贵乎史者，但欲使善恶事迹，炳著于天下后世，其言曰：

大抵作史者宜直叙其事，不必弄文法，寓予夺；读史者宜详考其实，不必凭意见，发议论。(《商榷》卷九十二"唐史论断"条)

又曰：

凡所贵乎史者，但欲使善恶事迹，炳著于天下后世而已，他奚恤焉？今观此二纪（指《旧唐书》昭哀二纪），见乱贼一辈之奸凶狡逆，历历如绘，照胆然犀，情状毕露，使千载下可以考见，亦何必恨其太详耶？世间浮华无实文字，灾梨祸枣，充栋汗牛，何独于纪载实事，必吝此劳耶？至于诏令制敕备载，几欲只字无遗。遥想一时附和小人，欺天负地，掉弄笔墨，诬善丑正之词，丧心灭良之语，赖史家详述之，又得闻人铨等搜获于既亡之后而重刻之，其功大矣。《新书》于旧纪奋然涂抹，仅存无几。若《哀纪》旧约一万三千字，而新约只千字。自谓简严，实则篡弑恶迹，皆不见矣。使《新书》存而《旧书》竟亡，读史者能无遗憾乎？（《商榷》卷七十六"昭哀二纪独详"条）

史以纪实，"曾经如何"之往事，赤裸裸暴白陈述，为古今中外不可移易之公理。王氏之论点，可谓已握得史学之重大前提。王氏充此纪实之论，及于一般有关之史学问题。

惧纪载之暧昧不明，致使史实淆乱也，则曰书事但取明析：

六朝人纪载实事，每不明析。因直书其事，恐词义朴僿，观者嫌之，乃故作支缀。不知书事但取明析，何用妆点乎？（《商榷》卷六十三"纪载不明"条）

惧史文拟古之于当代情事有所不能尽也，则曰文日趋繁，当随时变通：

《新唐书·本纪》较《旧书》减去十之七，可谓简极矣，意欲仿班陈范也。夫文日趋繁，势也。作者当随时变通，不可泥古。纪唐而以班陈范之笔行之，于情事必有所不尽。（《商榷》卷七十"新纪太简"条）

惧仿《春秋》书法史实因之以遭删削也，则曰《春秋》书法，后人莫测，不可妄效：

> 《春秋》书法，去圣久远，难以揣测，学者但当阙疑，不必强解，惟考其事实可耳。况乃欲拟其笔削，不已僭乎！究之是非千载炳著，原无须书生笔底予夺。若因弄笔，反令事实不明，岂不两失之？（《商榷》卷七十一"李昭德来俊臣书法"条）

> 欧公手笔诚高，学《春秋》却正是一病。《春秋》出圣人手，义例精深，后人去圣久远，莫能窥测，岂可妄效？且意主褒贬，将事实壹意删削，若非旧史复出，几叹无征。（《商榷》卷九十三"欧法春秋"条）

对李延寿《南史》屡肆批评，由于李延寿往往删削有关系之史实也：

> 《南史》意在以删削见长，乃所删者往往皆有关民生疾苦，国计利害；偶有增添，多诙谑猥琐，或鬼佛诞蔓。李延寿胸中本不知有经国养民远图，故去取如此。（《商榷》卷六十"宋书有关民事语多为南史删去"条）

引用史料，则贵考核斟酌，不预存实录皆是，小说尽非之成见也：

> 大约实录与小说，互有短长，去取之际，贵考核斟酌，不可偏执。如欧史温兄《全昱传》，载其饮博取骰子击盆呼曰：朱三，尔砀山一百姓，灭唐三百年社稷，将见汝赤族云云。据

（王）禹偁谓《梁史·全昱传》，但言其朴野，常呼帝为三，讳博戏事。所谓《梁史》者，正指《梁太祖实录》。今薛史《全昱传》亦不载博戏诋斥之语。欧公采小说补入，最妙。然则采小说未必皆非，依实录未必皆是。（《商榷》卷九十三"欧史喜采小说薛史多本实录"条）

有所论著，不特详注出处，且必目睹原书，不敢轻信传闻，或间接移用转手之记载也：

予所著述，不特注所出，并凿指第几卷某篇某条。且必目睹原书，佚者不列。（《商榷》卷九十八"十国春秋"条）

有关史学之实物，则亲访之，以征史实，不惮跋涉之劳也：

今苏州虎丘千人石畔有大佛顶陀罗尼石幢一座……高约二丈余。……予少与妹婿钱大昕同游，访得此幢。及老，先后归田，予徙家洞泾，距虎丘三里，时往摩挲。妹婿来，又同观焉。八九百年中，著录自吾两人始。每叹金石之有关史学，惜同嗜者寡也。（《商榷》卷九十七"吴越改元"条）

由上可知王氏治史之征实态度，王氏一生精力，即荟萃于此。

3. 王氏著述之方法及目的

王氏著《十七史商榷》一百卷，主于校勘本文，补正讹脱；审事迹之虚实，辨纪传之异同；最详于舆地职官，典章制度。吾人披览正史之际，遇典制茫昧，事迹樛葛，得王氏之说，每每雾解而冰释。故《商榷》一书，在清代著述中，与钱大昕《廿二史考异》、赵翼《廿二史劄记》齐名。

王氏撰写《商榷》，主要方法，在于校书。甲书与乙书相校，野史与正史参证；一史之中，纪传表志，互相稽考，由是而异同立见，由是而误谬可寻。王氏云：

> 予识暗才懦，一切行能，举无克堪，惟读书校书颇自力。尝谓好著书不如多读书，欲读书必先精校书。校之未精而遽读，恐读亦多误矣；读之不勤而轻著，恐著且多妄矣。二纪以来，恒独处一室，覃思史事，既校始读，亦随读随校。购借善本，再三雠勘；又搜罗偏霸杂史，稗官野乘，山经地志，谱牒簿录，以暨诸子百家，小说笔记，诗文别集，释老异教；旁及于钟鼎尊彝之款识，山林冢墓祠庙伽蓝碑碣断阙之文，尽取以供佐证，参伍错综，比物连类，以互相检照，所谓考其典制事迹之实也。（《商榷序》）

王氏认为校书为著书之基础工作，由校书而读书，由读书而著书。脚步一乱，则非误即妄。此尤可见王氏实事求是之治学精神也。惟史学上之校书，与一般校雠学不同。一人持本，一人读书，见异必录，若怨家相对，一般校雠学也。史学上之校书，则为广义的校雠学，不但校其字，亦且校其义；不但校其异，亦且校其同。故不惟购求善本重要也，广搜杂录别史，遍访钟鼎等类实物之记载，参伍错综，比物连类，尤为重要。王氏则皆肆力及之矣。

王氏著述之目的，亦由校书之观点出发。古书脱误难读，王氏每致慨叹：

> 古书传钞镂刻，脱误既多，又每为无学识者改坏，一开卷辄叹千古少能读书人！（《商榷》卷四十二"黎斐"条）

故王氏著《商榷》，主要以十七史之校订者自居：

> 十七史者……海虞毛晋汲古阁所刻，行世已久，而从未有全校之一周者。予为改讹文，补脱文，去衍文，又举其中典制事迹，诠解蒙滞，审核踳驳，以成是书。（《商榷序》）

"以予书为孤竹之老马，置于其旁而参阅之"，为王氏对《商榷》一书传世行远之期望。别出新意，自成一家之言，王氏自愧未逮。议论褒贬，尤所反对。其言曰：

> 噫嘻，予岂有意于著书者哉？不过出其校书读书之所得，标举之以诒后人，初未尝别出新意，卓然自著为一书也。如所谓横生意见，驰骋议论，以明法戒，与夫强立文法，擅加与夺褒贬，以笔削之权自命者，皆予之所不欲效尤者也。然则予盖以不著为著，且虽著而仍归于不著者也。（《商榷序》）

王氏著述之目的如此，《商榷》之价值，可由是而觇焉；历史考据学派对史学之贡献，亦可由是而觇焉。

4.《十七史商榷》之可议处

王氏力诋驰骋议论，而《十七史商榷》中，亦偶有驰骋议论处。如卷四"陈平邪说"条云：

> 陈平小人也。汉得天下，皆韩信功，一旦有告反者，间左蜚语，略无证据，平不以此时弥缝其隙，乃倡伪游云梦之邪说，使信无故见黜，其后为吕后所杀，直平杀之耳。迨高祖命即军中斩樊哙，而平械之归。哙，吕氏党也，故平活之，其揣时附势如此。且平六出奇计，而其解白登之围，特图画美人，以遗阏氏，计甚庸鄙，又何奇焉。

卷五"范睢倾白起杀之"条云：

> 白起破赵长平，诈坑其卒四十万，自谓建不世之功，孰知范睢已伺其后，倾而杀之。天道恶杀而好还，岂不可惧哉！若睢，亦小人之尤也。夫起在秦，则可谓劳臣矣。睢恶其逼己，必置之死地而后快。盖自古权臣欲窃人主之威柄，虽有良将在外，务掣其肘，使不得成功，甚且从而诛翦之，其但为一身富贵计，而不为人主计，有如此者。

他如"项氏谬计四""刘藉项噬项""信自立为假王""信反面攻故主""瑜肃异而同""邓攸"诸条，非评议人物，即纵论史迹，与其著述之态度及全书自定之体例不合。此为其自相矛盾处。若钱大昕之《廿二史考异》，则无此等处矣。

王氏于《商榷》中每条，标题亦有不够具体明显处。如"王守澄传新旧互异"条系述王守澄《新书》较《旧书》为得实；"黄巢传二书详略甚远"条系述黄巢传《新书》远较《旧书》为详备；"旧周利贞传太略"条系述周利贞传《新书》甚详备，曲尽情实；"鱼朝恩传新旧互异"条系述鱼朝恩传《新书》详于《旧书》，鱼朝恩恣横之状，《新书》描摹曲尽；"范蔚宗以谋反诛"条则辨范蔚宗未曾谋反也。如以"王守澄传新书较旧书为得实""黄巢传新书远较旧书详备""周利贞传新书详备旧书太略""鱼朝恩传新书详于旧书""范蔚宗未曾谋反"标题，则具体而明显多矣。即以"武陵王纪南梁互异"条而论，如云"武陵王纪南史梁书互异"，岂不更佳？大抵王氏于《商榷》中每条标题，具体详确，明显醒目，远不逮赵翼《廿二史劄记》中所标者。此又其微可疵议处。

三　钱大昕之历史考据学

历史考据学派最特出之史家，亦即对于史学贡献最大者，为嘉定钱大昕氏。

钱大昕，字晓征，一字辛楣，号竹汀，江苏嘉定人，生于清雍正六年（1728），卒于嘉庆九年（1804），年七十七。乾隆十九年进士，选翰林院庶吉士，散馆授编修，官至詹事府少詹事，年四十七，丁父艰归里，遂不复出。历主钟山、娄东、紫阳三书院，讲学著书不辍。

钱氏学通天人，博极古今，所著《廿二史考异》《十驾斋养新录》《潜研堂文集》诸书，考订之精密详审，当时无出其右者。往往数千年来史籍未正之讹误，皆一旦諟正，昭然若揭。其治史也，利

295

用经学、小学、天文、舆地、制度、金石、板本诸专门之学为基础，旁征博采，反复考订，以归纳法寻求史籍之义例，由史籍之义例解释史实之误谬，实事求是，不涉虚诞。历史考据学于是富有科学之精神，而与现代史家之考订史料方法，大半吻合，此诚为钱氏之最大贡献。18世纪中国史学界鲜有类似《史记》《通鉴》之史籍巨著，仅以考据盛，而于考据用力最大，成就最多，方法最谨严，使人罕有可乘之隙者，则不能不推钱氏。18世纪中国之史学，虽谓之为钱大昕时代，亦无不可。

钱氏对于《元史》用功尤深，以明洪武所修《元史》，芜谬漏落，乃另为编次，重新改修。时值乾嘉，文网森严，全书稿本，是否完成，至今未能确知。遂使一部极精彩之历史巨著，既未公诸于世，并其存佚亦在若明若昧之间，而钱氏乃仅以历史考据学家名，此不能不为钱氏惜，尤不能不为清代史学界惜也！

1. 钱氏历史考据学之合于近代史学方法

钱氏自史汉至《元史》，皆潜心研究，详加考订，所著《廿二史考异》《诸史拾遗》诸书，虽似读史随手札记之作，而以其学识之丰富，见解之精湛，往往足发千载之覆，而成不刊之论，易代之下，叹为精绝。如《十驾斋养新录》（以下简称《养新录》）卷六"汉书景祐本"条云：

> 予撰《汉书考异》，谓哀帝纪元寿二年春正月，元寿二字衍文；景、武、昭、宣、元、成功臣表孝成五人，成乡当作成都，乐成下衍龙字；《百官公卿表》，宁平侯张欧，宁当作宣，俞侯乐贲，乐当作栾，安年侯王章，年当作平，平喜侯史中，喜当作

台，广汉太守孙实，实当作宝；《五行志》，能者养之以福，之以当作以之；《地理志》，逢山长谷诸水所出，诸当作渚，博水东北至巨定，博当作时；《张良传》，景驹自立为楚假王，在陈留，陈字衍；枚乘传，凡可读者不二十篇，不当作百；《韩安国传》，梁城安人也，城当作成；《韦贤传》，画为亚人，当作亚；《佞幸传》，龙雒思侯夫人，雒当作额。顷见北宋景祐本，此十数处，皆与予说合。

其考订之精审，为何若耶？此固由其才智之过人，学力之深厚有以致之，而主要原因，则为史料之扩充与辅助科学之利用。由此点言之，钱氏之历史考据学，实最合近代之史学方法者也。今请言其大端：

一曰杂史之应用也。钱氏不专信一史，无正史必无错误之观念。正史之外，博采杂史，以资补订，而又断之以理，折之以情，务使历史真相，大白而后已。《辽史·道宗纪》曾有寿隆年号，钱氏于《考异》卷八十三则云：

按《洪遵泉志》载寿昌元宝钱引李季兴《东北诸蕃枢要》云，契丹主天祐年号寿昌。又引北《辽通书》云，天祚即位，寿昌七年，改元乾统。予家藏易州兴国寺碑、安德州灵岩寺碑、兴中府玉石观音像唱和诗碑，皆寿昌中刻。《东都事略》《文献通考》皆宋人书也，亦称寿昌，无有云寿隆者。可证寿隆乃寿昌之讹也。辽人谨于避讳，如光禄改为崇禄，避太宗讳也；女真改为女直，避兴宗讳也。天祚名延禧，乃追改重熙年号为重和，于嫌名犹必回避如此，道宗乃圣宗之孙，而以寿隆纪年，此理所必无者。

以《辽史》不可信，故旁采《洪遵泉志》所载，而又恐有错误，复证以家藏碑刻，证以《东都事略》《文献通考》，证以辽人避讳之情形，然后寿隆年号之讹，乃大暴白。钱氏考据，似此类者，不胜枚举，故于《续通志列传总叙》一文中明言之云：

> 史臣载笔，或囿于闻见，采访弗该，或怵于权势，予夺失当。将欲补亡订误，必当博涉群书，考唐宋辽金元明正史之外可备取材者。编年则有司马光、朱熹、李焘、李心传、陈均、刘时举、陈桱、薛应旂、王宗沐、商辂；别史则有曾巩、王偁、叶隆礼、宇文懋昭、柯维骐、王维俭、邵远平；典故则有杜佑、王溥、王钦若、马端临、章俊卿、王圻；传记杂事则有温大雅、刘肃、韩愈、王禹偁、郑文宝、林䴩、马令、陆游、张唐英、宋敏求、李心传、徐梦莘、杜大圭、徐自明、王鼎、刘祁、元好问、苏天爵、陶宗仪、郑晓、王世贞、沈德符、孙承泽等，遗书具在，以及碑版石刻，文集选本，舆地郡县之志，类事说部之书，并足以证正史之异同，而补其阙漏。（《潜研堂文集》卷十八）

此与赵翼于《廿二史劄记》小引所云："间有稗乘脞说，与正史歧互者，不敢遽诧为得间之奇。盖一代修史时，此等记载，无不搜入史局，其所弃而不取者，必有难以征信之处。今或反据以驳正史之讹，不免贻讥有识。"兢兢惟正史之崇信者，固不可同日而语。此钱氏历史考据学之合于近代史学方法者一也。

第十章　清乾嘉时代之历史考据学

二曰善本之应用也。考订古书，首先须求善本。无善本之根据，纵使证据毕罗，而终不能使人心折首肯。钱氏于《养新录》卷三"经史当得善本"条云：

> 经史当得善本。今通行南北监及汲古阁本，《仪礼》正文多脱简；《穀梁经》传文亦有混错；《毛诗》往往以释文混入郑笺；《周礼》《仪礼》亦有释文混入注者；《礼记》则《礼器》《坊记》《中庸》《大学》疏，残缺不可读；《孟子》每章有赵氏章指，诸本皆阙；《宋史·孝宗纪》阙一叶；《金史》"礼志""太宗诸子传"各阙一叶，皆有宋元椠本，可以校补。若曰读误书，妄生驳难，其不见笑于大方者鲜矣。

由是可知其对善本之重视。其于"汉书景祐本"条既利用《汉书》景祐本以证其考据之不误矣，而《后汉书·陈王羡传》云："遗诏徙封为陈王，食淮南郡。"钱氏于《考异》卷十一复以嘉靖闽本证淮南为淮阳之误云：

> 淮南当作淮阳。和帝纪改淮阳为陈国，遗诏徙西平王羡为陈王，是其证也。淮阳王昞以章和元年薨，未为立嗣，故以其地改封羡。参考纪传，左验明白。或疑淮当为汝者非也。后见嘉靖闽本，果作淮阳，私喜予言之不妄。

以考据之结果，稽之于善本，此为至可信者。钱氏访求善本，不遗余力，故其考据亦精审少误。此钱氏历史考据学之合于近代史学方法者二也。

三曰金石之应用也。金石之文，与经史相表里。盖竹帛之文，久而易坏；手钞板刻，辗转失真。独金石铭勒，出于千载以前，犹见古人真面目，其文其事，信而有征。《元史·太祖纪》云："十年（乙亥）四月诏张鲸总北京十提控兵，从南征，鲸谋叛伏诛，鲸弟致遂据锦州，僭号汉兴皇帝。"钱氏于《考异》卷八十六则云：

> 案史进道神道碑，丙子，锦州渠帅张致叛，丁丑，从王提大军攻拔之，张致伏诛。此纪书张致叛于乙亥，讨平于丙子，皆差一年。盖沿元明善所撰木华黎世家之误，当以碑为据。史枢传，父天安，丁丑从讨叛人张致，平之。正与碑合。

钱氏于《养新录》卷六"特勤当从石刻"条又云：

> 突厥传，可汗者，犹古之单于，其子弟谓之特勒。顾氏《金石文字记》，历引史传中称特勒者甚多。而凉国公契苾明碑，特勤字再见。又柳公权神策军碑，亦云大特勤嗢没。斯皆书者之误。予谓外国语言，华人鲜通其义，史文转写，或失其真，唯石刻出于当时真迹。况契苾碑宰相娄师德所撰，公权亦奉勒书，断无讹舛，当据碑以订史之误，未可轻訾议也。

皆以金石碑铭，参证史实。此钱氏历史考据学之合于近代史学方法者三也。

四曰避讳之应用也。钱氏由史籍之避讳，多所发现。如于《考异》卷十云：

第十章 清乾嘉时代之历史考据学

  章怀注范史,避太宗讳,民字皆改为人。如光武纪兆人涂炭,为人父母,祖宗之灵,士人之力是也。今本仍有作民者,则宋以后校书者回改。然亦有不当改而妄改者,如建武七年诏郡国出系囚见徒免为庶民,十一年诏敢灸灼奴婢,论如律,免所灸灼者为庶民。……此庶民本当作庶人,校书者不知庶民与庶人有别而一例改之。……凡律言庶人者,对奴婢及有罪者而言,与它处泛称庶民者迥乎不同。

更由避讳发现注文误入正文之中,如《后汉书·郭太传》云:"初太始至南州,过袁奉高,不宿而去。从叔度,累日不去。或以问太。太曰:'奉高之器,譬之泛滥,虽清而易挹。叔度之器,汪汪若千顷之波,澄之不清,挠之不浊,不可量也。'已而果然,太以是名闻天下。"钱氏于《考异》卷十二云:

  予初读此传,至此数行,疑其词句不伦。蔚宗避其父名,篇中前后皆称林宗,即它传亦然,此独书其名,一疑也。且其事已载《黄宪传》,不当重出,二疑也。叔度书字而不书姓,三疑也。前云于是名震京师,此又云以是名闻天下,词意重沓,四疑也。后得闽中旧本,乃知此七十四字,本章怀注引谢承书之文,叔度不书姓者,蒙上入汝南则交黄叔度而言也。今本皆儳入正文,惟闽本犹不失其旧。闽本系明嘉靖己酉岁按察使周采等校刊,其源出于宋刻,较之它本为善。如左原以下十人附书林宗传末,今本各自跳行,闽本独否。

由范蔚宗之避其家讳,与其他附带原因,而发现初太始至南州以下七十四字本章怀注引谢承《后汉书》之文,此校勘学上最大之发现,亦最精密之考订工作。此钱氏历史考据学之合于近代史学方法者四也。

五曰义例之应用也。钱氏精于义例之学,于《养新录》卷四"说文连上篆字为句"条曾云:"古人著书,简而有法,好学深思之士,当寻其义例所在,不可轻下雌黄。"论《春秋》则云:"明乎《春秋》之例,可与言史矣。"(《潜研堂文集》卷二《春秋论》)故钱氏每读一书,皆先究其义例所在。更由其义例,推而演之,以解释史实,考订误谬。《三国志·诸葛亮传》,亮与徐庶并从。注,魏略曰,庶先名福,本单家子。钱氏《诸史拾遗》卷一则辨之云:

> 案《魏略》列传以徐福严乾李义等十人共卷,乾、义皆冯翊东县人,冯翊东县,旧无冠族,故二人并单家(见裴潜《传注》)。又《魏略·儒宗传》,薛夏天水人也,天水旧有姜阎任赵四姓,常推于郡中,而夏为单家。隗禧京兆人也,世单家(见王肃《传注》)。《魏略·吴质传》,始质为单家,少游遨贵戚间(见王粲《传注》)。《张既传》,既世单家(见既《传注》)。凡云单家者,犹言寒门,非郡之著姓耳。徐庶为单家子,与此一例。流俗读单为善,疑其本姓单,后改为徐,妄之甚矣。《后汉书·赵壹传》,恩泽不逮于单门,亦单家之意也。

以《魏略》凡云单家者,犹言寒门,证明徐庶为单家子,与严乾、李义同,故鱼豢编入卷中,此以《魏略》之义例,说明裴注所引《魏略》文之本意也。《三国志·杨戏传》云:"益部耆旧杂记载王嗣常播卫继三人,皆刘氏王蜀时人,故录于篇。"钱氏《诸史拾遗》

卷一则云：

> 案戏传载季汉辅臣赞，其有赞而无传者，附注爵里于下，注亦承祚本文也。赞最后载者，益部耆旧二十六字及下王嗣常播卫继三传，皆裴松之注，今刊本皆升作大字，读者亦仞为承祚正文，则大误矣。承祚作益部耆旧传，见于《晋书》本传及《隋书·经籍志》。若杂记则隋志无之，或云陈术撰，亦必晋人，不应承祚遽引其书。盖裴氏于李孙德李伟南二人注下，既各引杂记以补本注之阙，而王嗣等三人姓名不见于承祚书，故附录以传异闻，此亦裴注之恒例。今承讹已久，特为辨正，以谂读史者。

以裴注之义例，证明益部耆旧二十六字及王嗣常播卫继三传，皆裴松之注，此又裴注义例之应用也。应用义例，以正史实，是演绎法。详加推究，以寻义例，是归纳法。钱氏合此二者而有之，此钱氏历史考据学之合于近代史学方法者五也。

以上系荦荦大者，其他钱氏之历史考据学合于近代史学方法之处，不可胜道。要之钱氏之治史，富于客观的科学精神，则可断言。

2. 钱氏历史辅助知识之博雅

钱氏主张博学：

> 胸无万卷书，臆决唱声，自夸心得，纵其笔锋，亦足取快一时，而沟浍之盈，涸可立待。（《潜研堂文集》卷二十五《严久能娱亲雅言序》）

尤力主史家之博学：

> 自古史家之患，在于不博。（同上卷十八《记琉璃厂李公墓志》）

又云：

> 史家不可以不博闻。（《考异》卷五十）

又云：

> 史家于前代掌故，全未究心，而妄操笔削，毋怪乎纰缪百出也。（同上卷八十九）

钱氏学问之博，一时无两，求之古今史家，亦殆罕其匹。与历史有关之辅助知识，如经学、天文、地理、音韵、金石、官制、氏族诸专门之学，皆无不通，亦皆无不精。史家之博雅，应如钱氏也。今请分别言之：

（1）钱氏精于经学

钱氏潜研经学，于经文之舛误，经义之聚讼难决者，皆能剖析源流；所著《潜研堂全书》中，有关经学之理论，往往精辟，尤与其史学之研究，脉脉相关。如论空疏之学不可以传经云：

> 易书诗礼春秋，圣人所以经纬天地者也。上之可以淑世，次之可以治身，于道无所不通，于义无所不该。而守残专己

者，辄奉一先生之言，以为依归，虽心知其不然，而必强为之辞；又有甚者，吐弃一切，自夸心得，笑训诂为俗儒，诃博闻为玩物，于是有不读书而号为治经者，并有不读经而号为讲学者。宣尼之言曰：君子博学于文。颜子述夫子之善诱则曰：博我以文。子思子作中庸曰：博学之，审问之。孟子之书曰：博学而详说之。夫圣人删定六经，以垂教万世，未尝不虑学者之杂而多岐也，而必以博学为先，然则空疏之学不可以传经也审矣。(《潜研堂文集》卷二十一《抱经楼记》)

钱氏治史重博学，议论与此如出一辙也。

（2）钱氏精于官制

钱氏于历代官制，皆了如指掌，洞彻本原。尝谓史家当先通官制，次精舆地，次辨氏族，否则涉笔便误。所作《考异》中，对历代官制之沿革演变，辨之甚详。由官制而厘订史实之处亦多。

（3）钱氏精于地理

钱氏于地理之学极精，钻研历数十年。对历代地理之沿革分合，皆能原原本本，考而明之。所作考异中，属于地理之考据者极多。《通鉴》注辨正，对胡三省注文中地理疏蹐之处，亦为之剖析纠正。胡氏号称长于舆地之学，而其精密较之钱氏则殆有不及焉。

（4）钱氏谙于氏族

钱氏所补《元史氏族表》，无愧为《元史》中名作，夫人知之矣。其他各时代氏族之流派，亦俱能详悉言之，考订《唐书·宰相世系表》讹误之文，占其《唐书考异》篇幅之半强，可证也。

（5）钱氏精于金石文字

钱氏博采金石文字，所过山崖水畔，黉宫梵宇，得一断碑残刻，必剔藓拂尘，摩挲审读而后去。其好殆至老而益笃。家藏拓本二千余种，著《潜研堂跋尾》八百余篇。其鉴赏之精，考释之密，方之欧赵，盖有过之。

（6）钱氏精于音韵

钱氏于六书音韵，观其会通，得古人声音文字之本。《养新录》卷五"古无轻唇音"条，尤为至大之发现，其说至今不可易。观其以音韵订正古史之处，可知其对音韵之精通矣。

（7）钱氏精于天算

钱氏于中西天算，皆能精通，颛顼三统以下诸历，无不推而明之。所作《三统术衍》一书，为研究古代推步之学者必读之作。《四史朔闰考》虽由其侄完成之，而草创则自钱氏。

（8）钱氏通蒙古文

钱氏通蒙古文，其同时代人已言之。昭梿于《啸亭杂录》卷七"钱辛楣之博"条云：

> 凡天文、地理、经史、小学、算法，无不精通。……近时考据之儒，以公为巨擘焉。又习蒙古语，故考核金、元诸史及外藩诸地名，非他儒之所易及者。成王言其"在上书房时，质庄王尝获元代蒙古碑版，体制异于今书，人皆不识，因询诸章嘉国师，倩其翻译汉文，因命吾题跋端末。吾方挥毫，先生过而见之曰：'章嘉固为博学，然其译汉文某字句有错误者。吾有收藏元时巙巙所译汉文，可取而证之。'因归寓取原文出，章嘉所误处毕见，故人皆拜服"云。

此钱氏通蒙古文之极佳证据也。又钱氏于《金石文跋尾》卷十九《元碑皇太后懿旨碑碑阴跋》云：

> 右碑阴蒙古书，自左而右。元时，凡制诰由词臣润色者国书，但对音书之。若加封大成至圣文宣王诏，加封颜子父母制之类是也。此系当时直言直语，故以国语译之，不依本文，盖亦当时令式如此。而传记未有言之者。予以集录之富，考证之勤，粗能识其大略尔。碑阴有额，乃蒙古篆文。蒙古字创于帝师八思巴，其篆文未审何人所制。

可知钱氏以集录之富，考证之勤，对蒙古字能粗识其大略。其于《养新录》卷九"蒙古语"条云：

> 元人以本国语命名，或取颜色，如察罕者，白也，哈剌者，黑也，昔剌者，黄也（亦作失剌），忽兰者，红也，孛罗者，青也（亦作博罗），阔阔者，亦青也（亦作扩廓）。或取数目，如朵儿别者，四也（亦作掇里班），塔本者，五也，只儿瓦歹者，六也，朵罗者，七也，乃蛮者，八也，也孙者，九也，哈儿班答者，十也，忽陈者，三十也（亦作忽嗔），乃颜者，八十也（亦作乃燕），明安者，千也，秃满者，万也。或取珍宝，如按弹者，金也（亦作阿勒坛），速不台者，珠也（亦作碎不解），纳失失者，金锦也（亦作纳石失），失列门者，铜也（亦作昔剌门），帖木儿者，铁也（亦作铁木尔，又作帖睦尔）。或取形相，如你敦者，眼也，赤斤者，耳也。或取吉祥，如伯颜者，富也，只儿哈朗者，快乐也（亦作只儿哈郎），阿木忽郎者，安也，赛因者，好也，也克者，大也，蔑儿干者，多能也（一作默尔杰）。

307

或取物类，如不花者，牸牛也（亦作补化），不忽者，鹿也（亦作伯忽），巴而思者，虎也，阿尔思兰者，师子也，脱来者，兔也（亦作讨来），火你者，羊也，昔宝者，鹰也，昂吉儿者，鸳鸯也。或取部族，如蒙古台、唐兀台、逊都台、瓮吉剌歹、兀良哈歹、塔塔儿歹、亦乞列歹、散术歹（亦作珊竹台）、肃良合（亦作琐郎哈，谓高丽人也），皆部族之名。亦有以畏吾语命名者，如也忒迷失者，七十也；阿忒迷失者，六十也，皆畏吾语。此外如文殊奴、普颜奴、观音奴、佛家奴、汪家奴、众家奴、百家奴、丑厮、丑驴、和尚、六哥、五哥、七十、八十之类，皆是俗语。或厌其鄙僿，代以同音之字，如奴之为讷，驴之为闾，哥之为格，不过游戏调弄，非有别义也。

此更可证明钱氏对蒙古语言文字有相当之研究，盖非泛泛知其一二，亦不可能完全由翻译文字辗转窥其崖略。至于钱氏如何攻习蒙古文，真正之造诣如何，钱氏未明言，史书亦阙载，百年之后，难以复明其真相。历史上之事实，以如是情形而湮没澌灭者，不可胜道也。

由上可知钱氏历史辅助知识之博雅，史家如是之博，庶几可以无愧，同时人皆叹服之，阮元为作《十驾斋养新录序》，曾盛赞之云：

国初以来，诸儒或言道德，或言经术，或言史学，或言天学，或言地理，或言文字音韵，或言金石诗文，专精者固多，兼擅者尚少。惟嘉定钱辛楣先生能兼其成。由今言之，盖有九难：先生讲学上书房，归里甚早，人伦师表，履蹈粹然，此人所难能一也。先生深于道德性情之理，持论必执其中，实事必求其是，此人所难能二也。先生潜擘经学，传注疏义，无不洞彻原委，此人所难能三也。先生于正史杂史，无不讨寻，订千年未正之讹，此人所难能四也。先生精通天算，三统上下，无不推而明之，此人所难能五也。先生校正地志，于天下古今沿革分合，无不考而明之，此人所难能六也。先生于六书音韵，观其会通，得古人声音文字之本，此人所难能七也。先生于金石无不编录，于官制史事，考核尤精，此人所难能八也。先生诗古文词，及其早岁，久已主盟坛坫，冠冕馆阁，此人所难能九也。合此九难，求之百载，归于嘉定，孰不云然？

钱氏历史考据学之精审缜密，卓绝千古，即由于钱氏历史辅助知识之博雅。历史现象，林林总总，错综庞杂，与历史有关之学问不通晓，即难以进一步明了历史之真面目；研究历史必备之工具学问不具备，亦难以彻底认识史料，运用史料，而对历史有正确之新评价。近代欧美史家研究历史，颇重一般社会科学之涉猎与通晓，亦钱氏史家重博闻之微意也。

3. 钱氏之史学观点

钱氏治学，皆由"实事求是"一语出发：

> 通儒之学，必自实事求是始。(《潜研堂文集》卷二十五《卢氏群书拾遗序》)

其论史云：

史者，纪实之书也。（同上卷二《春秋论二》）

又云：

史家纪事，唯在不虚美，不隐恶，据事直书，是非自见。若各出新意，掉弄一两字，以为褒贬，是治丝而棼之也。（《养新录》卷十三"唐书直笔新例"条）

对《春秋》褒贬亦有新解释：

《春秋》褒善贬恶之书也。其褒贬奈何？直书其事，使人之善恶无所隐而已矣。（《潜研堂文集》卷二《春秋论》）

是钱氏所谓史学，即纪实之学，据事直书，不隐善恶。掉弄文墨，强立文法，深所反对。故对欧公新书《紫阳纲目》，攻击甚力。《考异》卷四十六曾云：

春秋之法，内诸侯称薨，内大夫称卒，外诸侯亦称卒，虽宋文公鲁桓公仲遂季孙意如之伦，书薨卒无异辞，所谓直书而善恶自见也。欧公修《唐书》，于《本纪》亦循旧史之例，如李林甫书薨，田承嗣李正己书卒，初无异辞。独于《宰相表》变文，有书薨书卒书死之别，欲以示善善恶恶之旨。然科条既殊，争端斯启，书死者固为巨奸，书薨者不皆忠说，予夺之际，已无定论。《紫阳纲目》，颇取欧公之法，而设例益繁，或去其官，或削其爵，或夺其谥，书法偶有不齐，后人复以己意揣之，而

310

读史之家，几同于刑部之决狱矣。

直书而善恶自见，为钱氏反对专讲书法之主要理由。诚以书法之例，难以齐一，后人读之，不无臆测，书法讲之愈密，史实晦之愈深，孰若据事直书，以使史实赤裸裸暴露？此一据事直书之观念，在中国数千年史学理论之演进上，为一绝大之进步，亦古今中外史学上不可移易之公理。此由乾嘉时代朴学之实事求是精神推演而来。钱氏为古史订讹正误，拾遗补阙，为求真而殚精竭神于一字片语之间，亦由此一观念之所磅礴也。

其次钱氏主张史家应讲义例。所谓义例，以现代语释之，即合于科学之规则。钱氏盖欲使史家富有科学家之精神。惟其如此，故对史籍一人两传，一事重出，与前后矛盾上下乖谬之处，攻击不遗余力。对《元史》攻击尤烈。《养新录》卷九"元史"条云：

《元史》纂修，始于明洪武二年，以二月丙寅开局，八月癸酉告成，计一百八十八日。其后续修顺帝一朝，于洪武三年二月乙丑再开局，七月丁未书成，计一百四十三日，综前后厪三百三十一日，古今史成之速，未有如《元史》者，而文之陋劣，亦无如《元史》者。盖史为传信之书，时日促迫，则考订必不审，有草创而无讨论，虽班马难以见长。况宋王词华之士，征辟诸子，皆起自草泽，迂腐而不谙掌故者乎！开国功臣，首称四杰，而赤老温无传；尚主世胄，不过数家，而郓国亦无传；丞相见于表者，五十有九人，而立传者不及其半；太祖诸弟，止传其一，诸子亦传其一，太宗以后，皇子无一人立传者；《本纪》或一事而再书；《列传》或一人而两传；《宰相表》或有姓无

名;《诸王表》或有封号无人名。此义例之显然者,且纰缪若此,
固无暇论其文之工拙矣。

是钱氏欲使史籍达于深合逻辑无懈可乘之境界,此为一卓越见
解。唐以后官修诸史,能深切注意及此而达此境界者,盖不多见。
故钱氏于《考异》中,举摘官修诸史义例欠谨严之处颇夥,其由于
有所激而发之欤?

4. 钱氏以治经学之方法治史学

钱氏之经学,渊源于吴派领袖惠栋。惠氏之经学,在希心复古,
以辨后起之伪说。其所治如周易,如《尚书》,其用心常在溯之古而
得其原。王鸣盛所谓"惠求其古"者是也(参见洪榜《戴先生行状》,
载于《二洪遗稿》)。钱氏之治经学,力宗汉儒,于《潜研堂文集》
卷二十四《经籍籑诂序》云:

> 汉儒说经,遵守家法,诂训传笺,不失先民之旨。自晋代
> 尚空虚,宋贤喜顿悟,笑问学为支离,弃注疏为糟粕,谈经之
> 家,师心自用,乃以俚俗之言,诠说经典,若欧阳永叔解吉士
> 诱之为挑诱,后儒遂有诋召南为淫奔而删之者。古训之不讲,
> 其贻害于圣经甚矣!

于同书同卷《左氏传古注辑存序》云:

> 穷经者必通训诂,训诂明而后知义理之趣。后儒不知训诂,
> 欲以乡壁虚造之说,求义理所在,夫是以支离而失其宗。汉之

经师，其训诂皆有家法，以其去圣人未远。魏晋而降，儒生好异求新，注解日多，而经益晦。辅嗣之易，元凯之春秋，皆疏于训诂，而后世盛行之，古学之不讲久矣！

此种理论，皆足以表明钱氏之治经，在宗汉儒。其宗汉儒之理由，在以汉儒去古未远，训诂皆有家法，不若后儒之支离。于文集答问中，钱氏尤再三致意于此。由是言之，钱氏与惠氏治经之见解，前后如出一辙，故钱氏为惠氏作传，极誉之曰：

> 宋元以来，说经之书，盈屋充栋，高者蔑弃古训，自夸心得；下者剿袭人言，以为己有。儒林之名，徒为空疏藏拙之地。独惠氏世守古学，而先生所得尤深，拟诸汉儒，当在何邵公、服子慎之间，马融、赵岐辈不能及也。（《潜研堂文集》卷三十九《惠先生栋传》）

可知其对惠氏之服膺，其经学受惠氏之影响，盖确然无可疑，惟惠氏为一经学家，为治经学而治经学者也。钱氏则由经学而治史学，以治经学之方法，发扬为史学之研究。在经学上，尊崇汉儒；在史学上，相信较古之记载。所作《秦四十郡辨》一文，最足表明此种精神：

> 言有出于古人而未可信者，非古人之不足信也。古人之前，尚有古人，前之古人无此言，而后之古人言之，我从其前者而已矣。秦四十郡之说，昉于《晋书》。《晋书》为唐初人所作，自今日而溯唐初，亦谓之古人，要其去秦汉远矣。《太史公书》

秦始皇二十六年，分天下为三十六郡，未尝实指为某某郡也。班孟坚《地理志》列汉郡国百有三，又于各郡国下详言其沿革，其非汉置者，或云秦置，或云故秦某郡，或云秦郡，并之正合三十六之数。是孟坚所说，即始皇所分之三十六郡也。志末又总言之云，本秦京师为内史，分天下作三十六郡，汉兴以其地太大，稍复开置，又立诸侯王国，武帝开广三边，故自高帝增二十六，文景各六，武帝二十八，昭帝一，迄于孝平，凡郡国一百三。以秦三十六郡，合之高文景武昭所增置，正得百有三。是秦三十六郡之外，更无它郡，安得有四十郡哉？

司马彪《郡国志》，本沿《东观》旧文，亦云《汉书·地理志》承秦三十六郡，后稍分析，至于孝平，凡郡国百三。盖自后汉至晋，史家俱不言秦有四十郡也。许叔重《说文》，应劭《风俗通》，高诱《淮南子注》，皇甫谧《帝王世纪》，述秦郡皆云三十六，诸人博学洽闻，岂有不读《史记》者？使南海三郡，果在三十六郡之外，何故舍多而称少？故知西晋以前，本无四十郡之说。自裴骃误解《史记》，以略取陆梁地在分郡之后，遂别而异之。其注三十六郡，与《汉志》同者三十三，别取内史、鄣郡、黔中三郡以当之，而秦遂有三十九郡矣。《晋志》又增入闽中一郡，合为四十。嗣后精于地理如杜君卿、王应麟、胡三省辈，皆莫能辨。四十郡之目，遂深入人肺腑，牢不可破矣。地理之志，莫古于孟坚，亦莫精于孟坚，不信孟坚，而信房乔敬播诸人，吾未见其可也。即溯而上之，肇自裴骃，骃亦刘宋人也，岂转古于孟坚哉！（《潜研堂文集》卷十六）

钱氏以南海三郡，列入秦三十六郡之中，其说是否适当，姑不置论。然其不信裴骃四十郡后起之说，而信班固《地理志》较古之记载，则可以完全表现其史家之正确态度。故钱氏复于《秦三十六郡考》(见同上同卷)、《答洪稚存书》(同上卷三十五)、《答谈阶平书》(同上卷三十六)以及《考异》中，再三强调其说，不顾他人之非议。盖以班固所处之时代，去秦未远，较后人之说，为可信也。

在经学上，尊崇汉儒，希心复古，是否不无偏蔽，颇可置疑。在史学上，相信较古之记载，则为史家应有之态度。因作史时代愈后，则附会愈多，当时之真面目，愈不可见。如汉至魏晋宋齐，九卿之官，向无卿字，自梁武帝增置十二卿，始于官名下系以卿字。唐人修《晋史》，遂多有称某卿者，是以后人之名九卿者，名于晋代也。故钱氏于《考异》卷二十一云：

> 汉以太常、光禄勋、卫尉、宗正、廷尉、太仆、大鸿胪、大司农、少府为九卿，而官名无卿字。魏晋宋齐并因汉制。梁武帝增置十二卿，始于官名下系以卿字。今晋史诸传，间有称某卿者，如《王览传》，以览为宗正卿；《何遵传》，迁太仆卿；《卫瓘传》，转廷尉卿；《司马允之传》，追赠太常卿；《山涛传》，除太常卿；《何攀传》，廷尉卿诸葛冲；《挚虞传》，父模魏太仆卿，虞为卫尉卿、太常卿；《周凌传》，父斐少府卿；《卞敦传》，父俊历位廷尉卿；《谢安传》，父裒太常卿；《孙绰传》，转廷尉卿，皆唐初史臣不谙官制，率意增加，非当时本称。

史家犯此类错误者比比，厘而正之，端赖利用较古之记载，详加考究。记载愈古，愈可能接近史料之亲见亲闻境界，较之间接得之于传闻者，自为可信。故钱氏于《文集》卷二十四《三国志辨疑序》云：

> 蔚宗号称良史，然去东京岁月遥远，较之承祚，则传闻之与亲睹，固不可同年而语矣。若《晋书》修于唐初，时代益复邈隔，又杂出众手，非专家之业，其罅漏百出，奚足怪哉！

此可视为钱氏考订古史之际所依据之客观标准，范晔与陈寿之说异，则信陈寿而不信范晔，以范晔去东汉远，不是得之于亲见亲闻，此与其治经力宗汉儒，以汉儒去古未远者，精神蹊径，完全一致也。

5. 钱氏论经学与史学

经学之在清朝，地位至崇高者也。赵翼自序《廿二史劄记》云：

> 闲居无事，翻书度日，而资性粗钝，不能研究经学，惟历代史书，事显而义浅，便于流览，爰取为日课。

赵氏为史学大家，亦已自行低视史学。自钱大昕、章学诚二氏积极提倡史学，史学之地位，始渐获提高。

章氏倡"六经皆史"之说，将经学附属于史学之中，夫人而知之。钱氏提倡史学之苦心与其"经史非二学"之伟论，则人罕能言之。钱氏之言曰：

> 经与史岂有二学哉？昔宣尼赞修六经，而《尚书》《春秋》实为史家之权舆；汉世刘向父子，校理秘文为《六略》，而《世本》《楚汉春秋》《太史公书》《汉著纪》列于春秋家，《高祖

传》《孝文传》列于儒家，初无经史之别。厥后兰台、东观，作者益繁，李充、荀勖等创立四部，而经史始分，然不闻陋史而荣经也。自王安石以猖狂诡诞之学，要君窃位，自造《三经新义》，驱海内而诵习之，甚至诋《春秋》为断烂朝报，章、蔡用事，祖述荆舒，屏弃《通鉴》为元祐学术，而十七史皆束之高阁矣。嗣是道学诸儒，讲求心性，惧门弟子之泛滥无所归也，则有诃读史为玩物丧志者，又有谓读史令人心粗者，此特有为言之，而空疏浅薄者托以借口。由是说经者日多，治史者日少。彼之言曰：经精而史粗也，经正而史杂也。予谓经以明伦，虚灵玄妙之论，似精实非精也；经以致用，迂阔刻深之谈，似正实非正也。太史公尊孔子为世家，谓载籍极博，必考信于六艺；班氏古今人表，尊孔孟而降老庄，皆卓然有功于圣学，故其文与六经并传而不愧。若元明言经者，非剿袭稗贩，则师心妄作，即幸而厕名甲部，亦徒供后人覆瓿而已，奚足尚哉！（《廿二史劄记序》）

乾嘉之际，惠戴之学盛行于世，天下学者，但治古经，略涉三史，三史以下，则茫然而不知。钱氏慨然伤之，故大声疾呼，主张读史，发而为经学史学初无轩轾之论。所著《廿二史考异》，盖有为而作。钱氏在当时极负盛名，经史淹贯，一时无两，并世学人如周春、章学诚皆曾贻书钱氏，期其于汉学偏弊，有所矫正，诚以当时惠戴而外，学足以拔赵立汉，别树一帜者，端推钱氏也。戴氏尝谓人曰："当代学人，吾以晓征为第二人。"盖戴氏毅然以第一人自居。然戴氏之学，以肆经为主，不读唐以后书。钱氏则博综群籍，由经而治史，蹊径另辟，光远而大，固非戴氏之所可及矣。

6. 钱氏肆力治元史

钱氏于《元史》用力最深，曾以最大决心与最大努力从事于《元史》之撰写。其于《元史艺文志序》云：

> 大昕向在馆阁，留心旧典，以洪武所葺《元史》，冗杂漏落，潦草尤甚，拟仿范蔚宗、欧阳永叔之例，别为编次，更定目录，或删或补，次第属草，未及就绪。归田以后，此事遂废，唯《世系表》《艺文志》二稿，尚留箧中。

是钱氏在馆阁之时，即感于《元史》之冗杂漏落，而有重写《元史》之计划，并且已次第属草，所惜者为未克定稿耳。《世系表》《艺文志》二稿，即属于全稿中之一部分。其弟子黄钟于《元史氏族表序》云：

> 明初诸臣，修纂《元史》，开局未及匝岁，草率蒇事，其中纰谬颇多。如速不台即雪不台，完者都即完者拔都，石抹也先即石抹阿辛，皆一人两传。阿剌赤、忽剌出、昂吉儿、重喜、阿朮鲁、谭澄六人，皆附传之外，别有专传，为后来读史者所讥。先生尝欲别为编次，以成一代信史，稿已数易，而尚未卒业。其《艺文志》及此表皆旧史所未备，先生特创补之，则以元之蒙古色目人命名多混，非以氏族晰之，读者茫乎莫辨，几如瞽者之无相，往往废书而叹矣。故此表尤为是史不可少之子目。先生属稿始于乾隆癸酉七月，成于庚子五月，几及三十年，其用力可谓勤已。

第十章 清乾嘉时代之历史考据学

既云"稿已数易",则其对《元史》撰写之勤,历时之久,可以推想而知。自其撰《氏族表》一稿历时几及三十年一端察之(乾隆癸酉为乾隆十八年,公元1753年;庚子为四十五年,公元1780年),即可窥知钱氏欲倾其全副精力,以写一部元史新著之伟大计划。钱氏《过许州追悼亡友周西隰刺史》诗云:"读史纵横贯串功,眼光如月破群蒙,和林旧事编成后,更与何人质异同(钱氏自注云:予近改修《元史》)。"(《潜研堂诗集》卷六)段玉裁《序潜研堂文集》云:"先生……所著书多刊行于世,生平于《元史》用功最深,惜全书手稿未定。"章学诚上钱氏书云:"闻大著《元史》,比已卒业,何时可以付刻,嘉惠后学?"(《文史通义》外篇三《为毕制军与钱辛楣宫詹论续鉴书》)昭梿亦谓钱氏归田后,"曾著《元史续编》,采择颇精当"(《啸亭杂录》卷七"钱辛楣之博"条)。是钱氏之撰写《元史》,亦为并世学人所共知晓者也。江藩汉学师承记谓钱氏"欲重修《元史》,后恐有违功令,改为《元诗纪事》"(卷三《钱大昕传》),此殊非是。钱氏所撰《元史》,仅为未定之稿,未曾改为《元诗纪事》也。《北平图书馆善本书目乙编》著录宝山毛岳生批校监本《元史》,即系以朱笔照钱氏史稿钩勒添补,丹黄殆遍,每卷后均有毛氏识语,述明照钱稿移写之时日。牟润孙师在北平时,曾读其书,且尝过录数卷,为维运详言之。日人岛田翰著《古文旧书考》附《江南访书余录》云于江南获见钱氏《元史稿本》十数巨册,其说绝非虚构。惜其后未见有人道及,今恐不可问矣。

王鸣盛不著书,猥以校订之役,为古人考误订疑,所谓"出其读书校书之所得,标举之以诒后人,初未尝别出新意,卓然自著为一书",王氏之所自白也。钱氏则锐意著《元史》,书虽未传于世,而其精神意趣,百年之后,犹可考见,此钱氏所以为历史考据学派

319

中最优秀之史家，亦其所以卓然超越于王氏之处。19世纪欧洲语文考据学派，不惟考史，抑且著史，考史为手段，著史为目的，如兰克之史学巨著，数量即惊人，此欧洲语文考据学派所以凌驾于中国历史考据学派之处。中国历史考据学派有一钱氏知著史，而天不传其书，噫，亦可慨已！

四　乾嘉时代历史考据学之总成绩

王鸣盛、钱大昕不过乾嘉时代历史考据学派之代表人物而已，此时以考据治史学，已蔚为普遍风尚，治史而不谈考据者，几不足齿诸学人之列。崔述以怀疑精神治古史，百年之后，光远而大，当时则声气孤寂，学人中几无知之者；浙东史学派自黄宗羲以还，大家辈出，光彩焕发，迄于斯时，亦不足以抗其锋。盛运所趋，沛然而莫之能御。故全祖望以浙东史家而有《汉书地理志稽疑》六卷，惠栋以经学大师而有《后汉书补注》二十四卷，王念孙、孙星衍皆非史家也，而皆有《考释古史》之作。可谓盛矣！

今请言此时期历史考据学之总成绩：一曰注释旧史之作之足以汗牛充栋也。如钱大昕之《廿二史考异》《诸史考异》，王鸣盛之《十七史商榷》，赵翼之《廿二史劄记》《陔余丛考》，杭世骏之《诸史然疑》，张燧之《读史举正》，洪颐煊之《诸史考异》，洪亮吉之《四史发伏》，梁玉绳之《史记志疑》，钱塘之《史记三书释疑》，王元启之《史记三书正讹》，钱大昭之《汉书辨疑》《后汉书辨疑》《续汉书辨疑》，惠栋之《后汉书补注》，陈景云之《两汉书举正》，沈钦韩之《两汉书疏证》，全祖望之《汉书地理志稽疑》，梁玉绳之《汉书人表考》，钱坫之《新斠注汉书地理志》，徐松之《汉书地理志集释》

《汉书西域传补注》，杭世骏之《三国志补注》，钱大昕之《三国志辨疑》，梁章钜之《三国志旁证》，陈景云之《三国志举正》，沈钦韩之《三国志注补训诂》，侯康之《三国志补注》，毕沅之《晋书地理志新补正》，章宗源之《隋书经籍志考证》，彭元瑞、刘凤诰之《五代史记注》，吴兰庭之《五代史记纂误补》，钱大昕之《宋辽金元四史朔闰考》《辽金元三史拾遗》，厉鹗之《辽史拾遗》，汪辉祖之《元史本证》，其目伙矣，殆难尽举，谓之为"处则充栋宇，出则汗牛马"，无丝毫之夸张也。

二曰补充旧史之作之蔚为洋洋大观也。如齐召南之《历代帝王年表》，孙星衍之《史记天官书补目》，刘文淇之《楚汉诸侯疆域志》，钱大昭之《后汉书补表》《补续汉书艺文志》，侯康之《补后汉书艺文志》，洪亮吉之《补三国疆域志》，侯康之《补三国艺文志》，洪饴孙之《三国职官表》，周嘉猷之《三国纪年表》，侯康之《补晋书艺文志》，钱仪吉之《补晋书兵志》，洪亮吉之《东晋疆域志》《十六国疆域志》，郝懿行之《补宋书刑法志》《补宋书食货志》，卢文弨之《魏书礼志校补》，周嘉猷之《南北史表》，钱大昕之《修唐书史臣表》《唐五代学士表》，周嘉猷之《五代纪年表》，卢文弨之《金史礼志补脱》，钱大昕之《元史氏族表》《补元史艺文志》，其撷拾丛残以为旧史补缀者，更仆难终也。

第十一章　全祖望之史学

　　清代浙东史学，自黄宗羲首创风气，经万斯同、全祖望之发扬光大，迄于章学诚而光彩焕发，蔚为清代史学一大宗派。重当世，明近代，表章人物，尊崇文献，为其史学之重大特色；而以性灵之真，情感之挚，褒奖气节，发明幽隐，以维持天地宇宙间之正气，尤为其史学之主要精神。黄宗羲值易代之际，怀故国之思，慨然以保存明代文献自任，为此种精神之所郁积；万斯同以布衣参史局，以一人之力而任有明三百年之史事，为此种精神之所发扬；章学诚于乾嘉考据学极盛之时，不徇流俗，毅然推崇一家之著述，发而为精辟深远之论，为此种精神之所磅礴；而全祖望生于雍乾盛世，距明亡将及百年，对鼎革之际忠肝义胆卓行奇节之士，汲汲表章，不遗余力，以盛世之民，述亡国之痛，刀锯鼎镬之诛，若有所弗睹，尤为此种精神之所激励奋发。浙东史学，一脉相承，渊源不异，而于黄万二氏最能见浙东史学之博雅，于章氏最能见浙东史学之识见，于全氏最能见浙东史学之精神。

第十一章　全祖望之史学

一　全氏之搜访文献及表章气节

全氏之治史，完全出发于至情，怵于时而动于心，感于怀而形诸文，故其毕生精力，致肆于近代当世之史及文献学术之史。

明亡之后，文献以忌讳凋零脱落，而奇节特行，忠烈耿耿之士，多寂寂无闻，与草木同腐，全氏慨然伤之！其言曰：

> 故国乔木，日以陵夷，而遗文与之俱剥落，征文征献，将于何所？此予之所以累唏长叹而不能自已也！（《鲒埼亭集外编》卷二十五《雪交亭集序》）

又曰：

> 百年以来，文献以忌讳脱落，即其后人，亦不甚了了。（《鲒埼亭集》卷八《明建宁兵备道佥事鄞倪公坟版文》）

又曰：

> 桑海诸公，其以用世之才，而槁项黄馘，赍志以死，庸耳浅目，谁为收拾？其逸多矣！（同上卷二十六《明太常寺卿晋秩右副都御史茧庵林公逸事状》）

又曰：

士君子断头死国，而其事犹在明昧之间，令人疑信相参，良久而始得其真也，岂不悲夫！（《鲒埼亭集外编》卷五《明淮扬监军道佥事谥节愍郑王公神道碑铭》）

细读其所著《鲒埼亭集》，其致慨于明末清初文献之澌灭及人物之湮没者，比比不可胜道。故积极搜访遗集，表章奇节，忌讳所不计较也。其《与卢玉溪请借钞续表忠记书》云：

以某之不才，自分何足传前辈之书，其为先生所嗤固宜。然终愿先生之勿深閟也。若夫嫌讳之虑，则采薇叩马诸公，何害应天顺人之举？即或少有当避忌处，不妨及今稍为商酌。如近世魏征君冰叔、黄征君梨洲诸集，其间多空行阙字，可援比例，不必过为拘忌。明野史凡千余家，其间文字多芜秽不足录。若峥嵘独出，能以史汉手笔，备正史之蓝本者，纪事则梅村绥寇纪略，列传则续表忠记而已。（同上卷四十四）

为求留传备正史蓝本之野史，不惜委曲求全，不惧斧钺之诛，其苦心孤诣，其劲风刚节，迄今而令人仰慕不已。

全氏之搜访遗集，无微不至，冥搜博罗，露篡雪钞，不啻饥渴之于甘美。有求之几二十年者，得之则为之狂喜，视若球璧。

于《刘继庄传》云：

诸公著述，皆流布海内，而继庄之书，独不甚传，因求之，几二十年，不可得。近始得见其《广阳杂记》于杭之赵氏。盖薛季宣、王道甫一流。呜呼！如此人才，而姓氏将沦于狐貉之

口，可不惧哉！(《鲒埼亭集》卷二十八)

于《沈太仆传》云：

鄞人有游台者，予令访公集，竟得之以归，凡十卷，遂录入《甬上耆旧诗》。(同上卷二十七)

于《雪交亭集序》云：

《雪交亭集》手稿在陆先生春明家，虽高氏亦不知有是集也(《雪交亭集》为高槩庵所著)。雍正戊申，予求故国遗事，从陆氏得之，为之狂喜。(《鲒埼亭集外编》卷二十五)

于《钱忠介公全集序》云：

公遗文……公仲弟退山侍御藏之，展转柳车复壁之间。……侍御……付其子濬恭，属以谨收筐篚，虽至亲密友，不可出示，故世莫得而见也。而予家自先赠公崎岖桑海，所撼拾同事诸公文字，其中颇有忠介之作。予年来搜讨故国遗音，亦或得所未有。于是濬恭捧其先集，来与予互相雠校增补，予惊喜不胜。……呜呼，文丞相《指南集》《杜诸编》，后世奉为德祐以后三朝史料；陆丞相《海上日录》，君子惜其不传。忠介之集，文陆之遗音也。……自明之季，吾乡号称节义之区，其可指而数者，四十余人，而惟忠介暨苍水二家之集得传。其余如眉仙、彤庵、跻仲、笃庵、长升、嘿农、幼安诸公，盖四十余人中之

325

表表者，或不过断简残编，或并只字不可得，则是二家之集，不亦与球璧同其矜贵也欤？（同上同卷）

于是全氏继李杲堂《甬上耆旧诗集》，纂成《续甬上耆旧诗集》一百六十卷，人为立传，桑海之变征，太平之雅集，凡为其乡党所恭敬而光芒有未阐者毕出。

奇节之士，与亳社声灵，同归寂灭，全氏尤致恸慨。故于晚明仗节死义之士与夫抗志高蹈不事异姓者，津津乐道，殆所谓"其心好之，不啻若自其口出"。大节凛凛，若钱肃乐、张煌言、王翔、顾炎武、黄宗羲辈，皆为之作碑铭墓表，洋洋洒洒，读其文而令人思其人。而出自学校韦布之徒，若所谓六狂生（董志宁、王家勤、张梦锡、华夏、陆宇㷮、毛聚奎）、五君子（王石雁、屠献宸、董德钦、杨文琦、杨文琮）者，皆为之作状，发明沉屈，以慰其重泉之恨。歌妓之有气节者，亦表章之，全氏曰："明之灭也，熹毅二后亡国而不失阴教之正，有光前史。而臣僚之母女妻妾姊妹亦多并命。降及草野，烈妇尤多，风化之盛，未有过于此者。以为明史当详列一传，以表章一朝之彤管者也。又降而南中吴中，以及淮扬之歌妓，亦有人焉，此不可以其早岁之失身，而隔之清流者也。"（同上卷十二《沈隐传》）

当代之廉吏以及仗义好古之士，亦不忍听其泯没，如撰写《知平凉府蒋公墓表》（《鲒埼亭集》卷二十一）、《范培园墓志铭》（《鲒埼亭集外编》卷七）之类是也。当时全氏以熟于乡邦文献，名重于一时。赵一清谓全氏曰："微吾丈莫悉诸老轶事也。"（《鲒埼亭集》卷十二《应潜斋先生神道碑》）范冲一至杭州，见全氏喀血甚厉，愀然曰："方今东南文献之寄在先生，而比年稍觉就衰，愿深自调护，勿过劳以伤生。"(同上卷二十二《范冲一穿中柱文》)全氏亦以此自负，于《提督贵州学政翰林院编修九沙万公神道碑铭》云："非予表而出之，其谁更表而出之！"(同上卷十六)全氏之气象，可谓雄伟矣。

全氏认为生乎百年之后，以言旧事，所见异词，所闻异词，所传闻又异词，故主张及时而考正之（《鲒埼亭集外编》卷四《明户部右侍郎都察院右佥都御史赠户部尚书崇明沈公神道碑铭》）。所作碑铭记传，首重亲见亲闻。如于《知广西府杨公传纠谬》一文云：

> 余所本者，为半湖陈公日录。陈公时以献俘随张永在南中，又同入都，及见此事。爰采之以补史，并正诸家之谬。(《鲒埼亭集》卷三十五)

于《徐都御史传》则云：

> 蛟门方修县志，以公有柴楼山寨（在定海）之遗，来访公事，先赠公曾预公山寨中，知之最详，予乃序次而传之。(《鲒埼亭集外编》卷十二)

全氏所及身见闻者，必忠实记述之，使其暴白于天下，如所作李绂、万经之神道碑铭是也（分见于《鲒埼亭集》卷十七及十六）。不克及身见闻，则不惮亲自访问，或走访其故址，或遍问其生平，虽樵夫牧竖之微，亦一一而与之言焉。

《奉浙东孙观察论南宋六陵遗事帖子》云：

余尝走攒宫山下，摩挲宋学士碑文，所有享殿周垣，虽已摧残殆尽，尚有约略可寻之迹，而遍问樵夫牧竖，独失祠址所在，为之茫然。（《鲒埼亭集外编》卷四十三）

《明太傅吏部尚书文渊阁大学士华亭张公神道碑铭》云：

雍正丙午，予游补陀，诸僧导予游故迹，予概弗往，而先登茶山（在补陀，张公葬于此），求公埋骨之地，尚有一石题曰张相国墓。（《鲒埼亭集》卷十）

《明故张侍御哀辞》云：

又百年，予过吊其下（侍御葬于大皎之南麓），因呼山中父老，问以侍御之姓名，而莫之知也，盖天下之平久矣。（同上卷八）

《明管江杜秀才窆石志》云：

予尝过杜氏之居，流览当年战场，其间居民果伉勇，一呼云集，自视无前。（见同上同卷）

《刘继庄传》云：

予之知继庄也，以先君；先君之知继庄也，以万氏。及余出游于世，而继庄同志如吴质人、王昆绳皆前死，不得见。即

其高弟黄宗夏亦不得见。故不特继庄之书，无从踪迹，而逢人问其生平颠末，杳无知者。（同上卷二十八）

全氏所不能亲自访问而得者，则间接闻之于前辈。撰黄宗炎《神道表》，伤耆老凋丧，无人能言其奇节（同上卷十三《鹧鸪先生神道表》）。作沈兰先墓碣铭，以其遗书佚落，完全根据于前辈之所言（同上同卷《沈甸华先生墓碣铭》）。其父更乐为之道鼎革之际忠臣义士之一言一行，所谓"先大父赠公论剡源人物，陈工部纯来有绵上之节，汪参军涵有田岛之义，梅岑有柴桑之风"（《鲒埼亭集外编》卷十二《李梅岑小传》），即其一例。全氏又有族母为张煌言女，年八十余，甚多掌故全氏皆从之询问而得也。

全氏于所表章之人物，亦涕泪交流而言之，所谓"世更百年，宛然如白发老泪之淋漓吾目前也"（同上卷五《明监察御史退山钱公墓石盖文》），即其撰述时之心情。文成以后，时或为之流涕而读，读毕长恸不已（如作《中条陆先生墓表》《姚薏田圹志铭》，分见于《鲒埼亭集》卷十四及二十）。其文曲折尽情，上自立身大节，学术全貌，下至日常生活，零星佚事，皆淋漓以道之。故其文感人亦最深，读其文至涕零泪下而不已。

全氏怵于文献之沦胥，人物之澌灭，见闻之不得闻于后世，以致肆力于近代当世之史，殚精于文献人物之际，大声疾呼，全无避忌，此皆由至情而发之，非由外而铄也。时值雍乾，文网正密，偶表前朝，即膺显戮，致使士大夫皆缄口沉默，噤若寒蝉。全氏独犯天下之大不韪，毅然言天下所不敢言，可谓已尽史家之责。虽《鲒埼亭集外编》之刻在乾隆四十一年（1776），《鲒埼亭集》之刻在嘉庆九年（1804），皆在全氏身死之后（全氏乾隆二十年死），然其所作《明遗臣碑铭墓表》，十之五六系应遗臣之子孙而作，勒之金石，揭于旷野，其易获罪戾，尽人而知之。杨德周以文人而为杨文琦之宗，文琦兄弟死国事，畏祸而不敢为之作传，而全氏则有杨氏四忠烈合状之作（《鲒埼亭集外编》卷十）。乾隆元年（1736），全氏为书六通移明史馆，第五第六力言隐逸忠义两列传所以扶持宇宙元气，培养世教人心（《鲒埼亭集外编》卷四十二）。苦口婆心，感人肺腑，是即所谓塞于天地间之浩然之气欤？

全氏又扩而为数百年前学术史之撰述，此亦由其情之所不能已者而发之。《鲒埼亭诗集》卷四《仲春仲丁之半浦陪祭梨洲先生》诗云：

> 黄竹门墙尺五天，瓣香此日尚依然，
> 千秋兀自绵薪火，三径劳君盼渡船。
> 酌酒消寒欣永日，挑灯讲学忆当年，
> 《宋元学案》多宗旨，肯令遗书叹失传。

悯黄宗羲《宋元学案》之未成，故踵其宗旨而《续撰宋元学案》百卷。《舟中编次南雷宋儒学案序目》诗则云：

> 关洛源流在，丛残细讨论，
> 茫茫溯薪火，渺渺见精魂。
> 世尽原伯鲁，吾惭褚少孙，
> 补亡虽兀兀，谁与识天根！
> （《诗集》卷五）

其情感之横溢，其撰述之辛勤，盖可想见。尝自称"予续南雷《宋儒学案》，旁搜不遗余力，盖有六百年来儒林所不及知，而予表而出之者"（《鲒埼亭集》卷三十《蕺山相韩旧塾记》）。三汤（息庵、晦静、存斋）之源流已灭没，全氏即从五百年之后，爬梳而得其一二，为朱陆门墙补亡拾佚（参见同上卷三十四《奉答临川先生序三汤学统源流札子》）。自乾隆十一年（1746）至二十年（1755），十年之间，全氏修此书未尝辍，临殁尚未完稿。此亦由表章之一念所出发也。

二　全氏治史之缜密精神及公正态度

全氏之治史，与当时之历史考据学派迥然殊途，然亦不疏于考据，不以其包举宇宙之大气，而妨害史家应有之缜密精神也。其言曰：

> 史以纪实，非其实者非史也。（同上卷二十九《帝在房州史法论》）

又曰：

> 自昔图经地志，莫不扳援古人，以为桑梓生色。予谓不核其实，则徒使其书之不足取信于世。（同上卷三十五《辨大夫种非鄞产》）

以纪实、取信论史，自属千古卓识，故其所作碑铭记传，态度公正，"不敢有溢词，亦不敢没其实"（同上卷十八《吏部侍郎兼翰林掌院学士巡抚江苏思蓼邵公神道碑铭》），参伍考稽，务尽详审。《明故兵部尚书兼东阁大学士赠太保吏部尚书谥忠介钱公神道第二碑铭》云：

> 予详节公文集中诸事迹，合之侍御（钱忠介之侄）所作家传，并诸野史之异同，参伍考稽，以为公神道第二碑铭。（同上卷七）

《明故权兵部尚书兼翰林院侍讲学士鄞张公神道碑铭》云：

> 予考公集中诸事迹，合之野史所纪，并得之先族母（张公之女，归全氏族祖穆翁为子妇）之所传者，别为碑铭一篇。（同上卷九）

《明太傅吏部尚书文渊阁大学士华亭张公神道碑铭》云：

> 予博考唐鲁二王野乘，参之《明史》，折衷于茂滋（张公之孙）所述，论定其异同，以为公碑。（同上卷十）

对知友亦无曲笔，厉鹗其至交也，为之作墓碣铭，不没其词人不闻道之过（同上卷二十《厉樊榭墓碣铭》）；王豫亦其友也，铭其墓而不讳其生平疵类（同上同卷《王立甫圹志铭》）。于《姚薏田圹志铭》云：

第十一章 全祖望之史学

  蕙田之操行，其视敬所（王豫）为更醇。敬所死，予铭其墓，不讳其生平疵类，蕙田垂泪读之（王豫娶蕙田之姊），已而相向噭然以哭，至失声。长兴令鲍辛浦在座，亦汍澜而起。（同上同卷）

对伪学者如钱谦益、毛奇龄之流，则直接揭穿其假面目，丝毫不予假借。所作《萧山毛检讨别传》，深斥毛氏著书之不德，对其《辨忠臣不死节》一文，尤深恶痛绝，直指其为畏祸偷生而作。（《鲒埼亭集外编》卷十二）

对秽史攻击尤猛烈，《记方翼明事》云：

  邹氏《明季遗闻》，秽诬不堪，其为张缙彦、李明睿、王燮各曲笔增饰，是思以只手掩天下目也。（同上卷四十九）

《周蘖堂事辨诬》云：

  吴农祥所作拟史诸传，如朱孩末、章格庵、张苍水事，大半舛错，全无考证。然犹可曰此皆前辈巨公，故不免耳视而目听。若蘖堂，则既冒托于生死之交，而亦从而诬之。郢书燕说，不幸而传，则文献之祸也已。（《鲒埼亭集》卷三十五）

明亡野史最多，其中真伪杂出，多不足据，全氏知之最审，博考而后引用之。既攻击邹氏《明季遗闻》秽诬不堪，其中有一事经证明为可信者，亦不遗之。《记方翼明事》又云：

333

邹氏《明季遗闻》……其中有一事可采，谓南都翻逆案时，奉化方翼明上疏谏，发刑部拟罪。此事他野史不载，独见邹氏之书。予初不甚信，近始访得其谏疏。又知其为李梅岑先生弟子，梅岑故遗民风节之高者也。当更博考翼明之平生而传之。

对《明史》亦不满，《明直隶宁国知府玉尘钱公神道表》云：

生平大节，为孝子，为忠臣，家国情事，俱当于古人中求之。《明史》不为公立传，百年以来，知之者鲜矣。（同上卷六）

《明故兵部尚书兼东阁大学士赠太保吏部尚书谥忠介钱公神道第二碑铭》云：

公乙酉以后之事，见于碑诔者，皆互有缺略。圣祖修《明史》，史臣为公立传，据诸家之言，亦不详也。（同上卷七）

《为明故相胶州高公立词议与绍守杜君》云：

……是皆《明史》及诸野乘所未及者。（同上卷三十三）

《城北镜川书院记》云：

予后公（杨文懿）生三百余年，即公之家，求公之书，残断十九，仅得其《毛诗》《尚书》《大学》《中庸》十数卷，慨然如得羽阳未央之片瓦。因叹公之绪言，世无知者。南雷黄聘君

作《学案》，称极博，竟不为公立传。《明史·儒林》，多取《学案》，故于公亦阙，良可惜也！（《鲒埼亭集》外编卷十六）

《陆桴亭先生传》云：

其最足以废诸家纷争之说，而百世俟之而不易者，在论明儒。顾《明史·儒林传》中未尝采也。予故撮其大略于此篇。（《鲒埼亭集》卷二十八）

遍观《鲒埼亭集》，对《明史》之批评，似此类者，不一而足。或致慨于《明史》立传之缺略；或有感于《明史》搜罗之不广；节士生平之湮灭，硕儒言论之失传，尤所蒿目而伤心者也。《明史》为官修之书，时人鲜敢议其非，全氏当有甚多不能尽情以言者，此则可为浩叹者也！

三　全氏史学之渊源——由理学而治史学

全氏生当清康雍乾盛世，对清廷似已不可能有若何愤恨，而仍对晚明节义之士，寄予莫大同情，遍访其生平，广搜其遗集，唏嘘涕泣而表章之，生死祸福，置之于度外，若惟恐昔贤先烈之苦心芳躅自其手中消逝者，此其故何哉？全氏之曾祖父大程，祖父吾骐，父书，皆忠于明朝，崎岖于桑海之际；其父又乐为之道鼎革之际节义掌故，全氏由之油然而兴倾慕之心，斯固自然之理。然此究为外铄之原因，不能作为主要之解释也。吾思之，吾重思之，觉全氏之学，完全由宋明之理学出发；由理学而入于史学，故富于情感，醉心正义，拳拳于故国乔木之思，此由内而外之学也。

全氏极为尊崇宋明理学，私人修举宋明学院故址，不遗余力，以为立德立功立言之士，皆自学院中产生，理学隐隐操士风之美恶。如于《槎湖书院记》云：

> 吾乡自宋元以来，号为邹鲁。予修举诸先师故址，始于大隐石台，讫于槎湖。设者以为皋比已冷，带草已枯，虽有好事，徒然而已。岂知当诸先师之灌灌也，吾乡立德立功立言之士，出其中者，盖十之九。山川之钟秀，随乎儒苑，不可谓函丈之中无权也。（《鲒埼亭集外编》卷十六）

全氏亦精于宋明理学，每有警辟之论，论朱陆学术之异于发轫而同于究竟，所见尤卓绝千古。《淳熙田先生祠堂碑文》云：

> 予尝观朱子之学，出于龟山，其教人以穷理为始事，积集义理，久当自然有得；至其以所闻所知，必能见诸施行，乃不为玩物丧志，是即陆子践履之说也。陆子之学，近于上蔡，其教人以发明本心为始事，此心有主，然后可以应天地万物之变；至其戒束书不观，游谈无根，是即朱子讲明之说也。斯盖其从入之途，各有所重，至于圣学之全，则未尝得其一而遗其一也。（同上卷十四）

亦极力反对门户之见，《杜洲六先生书院记》云：

> 夫门户之病，最足锢人。圣贤所重在实践，不在词说。故

东发虽诋心学,而所上史馆札子,未尝不服慈湖为己之功。然则杜洲祠祭,其仍推东发者,盖亦以为他山之石。是可以见前辈之异而同也。彼其分军别帜,徒哓哓于颊舌者,其无当于学也明矣。(同上卷十六)

黄宗羲为全氏所最服膺之人,亦不满其"门户之见深入而不可猝去"(同上卷四十四《答诸生问南雷学术帖子》)。讲宋明之学而无门户之见,实已达于一精湛境界。故全氏之学,于宋则宗陆而不悖于朱,于明则尊王而不诋于刘(刘宗周),于清初则直承黄宗羲、万斯同之统而毅然以浙东之学为己任,兼容并包,源远流长,其得之于心也深,其持之于外也于是固,随所遇而见于世,所谓"浙东之学,阳明得之为事功,蕺山得之为节义,梨洲得之为隐逸"(章学诚《文史通义·浙东学术》篇),全氏得之沛而及于史,乃浩乎其不可御矣。冒斧钺之诛而表章气节,以盛世之民而同情隐逸,树史学正义之蠹,养宇宙浩然之气,皆由其精深之理学造诣所郁积而磅礴者也。

虽然,时代之限制人亦甚巨,以全氏之所学,遭逢文网森严之当日,究竟不能畅其所学,留垂一家之史;全身以善终,已侥幸于万一;又复中寿而逝(全氏生于清康熙四十四年,卒于乾隆二十年,年五十一),身死之后,遗书存藏于杭世骏及门生董秉纯之手,乾隆四十一年(1776)董秉纯云全氏诗文集存者一百十五卷(《鲒埼亭集外编》题词),今存者则《鲒埼亭集》四十八卷(包括《经史问答》十卷),外编五十卷,诗集十卷,共一百八卷,较董氏所云者,已阙七卷矣。其中必有以忌讳而遭删削芟剃者,杭世骏之拒出其稿,董秉纯之迟刊其集(全氏死后二十一年,即乾隆四十一年,董氏刊其集），皆畏祸之明证也。然则全氏为真不可及矣！

四　全氏学问之博雅及身世之悲凉

全氏亦精于地理之学，七校《水经注》（三十卷），用力綦勤，于舆地之沿革与形势，了如指掌；《汉书地理志稽疑》一书（六卷），不炫奇而求实，虽颜师古、刘原父、胡三省之说犹未敢信，其有裨者，则齐召南、杭世骏、胡渭之言取焉。郦道元、张守节、乐史尤资以疏证者也（张寿镛《汉书地理志稽疑序》）。

全氏治学，渊博无涯涘，于书靡不贯穿，著述不下三十余种。今存者除以上所述者外，尚有《读易别录》三卷，困学纪闻三笺若干卷。其未成或已佚者，则有《读史通表》《历朝人物世表》（二十卷）、《历朝人物亲表》《唐遗臣》（一卷）等。

全氏之学术如此，气节如此，可以无愧为史家矣。然而天之报施善人，往往古今如出一辙。全氏自乾隆六年（时全氏三十七岁）以后，家中极贫，饔飧或至不给，而全氏卓然不为贫窭动心。主讲蕺山书院之俸，可致千金，以太守失礼，毅然辞之，区区千金，视之若腐鼠耳。四十岁后，全氏即衰，连年大病，然仍负病撰述，顾炎武神道表即于疾中成之；晚年交游凋谢，岁作哀挽碑铭，涕泪为之枯竭；岭外归来（乾隆十七年赴广东主讲端溪书院，故疾大发，十八年辞归），一哭厉鹗，再哭沈彤，全氏亦遂不起矣。以全氏之峻严品格，丰富情感，"理会古人事不了，又理会今人事"（姚玉裁语全氏之言），贫穷攻于外，浩气动于中，其衰病而早逝，亦其宜也？！世有学术气节如全氏者乎？虽任执鞭之士，亦吾所欢欣而鼓舞者也。

第十二章　章学诚之史学

　　清代史学界之有章学诚，清代史学之无限光彩也。迄至今日，集中国史学理论与方法大成之人物，惟有章氏当之而无愧，章氏亦为中国罕见之史学思想家。其对于古今学术之渊源，能条别而得其宗旨；对于史籍之体例及史学之精义，倡言立说，能抒发前人所未发；对于经学、史学、文学三者之关系，剖析条陈，能𫖮解千古不解之惑疑；对于为国史要删之方志，能积极提高其地位，且倾全力重建新方志学，所撰《和州志》《永清县志》《亳州志》与《湖北通志》，不独为方志之圣，亦罕见之史学佳著也。论者多比章氏于刘知几，实则章氏超出刘氏之上，刘氏为史籍体例批评家，章氏则史学思想家也。所谓"上下数千年，纵横九万里，洵足推倒一时豪杰，开拓万古心胸"（吴崇曜《跋文史通义》），非为溢美。章氏亦自言曰："吾于史学，盖有天授，自信发凡起例，多为后世开山，而人乃拟吾于刘知几。不知刘言史法，吾言史意；刘议馆局纂修，吾议一家著述；截然两途，不相入也。"（《文史通义·家书二》，以下《文史通义》简称《通义》。）可知章氏史学之精神所在矣。

　　章氏之史学，有其完整之体系，非随得随发，漫若散沙也。惟中国之史家，非若西方史家曾接受逻辑学之严格训练，于其史学体系，不能提纲挈领，为有系统有组织之叙述，理论愈深者，后人愈难明其理论之全部真相。以章氏之尊崇"学有宗旨"之一家著述，其理论体系，后人亦难骤然而窥知，甚且为后人所曲解。治其学之有得者，亦只能窥其史学之一面。故余尝有志就章氏之史学，作有系统有组织之整理分析，以期明其史学之全貌；并与近代西方史家之史学相比较，以期互相发明。惟兹事体大，非仓猝间所能就，亦非数十万言不为功。谨先述论其史学之主要部分，他则俟诸异日矣。

一 章氏论史学与史料

1. 章氏所谓"史学"

章氏论学，与一时学人，全不相合。时人以补苴襞绩见长，以考订名物为务，以小学音画为名，且谓数者足尽学问之能事，章氏则视之为功力，非学问本身。章氏之言曰：

> 近人不解文章，但言学问，而所谓学问者，乃是功力，非学问也。功力之与学问，实相似而不同，记诵名数，搜剔遗逸，排纂门类，考订异同，途辙多端，实皆学者求知所用之功力尔。即于数者之中，能得其所以然，因而上阐古人精微，下启后人津逮，其中隐微可独喻，而难为他人言者，乃学问也。今人误执古人功力，以为学问，毋怪学问之纷纷矣。（《章氏遗书》卷二十九外集二《又与正甫论文》，以下《章氏遗书》简称《遗书》）

又曰：

> 王氏（王应麟）诸书，谓之纂辑可也，谓之著述则不可也；谓之学者求知之功力可也，谓之成家之学术则未可也。今之博雅君子，疲精劳神于经传子史，而终身无得于学者，正坐宗仰王氏，而惧执求知之功力，以为学即在是尔。学与功力，实相似而不同，学不可以骤几，人当致攻乎功力则可耳。指功力以谓学，是犹指秫黍以谓酒也。（《通义·博约中》）

章氏屡屡发表类似此等议论，皆为针砭当时汉学风气而发。当时史学，由汉学发源，非整齐类比，即考逸搜遗，章氏尤致感慨：

> 方四库征书，遗籍秘册，荟萃都下，学士侈于闻见之富，别为风气，讲求史学，非马端临氏之所为整齐类比，即王伯厚氏之所为考逸搜遗，是其研索之苦，襞绩之勤，为功良不可少。然观止矣！至若前人所谓决断去取，各自成家，无取方圆求备，惟冀有当于春秋经世，庶几先王之志焉者，则河汉矣。（《遗书》卷十八文集三《邵与桐别传》）

"整齐类比""考逸搜遗"，章氏皆不视之为史学。所谓"整辑排比，谓之史纂；参互搜讨，谓之史考，皆非史学"（《通义·浙东学术》），为其极明快之论。其所谓"决断去取，各自成家，无取方圆求备，惟冀有当于春秋经世"，则为对"史学"所提出之新见解，亦即对"史学"二字所下之定义界说。其类似之言论云：

341

史学所以经世，固非空言著述也。且如六经，同出于孔子，先儒以为其功莫大于春秋，正以切合当时人事耳。后之言著述者，舍今而求古，舍人事而言性天，则吾不得而知之矣。学者不知斯义，不足言史学也。(见同上同篇)

又云：

世士以博稽言史，则史考也；以文笔言史，则史选也；以故实言史，则史纂也；以议论言史，则史评也；以体裁言史，则史例也。唐宋至今，积学之士，不过史纂、史考、史例；能文之士，不过史选、史评。古人所为史学，则未之闻矣。昔曹子建薄词赋，而欲采庶官实录，成一家言；韩退之鄙鸿辞，而欲求国家遗事，作唐一经。似古人著述，必以史学为归。盖文辞以叙事为难，今古人才，骋其学力所至，辞命议论，恢恢有余，至于叙事，汲汲形其不足，以是为最难也。……古文必推叙事，叙事实出史学。其源本于《春秋》比事属辞。左史班陈，家学渊源，甚于汉廷经师之授受。马曰"好学深思，心知其意"，班曰"纬六经，缀道纲，函雅故，通古今"者，春秋家学，递相祖述。虽沈约、魏收之徒，去之甚远，而别识心裁，时有得其仿佛。……盖六艺之教，通于后世有三，《春秋》流为史学，官礼诸记流为诸子论议，诗教流为辞章辞命，其他乐亡而入于《诗》《礼》，书亡而入于《春秋》，《易》学亦入官《礼》，而诸子家言，源委自可考也。(《遗书补遗·上朱大司马论文》)

由上可知章氏所谓"史学"，有三要素：

一曰比事属辞以叙事；

二曰切合当代人事以经世；

三曰自成一家之言，有决断去取，具别识心裁。

章氏此种论调，在考据古史风气正盛之当代，不啻晴天霹雳，无怪乎群情之哗然也。

2. 史书与史料划分此疆彼界

章氏将史书与史料划分此疆彼界，为其在史学上之一项卓见。其言曰：

> 史家有著作之史与纂辑之史，途径不一。著作之史，宋人以还，绝不多见。而纂辑之史，则以博雅为事，以一字必有按据为归，错综排比，整炼而有剪裁，斯为美也。（《遗书》卷十四《方志略例》一《报广济黄大尹论修志书》）

著作之史，即史书也；纂辑之史，即史料也。章氏又云：

> 古人一事必具数家之学，著述与比类两家，其大要也。班氏撰《汉书》，为一家著述矣，刘歆、贾护之《汉记》，其比类也。司马撰《通鉴》，为一家著述矣，二刘、范氏之《长编》，其比类也。（《通义·报黄大俞先生》）

又云：

> 三代以上之为史，与三代以下之为史，其同异之故可知也。

三代以上，记注有成法，而撰述无定名。三代以下，撰述有定名，而记注无成法。夫记注无成法，则取材也难。撰述有定名，则成书也易。成书易，则文胜质矣。取材难，则伪乱真矣。伪乱真而文胜质，史学不亡而亡矣。（同上《书教上》）

"著述""撰述"，即史书也；"比类""记注"，即史料也。

章氏认为二者不能混而为一，离之则双美，合之则两伤，然亦本自相因而不相妨害，故对撰述之体，比次之道，亦屡屡言之，不惮其详，以期使二者相因而成其美也：

《易》曰："筮之德圆而神，卦之德方以智。"间尝窃取其义，以概古今之载籍，撰述欲其圆而神，记注欲其方以智也。夫智以藏往，神以知来，记注欲往事之不忘，撰述欲来者之兴起，故记注藏往似智，而撰述知来拟神也。藏往欲其赅备无遗，故体有一定，而其德为方；知来欲其决择去取，故例不拘常，而其德为圆。（同上《书教下》）

"撰述欲其圆而神""记注欲其方以智"，为章氏对从事撰述与记注之业者所提出之理想鹄的。惟其圆而神，故有抉择，有去取，成一家之言，通古今之变。惟其方以智，故兼容并包，赅备无遗，备一代之掌故，作后人之凭借。撰述家有赖记注家之资料，记注家必知撰述家之意旨。故章氏进一步畅言云：

为比类之业者，必知著述之意，而所次比之材，可使著述者出，得所凭借，有以恣其纵横变化；又必知己之比类，与著述者各有渊源，而不可以比类之密，而笑著述之或有所疏，比类之整齐，而笑著述之有所畸轻畸重，则善矣。盖著述譬之韩信用兵，而比类譬之萧何转饷，二者固缺一而不可，而其人之才，固易地而不可为良者也。（同上《报黄大俞先生》）

又云：

史迁《礼书》，采用荀卿《礼论》，撷取大旨，至于笾豆笙磬之数，揖让跪拜之文，迁例自谓存之有司。班志合乐于礼，略存乐官员数，而礼乐大旨，亦仅存于刘向《定礼乐疏》。此则古人作史贵识大体之明征也。后代详记名数，少征论著，核其名实，可备一朝掌故，而不足以立一史心裁，是则著述之体与类次之法，分部而行，固亦相资为用者也。近世喜高论者，不取纂类之法；好征实者，或讥班马之文，是则知一而不知二，固守其说而不知通变之法矣。（《遗书外编》卷九《永清县志·礼书》第三）

其论比次之方法，尤为具体：

比次之道，大约有三：有及时撰集，以待后人之论定者，若刘歆、扬雄之《史记》，班固、陈宗之《汉记》是也；有有志著述，先猎群书，以为薪楮者，若王氏《玉海》，司马《长编》之类是也；有陶冶专家，勒成鸿业者，若迁录仓公技术，固载刘向五行之类是也。夫及时撰集，以待论定，则详略去取，精于条理而已；先猎群书，以为薪楮，则辨同考异，慎于核核而

345

已；陶冶专家，勒成鸿业，则钩玄提要，达于大体而已。(《通义》《答客问下》)

对行之千有余年之纪传体，攻击甚猛烈，以其既乖撰述圆而神之原则，又无记注方以智之优点也：

纪传行之千有余年，学者相承，殆如夏葛冬裘，渴饮饥食，无更易矣。然无别识心裁，可以传世行远之具，而斤斤如守科举之程式，不敢稍变；如治胥吏之簿书，繁不可删。以云方智，则冗复疏舛，难为典据；以云圆神，则芜滥浩瀚，不可诵识。盖族史但知求全于纪表志传之成规，而书为体例所拘，但欲方圆求备，不知纪传原本《春秋》，《春秋》原合《尚书》之初意也。《易》曰："穷则变，变则通，通则久。"纪传实为三代以后之良法，而演习既久，先王之大经大法，转为末世拘守之纪传所蒙，曷可不思所以变通之道欤？（同上《书教下》）

时至今日，我国史家受西方史学之激荡，竞以新方法撰写通史或断代史，然而发凡伊始，体例未纯，或大量堆积材料，了无剪裁；或网罗考订文章，纳于书中。以云圆神，因所未逮；拟之方智，又嫌不足。是皆不知章氏史书与史料分立之旨者也。

3. 重视史料

章氏极端重视史料，其《记与戴东原论修志》一文云：

一方文献，及时不与搜罗，编次不得其法，去取或失其宜，则他日将有放失难稽，湮没无闻者矣。夫图事之要，莫若取后人所不得而救正者，加之意也。然则如余所见，考古固宜详慎，不得已而势不两全，无宁重文献而轻沿革耳。(《遗书》卷十四)

及时搜罗文献，编次保存，以利后人之参稽考究，为章氏重文献而轻沿革之理由，亦可窥见章氏重视史料之精神。在世方风靡于考古之当时，此实为一大针砭。惟其如此，故章氏重视近代史，其言曰：

史部之书，详近略远，诸家皆然，不独在方志也。《太史公书》详于汉制，其述虞夏商周，显与六艺背者，亦颇有之。然六艺具在，人可凭而正史迁之失，则迁书虽误，犹无伤也。秦楚之际，下逮天汉，百余年间，人将一惟迁书是凭，迁于此而不详，后世何由考其事耶？（见同上）

章氏亦扩大史料之范围，由文字之著录，及于残碑古鼎之实物：

金石之文，古人所以垂示久远。三代以上，铭钟图鼎，著于载籍。三代而下，庸器渐少，石刻遂多。然以著录所存，推求遗迹，则或亡或阙，十无二三。是金石虽坚，时有湮泐，而著录编次，竹帛代兴，其功为不尠矣。然陵谷变迁，桑沧迭改，千百年后，人迹所至，其有残碑古鼎，偶获于山椒水涘之间，覆按前代纪载，校其阙遗，洞如发覆，则古人作为文字，托之器物，以自寿于天地之间，其旨良深远矣。然留著既多，取用亦异，约而摧之，略有三门：其定著文字，垂示法式，若三字石经、一字石经之属，经学之准绳也。考核姓名官阀，辨其年月干支，若欧赵诸录，洪晁诸家之所辨订，史部之羽翼也。至于书家之评法帖，赏鉴家之论古今，宣和博古之图，清河书画之舫，则又韵人墨客所为，均之不为无补者也。兹于志乘之余，裁取文征，既已与志相表里矣，搜罗金石，非取参古横今，勒成家学，惟以年月姓名官阶科第足以补志文之所未备者，详慎志之，以备后人之采录焉。初非计其文之善否，字之工劣也。(《遗书外编》卷十五《永清文征》三《金石叙录》)

章氏于《和州志》及《永清县志》中，立阙访列传，亦为保存各方面之史料也：

> 阙疑之例有三：有一事两传而难为衷一者，《春秋》书陈侯鲍卒并存甲戌己丑之文是也；有旧著其文，而今亡其说者，《春秋》书夏五郭公之法是也；有慎书闻见，而不自为解者，《春秋》书恒星不见而不言恒星之陨是也。……马班以还，书闻见而示意者，盖有之矣，一事两书，以及空存事目者，绝无闻焉。如谓经文得传而明，史笔不便于自著而自释，则别存篇目，而明著阙疑以俟访，未见体裁之有害也。

> 史无阙访之篇，其弊有十：一己之见，折衷群说，稍有失中，后人无由辨正，其弊一也。才士意在好奇，文人义难割爱，猥杂登书，有妨史体，削而不录，又阙情文，其弊二也。传闻必有异同，势难尽灭其迹，不为叙列大凡，则稗说丛言，起而淆乱，其弊三也。初因事实未详，暂置不录，后遂阙其事目，等于入海泥牛，其弊四也。载籍易散难聚，不为存证崖略，则

一时之书，遂与篇目俱亡，后人虽欲考求，渊源无自，其弊五也。一时就所见闻，易为存录，后代蝇蚁蜷补缀，辞费心劳，且又难以得实，其弊六也。春秋有口耳之受，马班有专家之学，史宗久失，难以期之马氏外孙，班门女弟，不存阙访，遂致心事难明，其弊七也。史传之立意命篇，如老庄屈贾是也；标题类叙，如循吏儒林是也，是于史法皆有一定之位置，断无可缀之旁文，凡有略而不详，疑而难决之事，不存阙访之篇，不得不附着于正文之内，类例不清，文辞难称粹洁，其弊八也。开局修书，是非哄起，子孙欲表扬其祖父，朋党各自逞其所私，苟使金石无征，传闻难信，不立阙访，以杜请谒，无以谢绝一偏之言，其弊九也。史无别识心裁，便如文案孔目；苟具别识心裁，不以阙访存其补救，则才非素王，笔削必多失平，其弊十也。（同上卷十二《永清县志》七《阙访列传》）

章氏所作方志，分立志、掌故、文征三书，志为史书，掌故及文征则专为保存原始史料而设。章氏又倡议于中央及地方设保存史料之机构，命稍通文墨者掌之，专门搜集史料，整理编纂，以备史家之取裁，此实为章氏极有眼光之主张。其言曰：

州县之志，不可取办于一时，平日当于诸典吏中，特立志科，佥典吏之稍明于文法者，以充其选，而且立为成法，俾如法以记载，略如案牍之有公式焉，则无妄作聪明之弊矣。积数十年之久，则访能文学而通史裁者，笔削以为成书，所谓待其人而后行也。（《遗书》卷十四《方志略例》一《州县请立志科议》）

又曰：

尝拟当事者，欲使志无遗漏，平日当立一志乘科房，佥掾吏之稍通文墨者为之，凡政教典故，堂行事实，六曹案牍，一切皆令关会，日录真迹，汇册存库，异日开局纂修，取裁甚富，虽不当比拟列国史官，亦庶得州闾史胥之遗意。今既无及，当建言为将来法也。（同上卷十五《方志略例》二《答甄秀才论修志第一书》）

至于如何搜集史料，如何整理编纂史料，章氏言之亦详：

六科案牍，约取大略，而录藏其副可也。官长师儒，去官之日，取其平日行事善恶有实据者，录其始末可也。所属之中，家修其谱，人撰其传志状述，必呈其副，学校师儒，采取公论，核正而藏于志科可也。所属人士，或有经史撰著，诗辞文笔，论定成编，必呈其副，藏于志科，兼录部目可也。衙廨城池，学庙祠宇，堤堰桥梁，有所修建，必告于科，而呈其端委可也。铭金刻石，纪事撰辞，必摩其本，而藏之于科可也。宾兴乡饮，读法讲书，凡有举行，必书一时官秩及诸名姓，录其所闻所见可也。置藏室焉，水火不可得而侵也。置锁楗焉，分科别类，岁月有时，封志以藏，无故不得而私启也。仿乡塾义学之意，四乡各设采访一人，遴绅士之公正符人望者为之，俾搜遗文逸事，以时呈纳可也。学校师儒，慎选老成，凡有呈纳，相与持公核实可也。

志科既约六科案牍之要，以存其籍矣，府吏必约州县志科之要，以为府志取裁；司吏必约府科之要，以为通志取裁；不特司府之志，有所取裁，且兼收并蓄，参互考求，可以稽州县志科之实否也。至于统部大僚，司科亦于去官之日，如州县志科之于其官长师儒，录其平日行事善恶有实据者，详其始末存于科也。诸府官僚，府科亦于去官之日，录如州县可也。此则府志科吏，不特合州县科册而存其副；司志科吏，不特合诸府科而存其副，且有自为其司与府者，不容略也。（同上卷十四《方志略例》一《州县请立志科议》）

由上可知章氏所提出之办法，甚为精密具体，且层层节制，地方分科，中央分部，最高有总机关管理。如能付诸实施，过去之史迹必可获得大量保存，而文献庶可免于散亡之患。惜乎迄至今日，中国尚未有此类机构出现，即重视史料保存之欧美国家，亦未克语于此。中国之皇史宬、实录馆，欧美之图书馆、博物院，只负保存部分史料之责，离章氏之理想，实甚远也。噫，亦可慨已！

二　章氏论著史之方法

章氏于著史之整个过程，自搜集史料，采择史料，陶铸史料，以迄勒成一家之言，有一极精密之方法论，论者罕言及之。吾自章氏遗著中，钩稽爬梳而得之。章氏史学见解之高，造诣之深，于此可窥一斑，且为操笔削之任者，立一圭臬，树一楷模，后有兴者，于此而取法焉，可事半而功倍矣。

1. 论如何搜集史料

章氏论搜集史料，最重采访之法，于《候选教谕彭君家传》云：

> 余以撰通志，客武昌，见都士大夫，辄询其乡先生行谊著述。（同上卷二十八《外集》一）

撰《亳州志》，以采访不足，每引为遗憾：

> 近日撰《亳州志》，颇有新得，视和州、永清之志，一半为土苴矣。主人雅相信任，不以一语旁参……而地广道远，仆又逼于楚行，四乡名迹，未尽游涉，而孀妇之现存者，不能与之面询委曲，差觉不如《永清》。（《通义·又与永清论文》）

所撰《永清县志》，妇女之贞节孝烈，得之于采访者最多，故亦最能曲尽其情。观其于《周筼谷别传》云：

> 丁酉戊戌之间，馆余撰《永清志》，以族志多所挂漏，官绅采访，非略则扰，因具车从，橐笔载酒，请余周历县境，侵游以尽委备。……得唐宋辽金刻画一十余通，咸著于录。又以妇人无闻外事，而贞节孝烈，录于方志，文多雷同，观者无所兴感，则访其见存者，安车迎至馆中，俾自述生平。其不愿至者，或走访其家，以礼相见，引端究绪，其间悲欢情乐，殆于人心如面之不同也。前后接见五十余人，余皆详为之传，其文随人变易，不复为方志公家之言。（《遗书》卷十八《文集》三）

具备车从，囊笔载酒，周历乎四境，访见其仅存，使人问真迹，昭垂简册，可谓已尽史家之责，亦已极采访之能事矣。案牍文书，私家记载，虽时日稍隔，犹可得而网罗之。文字所不及备载，著录所阙而不详，不及时采访，则时间一逝，故老凋零，一代嘉言懿行，真实现象，势将永远澌灭于天地之间，此为无可施其弥补者。故搜集史料，采访之法，实为重要，章氏提出之，且亲自履行之，"采访所不能周，子孙湮没无考，不得已而检之案牍文书"（《遗书外编》卷十二《永清县志》七《列女列传》），可知章氏之所尚矣。西方史家论史，首重亲见亲闻，以亲身闻见，最为真实。章氏之重采访而轻案牍，与西方史家重亲见亲闻之原则，正不谋而合。谁谓中国史学界无人哉！

2. 论如何采择史料

章氏言及如何采择史料之方法者较少，然于《金君行状书后》一文中，偶然间提出甚多有价值之原则：

> 志状之文，多为其子孙所请，其生平行实，或得之口授，或据其条疏，非若太常谥议，史官列传，确然有故事可稽，案牍可核也。采择之法，不过观行而信其言，即类以求其实，参之时代以论其世，核之风土而得其情，因其交际而察其游，审其细行而观其忽，闻见互参而穷虚实之致，瑕瑜不掩而尽扬抑之能，八术明而春秋经世之意晓然矣。（《遗书》卷二十一《文集》六）

所谓"八术"，虽是章氏为采择有关志状之文之史料所厘订之八项原则，然亦可推而应用于一般史料之采择，如"即类以求其实""闻见互参而穷虚实之致"，皆是采择任何史料之重要原则。

3. 论如何陶铸史料

如何陶铸史料，章氏屡屡言之，以此为时人所不言者也。章氏力主史文必有所本，记言适如其言，记事适如其事，不能凭虚别构：

> 一切文士见解，不可与论史文。……文士撰文，惟恐不自己出；史家之文，惟恐出之于己。……史体述而不造，史文而出于己，是为言之无征，无征且不信于后也。讥如郑樵而讥班史于孝武前多袭迁书，然则迁书集《尚书》《世本》《春秋》《国策》、楚汉牒记，又何如哉？（同上卷十四《方志略例》一《与陈观民工部论史学》）

又曰：

> 古人记言与记事之文，莫不有本。本于口耳之受授者，笔主于创，创则期于适如其事与言而已；本于竹帛之成文者，笔主于因，因则期于适如其文之指。（《通义·答邵二云》）

记事之原则，有损无增，一字之增，视为造伪。记言之原则，增损无常，然必得言者当日之意旨，苟为言者当日意中所本无，虽一字之增，亦为造伪：

> 史文千变万化……记言记事，必欲适如其言其事，而不可

增损，恐左马复生，不能无遗憾也。故六经以还，著述之才，不尽于经解诸子诗赋文集，而尽于史学。凡百家之学，攻取而才见优者，入于史学而无不绌也。记事之法，有损无增，一字之增，是造伪也。往往有极意敷张，其事弗显，刊落浓辞，微文旁缀，而情状跃然，是贵得其意也。记言之法，增损无常，惟作者之所欲，然必推言者当日意中之所有，虽增千百言而不为多；苟言虽成文，而推言者当日意中所本无，虽一字之增，亦造伪也。或有原文繁富，而意未昭明，减省文句，而意转刻露者，是又以损为增，变化多端，不可笔墨罄也。（《遗书》卷十四《方志略例》一《与陈观民工部论史学》）

因袭成文，视为史家运用之功，为史家应有之权利，非同于文士之剿窃：

> 言文章者宗左史，左史之于文，犹六经之删述也。左因百国宝书，史因《尚书》《国语》及《世本》《国策》《楚汉春秋》诸记载，己所为者十之一，删述所存十之九也。君子不以为非也。彼著书之旨，本以删述为能事，所以继《春秋》而成一家之言者，于是兢兢焉，事辞其次焉者也。古人不以文辞相矜私，史文又不可以凭虚而别构，且其所本者，并悬于天壤，观其入于删述之文辞，犹然各有其至焉，斯亦陶铸同于造化矣。（《通义·黠陋》）

> 文士剿袭之弊，与史家运用之功，相似而实相天渊。剿袭者惟恐人知其所本，运用者惟恐人不知其所本。（《遗书》卷十四《方志略例》一《与陈观民工部论史学》）

史笔点窜涂改，视为常法，因袭成文之际，陶铸化裁，极为重要：

> 工师之为巨室，度材比于燮理阴阳，名医之制方剂，炮炙通乎鬼神造化。史家诠次群言，亦若是焉已尔。是故文献未集，则搜罗咨访不易为功，观郑樵所谓八例求书，则非寻常之辈所可能也。观史迁之东渐南浮，则非心知其意不能迹也。此则未及著文之先事也。及其纷然杂陈，则贵抉择去取。人徒见著于书者之粹然善也，而不知刊而去者，中有苦心而不能显也。既经裁取，则贵陶镕变化。人第见诵其辞者之浑然一也，而不知化而裁者，中有调剂而人不知也。即以刊去而论，文劣而事庸者，无足道矣。其间有介两端之可，而不能不出于一途；有嫌两美之伤，而不能不忍于割爱；佳篇而或乖于例；事足而恐徇于文，此皆中有苦心而不能显也。如以化裁而论，则古语不可入今，则当疏以达之；俚言不可杂雅，则当温以润之；辞则必称其体；语则必肖其人；质野不可用文语，而猥鄙须删；急遽不可以为宛辞，而曲折仍见；文移须从公式，而案牍又不宜徇；骈丽不入史裁，而诏表亦岂可废，此皆中有调剂，而人不知也。（见同上）

章氏屡修方志，故于陶铸群言，深知其中甘苦，古语疏以达之，俚言温以润之，辞称其体，语肖其人，删猥鄙而尽曲折，镕案牍而化诏表，所云具体，而所见卓越，非深于史学者，不克语于此。章氏曾自述其甘苦云：

杜子美曰："文章千古事，得失寸心知。"史家点窜古今文字，必具天地为炉，万物为铜，阴阳为炭，造化为工之意，而后可与言作述之妙。当其得心应手，实有东海扬帆，瞬息千里，乘风驭云，鞭霆掣电之奇；及遇根节蟠错，亦有五丁开山，咫尺险巇，左顾右睨，椎凿难施之困。非亲尝其境，难以喻此中之甘苦也。（见同上）

古今史家，能达此境界者不多觏。至于制度必须从时，官名地名，尊当代制度，不以古号混今称，章氏亦一一言之矣。

4. 论如何勒成一家之言

（1）文体之纯一

章氏主张史文纯一，其言曰：

未有不洁而可以言史文者，文如何而为洁，选辞欲其纯而不杂也。（《遗书》卷十四《方志略例》一《与石首王明府论志例》）

又曰：

著作之体，援引古义，袭用成文，不标所出，非为掠美，体势有所不暇及也；亦必视其志识之足以自立，而无所藉重于所引之言；且所引者，并悬天壤，而吾不病其重见焉，乃可语于著作之事也。考证之体，一字片言，必标所出；所出之书，或不一二而足，则必标最初者（譬如马班并有，用马而不用班）；

357

最初之书既亡，则必标所引者（譬如刘向《七略》既亡，而部次见于《汉艺文志》，阮孝绪《七录》既亡，而阙目见于《隋·经籍志》注，则引《七略》《七录》之文，必云《汉志》隋注），乃是慎言其余之定法也。书有并见，而不数其初，陋矣。引用《逸书》，而不标所出（使人观其所引，一似《逸书》犹存），罔矣。以考证之体，而妄援著作之义，以自文其剽窃之私焉，谬矣。（《通义·说林》）

此段所论极精，著作之体，所言者大，凡所征引沿用，不过充其注脚，为其材料，自不必标注出处。且以著作之体而援考证之法，遍注出处，有伤文体之洁美，所谓"体势有所不暇及"也。勒成一家之言，自必法著作之体，消化众说，采撷成文，以自成其纯一之文体，汇百川而成海，网罗无限资料，而最后所成者，为一有整体美之艺术品，噫，何其盛欤！章氏尝慨叹当时"以考证之体，而妄援著作之义"者矣，今则又有以著作之体，而反用考证之法者，此则古今之多可慨者也！

（2）史德之具备

刘知几倡史家三长，章氏益以史德。史德为何？章氏曰：

史所贵者义也，而所具者事也，所凭者文也。……非识无以断其义，非才无以善其文，非学无以练其事。三者固各有所近也，其中固有似之而非者也。记诵以为学也，辞采以为才也，击断以为识也，非良史之才学识也。虽刘氏之所谓才学识，犹未足以尽其理也。夫刘氏以谓有学无识，如愚估操金，不解贸化。推此说以证刘氏之指，不过欲于记诵之间，知所抉择，以成文理耳。故曰："古人史取成家，退处士而进奸雄，排死节而饰主阙，亦曰一家之道然也。"此犹文士之识，非史识也。能具史识者，必知史德。德者何？谓著书者之心术也。夫秽史者所以自秽，谤书者所以自谤，素行为人所羞，文辞何足取重？魏收之矫诬，沈约之阴恶，读其书者，先不信其人，其患未至于甚也。所患夫心术者，谓其有君子之心，而所养未底于粹也。……盖欲为良史者，当慎辨于天人之际，尽其天而不益以人也。尽其天而不益以人，虽未能至，苟允知之，亦足以称著述者之心术矣。而文史之儒，竞言才学识，而不知辨心术，以议史德，乌乎可哉？夫是尧舜而非桀纣，人皆能言矣；崇王道而斥霸功，又儒者之习故矣。至于善善而恶恶，褒正而嫉邪，凡欲托文辞以不朽者，莫不有是心也，然而心术不可不虑者，则以天与人参，其端甚微，非是区区之明所可恃也。夫史所载者事也，事必藉文而传，故良史莫不工文，而不知文又患于为事役也。盖事不能无得失是非，一有得失是非，则出入予夺相奋摩矣，奋摩不已而气积焉。事不能无盛衰消息，一有盛衰消息，则往复凭吊，生流连矣，流连不已而情深焉。凡文不足以动人，所以动人者气也；凡文不足以入人，所以入人者情也。气积而文昌，情深而文挚，气昌而情挚，天下之至文也。然而其中有天有人，不可不辨也。气得阳刚，而情合阴柔，人丽阴阳之间，不能离焉者也。气合于理，天也；气能违理以自用，人也；情本于性，天也；情能汩性以自恣，人也。史之义出于天，而史之文不能不藉人力以成之。人有阴阳之患，而史文即忤于大道之公，其所感召者微也。夫文非气不立，而气贵于平；人之气，燕居莫不平也，因事生感，而气失则宕，气失则激，气失则骄，毗于阳矣；文非情不深，而情贵于正；人之情，虚置无不正也，因事生感，而情失则流，情失则溺，情失则偏，毗于阴矣。阴阳伏沴之患，乘于血气，而入于心知，其中默运潜移，似公而实逞于私，似天而实蔽于人，发为文辞，至于害义而违道，其人犹不自知也。故曰心术不可不慎也。夫气胜而情偏，犹曰动于天而参于人也。才艺之士，则又溺于文辞，以为观美之具焉，而不知其不可也。（同上《史德》）

是章氏所谓史德，乃指史家之心术而言，史家心术又分为二，一为史家心术之邪正，一为史家心术之修养程度。史家心术邪恶，素行为人所羞，人自不轻信其书，章氏不甚患此等心术。章氏所患者，为史家有君子之心，而所养未底于纯，不自知之中，发为文辞，至于害义而违道。故力主史家著史，当慎辨于天人之际，尽其天而不益以人。所谓天，系指理性；所谓人，系指血气情感。史事有得失是非，则出入予夺而血气动；史事有盛衰消息，则凭吊流连而情感深，气动而情深，则发为史文，人参于天，史事已失其真。因此戢敛血气，安静情感，一秉理性以写史，为史家应有之态度。故章氏于《文史通义·文德》篇又云：

凡为古文辞者，必敬以恕。临文必敬，非修德之谓也；论古必恕，非宽容之谓也。敬非修德之谓者，气摄而不纵，纵必不能中节也；恕非宽容之谓者，能为古人设身而处地也。嗟乎！知德者鲜，知临文之不可无敬恕，则知文德矣。

又云：

文繁而不可杀，语变而各有当，要其大旨，则临文主敬，一言以蔽之矣。主敬则心平而气有所摄，自能变化从容以合度也。夫史有三长，才、学、识也。古文辞而不由史出，是饮食不本于稼穑也。夫识，生于心也；才，出于气也；学也者，凝心以养气，炼识而成其才者也。心虚难恃，气浮易弛，主敬者，随时检摄于心气之间，而谨防其一往不收之流弊也。

此与《史德》篇所言，互相发明，临文敬而气有所摄，论古恕而为古人设身处地，即"气贵于平，情贵于正"，及"尽其天而不益以人"也。史家操笔削之际，心知其意，尽量心平气和，发挥理性，庶乎尽史家之责矣。

（3）别识心裁之立于事文之外

章氏认为史家勒成一家之言，不仅应究心于事文之间，尤应有别识心裁之立于事文之外：

作史贵知其意，非同于掌故，仅求事文之末也。（《通义·言公上》）

文人之文，与著述之文，不可同日语也。著述必有立于文辞之先者，假文辞以达之而已。（同上《答问》）

所谓"知其意"，所谓"立于文辞之先者"，即指别识心裁也。郑樵作《通志》，人多斥其疏漏，章氏则极力称许之，亦以其为有别识心裁之一家之言也：

郑樵生千载而后，慨然有见于古人著述之源，而知作者之旨，不徒以词采为文，考据为学也。于是遂欲匡正史迁，益以博雅，贬损班固，讥其因袭，而独取三千年来，遗文故册，运以别识心裁，盖承通史家风，而自为经纬，成一家言者也。（同上《申郑》）

又曰：

孔子作《春秋》，盖曰其事则齐桓晋文，其文则史，其义则孔子自谓有取乎尔。夫事即后世考据家之所尚也，文即后世词章家之所重也，然夫子所取，不在彼而在此，则史家著述之道，岂可不求义意所归乎？自迁固而后，史家既无别识心裁，所求者徒在其事其文，惟郑樵稍有志乎求义，而缀学之徒，嚣然起而争之！（见同上同篇）

于《通义·答客问上》篇更详言曰：

史之大原，本乎《春秋》，《春秋》之义，昭乎笔削。笔削之义，不仅事具始末，文成规矩已也；以夫子义则窃取之旨观之，固将纲纪天人，推明大道，所以通古今之变，而成一家之言者，必有详人之所略，异人之所同，重人之所轻，而忽人之所谨，绳墨之所不可得而拘，类例之所不可得而泥，而后微茫杪忽之际，有以独断于一心；及其书之成也，自然可以参天地而质鬼神，契前修而俟后圣，此家学之所以可贵也。

所谓"义"，易言之，即别识心裁。有别识心裁，故能于事文之外，纲纪天人，推明大道，通古今之变，而成一家之言；有别识心裁，故能不拘绳墨，不泥类例，详人之所略，异人之所同，重人之所轻，而忽人之所谨。史家著史之任务，必至是而始为臻于完成。

三　章氏理想中之史学巨著

章氏视历代集众官修之正史为史料，非史学之专门著述。其言曰：

> 若夫君臣事迹，官司典章，王者易姓受命，综核前代，纂辑比类，以存一代之旧物，是则所谓整齐故事之业也。开局设监，集众修书，正当用其义例，守其绳墨，以待后人之论定则可矣，岂所语于专门著作之伦乎？（见同上同篇）

> 守先待后之故事，与笔削独断之专家，其功用足以相资，而流别不能相混，则断如也。溯而上之，百国宝书之于《春秋》，世本国策之于《史记》，其义犹是耳。唐后史学绝，而著作无专家，后人不知《春秋》之家学，而猥以集众官修之故事，乃与马班陈范诸书，并列正史焉；于是史文等于科举之程式，胥吏之文移，而不可稍有变通矣。间有好学深思之士，能自得师于古人，标一法外之义例，著一独具之心裁，而世之群怪聚骂，指目牵引为言词，譬若猵狙见冠服，不与龁决毁裂至于尽绝不止也。郑氏《通志》之被谤，凡以此也。（见同上同篇）

《通鉴》与《通鉴纪事本末》章氏亦视之为史纂史钞：

夫《通鉴》为史，节之最粗，而《纪事本末》又为《通鉴》之纲纪奴仆。仆尝以为此不足为史学，而止可为史纂史钞者也。（同上《与邵二云论修宋史书》）

惟对《纪事本末》之体裁，章氏颇为推崇，以其得《尚书》之遗义，可以拯纪传编年二体之流弊：

按本末之为体也，因事命篇，不为常格，非深知古今大体，天下经纶，不能网罗隐括，无遗无滥。文省于纪传，事豁于编年，决断去取，体圆用神，斯真尚书之遗也。（同上《书教下》）

又曰：

且《尚书》固有不可尽学者也，即《纪事本末》，不过纂录小书，亦不尽取以为史法，而特以义有所近，不得以辞害义也。斟酌古今之史，而定文质之中，则师《尚书》之意，而以迁史义例，通左氏之裁制焉，所以救纪传之极弊，非好为更张也。（见同上同篇）

又曰：

以《尚书》之义，为《春秋》之传，则左氏不致以文徇例，而浮文之刊落者多矣。以《尚书》之义，为迁史之传，则八书三十世家，不必分类，皆可仿左氏而统名曰传。或考典章制度，或叙人事终始，或究一人之行（即列传本体），或合同类之事，或录一时之言（训诂之类），或著一代之文，因事命篇，以纬本纪，则较之左氏翼经，可无局于年月后先之累；较之迁史之分列，可无岐出互见之烦；文省而事益加明，例简而义益加精，岂非文质之适宜，古今之中道欤？至于人名事类，合于本末之中，难于稽检，则别编为表，以经纬之；天象地形，舆服仪器，非可本末该之，且亦难以文字著者，别绘为图以表明之。盖通《尚书》《春秋》之本原，而拯马史班书之流弊，其道莫过于此。（见同上同篇）

章氏尝思自订新例，撰修《宋史》，其自订之新例，即系采用纪事本末之体而加以变通之也。观其《与邵二云论修宋史书》云：

> 神奇可化臭腐，臭腐亦复化为神奇。纪事本末本无深意，而因事命题，不为成法，则引而伸之，扩而充之，遂觉体圆用神，《尚书》神圣制作，数千年来可仰望而不可接者，至此可以仰追，岂非穷变通久，自有其会，纪传流弊，至于极尽，而天诱仆衷，为从此百千年后史学开蚕丛乎？今仍纪传之体，而参本末之法，增图谱之例，而删书志之名，发凡起例，别具圆通之篇，推论甚精，造次难尽，须俟脱稿，便为续上奉郢质也。但古人云："载之空言，不如见之实事。"仆思自以义例撰述一书，以明所著之非虚语，因择诸史之所宜致功者，莫如赵宋一代之书，而体例既于班马殊科，则于足下之所欲为者，不嫌同工异曲。惟是经纶一代，思虑难周，惟于南北三百余年，挈要提纲……略如袁枢《纪事》之有题目，虽不必尽似之，亦贵得其概而有以变通之也。（《通义》）

章氏之《圆通》篇，不传于后，殊为憾事，然章氏理想中之史学巨著，其义例可约略而知之矣：师尚书之意，参本末之法，仍迁史之体，通左氏之裁，因事命篇，不为常格，决断去取，体圆用神，或考典章制度，或叙人事终始，或究一人之行，或合同类之事，或录一时之言，或著一代之文，至于人名事类，则别编为表以经纬之，天象地形，舆服仪器，则别绘为图以表明之。此诚中国史学义例上之一大革命，无怪邵晋涵以"于六艺为支子，于史学为大宗，于前史为中流砥柱，于后学为蚕丛开山"（附于《通义·书教下》后）极誉之也。

章氏又力主修通史：

> 总古今之学术，而纪传一规乎史迁，郑樵《通志》作焉。统前史之书志，而撰述取法乎官礼，杜佑《通典》作焉（《通典》本刘秩《政典》）。合纪传之互文（纪传之文，互为详略），而编次总括乎荀袁（荀悦《汉纪》三十卷，袁宏《后汉纪》三十卷，皆易纪传为编年），司马光《资治通鉴》作焉。汇公私之述作，而铨录略仿乎孔萧（《孔逭文苑》百卷，《昭明太子萧统文选》三十卷），裴潾太和通选作焉。此四子者，或存正史之规（《通志》是也，自《隋志》以后，皆以纪传一类为正史），或正编年之的（通鉴），或以典故为纪纲（通典），或以词章存文献（通选），史部之通，于斯为极盛也。（《通义·释通》）

又曰：

> 通史之修，其便有六：一曰免重复，二曰均类例，三曰便

铨配，四曰平是非，五曰去牴牾，六曰详邻事。其长有二：一曰具翦裁，二曰立家法。其弊有三：一曰无短长，二曰仍原题，三曰忘标目。何谓免重复？夫鼎革之际，人物事实，同出并见，胜国亡征，新王兴瑞，即一事也；前朝篡窃，新主前驱，即一人也；董卓吕布，范陈各为立传；禅位册诏，梁陈并载全文，所谓复也。通志总合为书，事可互见，文无重出，不亦善乎？何谓均类例？夫马立天官，班创地理，齐志天文，不载推步，唐书艺文，不叙渊源，依古以来，参差如是。郑樵著略，虽变史志章程，自成家法，但六书七音，原非沿革，昆虫草木，何尝必欲易代相仍乎？惟通前后而勒成一家，则例由义起，自就隐括，《隋书·五代史志》(梁陈北齐周隋)，终胜沈萧魏氏之书矣(沈约《宋志》，萧子显《南齐志》，魏收《魏志》，皆参差不齐也)。何谓便铨配？包罗诸史，制度相仍，惟人物挺生，各随时世，自后妃宗室，标题署其朝代，至于臣下，则约略先后，以次相比(《南北史》以宗室分冠诸臣之上，以为识别，欧阳修《五代史》始标别朝代)。然子孙附于祖父，世家会聚宗支(《南北史》王谢诸传，不尽以朝代为断)，一门血脉相承，时世盛衰，亦可因而见矣。即楚之屈原，将汉之贾生同传；周之太史，偕韩之公子同科。古人正有深意，相附而彰，意有独断，末学肤受，岂得从而妄议耶！何谓平是非？夫曲直之中，定于易代，然《晋史》终须帝魏，而周臣不立韩通。虽作者挺生，而国嫌宜慎，则亦无可如何者也。惟事隔数代，而衡鉴至公，庶几笔削平允，而折衷定矣。何谓去牴牾？断代为书，各有裁制，详略去取，亦不相妨。惟首尾交错，互有出入，则牴牾之端，从此见矣。居摄之事，班殊于范；二刘始末(刘表刘焉)，范异于陈，统合为编，庶几免此。何谓详邻事？僭国载纪，四裔外国，势不能与一代同其终始；而正朔纪传，断代为编，则是中朝典故居全，而蕃国载纪乃参半也。惟南北统史，则后梁东魏悉其端，而五代汇编，斯吴越荆潭终其纪也。凡此六者，所谓便也。何谓具翦裁？通合诸史，岂第括其凡例，亦当补其缺略，截其浮辞，平突填砌，乃就一家绳尺。若李氏南北二史，文省前人，事详往牒，故称良史。盖生乎后代，耳目闻见，自当有补前人，所谓凭借之资，易为力也。何谓立家法？陈编具在，何贵重事编摩，专门之业，自具体要。若郑氏《通志》，卓识名理，独见别裁，古人不能任其先声，后代不能出其规范，虽事实无殊旧录，而辨名正物，诸子之意，寓于史裁，终为不朽之业矣。凡此二者，所谓长也。何谓无短长？纂辑之书，略以次比，本无增损，但易标题，则刘知几所谓学者宁习本书，怠窥新录者矣。何谓仍原题？诸史异同，各为品目，作者不为更定，自就新裁，《南史》有孝义而无列女，《通志》称《史记》以作时代（《通志》，汉魏诸人，皆标汉魏，称时代，非称史书也。而《史记》所载之人，亦标《史记》，而不标时代，则误仍原书文也），一隅三反，则去取失当者多矣。何谓忘题目？帝王后妃，宗室世家，标题朝代，其别易见。臣下列传，自有与时事相值者，见于文词，虽无标别，但玩叙次，自见朝代。至于《独行》《方伎》《文苑》《列女》诸篇，其人不尽涉于世事，一例编次，若《南史》吴逵、韩灵敏诸人，几何不至于读其书不知其世耶？凡此三者，所谓弊也。（见同上同篇）

通史之修，亦主用自创之新义例：

通史各出义例，变通亘古以来，合为一家记载，后世如郑樵《通志》之类，足以当之。……通史各溯古初，必须判别家学，自为义例。(《遗书外编》卷三《丙辰劄记》)

章氏心目中之通史义例，当系前文所述之义例也。以新义例撰写之新通史，章氏认为尚须具备二重要条件，一为孤行其意，一为经世思想。章氏曰：

由汉氏以来，学者以其所得，托之撰述以自表见者，盖不少矣。高明者多独断之学，沉潜者尚考索之功，天下之学术，不能不具此二途。譬犹日昼而月夜，暑夏而寒冬，以之推代而成岁功，则有相需之益；以之自封而立畛域，则有两伤之弊。故马班史祖，而伏郑经师，迁乎其地，而弗能为良，亦并行其道，而不相为背者也。使伏郑共注一经，必有牴牾之病；使马班同修一史，必有矛盾之嫌。以此知专门之学，未有不孤行其意，虽使同侪争之而不疑，举世非之而不顾。此史迁之所以必欲传之其人，而班固之书所以必待马融受业于其女弟，然后其学始显也。(《通义·答客问中》)

又曰：

史之大原，本乎《春秋》；《春秋》之义，昭乎笔削；笔削之义，不仅事具始末，文成规矩已也；以夫子义则窃取之旨观之，固将纲纪天人，推明大道，所以通古今之变，而成一家之言者，必有详人之所略，异人之所同，重人之所轻，而忽人之所谨，绳墨之所不可得而拘，类例之所不可得而泥，而后微茫杪忽之际，有以独断于一心。及其书之成也，自然可以参天地而质鬼神，契前修而俟后圣，此家学之所以可贵也。（同上《答客问上》）

详人之所略，异人之所同，重人之所轻，忽人之所谨，同侪争之而不疑，举世非之而不顾，所谓孤行其意也。纲纪天人，推明大道，通古今之变，而成一家之言，所谓经世思想也。是章氏理想中之史学巨著，为以新体例撰写之新通史，且系专门之学，孤行其意，亦富经世思想，规范宇宙。哲人之思，倜乎远哉！

四　章氏生前之孤寂与身后声名之远播

章氏卓越千古之史学，不为时代所容，每有撰著，举世"视为怪物，诧为异类"（《遗书》卷二十二《文集》七《与族孙汝楠论学书》）；"从而鄙且哭者，十之四五，怒且骂者且倍焉"（《通义·与朱沧湄中翰论学书》）；甚至章氏"属草未成，书未外见一字，而如沸之口，已哗议其书之不合"（《遗书》卷十四《方志略例》一《与陈观民工部论史学》）；而一时"自命专门著述者，率多阴用其言，阳更其貌，且有明翻其说，暗剿其意，几于李义山之敝缊，身无完肤，杜子美之残膏，人多沾丐"（《通义·与邵二云论学》），无怪章氏屡叹"坎轲潦倒之中，几无生人之趣"也。观其《与族孙汝楠论学书》云："忆昨都门聚首，声气孤寂，惟与守一及足下两三失意人，相与论文慰寂寞。今落落散去，惟仆作长安蠹粟伧矣。秋高气清，斋心孤悄，脱叶聚庭，辄增逆旅年华之感。望稽山而梦湘流，潸焉不知涕之何自？"其孤寂之情，真令人兴千古之浩叹矣！

章氏多病之躯，与不扬之貌，亦若讽刺其史学天才者。"鼻窒居然耳复聋，头衔应署老龙钟"（洪亮吉《卷施阁》诗卷十五《岁暮怀人二十四首——章进士学诚》），为其友人洪亮吉诗中对彼之品评"少患鼻痛，中年两耳复聩，老苦头风，右目偏盲，其殁也以背疡"（闵尔昌编《碑传集补》卷四十七沈元泰作《章学诚传》），为传其生平者之所描述；极为欣赏其才学之曾燠（乾隆四十六年进士，仕至贵州巡抚）则赠之诗云："章公得天秉，嬴绌迥殊众，岂乏美好人，此中或空洞。君貌颇不扬，往往遭俗弄，王氏鼻独魋，许丞听何重？话仿仲车画，书如洛下讽，又常患头风，无橄堪愈痛，况乃面有瘢，谁将玉瓘奢？五官半虚设，中宰独妙用，试以手为口，讲学求折衷，有如遇然明，一语辄奇中。古来记载家，皮置可充栋，岐路互出入，乱丝鲜穿综，散然体例纷，聚以是非讼，孰持明月光，一为扫积雾。赖君博雅辨，书出世争诵，笔有雷霆声，匌匒止世哄，续鉴追温公，选文驳萧统，乃知貌取人，山鸡误为凤！武城非子羽，谁与子游共，感君惠然来，公暇当过从。"（《清诗汇》卷一百四曾燠《赠章实斋国博》）然则章氏之貌寝而多病，为不容置疑者。且其史学言论，为当世争诵而掀起议论，亦为真实情况。观其与钱大昕、戴震、汪中、孙星衍、洪亮吉等当世第一流学人上下其议论，可知其系立于时代潮流之中，而非飘然于世外矣。惟章氏之学，终为时代所掩，当世称颂戴（震）段（玉裁）钱（大昕）王（念孙、引之）者遍天下，而章氏不与焉。"名者实之宾，实至而名归，自然之理也，非必然之事也；君子顺自然之理，不求必然之事也。"（《通义·针名》）章氏舍此又安有自解之道哉？

章氏逝世百年之后（章氏生于清乾隆三年，卒于嘉庆六年），其史学声名，则逐渐远播瀛寰。日本大史家内藤虎次郎（1866—1934）于20世纪初叶，撰写《章实斋年谱》，章氏之名，遂东渡东瀛；胡适于1922年继写《章实斋先生年谱》，章氏旦夕间变为中国史学界炙手可热之人物；法国汉学家戴密微（P. Demiéville, 1894—1979）认为章氏为中国第一流之史学天才，可以与阿拉伯史家伊本凯尔东[①]（Ibn Khaldun, 1332—1406）或欧洲最伟大之史家并驾齐驱（P. Demiéville, "Chang Hsüeh-Chéng and His Historiograhy" in W. G. Beasley and E. G. Pulleyblank, eds., *Historians of China and Japan*, 1961）；当代史家余英时教授则以英国极具敏锐思想之史家柯灵乌[②]（R. G. Collingwood, 1889—1943）与章氏相比论（见余氏《章实斋与柯灵乌的历史思想——中西历史哲学的一点比较》一文，收入其《历史与思想》一书中）。章氏生前声气孤寂，而身后则跻身世界史家之林，天道其真存在于天地之间耶？！

---

① 编者注：多译伊本·赫勒敦。
② 编者注：多译科林伍德。

第十三章　邵晋涵之史学

　　清代浙东学者，以黄宗羲、万斯同、全祖望、邵晋涵、章学诚最负盛名。黄宗羲生值易代之际，天移地转，滨于十死[1]，乃融悲愤、节义于学术之中，以理学之体，发为经世之史学。所著《明儒学案》《元儒学案》《宋儒学案》[2]，为学术思想史之巨制；所辑《南雷文约》《南雷文案》《南雷文定》，为以碑传代史传，有俾于史事之缺文[3]；"徘徊家国存亡之故，执笔泫然"[4]。"家国之恨，集于笔端，不觉失声痛哭，栖鸟惊起，后之览者，亦将有感于斯文。"[5]其悲愤真挚之情，后人可以想象："后之君子，其考信于斯文。"[6]"太史遁荒，石渠萧瑟，茫茫来者，谁稽故实，藉此铭章，有如皎日。"[7]其存史之志愿，千古可以共鉴。于是自南宋以来绵延发展数百年之浙东史学，至清初

---

[1] 黄宗羲《南雷文案》外卷《寿徐兰生七十序》云："余以危叶冲风，滨于十死。"
[2] 黄宗羲写《宋儒学案》《元儒学案》（一称《宋元学案》）未成，由其子黄百家及雍乾间之全祖望续补，称《宋元学案》。
[3] 参见《南雷文案》凡例。
[4] 《南雷文约》卷一《文渊阁大学士吏兵二部尚书谥文靖公墓志铭》。
[5] 《南雷文定》前集卷一〇《明司马澹若张公传》。
[6] 《南雷文约》卷一《大学士机山钱公神道碑铭》。
[7] 《南雷文案》卷三《旌表节孝冯母郑太安人墓志铭》。

而骤放新异彩。①继黄氏之后，首传浙东史学者为万斯同。万氏为黄氏高弟，酷嗜史学，慨然以保存有明三百年之历史为己任，自康熙十八年（1679）迄于康熙四十一年（1702）谢世，二十余年间，以布衣参史局，"弱妻病子，啼号破屋"②而不顾，号称精审之《明史》，其修成万氏居功最伟。③万氏又硕学淹贯，所补历代史表，为纯学术性之大著；所辨群书之疑，隐现精湛之考据方法，浙东史学得万氏而光彩益烂。④全祖望生值雍乾之际，上继黄、万之学⑤，既殚力以续成《宋元学案》矣，复以真挚之情，激动之笔，毕生表章气节，发明幽隐，以盛世之民，述亡国之痛，刀锯鼎镬之诛，若有所弗睹，所著《鲒埼亭集》《鲒埼亭集外编》，迄今读之，犹令人泪下。然则自清初迄于雍乾之际，浙东史学之特色，可得而知也。自理学而史学；自真挚之情，发而为终身写史、终身表章气节之史学伟业；文献系焉，博雅寓焉。

吴任臣与黄宗羲书云："虞山既逝，文献有归，当今舍先生其

---

① 浙东地区，北宋时代，已兴起讲学风气。庆历五先生并起讲学于仁宗时代，此时濂、洛、关、闽诸学派，尚未兴起。宋室南渡以后，浙东学风益盛，浙东史学派亦于此时出现。永嘉之周行己、郑伯熊，及金华之吕祖谦、陈亮，创浙东永嘉、金华两派之史学。厥后王应麟、胡三省等皆浙东之大史学家。元明两世，浙东史学稍趋衰微，而其统不绝。至清代而浙东史学达于鼎盛。说见何炳松《浙东学派溯源》（商务，1933 年）、《通史新义》（商务，1928 年）下编第十一章；陈训慈《清代浙东之史学》（《史学杂志》二卷五、六期，1932 年）；杜维运《黄宗羲与清代浙东史学派之兴起》（《故宫文献季刊》二卷三、四期，1971 年 6、9 月）。

② 郑梁：《寒村诗文选》卷一"送万季野之京序"。

③ 乾隆四年（1739）张廷玉于《上明史表》云："惟旧臣王鸿绪之史稿，经名人三十载之用心。"钱大昕于"万先生斯同传"则明白揭示云："乾隆初，大学士张公廷玉等奉诏刊定《明史》，以王公鸿绪史稿为本而增损之。王氏稿大半出先生手也。"

④ 参见拙文《万斯同之史学》（载于《第二届国际华学研究会议论文集》，1991 年 12 月）。

⑤ 刘师培于《全祖望传》（《国粹学报》第十一期，署名刘光汉，即刘师培）云："浙东学派承南雷黄氏之传，杂治经史百家，不复执一废百。鄞县万氏承之，学益昌大。若祖望之学，殆亦由万氏而私淑南雷者欤？"

第十三章　邵晋涵之史学

谁！"①可知黄氏一身系文献之存亡。万斯同熟于明代掌故，少馆于某氏，其家有列朝实录，默识暗诵，未尝有一言一事之遗，长游四方，就故家长老求遗书，考问往事，旁及郡志、邑乘、杂家志传之文，靡不网罗参伍②，则万氏掌握之文献，其丰富为何如？全祖望以熟于乡邦文献，名重一时。赵一清谓全氏曰："微吾丈莫悉诸老轶事也。"③范仲一至杭州，见全氏喀血甚厉，愀然曰："方今东南文献之寄在先生，而比年稍觉就衰，愿深自调护，勿过劳以伤生。"④全氏所系文献之绝续又如此。黄、万、全三氏，又皆博雅。黄氏精于理学、史学以外，天文、地理、金石、算数之学无不精。万氏精于礼，为其博学之明证。全氏之学，亦博雅无涯涘。然则章学诚谓"浙东贵专家，浙西尚博雅"⑤，又宁为通论哉！浸假至乾嘉之际，由顾炎武所开创之朴学风气大盛，举国学者，群趋于"记诵名数，搜剔遗逸，排纂门类，考订异同"⑥，其极乃至衍为一种"破碎之学"⑦。然浙东史学之统不绝。以真挚之情，抒宗国之思，若黄、万、全三氏所致力

---

① 《南雷文定》附录。
② 参见刘坊《万季野先生行状》（载于《万斯同石园文集》前）。
③ 《鲒埼亭集》卷一二《应潜斋先生神道碑》。
④ 《鲒埼亭集》卷二二《范仲一穿中柱文》。
⑤ 《文史通义·浙东学术》篇云："世推顾亭林氏为开国儒宗，然自是浙西之学。不知同时有黄梨洲氏，生于浙东，虽与顾氏并峙，而上宗王刘，下开二万，较之顾氏，源远而流长矣。顾氏宗朱，而黄氏宗陆，盖非讲学专家，各持门户之见者，故互相推服，而不相非诋。学者不可无宗主，而必不可有门户。故浙东浙西，道并行而不悖也。浙东贵专家，浙西尚博雅，各因其习而习也。"章学诚此段议论，甚为精辟。然必谓浙东之学祇贵专家，不尚博雅，亦非也。
⑥ 《章氏遗书》卷二九《外集》二《又与正甫论文》。
⑦ 曾国藩于《朱慎甫遗书序》一文云："嘉道之际，学者承乾隆季年之流风，袭为一种破碎之学，辨物析名，梳文栉字，刺经典一二字，解说或至数千万言，繁称杂引，游衍而不得所归。"

者，自不复显见。①而浙东学者之真挚之情不失，其为文献所系而学问博雅依然，其醉心写史而期于成一家之言者亦然，精神倾向于史学思想、史学理论、史学方法之发挥，则为浙东史学之新猷也。证之章学诚而不爽、质之邵晋涵亦若是。论章氏者多矣，今自邵氏而详言之。

邵晋涵，字与桐，号二云，又号南江，浙江余姚人。生于清乾隆八年（1743）。少多病，左目微眚，清羸如不胜衣，而独善读书，数行俱下，寒暑舟车，未尝顷刻辍业。于四部七录，无不探究。乾隆三十年（1765）举于乡，乾隆三十六年（1771）成进士，由文渊阁校理进直阁事，预修"三通"、《八旗通志》及国史。乾隆三十八年（1773）开四库全书馆，诏入馆中充纂修官，特授翰林院庶吉士。当时著名学者如戴震、周永年、余集、杨昌霖等同入馆编校，誉传士林，有"五征君"之号。逾年，授职编修。乾隆五十六年（1791），御试翰詹，名列二等，擢左春坊左中允，迁侍讲、转补侍读、历左庶子、翰林院侍讲学士、日讲起居注官，皆兼文渊阁校理。并历充咸安宫总裁，《万寿盛典》《八旗通志》、国史馆与三通馆之纂修官。由于邵氏体弱多病，而诸馆朝入暮出，相当辛劳，以致积劳成疾，于嘉庆元年（1796）溘然长逝，享年五十四岁。此邵氏一生之概略也。②

初步观察邵氏一生，其出身在浙东，而自乾隆三十六年通籍以

---

① 章学诚宗国之思，于论及明季史事时，略可见之。《章氏遗书》中如《徐汉官学士传》《章恪庵遗书目录序》等篇，皆可征其犹有宗国之思。邵晋涵闻蕺山、南雷诸先生绪论，于明季党祸缘起，奄寺乱政，及唐王、鲁王本末，从容谈论，往往出于正史之外（见钱大昕《潜研堂文集》卷四三《日讲起居注官翰林院侍讲学士邵君墓志铭》）。故国之思，黍离之痛，亦隐然可见。惟皆以时代关系，难以明显发挥。

② 邵晋涵之生平，主要参考钱大昕《潜研堂文集》卷四三《日讲起居注官翰林院侍讲学士邵君墓志铭》，章学诚《章氏遗书》卷一八《邵与桐别传》，江藩《汉学师承记》卷六《邵晋涵传》，洪亮吉《卷施阁文甲集》卷九《邵学士家传》以及《国朝耆献类征初编》卷一三〇《词臣》十六，黄云眉《清邵二云先生晋涵年谱》。

后之二十余年中，任职皆在京师，四库全书馆尤为其学术发挥之重地。"方四库征书，遗籍秘册，荟萃都下，学士侈于闻见之富，别为风气，讲求史学，非马端临氏之所为整齐类比，即王伯厚氏之所为考逸搜遗。"① 邵氏未有不受此风气影响者。其所与共事者，如戴震等，又皆为朴学大师。然则邵氏似在朴学洪流之中，可能全神致力于整齐类比、考逸搜遗之史学工作，而与浙东史学，若不相涉焉。然细稽邵氏生平及其学术造诣，则邵氏与章学诚实同为浙东学派之后劲，其史学与章氏相颉颃，以真挚之情，写一家之史，以敏锐之见，发挥史学思想，史学理论，史学方法之精蕴，而又一身系文献之安危，所受朴学之影响，适足以激励其学，而未能转移其学。此有待发覆之大问题也。

一　自邵氏与浙东史学派之关系而言之

钱大昕于所作《邵氏墓志铭》中云：

> 君生长浙东，习闻蕺山、南雷诸先生绪论，于明季朋党，奄寺乱政，及唐鲁二王起兵本末，口讲手画，往往出于正史之外。自君谢世，而南江文献无可征矣。②

章学诚于所作《邵氏别传》中云：

> 南宋以来，浙东儒哲，讲性命者，多攻史学，历有师承。

---

① 《邵与桐别传》。
② 《日讲起居注官翰林院侍讲学士邵君墓志铭》。

宋明两朝纪载，皆稿荟于浙东，史馆取为衷据，其间文献之征，所见所闻所传闻者，容有中原耆宿不克与闻者矣。邵君先世多讲学，至君从祖廷采，善古文辞，著《思复堂文集》，发明姚江之学，与胜国遗闻轶事经纬，成一家言，蔚然大家。……君之于学，无所不通。……尤长于史，自其家传乡习，闻见迥异于人。①

王昶于所作《邵氏墓表》中云：

浙东自明中叶王阳明先生以道学显，而功业风义兼之；刘念台先生以忠直著，大节凛然；及其弟子黄梨洲先生覃研经术，精通理数，而尤博洽于文辞。君生于其乡，宗仰三先生，用为私淑，故性情质直贞亮，而经经纬史，涉猎百家，略能诵忆。②

钱大昕、章学诚、王昶与邵氏同为乾嘉时代之学人，且相交甚深。钱氏指出其习闻浙东儒哲刘宗周（蕺山）、黄宗羲（南雷）诸先生之绪论；章氏指出其受浙东学风及家学之影响；王氏指出其私淑乡前辈王守仁、刘宗周、黄宗羲而得其性情与学问。然则邵氏与浙东史学派之关系，盖可知矣。自幼浸淫于浙东学风之中，家传乡习，郁积已深，以致一旦处身朴学洪流，而卓然不失其本色。近人谓"章、邵二氏，异军特起，自致通达，非与黄、全诸氏有何因缘"③，又宁为精当之论哉！

---

① 《邵与桐别传》。
② 《国朝耆献类征初编》卷一三〇《词臣》十六。
③ 金毓黻《中国史学史》第九章《近代史家述略》。

第十三章 邵晋涵之史学

二 自邵氏与朴学之关系而言之

清代朴学风气,大盛于乾隆三十八年开四库全书馆以后。章学诚曾恺切言之云:

> 方四库征书,遗籍秘册,荟萃都下,学士侈于闻见之富,别为风气,讲求史学,非马端临氏之所为整齐类比,即王伯厚氏之所为考逸搜遗,是其研索之苦,襞绩之勤,为功良不可少。然观止矣。至若前人所谓决断去取,各自成家,无取方圆求备,惟冀有当于春秋经世,庶几先王之志焉者,则河汉矣。[①]

出生浙东,而置身四库馆之邵氏,其反应为何若耶?

邵氏亦从事于整齐类比,考逸搜遗之史学工作矣。薛居正奉诏撰修之《旧五代史》,由于欧阳修之《新五代史》出,流传渐稀。明成祖诏修《永乐大典》,《旧五代史》在辑存之列,惟其体例为"因韵求字,因字考事",《旧五代史》遂遭割裂,其本来面目不复见。邵氏既入四库馆,乃从事《旧五代史》之辑佚工作,自《永乐大典》中,辑录分散各韵之《旧五代史》佚文,得其十之八九,复采《册府元龟》《太平御览》《资治通鉴》《五代会要》《契丹国志》《北梦琐言》诸书,以补其缺。其字句脱落、音义错讹处,则据前代征引该史之书,如《通鉴考异》《通鉴注》《太平广记》《玉海》《笔谈》《容斋五笔》《青缃杂记》《职官分记》《锦绣万花谷》《艺文类聚》《记纂

[①] 《邵与桐别传》。

渊海》之类，为之参互校订。至于"史家所记事迹，流传互异，彼此各有错误"①，则据《新唐书》《旧唐书》《东都事略》《宋史》《辽史》《续通鉴长编》《五代春秋》《九国志》《十国春秋》及《宋人说部文集》与五代碑碣尚存者，详为考核，各加案语，以资辨证。欧史与薛史不合处，亦悉为辨证，详加案语，以示折衷。②于是沉沦数百年之代之史，几尽复旧观。此一工作，谓之为考逸搜遗可也，谓之为整齐类比亦无不可也。而邵氏辑此书时，原注有《永乐大典》卷数，及《采补书名》卷数，俾读者于薛史面目仍可据以寻究，而武英殿刊本乃尽删之，又岂邵氏之意哉！

邵氏亦若朴学家之博雅矣，凡经学，古音韵学，金石学，无所不通，尤精于经学。时人谓"学者唯知先生之经，未知先生之史"③，则其在经学上之造诣可知。其于经，尤覃精训诂，所著《尔雅正义》一书，"功赅而力勤，识清而裁密"④，为"不朽"⑤之作。其著此书，系有感于邢昺尔雅疏之芜浅，于是倾十年之力以成之。观其于序文中云：

> 邢氏疏成于宋初，多掇拾《毛诗正义》掩为己说，间采《尚书》《礼记正义》，复多阙略。……今以郭氏（郭璞，注《尔雅》）为主，无妨兼采诸家，分疏于下。郭注体崇矜慎，义有幽隐，或云未详。今考齐鲁韩诗，马融郑康成之易注、书注、以

---

① 《旧五代史编定凡例》。
② 以上所言《旧五代史》之辑佚工作，参见《旧五代史编定凡例》，载于《清乾隆武英殿刊本旧五代史》前。
③ 阮元《南江邵氏遗书序》，载于《南江札记》前。
④ 《章氏遗书》卷九《与邵二云论学》。
⑤ 《章氏遗书》卷九《与邵二云论学》。

及诸经旧说，会粹群书，尚存梗概。取证雅训，辞意了然。其迹涉疑似，仍阙而不论；确有据者，补所未备。附尺壤于崇丘，勉千虑之一得，所以存古义也。郭氏多引诗文为证，陋儒不察，遂谓《尔雅》专用释诗。今据《易》《书》《周官》《仪礼》《春秋传》《大小戴记》，与夫周秦诸子，汉人撰著之书，遐稽约取，用与郭注相证明。俾知训词近正，原于制字之初，成于明备之世。久而不坠，远有端绪；六艺之文，曾无隔阂，所以广古训也。声音递转，文字日孳。声近之字，义存乎声。自隶体变更，韵书割裂，古音渐失，因致古义渐湮。今取声近之字，旁推交通，申明其说。因是以阐扬古训，辨识古文。远可依类以推，近可举隅而反，所以存古音也。草木虫鱼鸟兽之名，古今异称；后人辑为专书，诗多皮傅。今就灼知副实者，详其形状之殊，辨其沿袭之误；其未得验实者，择善以从旧说，以近古为征，不敢为亿必之说，犹郭氏志也。①

博采旧说，会粹群书，以成其书。而又认清"声近之字，义存乎声"，因"取声近之字，旁推交通"，以"阐扬古训，辨识古文"，此古音韵学知识之运用也，此清乾嘉朴学家治文字、声音、训诂之学者所走之途径也。并世学者洪亮吉曾以诗誉其书云：

君疏尔雅篇，订正五大儒，
使我心上疑，一日顿扫除。
君师钱少詹（大昕），精识世所无，

---

① 《尔雅正义》序。

>吴门及钱塘，复有王（鸣盛）与卢（文弨），
>
>皆言此书传，远胜唐义疏。①

朴学大师钱大昕、王鸣盛、卢文弨盛推其书，则邵氏亦在朴学阵营之中矣。值身朴学风气极盛之时，未有不受风气之激荡者。而邵氏复能守约②，骛博而不失专家之体③，其著《尔雅正义》，自谓"此书苦心，不难博证，而难于别择之中，能割所爱耳。而外人竟有病其略者，斯事所以难言"④。博洽而能约取，正浙东之学贵专家之教也。

三 自邵氏以真挚之情，写一家之史而言之

自晚明以来，浙东驰名学者，皆有真挚之情，稽之刘宗周、黄宗羲、万斯同、全祖望而皆然，其表现之不屈之节，尤为显著。邵氏值盛世，固难现不屈之节矣，而其真挚之情，仍随处可见。时人称其"居家孝友，与人忠信"⑤。"至性过人……笃于故旧，久要不忘。"⑥其情之真挚如此。其沛而及于学术，嘉许"辨章同异，持论衷于和平"⑦之文，称美"和平敦厚大雅之音"⑧。尝谓"诗之原出于天

---

① 洪亮吉《卷施阁诗集》卷八《有人都者偶占五篇寄友》。
② 章廷枫于章学诚所作《邵与桐别传》后云："叔父（指章学诚）尝自谓生平蕴蓄，惟先师（指邵晋涵）知之最深，亦自诩谓能知先师之深与世殊异者三，先师以博洽见称，而不知其难在能守约，以经训行世，不知其长乃在史裁，以汉诂推尊，不知宗主乃在宋学。"
③ 《邵与桐别传》。
④ 《邵与桐别传》章贻选注语中引。
⑤ 《邵与桐别传》。
⑥ 《日讲起居注官翰林院侍讲学士邵君墓志铭》。
⑦ 《南江文钞》卷四《周耕厓意林注序》。
⑧ 《南江文钞》卷四《国朝姚江诗存序》。

第十三章 邵晋涵之史学

籁。天怀有独挚,其诗皆有可传。惟性情糅杂以尘垢者,纵终身学之无益"[1]。其重述友人之论则云:"文章体格,视其年其遇而变,其不可变者性情也。舍性情而求诸体格,是为无实之华。学识日充,则性情日以和粹。故善养性情者,又视乎学焉。"[2] 其论诗文重性情而归于温柔敦厚之教者又如此。其写一家之史,亦自真挚之情出发。其锐意写有宋一代之史也,盖出于情之不能已。章学诚曾语邵氏云:"史学不求家法,则贪奇嗜琐,但知日务增华,不过千年,将恐天地不足容架阁矣。君抚膺叹绝,欲以斯意刊定前史,自成一家。时议咸谓前史榛芜,莫甚于元人三史,而揩功则《宋史》尤难,君遂慨然自任。"[3] "抚膺叹绝""慨然自任",皆见其情。其撰写宋史之情形,据其弟子章贻选云:

> 先师尝谓《宋史》自南渡以后,尤为荒谬。以东都赖有王氏《事略》故也。故先辑《南都事略》,欲使前后条贯粗具,然后别出心裁,更为赵宋一代全书,其标题不称宋史,而称《宋志》,亦见先师有微意焉。然南都尚未卒业,而宋志亦有草创,皆参差未定稿也。诸家状志,但称《南都事略》,当属传闻未审。贻选尝亲承其说于先师,其实如此。[4]

时人江藩记其事云:

> 竹汀先生间论《宋史》纪传,南渡后不如东都之有法;宁

---

[1] 《南江文钞》卷四《霍尊彝遗诗序》。
[2] 《南江文钞》卷四《槐堂遗集序》。
[3] 《邵与桐别传》。
[4] 《邵与桐别传》章贻选按语。

383

宗以后又不如前三朝之精备。微特事迹不详，即褒贬亦失其实。君闻而善之，取熊克、李焘、李心传、陈均、刘时举所撰之书，及宋人笔记，撰《南都事略》，以续王偁之书，词简事增，正史不及也。①

章学诚则云：

识者知君笔削成书，必有随刊疏凿之功，蔚为艺林巨观。讵知竟坐才高嗜博，官程私课，分功固多，晚年日月益促，又体羸善病，人事蹉跎其间，遂致美志不就，淹忽下世。②

章氏致邵氏书又云：

足下《宋史》之愿，大车尘冥，恐为之未必遽成。③
岁月不居，节序川逝。足下京师困于应酬，仆亦江湖疲于奔走。然仆能撰著于车尘马足之间，足下岂不可伏簏于经折传单之际？④

据以上相当直接之记述，可知邵氏曾参用大量资料，撰写《南都事略》一书，以上续王偁之《东都事略》，并别出心裁，写有宋一代之全史，名之曰《宋志》。惟邵氏"才高嗜博""体羸善病"，"官

---

① 江藩《邵晋涵传》。按江氏之记述，主要根据钱大昕之说，见钱氏所撰《邵氏墓志铭》。
② 《邵与桐别传》。
③ 《章氏遗书》卷九《与邵二云论修宋史书》。
④ 《章氏遗书》卷九《与邵二云论学》。

程私课"分其功,复"京师困于应酬",致二书均未完成。迄至今日,其书已堙没于天地之间。此不惟邵氏之不幸,亦史学界之不幸也!

邵氏尝述其写《宋史》之宗旨云:"宋人门户之习,语录庸陋之风,诚可鄙也。然其立身制行,出于伦常日用,何可废耶?士大夫博学工文,雄出当世,而于辞受取与,出处进退之间,不能无箪豆万钟之择,本心既失,其他又何议焉。"① 此又显见其对时风之感慨,而仰慕宋人之真情毕现。倾力以写《宋史》,又岂待外铄耶?

四 自邵氏以敏锐之见,发挥史学思想、史学理论、史学方法之精蕴方面而言之

长于发挥史学思想、史学理论、史学方法之章学诚,对邵氏极致敬佩之意。彼曾云:

> 与余论史,契合隐微。余著《文史通义》,不无别识独裁。不知者或相讥议。君每见余书,辄谓如探其胸中之所欲言;间有乍闻错愕,俄转为惊喜者,亦不一而足。以余所知解,视君之学,不啻如稊米之在太仓,而君乃深契如是。古人所称昌歜之嗜,殆有天性,不可解耶?②

迨邵氏下世,章氏慨然曰:

---

① 邵晋涵告章学诚之语,见《邵与桐别传》。
② 《邵与桐别传》。

> 嗟乎！皇天生百才士，不能得一史才；生十史才，不能得一史识。有才有识如此，而又不佑其成，若有物忌者然，岂不重可惜哉！①

以自视甚高，性情孤傲之章氏，而服膺邵氏如此，服其学渊深，赞其有史才史识，复谓彼此论史，契合隐微，《文史通义》中所论，若探邵氏胸中所欲言，此必有其真实性，而非夸大之言。《文史通义·书教》后附邵氏之评语云："纪传史裁，参仿袁枢，是貌同心异。以之上接尚书家言，是貌异心同。是篇所推，于六艺为支子，于史学为大宗，于前史为中流砥柱，于后学为蚕丛开山。"《原道》后邵氏亦评之云："是篇初出，传稿京师，同人素爱章氏文者，皆不满意，谓蹈宋人语录习气，不免陈腐取憎，与其平日为文不类，至有移书相规诫者。余谛审之，谓朱少白（名锡庚）曰：'此乃明其《通义》所著一切，刱言别论，皆出自然，无矫强耳。语虽浑成，意多精湛，未可议也。'"此为邵氏激赏《文史通义》之斑斑可考者。邵氏在四库馆中所撰史部书之提要，则其有史识之明证也。如《史记提要》云：

> 其叙事多本《左氏春秋》，所谓古文也。秦汉以来故事，次第增叙焉。其义则取诸《公羊春秋》，辨文家质家之同异，论定人物，多寓文与而实不与之意，皆公羊氏之法也。迁尝问春秋于董仲舒，仲舒故善公羊之学者，迁能伸明其义例，虽未必尽得圣经之传，要可见汉人经学，各有师承矣。其文章体例，则

---

① 《邵与桐别传》。

参诸《吕氏春秋》,而稍为变通。《吕氏春秋》为十二纪、八览、六论,此书为十二本纪、十表、八书、三十世家、七十列传,篇帙之离合,先后不必尽同,要其立纲分目,节次相成,首尾通贯,指归则一而已。世尝讥史迁义法背经训,而称其文章为创古独制,岂得为通论哉!①

论一代之史,而窥其思想之渊源,寻其叙事之所本,详其文章体例之所参稽,此论之极有深度者也。

《后汉书提要》云:

东汉尚气节,此书创为《独行》《党锢》《逸民》三传,表彰幽隐,搜罗殆尽。然史家多分门类,实滥觞于此。夫史以纪实,综其人之颠末,是非得失,灼然自见,多立名目奚为乎?名目既分,则士有经纬万端,不名一节者,断难以二字之品题,举其全体,而其人之有隐慝与丛恶者,二字之贬,转不足以蔽其辜。宋人论史者,不量其事之虚实,而轻言褒贬,又不顾其传文之美刺,而争此一二字之名目为升降,辗转相遁,出入无凭,执简立争,腐毫莫断,胥范氏阶之厉也。然范氏所增《文苑》《列女》诸传,诸史相沿,莫能刊削。盖时风众势,日趋于文,而闺门为风教所系,当备书于简策,故有创而不废也。儒林考经传源流,能补前书所未备,范氏承其祖宁之绪论,深有慨于汉学之兴衰,关乎教化,推言终始,三致意焉。岂独贾逵、郑康成诸传,为能阐其微意哉!②

---
① 邵晋涵《南江文钞》(四卷本)卷三。
② 邵晋涵《南江文钞》(四卷本)卷三。

揭出"史以纪实",为史学家最重要之见解,由是而反对"宋人论史者,不量其事之虚实,而轻言褒贬";由是而不以范晔立传多分门类为适当。"名目既分,则士有经纬万端,不名一节者,断难以二字之品题,举其全体,而其人之有隐慝与丛恶者,二字之贬,转不足以蔽其辜。"故力主"综其人之颠末",此中外屹立不摇之史学理论也。以"闺门为风教所系,当备书于简策",以"汉学之兴衰,关乎教化",由是而称美范氏之增立《列女》等传,此又其史学家之淑世胸怀也。

《魏书提要》云:

> 收以修史为世所诟厉,号为"秽史"。今以收传考之,则当时投诉,或不尽属公论,千载而下,可以情测也。议者云:"收受尔朱荣子金,故减其恶。"夫荣之凶悖恶著,而不可掩,收未尝不书于册。至论云"若修德义之风,则韩、彭、伊、霍,夫何足数",反言见意,史家微辞,乃转以是为美誉,其亦不达于文义矣。又云:"杨愔、高德正势倾朝野,收遂为其家作传;其预修国史,得阳休之助,因为休之父固作佳传。"夫愔之先世为杨椿、杨津,德正之先世为高允、高佑。椿、津之孝友亮节,允之名德,佑之好学,实为魏之闻人。如议者之言,将因其子孙之显贵,不为椿、津、允、佑立传,而后快于心乎?《北史·杨固传》,固以讥切聚敛,为王显所嫉,因奏固剩请米麦,免固官,从征硖石,李平奇固勇敢,军中大事,悉与谋之,是固未尝以贪虐先为李平所弹也。固它事可传者甚夥,不因有子休之而始得传。况崔暹尝荐收修史矣,而收则列崔暹于酷吏,其不徇私惠如此,而谓得休之助,遂曲笔以报德乎?议者又云:

"卢同位至仪同，功业显著，不为立传。崔绰位止功曹，本无事迹，乃为首传。"夫卢同希元叉之旨，多所诛戮，后以叉党罢官，不得云功业显著。绰以卑秩见重于高允，称其道德，固当为传独行者所不遗。观卢斐诉辞，徒以父位仪同，绰仅功曹，较量官秩之崇卑，争专传附传之荣辱（《魏书》初定本、卢同附见《卢元传》，崔绰自有传，后奉敕更审，同立专传、绰改入附传），是乌足与之论史法哉！自崔浩以修史被谤获祸，后遂酿为风气，故李庶诉发杨愔，谓魏收合诛。其一时欢讼之状，犹可盘见。收之得免，幸也。然李延寿以唐臣修《北史》，多见馆中坠简，参校异同，多以收书为据。其为收传论云："勒成魏籍，婉而有章，繁而不芜，志存实录。"于是"秽史"之谤，可以一雪矣。①

不徇众说，而力辨《魏书》之非"秽史"，此又其能实践量事之虚实以立论之明证也。

《周书提要》云：

> 初刘知几尝讥《周史》擅饰虚辞，都损时事，晁公武遂谓其务清言而非实录。以今考之，非笃论也。夫文质因时，纪载从实。良以周代尚文，仿古制言，文章尔雅，载笔者势不能易彼妍辞，改从俚语。至于敌国诋谤，里巷谚谣，削而不书，史之正体，岂得用是为讥议哉！德棻旁征简牍，意在摭实，故《元伟传》后，于元氏戚属之事迹，湮没者犹考其名位，连缀附书，深有合于史家阙疑传信之义。《庾信传论》，仿《宋书·谢灵运

---

① 邵晋涵《南江文钞》（四卷本）卷三。

传》之体，推论六义源流，于信独致微辞，盖见当世竞宗徐庾，有意于矫时之弊者，亦可见其不专尚虚辞矣。书虽残缺，而义例之善，有非《北史》所能掩者，岂徒取其文体之工哉！①

推许《周书》义例之善，嘉其"敌国诋谤，里巷谚谣，削而不书"，得"正史之体"，复以"周代尚文，仿古制言，文章尔雅，载笔者势不能易彼妍辞，改从俚语"，从而得出"文质因时，纪载从实"之史学理论，此邵氏在史学上之大见解也。

《旧唐书提要》云：

> 唐人重史事，温大雅、令狐德棻、姚思廉、吴兢、徐坚，并善于其职。刘知几复为申明义例。至韦述等排纂成书，当时称其事简记详，为谯周、陈寿之流。其讨论之功，固已勤矣。旧书善于相因，唐中叶以前，本于旧史者居多。本纪则惟书大事于年月，如《史通》所讥"杂载臣下，兼言它事，巨细毕书，洪纤备录"者无有也。列传叙次简质，曲尽事势，如《史通》所讥"轻事尘点，曲加粉饰，虚引古事，妄足庸言"者无有也。寻其条例，庶几能承六朝以来之史法。……长庆以后，史失其官，叙次无法，而昫等袭其旧文，莫能刊正。帝纪则诗话、书序、婚状、狱词，委悉具书，语多支蔓。列传则多叙官资，曾无事实，或但载宠遇，不见首尾。较韦述等所修旧史，截然高下，不可并论矣。②

---

① 邵晋涵《南江文钞》（四卷本）卷三。
② 邵晋涵《南江文钞》（四卷本）卷三。

第十三章　邵晋涵之史学

《新唐书提要》云：

《新唐书》二百二十五卷，宋欧阳修、宋祁撰、曾公亮表进其事，谓其事则增于前，其文则省于旧。语似夸诩。陈振孙又谓事增文省，正新书之失。以今考之，皆不明史法者也。夫后人重修前史，使不省其文，则累幅难尽；使不增其事，又何取乎重修？故事增文省，自班固至李延寿，莫不皆然。不得以此为夸诩，亦不得转以此为诋諆。新书之失，在增所不当增，省所不当省尔。夫《唐大诰》《唐六典》，为一代典章所系。今纪传既尽去制诰之辞，而诸志又不能囊括六典之制度，徒刺取卮言小说，以为新奇，于史例奚当乎？芟除字句，或至失其本事，不独文义之蹇踬也。然自吴缜为新书纠缪，学者师其余论，吹毛索疵，莫不以新书为诟厉，甚至引幽怪之书，无稽之说，证《新书》为失实，是岂足以服修祁之心哉！平情论之，《新书》删定旧史，废传六十一篇……此删并之善也。新添传三百一十篇，《后妃传》增载郭贤妃、王贤妃，《创业功臣传》增载史大奈，韩门弟子增载皇甫湜、贾岛，《忠义传》增载雷万春、南霁云，《循吏传》增载韦丹、何易于，《儒学传》增载张齐贤、啖助，《文艺传》增载吕向、张旭，《方技传》增载邢和璞、罗思远，《列女传》增载高愍女、杨烈妇，此搜罗遗佚，而有禅于旧史者也。且旧史于咸通以后，纪传疏略，《新书》则于韩偓、纳忠、高仁厚之平贼，与夫雷满、赵匡凝、杨行密、李罕之之僭割，具书于传，一代兴废之迹备焉。岂得谓其无补于旧史欤？……使修、祁修史时，能溯累代史官相传之法，讨论其是非，决择其轻重，载事务实，而不轻褒贬，立言扶质，而不尚挦扯，何至为后世讥议，谓史法之败坏，自新书始哉！①

自《旧唐书》之取材，以论《旧唐书》之得失，已深具史学家之法眼；论《新唐书》，嘉其删并之善，增传之多，而不满其纪传尽去制诰之辞，为平情之论；至谓修史之际，当"讨论其是非，决择其轻重，载事务实，而不轻褒贬，立言扶质，而不尚挦扯"，则千古不可易之史学良法也。

《五代史记提要》云：

夫史家以网罗放失为事。……修则不然。取旧史任意芟除，不顾其发言次第，而于旧史之外，所取资者，王禹偁之阙文，陶岳之史补，路振之九国志三书而已。所恨于修者，取材之不富也。修与尹洙同学古文，法春秋之严谨，洙撰《五代春秋》，虽行文过隘，而大事不遗。修所撰《帝纪》，较《五代春秋》已为详悉矣，然于外蕃之朝贡必书，而于十国之事，俱不书于《帝纪》，岂十国之或奉朝贡，或通使命者，而反不得同域外之观乎？所恨于修者，书法之不审也。法度之损益，累代相承。五代虽干戈相继，而制度典章，上沿唐而下开宋者，要不可没。修极讥五代文章之陋，祇述《司天》《职方》二考，而于礼乐、职官、食货之沿革，削而不书，考古者茫然于五代之成迹。即《职方考》于十国之建置，亦多疏漏。所恨于修者，掌故之不备也。旧史但据实录排纂事迹，无波澜意度之可观。而修则笔墨排骈，推论兴亡之迹，故读之感慨有余情，此其所由掩旧史而

---

① 邵晋涵《南江文钞》（四卷本）卷三。

出其上欤？[①]

严厉批评欧阳修著《新五代史》，取材之不富，书法之不审，掌故之不备，亦推崇其笔墨排奡，推论兴亡之迹，此史学家客观之论也。倡言"史家以网罗放失为事"，深识"法度之损益，累代相承"。"五代虽干戈相继，而制度典章，上沿唐而下开宋者，要不可没。"此触及史学上之真理也。综合邵氏所作《史记》《后汉书》《魏书》《周书》《旧唐书》《新唐书》《五代史记》七部史书之提要，可知邵氏史识之高，史学造诣之深，举凡史学思想、史学理论、史学方法之大者，皆淋漓以发挥之。"史以纪实""文质因时，纪载从实""载事务实，而不轻褒贬，立言扶质，而不尚掊扯"，其史学理论之重大者，亦其史学思想之精华也。"史家以网罗放失为事"，修史之际，"讨论其是非，决择其轻重""笔墨排奡，推论兴亡之迹"，复着眼于风教，则其史学方法之谨严而宽广者也。自史书之取材，自史学家之学术思想渊源，以定一代史书之优劣，又其评论史书所独具之法眼也。

邵氏在四库馆中所作之史部书提要，正史中除《三国志》《旧五代史》以外，皆出其手。此外又作《史记集解》《史记正义》《两朝纲目备要》《通鉴前编》《通鉴纲目前编》诸书之提要。惟与现行之《四库全书总目提要》相比较，内容文句，颇多殊异。大凡邵氏博辨处皆保留，而议论发挥处，则多遭删削。如上文所引及者，除为《魏书》辨护者尚部分保留外，其他皆不见影踪矣。于此亦可窥乾嘉学风之消息焉。

[①] 邵晋涵《南江文钞》（四卷本）卷三。

以敏锐之见，发挥史学思想、史学理论、史学方法之精蕴，邵氏与章学诚盖深相契合焉。二人识见相若，而邵氏以博辨胜[1]，章氏以理趣胜，而惜乎邵氏未能以类似《文史通义》之书传世也！

五 结 语

章学诚既盛赞邵氏之有史才、史识矣，钱大昕则云：

> 自四库馆开，而士大夫始重经史之学。言经学则推戴吉士震，言史学则推君。君于国史，当在儒林、文苑之列，朝野无间言。[2]

阮元亦云：

> 余姚翰林学士邵二云先生，以醇和廉介之性，为沉博邃精之学，经学史学，并冠一时，久为海内共推。[3]

及其卒，王昶描述其在当时所引起之震撼云：

> 学士邵君之卒也，卿大夫相与悼于朝，汲古通经、博闻宏览之儒相与恸于野，而大臣之领国史者，迄今犹咨嗟太息，重

---

[1] 邵晋涵博学，凡发议论，皆博征实据，不涉虚诞。钱大昕称其著述"皆实事求是"（见《日讲起居注官翰林院侍讲学士邵君墓志铭》），诚然。
[2] 《日讲起居注官翰林院侍讲学士邵君墓志铭》。
[3] 阮元《南江邵氏遗书序》。

第十三章　邵晋涵之史学

惜其亡。[1]

邵氏之经学、史学为时人推重如此。一旦长逝，时人之哀痛，出于至诚。[2] 其何以致此哉？

侧身四库馆，回翔清署，二十余年，天下宗仰，其致高名固宜。其学淹博，与朴学家相契合，而亦重专门著述，不悖浙东史学之教。学林盛称之，又岂偶然？"以醇和廉介之性，为沉博邃精之学"，宜乎朝野之重惜其亡也！然邵氏所遗留之著述有限，与其声名甚不相符。体羸善病，中寿而逝，又才高嗜博，官程私课分其功，京师应酬劳其形，其学术成绩，又宁能丰硕？章学诚能"撰著于车尘马足之间"[3]，以其郁郁不得志也。邵氏得意当时，又岂能"伏箧于经折传单之际"[4]哉！[5]

---

[1]《国朝耆献类征》初编卷一三〇《词臣》十六。
[2] 维运写《赵翼传》，流览乾嘉时代文集、诗集近两百种，凡遇写及邵晋涵者，无不敬佩其人及其学。惜当时未将此类资料辑存耳。
[3]《与邵二云论学》。
[4]《与邵二云论学》。
[5] 近人基于表章之意，写及邵晋涵之生平与学术者，约有：黄云眉《清邵二云先生晋涵年谱》（商务，1932年初版）。陈训慈《清代浙东之史学》（《史学杂志》第二卷第六期，1930年12月）。仓修良《邵晋涵史学概述》（《史学史研究》，1982年第三期）。南炳文《邵晋涵》（载于《中国史学家评传》下册，中州古籍出版社，1985年初版）。张舜徽《清儒学记·浙东学记》第六。

第十四章　赵翼之史学

　　赵翼为清乾嘉时代极负盛名之诗人，其诗与袁枚、蒋士铨齐名，并世之人，莫不知其为大诗人，慕其风而诵其诗者，遍于大江南北。彼亦以诗人自居，朝夕吟咏，至于垂暮之年而不已。其史名则远为诗名所掩，在史学上，彼极孤独，鲜有从其治史学者。其大著《廿二史劄记》虽与钱大昕之《廿二史考异》、王鸣盛之《十七史商榷》并称，而当时史学界最重钱书，王书次之，《劄记》陪末座焉。怀疑《劄记》非系出于赵氏之手者，亦大有其人。即此已可窥见赵氏生前史学声名之晦暗矣。

　　乾嘉以后，赵氏在史学上之地位，逐渐提高。道咸年间，张维屏称美《劄记》"考证精审，持论明通"（《国朝诗人征略》卷三十八《赵翼》）。光绪三年（1877），丁宝桢序《瓯北全集》，谓赵氏于清代诸鸿儒中，独长于史学。光绪二十四年（1898），张之洞写《劝学篇》，考史之书，约之以读《劄记》。至民国时代，梁启超继续为《劄记》揄扬，谓赵氏能属辞比事，用归纳法比较研究，以观盛衰治乱之源，不局促于狭义的考证（见梁氏所著《清代学术概论》页八六至八七；《中国历史研究法》页四五；《中国近三百年学术史》页二九一至二九二）。迄于今日，中国史学界皆知推重《劄记》，所谓"古人读尽全部正史而又能作归纳比较的深入研究者，以此书为第一"一类之论调，丛出不穷。撰写新史者，尤屡屡采用其说。此真非赵氏生前所能逆知者矣。

晚近以来，赵氏史学之名，复自中国远播西方。1961年西方出版《中日史家》（*Historians of China and Japan*）一书，赵氏备蒙赞扬。加拿大汉学家浦立本（E. G. Pulleyblank, 1922—2013）教授认为赵氏致力于克服中国史学之传统缺陷，能触及使近代史家真正感兴趣之问题，能超越孤立之繁琐事实之上以观察，自其中归纳出社会史与制度史发展趋势之通则。1962年初秋，至1964年仲夏，维运留学欧洲，所遇西方汉学家，提及赵氏，莫不致仰慕推崇之意。近年西方年轻学子，以研究赵氏为矢志者，且大有其人。赵氏同时人颂其诗"诗传后世无穷日，吟到中华以外天"（范起凤如此称颂其诗，附见于《瓯北集》卷二十八）。赵氏之诗，能否吟到中华以外，不可得而知。其史学著述与史学声名，迄于今日，则已洋溢于寰宇。赵氏生前之名与身后之名不相符合有如此。

赵氏史名之显晦，与其史学所受评价之高低，与时代之变迁发展，息息相通。赵氏之史学，与其时代，不相融合。当乾嘉之时，考据学趋于极盛，史家崇尚博雅，醉心考据，耗毕生岁月于擘绩补苴纠谬正讹之中。赵氏则不趋时风，不逐潮流，飘然世外，自树一帜。其不能为时代所容，自为势所必至，理有固然。与赵氏同时代之大史家章学诚曾大声疾呼，思有以矫正当时之考据学风，而丝毫不能有所动。时风所趋，有如万军猝发，不可膺其锋，赵氏又焉能不为时风所掩哉？！

赵氏史学中之经世思想，与其时代，亦不相合。乾嘉时代，无论经学与史学，皆甚缺乏经世思想。赵氏写《劄记》，则举凡"古今风会之递变,政事之屡更,有关于治乱兴衰之故者"(《劄记·小引》),皆著于编。其题《劄记》诗云:"一事无成两鬓霜,聊凭阅史遣年光,敢从棋谱论新局,略仿医经载古方。"(《瓯北集》卷四十一《再题廿二史劄记》)载古方自为医今病。若与其《感事》诗所云"笑把陈编按时事,层层棋谱在楸枰"(同上卷三十六)合观,适可证明赵氏拟从棋谱论新居。钱大昕推崇《劄记》为"儒者有体有用之学,可坐而言,可起而行"(《廿二史劄记序》),未为溢美。虽赵氏于《劄记·小引》中云:"自惟中岁归田,遭时承平,得优游林下,寝馈于文史以终老,书生之幸多矣。或以比顾亭林《日知录》,谓身虽不仕,而其言有可用者,则吾岂敢!"疑若其写《劄记》未有若何经世致用之大志者。实则彼系将胸中抱负,寓于谦语之中。细读《劄记》,其追踵《日知录》之痕迹,历历可寻。最喜缕陈历代弊政,尤见其为后世垂鉴戒之深意。使其"翱翔木天,径簉青云,以备经筵之启沃,必能援古证今,指陈贯串"(李保泰序《劄记》语),而惜乎仅托于此书以传也!

道咸以降,时代骤变,西方势力如潮涌而至,国势岌岌可危。识时之士,亟思救时之策,于是经世致用之新学说纷起,而乾嘉时代为学术而学术之考据学风,为之一变。张维屏推崇赵氏,在于凡赵氏"所撰著,均能使人增益见闻,通知时事,较之断断考据于无用之地者,似为胜之"(《国朝诗人征略》卷三十八《赵翼》)。张之洞论考史之书,约之以读《劄记》,在于《劄记》可以致用。梁启超推崇《劄记》,亦泰半自经世致用之观点出发。赵氏治史,重经世致用,遇讲经世致用之时代,其史学地位提高,乃为必然之趋势。

赵氏受近代中外史学界重视,尤系于其治史之方法。赵氏治史,与近代史学方法,大半吻合。

第十四章　赵翼之史学

赵氏治史，深得《春秋》属词比事之旨，不执单词孤事以论史，每每胪列诸多相类之史实，比而论之，以得一代之特征。此近代极流行之归纳方法也。如《劄记》卷五"擅去官者无禁"条云："贾琮为冀州刺史，有司有赃遇者，望风解印绶去（《琮传》）。朱穆为冀州刺史，令长解印绶去者四十余人，及穆到任，劾奏，至有自杀者（《穆传》）。李膺为青州刺吏，有威政，属城闻风，皆自引去（《膺传》）。范滂为清诏使，案察贪吏，守令自知赃污，皆望风解印绶（《滂传》）。陈寔为太丘长，以沛相赋敛无法，乃解印绶去（《寔传》）。宗慈为修武令，太守贪贿，慈遂弃官去（《慈传》）。案令长丞尉，各有官守，何以欲去即去？据左雄疏云：'今之墨绶，拜爵王廷，而齐于匹庶，动辄避负，非所以崇宪明理也。请自今守相长吏，非父母丧不得去官，其不遵法禁者，锢之终身。若被劾奏逃亡不就法者，家属徙边，以惩其后。'（《雄传》）黄巾贼起，诏诸府掾属，不得妄有去就（《范冉传》）。可见平时朝廷无禁人擅去官之令，听其自来自去而不追问也，法网亦太疏矣。"即为自正史七列传中觅取材料，以获得东汉时代擅去官者无禁一项结论，由众多事实以至抽象理论，此归纳方法之应用也。遍《劄记》中，类似之例证，不胜枚举。卷七"关张之勇"条系自《三国志》《晋书》《宋书》《齐书》《南史》《魏书》诸书中，归纳出关羽张飞皆为万人之敌；卷二十二"五代人多以彦为名"条系自一百二十七实例归纳出五代人多以彦为名之风气。赵氏于每一条中，甚少横生褒贬，擅加予夺，而自载于正史之史实以得其结论，史实之搜集务求普遍周延，不以单一孤立之史实为根据，而由再见屡见之众多同类史实下断语。此为极富近代精神之治史方法也。

赵氏应用归纳方法之同时，亦充分应用比较方法。凡同类之事，相涉之文，皆参伍错综，比其异同，由其异同，寻其可疑，究其矛盾。如《劄记》卷三十四"明中叶南北用兵强弱不同"条云："有明中叶，战功固不足言，然南北更有迥异者。大率用兵于南，则易于荡扫，用兵于北，则仅足支御。如山云讨广西蛮，斩首十二万二百六十。方瑛讨贵州苗，俘斩四万余。陶鲁破广东贼，斩二万一千四百余。其他斩馘以千计者，指不胜屈也。至用兵于北，自宣德以后瓦剌俺答小王子诸寇，先后扰边，中国宿重兵以御之，仅仅自保。间有战胜，亦无可纪。如王越红盐池之捷，禽斩三百五十。威宁海之捷，斩首四百三十余。石彪与杨信斩鬼力赤，生擒四千余人，斩五百余，论者俱以为西北战功第一。彪又击斩把秃王，杀一百二十人，追至三山墩，又斩七十二人，以是封定远伯。刘聚等击阿罗出，斩首一百六十。朱永开荒山败敌，斩一百六级，边人亦以为数十年所未有。此皆当时所谓大捷者，越、彪至以之封侯伯。他如郭登栲栳山之战，则二百余级也。姜奭昔水铺之战，则百余级也。姜应熊破套寇，则百四十级也。安国偏头关之战，则八十余级也。甚至仇钺击寇于万全，斩三级，朱晖捣河套，亦斩三级，追寇庆阳斩十二级（以上俱见各本传）。较之黔粤用兵，何啻千百之十一，而乃以之入功册，迁官秩。可知北强南弱，风土使然，固非南剿者皆良将，北拒者尽庸将也。"此为同类之事之比较，且其基础奠立于归纳方法之上。

至于相涉之文之比较，尤为普遍。甲书与乙书相比较。如《史记》《汉书》交互之际，《新唐书》《旧唐书》绵亘之间，《南史》《北史》《宋》《齐》《梁》《陈》《魏》《齐》《周》《隋》之书纠缠不清之处，莫不一一比照勘校；同书之中，本纪与列传相比较，如《劄记》中《史记》自相歧异处、《魏书》纪传互异处、《北史》纪传互异处、新旧书各有纪传互异处等条，皆为以本书纪传互校，由其矛盾，证其谬误。此类相涉之文之比较，极为简单，然历史真相往往藉之而流露。如《劄记》卷十八"新旧书各有纪传互异处"条云：《旧书》本纪，幽州军乱，逐节度使史元忠，推陈行泰为留后雄武军使，张绛奏行泰不可为帅，请以本镇军讨之。许之，遂诛行泰，诏以绛主留后务，仍赐名仲武，是绛即仲武也。而《新书》则陈行泰杀史元忠，张绛又杀行泰，雄武军使张仲武起兵讨绛，朝廷因命仲武为节度，是绛与仲武，判然两人。及考《旧书·张仲武传》，史元忠为行泰所逐，行泰又为绛所逐，适仲武遣吏吴仲舒奉表至京。宰相李德裕问故。仲舒谓行泰、绛皆客将，故人心不附，仲武本旧将，素抱忠义，可为帅。德裕乃奏以仲武为节度使。是《旧书》列传内，亦未尝以绛与仲武为一人。而本纪乃谓绛赐名仲武，此纪传互异之显然者。合《新书》列传及《通鉴》核之，此《旧书》之误，在纪不在传也。《新书》本纪，杀梁郡公李孝逸。案《新书·孝逸传》，讨徐敬业有功，后为武三思所谮，将置之死，后念其旧功，免死流儋州。旧书孝逸传亦然。是孝逸未被杀也。此《新书》之误，亦在纪而不在传也。"此无怪赵氏于《劄记》卷二十七"宋金用兵须参观二史"条云"阅史必参观各传，彼此校核，始得其真"也。

比较方法与归纳方法之应用，在中国有其悠久之历史。魏晋之际，比较方法已为史学界最为流行之治史方法之一。蜀人谯周，著《古史考》，辨《史记》与群籍之相异。晋司马彪继之，以《竹书纪年》补考谯周之所未及。二书虽皆已佚，其方法则显为聚群籍而比较之也。其后孙盛之《魏氏春秋异同评》，盖即衍二氏之遗风，惜乎今亦不存。降及赵宋时代，出现专门比较异同之书，如倪思之《班马异同》，吴缜之《新唐书纠缪》《五代史纂误》，一为以甲书与乙书

401

相比较，一为以本书前后相比较，皆比较方法之结晶也。司马光博采群史，撰成《通鉴》，其史料之去取，凭借比较方法之处甚多，以两种或两种以上之史料相比较，而取其证据分明情理近于得实者。至清代比较方法更广泛为史学界所采用，与赵氏同时代之史家，皆精于运用比较方法。如钱大昕著《廿二史考异》《十驾斋养新录》，正史以外，博采杂史，遍搜金石文字，以资参稽互证。王鸣盛之《十七史商榷》，"不过出其读书校书之所得"（《十七史商榷序》）。王氏亦自谓"二纪以来，恒独处一室，覃思史事，既校始读，亦随读随校，购借善本，再三雠勘。又搜罗偏霸杂史、稗官野乘、山经地志、谱牒簿录，以暨诸子百家、小说笔记、诗文别集、释老异教、旁及于钟鼎尊彝之款识、山林冢墓祠庙伽蓝碑碣断阙之文，尽取以供佐证，参伍错综，比物连类，以互相检照"（同上）。清乾嘉时代史家之应用比较方法，即此盖可知矣。

归纳方法之应用，在中国历史上，最迟始于宋代。洪迈著《容斋随笔》，已知归纳同类材料。迄于清代，归纳方法充分为史家所应用。清代史家读史皆作札记，心有所得，则条记于纸，每每积至数千百条，由此储蓄之大量资料，再归纳而得其新说。凡立一说，必凭证据，由证据而产生其说，非由其说而找寻证据；证据务求普遍，孤证不定其说，其无反证者姑存之，得有续证则渐信之，遇有力之反证则弃之，隐匿证据或曲解证据，皆认为大不德（梁启超《清代学术概论》页七七）。于是为学术而学术之研究风气出焉矣。史家治史不先具任何成见，不染有其他色彩，惟以史实为依归，此其归纳精神，为何若耶！

比较方法与归纳方法之应用，既非始于赵氏，赵氏同时代之史家，又皆精于用此二法，而赵氏用此二法特别值得注意者，在于其能透过此二法，看历史上富有深义之大问题。如《劄记》"汉初布衣将相之局""两汉外戚之祸""东汉宦官""宦官之害民""八王之乱""六朝清谈之习""唐代宦官之祸""唐节度使之祸""五代枢密使之权最重""宋初严惩赃吏""宋军律之弛""辽官世选之例""金代文物远胜辽元""元代专用交钞""元季风雅相尚""大礼之议""明初文字之祸""明吏部权重""明中叶南北用兵强弱不同""明代宦官""明代科场"之弊等条，皆为关系重要之大问题，或论风气之递嬗，或述祸乱之终始，或言一朝之文物制度，或叙历代之兴衰巨端，自钱大昕《廿二史考异》、王鸣盛《十七史商榷》中，鲜能发现类似之专条。即所言较小者，如"两汉多凤凰""汉多黄金""人君即位冠白纱帽""玄宗五代一堂""名父之子多败德""一产三男入史""周祖四娶皆再醮妇""金俗重马""牛腹疗重伤"等条，亦能自圆其说，且殊饶趣味。其各条之间，亦互有关联，由数条或十数条说明一项同类之问题，如卷六"后汉书三国志书法不同处""三国志书法""三国志多回护""三国志书事得实处""三国志立传繁简不同处""三国志误处""荀彧传""荀彧郭嘉二传附会处""陈寿论诸葛亮""裴松之三国志注"等条，论《三国志》体例之得失也；卷二十五"宋郊祀之费""宋制禄之厚""宋祠禄之制""宋恩荫之滥""宋恩赏之厚""宋冗官冗费""南宋取民无艺""宋军律之弛""宋科场处分之轻"等条，论宋代之弊政也；卷三十三明初吏治，"因部民乞留而留任且加擢者""特简廷臣出守""遣大臣考察官吏""重惩贪吏""明大臣久任者""大臣荐举""明内阁首辅之权最重""明翰林中书舍人不由吏部""明吏部权重"等条，论明代之吏治也。皆颇费心思钩稽排列，以视当时之史家，应用比较方法与归纳方法，仅局促于狭义之考证，或订一字，或校一讹，或补史实之阙，或发前贤之覆，相去几不可以道里计。故梁启超盛推之云："乾嘉以还，考证学统一学界，其洪波自不得不及于史，则有赵翼之《廿二史劄记》，王鸣盛之《十七史商榷》，钱大昕之《廿二史考异》，洪颐煊之《诸史考异》，皆汲其流。四书体例略同，其职志皆在考证史迹，订讹正谬。惟赵书于每代之后，常有多条胪列史中故实，用归纳法比较研究，以观盛衰治乱之原，此其特长也。"（《清代学术概论》页八六至八七）又云："赵翼之《廿二史劄记》，虽与钱大昕王鸣盛之作齐名，然性质有绝异处。钱王皆为狭义的考证，赵则教吾侪以搜求抽象的史料之法。昔人言'属辞比事，春秋之教'，赵书盖最善于此事也。"（《中国历史研究法》第二章页二六）又谓赵氏"不喜专论一人之贤否，一事之是非，惟捉住一时代之特别重要问题，罗列其资料而比论之，古人所谓属辞比事也"（《中国近三百年学术史》页二九一至二九二）。

西方汉学家浦立本（E. G. Pulleyblank, 1922—2013）教授则云："十八世纪迄于十九世纪初，……史学界最驰名之史家为王鸣盛（1722—1798），钱大昕（1728—1804）与赵翼（1727—1814）。前二人局促于狭义之考证，纠史籍原文之误，或以新资料补其不足。赵翼虽其学不逮二人渊博，然或为最令人感兴趣者。盖彼已致力于克服中国史学之传统缺陷。……能触及使近代史家真正感兴趣之问题，近代史家读其作品，确能获得益处。"（W. G. Beasley and E. G. Pulleyblank, eds., *Historians of China and Japan*, 1961, pp. 159—160）"赵翼能超越孤立之繁琐事实之上以观察，自其中归纳出社会史与制度史发展趋势之通则，此类通则，则近代史家所试图建立者也。"（Ibid., p. 7）"与考据学家略为有别者为《廿二史劄记》之作者赵翼。考据学家藉其他材料，以补充、考订正史。赵氏之《劄记》，则为细心反复阅读正史之所得。有时赵氏指出各卷中互有出入之处，然亦泛论各史之来源，而于综论制度、社会结构以及世风方面，尤有莫大之兴趣。彼所创始之许多观念，已经播下种子，在本世纪之现代史学方面，且已结起果实矣。"（E. G. Pulleyblank, "The Historiographical Tradition" in *The Legacy of China*, ed. by Raymond Dawson, 1964, p. 162）赵氏所受中外史家之推崇如此，其史学之精华，亦于此暴露无遗：运用考据学家所惯用之归纳方法与比较方法以观察盛衰治乱之原，超越于孤立之繁琐事实之上以观察，自其中归纳出社会史与制度史发展趋势之通则。此为乾嘉时代甚至中国整个史学发展史上所罕见之史学，而与西方近代之解释史学（interpretative historiography）相接近。赵氏盖已摆脱考据之枷锁，而奋力为中国撰写解释性之历史（interpretative history）。如谓秦汉间为天地一大变局，数千年世侯世卿之局，一变而为布衣将相之局（《劄记》卷二"汉初布衣将相之局"条）；东汉及唐明三代，宦官之祸最烈，唐明宦官先害国而及于民，东汉宦官先害民而及于国（《劄记》卷五"宦官之害民"条）；明代内阁首辅之权最重，司礼监之权，又在首辅上（《劄记》卷三十三"明内阁首辅之权最重"条）。凡此之类，皆系为历史所作之解释，而非局促于狭义之考据。然则值考据史学风靡天下之乾嘉时代，赵氏之史学，又宁非空谷足音哉！

不执成见以论史，亦赵氏史学之一大特色。如《瓯北集》卷四十一"中庭坐月，忽一女孙言月大如酒杯，不觉骇听，因历询诸孙及婢仆，言人人殊，有同谓如杯者，有如镜如碟者，甚至有大如盆盎者，乃知眼光各自不同也。余年七十四，向未知此，今因小儿女语乃得之，然则近在目前，而所不知者多矣，作诗志之"云：

举头见明月，大如五寸镜，
谓众目皆然，圆规有一定。
忽闻小如杯，儿语实骇听，
因之遍谘访，令各说围径，
细比半两钱，大至尺口磬，
始知眼光异，尘根有殊性，
譬若长短视，远近相去夐。
花看雾中昏，毫察秋来炳，
即事悟学功，格物非易竟。
老夫年七十，识月犹未尽，
如何执成见，辄负鉴裁柄！

此诗意指眼光不同而所见殊异，负鉴裁之柄者，不能偏执成见，亦即不执成见以论史之意。虽赵氏写此诗时，已完成其史学大著《廿二史劄记》，然从其较早诗篇中，亦可觅得类似之观念。如对西湖之看法云"独兹西子湖，我来亦已屡，一到一回新，不厌三四五，始识无尽藏，今览非昔睹"（《瓯北集》卷三十二"同乡陆蓬庵观察招游天竺、龙井诸胜，午后泛舟游湖即事"，此诗作于乾隆五十三年）。此诗谓同一事物，因看到之时间不同，而认识各异。又有以明人诗文集二百余种向赵氏求售者，赵氏乍睹之下，超过其所素知者数倍，于是深愧闻见之有限，而以诗志感（《瓯北集》卷三十五）。凡此，皆为甚相接近之观念。因此赵氏诗中论史，确能不拘成见。如论杨贵妃云：

宠极强藩已不臣，枉教红粉委荒尘，

怜香不尽千词客，召乱何关一美人！
（《瓯北集》卷三十一《马嵬坡》）

论王安石则云：

荆公变祖法，志岂在荣利，
盖本豪杰流，欲创富强治，
高可追申商，苏绰乃其次。
（同上卷三十《咏史》）

此皆破千古之成见也。"闲翻青史几悲凉，功罪千秋少尺量"（同上卷三十一《咏古》），赵氏亦自有其无限感慨也！

赵氏能不拘成见以论史，源于其开阔之思想。其于《杨舍城北登望海楼》诗云：

中原水皆地所包，至此始信水包地，
不识此水又用何物包，六合以外真难议。
（同上卷四十一）

此为赵氏体认到宇宙之浩阔及奥妙。
《西岩斋头自鸣钟分体得七古》诗则云：

乃知到处有异人，聪明各把混沌凿。
（同上卷二十九）

又于《檐曝杂记》卷二"钟表"条云：

> 自鸣钟时辰表皆来自西洋。钟能按时自鸣，表则有针随晷刻指十二时，皆绝技也。今钦天监中占星及定宪书，多用西洋人，盖其推算比中国旧法较密云。洪荒以来，在璇玑，齐七政，几经神圣，始泄天地之秘。西洋远在十万里外，乃其法更胜。可知天地之大，到处有开创之圣人，固不仅羲、轩、巢、燧已也。

此为赵氏于看到西洋自鸣钟、时辰表后，骤然悟及天地之大，到处有开创之圣人。于听到西洋音乐后，赵氏尤情不自禁云：

> 始知天地大，到处有开辟，
> 人巧诚太纷，世眼休自窄，
> 域中多墟拘，儒外有物格。
> （《瓯北集》卷七《同北墅漱田观西洋乐器》）

可知赵氏完全将方隅之见廓清，此为一种开阔之思想，由一隅进至整个宇宙。对史家而言，此为一种最重要之思想。赵氏具有此种思想，其论史遂不拘成见而客观之色彩闪现。《劄记》中既痛陈宦官之害民，亦举出宦官中之贤者（卷五"宦官之害民"条及"宦官亦有贤者"条）；既缕述武后之残忍，亦推许武后之纳谏知人，为不可及（卷十九"武后之忍"条及"武后纳谏知人"条）；既不耻张全义、冯道之为人，亦不没其救时拯物之贡献（卷二十二"张全义冯道"条）；北朝为偏安窃据之国，而推崇其经学在南朝之上（卷十五

"北朝经学"条及"南朝经学"条）；和议之说，为人所惮言，而高唱宋之为国，始终以和议而存，不和议而亡（卷二十五"和议"条）；天主教为西洋产物，而承认其所被区域之广在孔教之上（卷三十四"天主教"条）。大凡赵氏对人物无成见，从其贤否两方面酌量；对史实无成见，从各种不同之角度施衡评；不局促于前人之说；超然于自己所处地域之外。史家如此，洵可当客观史家（critical historian）之名而无愧。加以赵氏性情温和，态度从容，无骄矜之气，少激昂之辞，于是其史学乃随处闪烁客观史学（critical historiography）之色彩。

赵氏生于清雍正五年（1727），少负逸才，年二十余以诸生至京师，入军机处，直内阁。方其入军机处也，适值西陲用兵，军报旁午，凡诏旨与进奏文字，多出其手。每岁秋扈从出塞，戎帐中无几案，则伏地起草，顷刻千百言，文不加点。旋举进士，入翰林院，丐诗文者，户履恒满，皆濡墨伸纸，满其意而去。既而出守镇安，调广州，擢贵西道，所至绝苞苴，勤抚字，能不负所学。中间尝奉命赴滇，在征南幕下参军事，短衣匹马，出入蛮烟瘴雨中，帷幄借筹，多所赞画。中岁以后，循陔归养，引疾辞荣，优游林下者，四十余年，无日不以吟诗著书自娱。于嘉庆十九年（1814）卒，年八十八，此时清已由极盛而中衰矣。所著《瓯北集》《瓯北诗钞》《瓯北诗话》《陔余丛考》《廿二史劄记》《皇朝武功纪盛》《檐曝杂记》，皆行于世。其中涉及史学者，以《廿二史劄记》为最突出，约始撰于乾隆四十九年（1784），至嘉庆元年（1796）而溃于成。以其循陔期间所撰之《陔余丛考》与之相较，虽颇类似，而有不可同日而语者焉。好吟咏，风雅自赏，如赵氏其人者，能出产若是之史学作品耶？疑之者乃比比。如李慈铭于《桃花圣解盦日记》乙集云："阅赵翼《廿二史劄记》，常州老生皆言此书及《陔余丛考》赵以千金买之一宿儒之子，非赵自作。以《瓯北诗集》《诗话》及《檐曝杂记》诸书观之，赵识见浅陋，全不知著书之体，此两书较为贯穿，自非赵所能为。"又有云其攘自章宗源或章学诚者。说者纷纭，不一而足，然皆无确证。《劄记》之刻，在嘉庆四年（1799），而章宗源卒于嘉庆五年（1800），章学诚卒于嘉庆六年（1801），其非赵氏攘自二氏之遗稿，不待辨而可知。章宗源善辑佚，章学诚长于史学理论，二人之不能产生类似《劄记》之作品，亦至明也。吾反复读《瓯北集》，而后知《劄记》一书，为赵氏之所自著，殆毋庸置疑。此则非本文之所宜喋喋矣（详见拙著《赵翼传》第九章页二〇三至二〇八）。

抑吾治赵氏史学而有余憾者，为赵氏于史家之精确，若有不足者焉。清嘉道咸同间学人，已指出其著述之多误。如周中孚于《郑堂札记》卷三云：

> 陔余丛考廿九关节条末云，天启二年中允钱谦益典浙江试，取举人钱千秋有七篇大结，迹涉关节，榜后为人所讦，谦益自检举，千秋谪戍。后谦益应推阁臣，温体仁以此事疏攻，遂罢枚卜。案明史选举志，谦益自检举后，千秋除名，至罢枚卜时，千秋谪戍。赵氏误也。

昭梿于《啸亭续录》卷五"赵瓯北"条云：

> 赵瓯北翼，诗才清隽，与袁、蒋齐名，堪称鼎峙。所著议论，尚多可取，然考订每患疏漏。如《诗话》中载吴梅村送人

第十四章 赵翼之史学

之闽诗有"胡床对客招虞寄，羽扇挥军逐吕嘉"之句，盖谓当时制府李日芃、赵廷臣辈，而先生乃以姚启圣收功当之。按梅村卒于康熙辛亥，去姚少保灭蜀尚有十四年之久，何能预祝其成功也？至谓汤若望、南怀仁至乾隆初年尚存，按怀仁谥法已见王文简《谥法考》，其早死不待言；若望乃崇祯末人，焉能越百年而尚存？其与呓语何异？真堪令人喷饭也！

撰《朔方备乘》（原名《北徼汇编》）之何秋涛，更就赵氏《檐曝杂记》中涉及北徼者，辨正其谬误十余处，并于《辨正檐曝杂记叙》云：

> 案原任贵西道阳湖赵翼撰有《檐曝杂记》一书，多记国朝掌故，间亦考订名物，又杂录诗话琐事，足广见闻。惟中有记俄罗斯事各条，颇多传闻失实之谬。近时坊刻往往以是书与《皇朝武功纪盛》合刊行世，虽同系一人著述，然《皇朝武功纪盛》所述皆本诸钦定方略各书，年月事迹，确有可据，文笔明洁，叙次简核，学者藉以考论事势，裨益良多。而是书则成于耄年，随笔纪录，漫无考订，故舛误在所不免。兹编端考北徼事迹，以是书世所常见，尤不可不亟正其失，因详为辨析。（《朔方备乘》卷五十七）

赵氏捷于思而敏于观察，又以才士自居，谈笑挥毫，千百言立就，斟酌、推敲、修订，皆付阙如。以致其立论有待修正者，其引书尤有与原文大相径庭者。1951 年迄 1953 年，维运曾以《廿二史劄记》所引廿二史原文，与《劄记》之文相对照，凡得《劄记》之

411

误谬三百九十九条，汇为一编，名曰《廿二史劄记考证》，该文既已发表于《新亚学报》二卷二期矣。旋就《劄记》致误之由，草成《廿二史劄记考证释例》一文，凡《劄记》之误，皆隐隐然若有规律可循。今谨言其大者：

一曰未细稽原文而误也。《劄记》卷五"宦害之害民"条云："左雄疏言，宦竖皆虚以形势，威夺良家妇女闭之，白首而无配偶（《雄传》）。"按《汉书·左雄传》，雄未有此疏言，此疏乃周举所上，见《汉书·周举传》。《举传》《雄传》同卷，《雄传》在《举传》前，此以忽视《雄》《举》两传中间数行，以致误认《举传》为《雄传》也。

《劄记》卷十一"梁南二史歧互处"条云："《王僧孺传》，《梁书》载其为南康王长史时，被典签中伤去职，奉辞王府一笺，凡千余字。案笺内有云'去矣何生，高树芳烈'之语，既辞王府，何以独称何生？殊不可解。《南史》虽删此文，而谓僧孺将去，有友人何炯，犹在王府，僧孺与炯书以见意，然后何生句始明，盖别何炯书，非辞王府笺也。此又可见《南史》详细处。"按《梁书·僧孺传》所载僧孺奉辞王府一笺仅二百三十六字，笺后接云："僧孺坐免官，久之不调，友人庐江何炯，犹为王府记室，乃致书于炯以见其意。"其书长千余字，内即有"去矣何生，高树芳烈"之语，是僧孺此语，固系别何炯，非辞王府也。此以忽视奉辞王府笺与别何炯书中间数语，遂误别何炯书亦为奉辞王府笺也。

《劄记》卷十六"新书删旧书处"条云："《田悦传》，朱滔方围悦贝州，田绪杀悦，即以兵与王武俊、李抱真大破滔于泾城。此事有关于三镇离合之故，而新书删之。"按绪、武俊、抱真破滔泾城事，《旧书·悦传》载之，而《新书》不载；绪杀悦事，新旧书《悦传》皆载之，滔围悦贝州事，则载于《新书·悦传》，而《旧书》未载。

以上诸例，皆由于未细稽原文而误也。

二曰删节原文不慎而误也。《劄记》卷十一"《南史》增《梁书》琐言碎事"条云："元帝纪，帝自承圣三年主衣库，有黑蛇长丈许，数十小蛇随之，帝恶之。左右曰：'钱龙也。'乃取数千万钱，镇其地以厌之。"按《南史·元帝纪》云："帝主衣库，见黑蛇长丈许，数十小蛇随之，举头高丈余南望，俄失所在。帝又与宫人幸玄洲苑，复见大蛇盘屈于前，群小蛇绕之，并黑色，帝恶之。宫人曰：'此非怪也，恐是钱龙。'帝敕所司即日取数千万钱，镇于蛇处以厌之。"删去中间数语，前后二事，遂混为一事也。

《劄记》卷二十三"宋史各传回护处"条云："崔与之传，谓朝廷取三京，与之顿足浩叹！"按朝廷取三京，乃一大快事，岂有闻之而顿足浩叹者？阅《宋史》与之传，乃知金亡朝廷议取三京，与之遂闻之而叹。删去一"议"字，而面目乃全非也。

《劄记》卷二十五"宋恩赏之厚"条云："戴兴为定国军节度使，赐银万两，岁加给钱千万。"按《宋史·戴兴传》，为岁加给钱七百万。淳化五年，兴出为定武军节度使，岁加给钱千万。删去"淳化五年，兴出为定武军节度使"二语，于是出为定武军节度使时岁加给钱，遂误为出为定国军节度使时之岁加给钱也。以上诸例，皆由于删节原文不慎而误也。

三曰照原文钞录不慎而误也。《劄记》卷十七"新书删旧书处"条云："豆彦威传，议仆射上事仪注，宜尊《开元礼》，受册官与百僚答拜，不得坐受。"按此事见《旧唐书·王彦威传》，豆彦威应作王彦威，《新旧唐书》中无豆彦威其人。豆王形相涉而误。

《劄记》卷二十六"宋节度使"条云："张浚兼静江、宁武、静海节度使。"按张俊曾兼静江、宁武、静海节度使，俊浚形音相涉而误。

413

《劄记》卷三十二"明宫殿凡数次被灾"条云:"正德九年正月,乾清宫灾,遣使采木于湖广。"按《明史·武宗纪》,为遣使采木于川湖。以上诸例,皆由于照原文钞录不慎而误也。

四曰望文生意未尝参稽原文而误也。《劄记》卷六"三国志书法"条云:"《魏志》称操曰太祖,封武平侯后称公,封魏王后称王,曹丕受禅后称帝,而于蜀吴二主,则直书曰刘备,曰孙权。"按《三国志·吴志吴主传》,信直书曰孙权矣,而《蜀志先主传》,则始终称刘备曰先主,未尝直书曰刘备。即《后主传》亦未尝直书刘禅也。

《劄记》卷九"宋书南史俱无沈田子沈林子传"条云:"田子从武帝克京口,平京邑,灭慕容超。卢循内逼,田子与孙季高从海道袭广州,倾其巢穴,循无所归,遂被诛戮。"按《南史·沈约传》,仅云田子与孙季高袭破广州。《宋书》自序,仅云破广州后,推锋追讨,又破循于苍梧郁林宁浦。均无戮循之文。

《劄记》卷十六"新书改编各传"条云:"刘太真、邵说、于邵、崔元翰、于公异、李善、李贺皆在列传,新书改入文苑。"按《新唐书》立《文艺传》,立《文苑传》者为《旧唐书》。以上诸例,皆由于望文生意,未尝参稽原文而误也。

五曰以部分概括全体而误也。《劄记》卷一"史汉不同处"条云:"韩信击魏豹,《史记》在汉三年,《汉书》在二年。"按《史记·高祖纪》在汉三年,《淮阴侯传》在二年。此但就《史记》本纪言,而未考之列传也。

《劄记》卷四"后汉书编次订正"条云:"张宗、法雄国初人。"按《后汉书·张宗法雄等传》,张宗为东汉初年人,而法雄则东汉安帝时人也。法雄传谓永初三年,海贼张伯路等三千余人,寇滨海九郡,乃征雄为青州刺史,与御史中丞王宗并力讨之,连战破贼。五年，讨平之。在州四年，迁南郡太守。永初为安帝年号，自光武至安帝，已历五帝，垂八十余年矣，宁得谓为国初耶？此以张宗而概括法雄也。

《劄记》卷二十四"宋初严惩赃吏"条云："南渡后，高祖虽有诏，按察官岁上所发摘赃吏姓名，以为殿最。然本纪未见治罪之人。"按宋高宗时，治赃吏之法，虽不若以前严厉执行，然亦有以赃治罪者。绍兴二年，左朝奉郎孙觌坐前知临安府赃污，贷死除名。五年，贵池县丞黄大本坐枉法赃杖脊刺配南雄州。此皆见于《宋史·高宗本纪》者。以上诸例，皆由于以部分概括全体而误也。

赵氏之误如此，然则彼为一客观之史家，而非谨严之史家（accurate historian），亦昭然若揭矣。

第十五章　崔述之史学

一　崔述孤立于清乾嘉学风以外

清乾嘉时代，承康熙、雍正以来之升平盛世，务实之考据学风盛行，博雅君子，"疲精劳神于经传子史"（章学诚《文史通义·博约中》），擘绩补苴，考逸搜遗，自经学、史学以至小学、音韵、天算、地理、金石等学，无不陷入此学风之中。"东逢一儒谈考据，西逢一儒谈考据，不图此学始东京，一丘之貉于今聚"（袁枚《考据之学莫盛于宋而近今为尤余厌之仿太白嘲鲁儒一首》）。自当世诗人袁枚所写讽刺之诗，可以尽见考据学风靡于乾嘉时代之真况。处此学风中，孤立于风气以外，自辟蹊径，独树一帜，而成就卓越者，则河北大名崔述，其最著者也。其辨伪求真之史学，有待表而出之。

二　崔述之生平

崔述，字武承，号东壁，直隶大名（今河北省广平县东南）人。生于清乾隆五年（1740），卒于嘉庆二十一年（1816），年七十七。

第十五章　崔述之史学

乾隆二十七年（1762）中举人。嘉庆元年（1796），选授福建罗源县知县，四年（1799），调上杭县，旋返任罗源。六年（1801），以老病致仕。自是离闽，往来河北，以著述自娱。

崔氏之著述，以考信录一书为主。彼于三十岁时（乾隆三十四年），立下著考信录之志愿，以后五十年中，其精神所专注者为此书。数值岁荒，典衣而炊，而撰写不辍。嘉庆十年（1805），全书写成，共三十六卷。《考信录提要》二卷，《补上古考信录》二卷，《唐虞考信录》四卷，《夏考信录》二卷，《商考信录》二卷，《丰镐考信录》八卷，《洙泗考信录》四卷，《丰镐考信别录》三卷，《洙泗考信余录》《孟子事实录》二卷，《考古续说》二卷，《考信附录》二卷。此外尚有著作三十余种。

崔氏未有显著之功名（未成进士），仕宦数年，仅至知县，一生落寞，声名晦暗。当时学术界声名如日中天之惠栋、戴震、段玉裁、王念孙、王引之、钱大昕、王鸣盛等经学家与史学家，皆未相接。彼盖于乾嘉学风以外，自辟研究境界者。其著述由弟子陈履和于道光四年（1824）刻成《崔东壁先生遗书》传世，惟鲜有问津者。1903至1904年之间，日本学者那珂通世刊其书，阅者渐多。1921年，疑古大师顾颉刚开始标点《崔东壁遗书》，1936年其书问世，胡适、钱玄同积极为之宣扬，于是崔述之名及其学，大显于天下。钱穆于《崔东壁遗书序》云：

> 东壁之学，传矣而不广，存矣而不著，浮沉淹没于书海之底者又百年，乃迄于今而大显。初，胡君适之自海外归，倡为新文化运动，举世奔走响应惟恐后。胡君于古人多评骘，少所许，多所否，顾于东壁加推敬，为作长传，曰"科学的古史家

崔述"，流布仅半篇，未完稿，然举世想见其人，争以先睹遗书为快。胡君友钱君玄同，主废汉字为罗马拼音，读东壁书，自去其姓而姓疑古，天下学人无不知疑古玄同也。而最以疑古著者曰顾君颉刚。顾君为胡君弟子，亦交游于钱君，深契东壁之治史而益有进，为古史辨，不胫走天下，疑禹为虫，信与不信，交相传述。三君者，或仰之如日星之悬中天，或畏之如洪水猛兽之泛滥纵横于四野。要之，凡识字人几于无不知三君名。"推倒一世豪杰，开拓万古心胸"，于三君乎见之。而东壁以百年前一老儒，声名暗淡，乃留遗此数十种书，得身后百年如三君之推挹，一旦大显于天下，其遇合之奇，较之当日陈举人之叩门拜枢，抱遗书而去者，其为度越又何如耶？

此为文笔灿烂而语带玄机之一段论述，故附于此，以见穷通之有命也。

三 《考信录》与史学上之求真

崔述于《考信录》中，一再以坚定之语气云：

> 今《考信录》中，凡其说出于战国以后者，必详为之考其所本，而不敢以见于汉人之书者，遂真以为三代之事。(《考信录提要》卷上)
>
> 余为《考信录》，于汉晋诸儒之说，必为考其原本，辨其是非，非敢诋諆先儒，正欲平心以求其一是也。(见同上)
>
> 今为《考信录》，不敢以载于战国秦汉之书者，悉信以为实

事；不敢以东汉魏晋诸儒所注释者，悉信以为实言。务皆究其本末，辨其同异，分别其事之虚实而去取之。虽不为古人之书讳其误，亦不至为古人之书增其误也。（见同上）

今为《考信录》，悉本经文以证其失，并为抉其误之所由，庶学者可以考而知之，而经传之文，不至于终晦也。（见同上）

今为《考信录》，凡无从考证者，辄以不知置之。宁缺所疑，不敢妄言以惑世也。（见同上）

大抵文人学士，多好议论古人得失，而不考其事之虚实。余独谓虚实明而后得失或可不爽。故今为《考信录》，专以辨其虚实为先务，而论得失者次之，亦正本清源之意也。（见同上）

此为史学上最珍贵之求真。辨事实虚实，考其原本，正其是非，不以见于战国秦汉之书者，遂真以为三代之事，不以东汉魏晋诸儒之所注释者，悉信以为实言。平心求是，缺疑存真，史学家治史如此，庶几无愧。

崔氏治史，求真如此，其求真之方法为穷源。引用谚语"打破沙锅纹到底"，即可表明其穷源之精神。"沙锅体脆，敲破之，则其裂纹直达到底；'纹'与'问'同音，故假借以讥人之过细而问多。"（《考信录提要》卷下）治史而穷源到底，若沙锅之纹然，则真相可见。崔氏之源在六经，凡所讨论，取信于经，而认为"大抵战国秦汉之书皆难征信，而其所记上古之事，尤多荒谬"（《考信录提要》卷上），此与司马迁所持"载籍极博，犹考信于六艺"（《史记·伯夷列传》）之原则相似。以《考信录》名其大著，其源亦在此。

"余年三十，始知究心六经，觉传记所载与注疏所释，往往与经互异，然犹未敢决其是非，乃取经传之文，类而辑之，比而察之，

419

久之而后晓然知传记注疏之失。"(《考信录提要》卷上)"余少年读书，见古帝王圣贤之事，往往有可疑者，初未尝分别观之也。壮岁以后，抄录其事，记其所本，则向所疑者，皆出于传记，而经文皆可信，然后知六经之精粹也。"(《考信录提要》卷下)"周道既衰，异端并起，杨、墨、名、法、纵横、阴阳诸家莫不造言设事，以诬圣贤。汉儒习闻其说而不加察，遂以为其事固然，而载之传记。若《尚书大传》《韩诗外传》《史记》《戴记》《说苑》《新序》之属，率皆旁采卮言，真伪相淆。继是复有谶纬之术，其说益陋，而刘歆、郑康成咸用之以说经。流传既久，学者习熟见闻，不复考其所本，而但以为汉儒近古，其言必有所传，非妄撰者。虽以宋儒之精纯，而沿其说而不易者盖亦不少矣。至《外纪》《皇王大纪》《通鉴纲目前编》(六字共一书名，与《温公通鉴》《朱子纲目》无涉)等书出，益广搜杂家小说之说以见其博，而圣贤之诬遂万古不白矣！孟子曰：'尽信书则不如无书，吾于"武成"，取二三策而已矣。'圣人之读经，犹且致慎如是，况于传注，又况于诸子百家乎？孟子曰：'博学而详说之，将以反说约也。'然则欲多闻者，非以逞博也，欲参互考订而归于一是耳。若徒逞其博而不知所择，则虽尽读五车，遍阅四库，反不如孤陋寡闻者之尚无大失也。"(《考信录提要》卷上)"近世浅学之士，动谓秦汉之书近古，其言皆有所据。见有驳其失者，必攘臂而争之。此无他，但徇其名，而实未尝多观秦汉之书，故妄为是言耳。"(见同上)战国异端并起，造言设事，以诬圣贤，汉代学者，习闻其说，以为其事固然，载于传记，注疏家又据之以作解释，而古史遂不可问。崔氏慨然有见于传记注疏之失，而深信六经，以为六经精粹，经文皆可信，此为史学上之一种坚持，在有证据之大前提下，贡献极大。然秦汉之书近古，其记载是否完全可疑，六经之

文是否完全可靠,为值得商榷之问题。崔氏亦云:

> 经传之文,亦往往有过其实者。武成之"血流漂杵",云汉之"周余黎民,靡有孑遗",孟子固尝言之。至閟宫之"荆舒是惩,莫我敢承",不情之誉,更无论矣。战国之时,此风尤盛,若淳于髡、庄周、张仪、苏秦之属,虚词饰说,尺水丈波,盖有不可以胜言者。即孟子书中亦往往有之。若舜之"完廪浚井""不告而娶",伊尹之"五就汤,五就桀",其言未必无因,然其初事断不如此,特传之者递加称述,欲极力形容,遂不觉其过当耳。又如文王不遑暇食,不敢盘于游田,而以为其囿方七十里,管叔监殷,乃武王使之,而属之周公,此或孟子不暇致辨,或记者失其词,均不可知,不得尽以为实事也。盖孟子七篇,皆门人所记,但追述孟子之意,而不必皆孟子当日之言;既流俗传为如此,遂率笔记为如此。正如蔡氏书传言《史记》称朱虎、熊罴为伯益之佐,其实《史记》但称为益,但未称为伯益,蔡氏习于世俗所称,不觉其失,遂误以伯益入于《史记》文中耳。然则学者于古人之书,虽固经传之文,贤哲之语,犹当平心静气求其意旨所在,不得泥其词而害其意,况于杂家小说之言,安得遽信以为实哉!(见同上)

经与传之文,皆有过于其实者,不能断定传文皆伪,经文皆可信。崔氏史学之坚持,其失在此,不能不辨。

《考信录》中,《补上古考信录》以唐虞以降,始有史书;《唐虞考信录》以可信之史,始自唐虞;《夏考信录》考夏代史事之可信者;《商考信录》考商代史事之可信者;《丰镐考信录》考西周史事之可信者;《洙泗考信录》考孔子事迹之可信者;《洙泗余录》考孔门弟子之事迹;《孟子事实录》考孟子之事迹，并及其弟子;《考古续说》为补录;《考信附录》则附所得力于别人之说;考信录提要为全书之纲领。

四　崔述之史学渊源及其所受时代之冲激

刘师培于所作《崔述传》云：

> 近世考证学超越前代，其所以成立学派者，则以标例及征实二端。标例则取舍极严而语无咙杂；征实则实事求是而力矫虚诬。大抵汉代以后，为学之弊有二：一曰逞博，二曰笃信。逞博则不循规律，笃信则不求真知。此学术所由不进也。自毛奇龄之徒出，学者始悟笃信之非，然以不知求真之故，流于才辩。阎若璩之徒，渐知从事于征实，辨别伪真，折衷一是；惟未能确立科条，故其语多歧出。若臧琳、惠栋之流，严于取舍，立例以为标；然笃信好古，不求真知，则其弊也。惟江、戴、程、凌起于徽、歙，所著之书，均具条理界说，博征其材，约守其例，而所标之例，所析之词，必融会贯通，以求其审，缜密严栗，略与晰种之科学相同。近儒考证之精，特有此耳。述生乾嘉间，未与江、戴、程、凌相接，而著书义例则殊途同归。彼以百家之言古者多有可疑，因疑而力求其是。浅识者流仅知其有功于考史；不知《考信录》一书自标界说，条理秩然，复援引证佐以为符验，于一言一事必钩稽参互，剖析疑似，以求其真，使即其例以扩充之，则凡古今载籍均可折衷至当，以去

伪而存诚，则述书之功在于范围谨严，而不在于逞奇炫博，虽有通蔽，然较之马氏绎史固有殊矣。近人于考证之学多斥为繁芜，若人人著书若崔述，彼繁芜之蔽又何自而生哉！（《国粹学报》第三十四期）

清代考据学（即考证学）之特色与价值，自此精辟之论尽现。标例则建立取舍之标准，征实则与实事求是之科学相符合。清乾嘉时代经学上之惠派（惠栋一派，亦称吴派）及戴派（戴震一派，亦称皖派），治经一则惟求其古，凡汉必真，一则惟求其是，不主一家，两者兼标例及征实而有之。此时史学家若钱大昕、王鸣盛等，治史亦皆富征实精神，不涉虚诞，且亦相信较古之记载，立例甚严。一代学风如此，崔氏值身其间，虽未与当时杰出之经史学家相接，然隐隐受其冲激，所著《考信录》一书，自标界说，复援引证佐以为符验，于一言一事必钩稽参互，剖析疑似，以求其真，此为兼具标例及征实两者，其不可及在此。

惟崔氏治史之征实，与当代之史学家差异极大，其史学渊源，出自传统者亦多于当代。钱、王等治史，充分利用归纳方法，以聚集证据，广泛利用历史辅助科学，以作考据之利器。崔氏则不长于此二者，所钩稽、剖析者，惟环绕于六经；一再声言汉人之书不可信，则显系针对惠派凡汉必真之说而发。至于戴派之治经，"博征其材，约守其例""融会贯通，以求其审"，则为经学上之极高境界，崔氏非经学家，未足语于此。

中国辨伪言、伪事以求真之史学，自王充以后呈现曙光。王充著《论衡》一书，凡虚妄之言，失实之书，皆订其真伪，辨其虚实。刘知几承其统，淋漓发挥，"探赜索隐，致远钩深"（《史通·鉴识》

篇),《史通》中之《疑古》《惑经》两篇,充分发挥出求真史学之精神。崔氏接受王充、刘知几之统,而《考信录》写成。《考信录》中每引及二氏之说。如王充以黄帝升天之说非实,崔氏即称述其说(《补上古考信录》卷上);于"刘知几用《左传》驳秦汉之书"条则云:

> 刘知几《史通》云:"秦汉之世,左氏未行,遂使五经(此五经指《公羊》《穀梁》《礼记》之文,非古经也)、杂史、百家诸子,其言河汉,无所遵凭。故其记事也,当晋景行霸,公室方强,而云韩氏攻赵(按《史记》攻赵者屠岸贾,非韩氏,此文盖误),有程婴、杵臼之事(原注:出《史记·赵世家》);子罕相国,宋睦于晋,而云晋将伐宋,觇其哭于阳门介夫(原注:出《礼记》)。其记时也,秦穆居《春秋》之始,而云其女为荆昭夫人(原注:出《列女传》);韩、魏处战国之时,而云其君陪楚庄王葬焉(原注:出《史记·滑稽传》);《列子书》论尼父,而云生在郑穆之年(原注:出刘向《七录》);扁鹊医疗虢公,而云时当赵简子之日(原注:出《史记·扁鹊传》);栾书仕于周子,而云以晋文如猎,犯颜直言(原注:出刘向《新序》);荀息死于奚齐,而云觇晋灵作台,累棋申诫(原注:出刘向《说苑》)。或以先为后,或以后为先,日月颠倒,上下翻覆,古来君子曾无所疑。及《左传》既行,而其失自显。"由是论之,秦汉之书其不可据以为实者多矣,特此未有如知几者肯详考而精辨之耳。顾吾犹有异者,知几于秦汉之书纪春秋之事,考之详而辨之精如是,至于虞、夏、商、周之事,乃又采摭百家杂史之文而疑经者,何哉?夫自春秋之世,下至西汉仅数百年,而

其舛误乖剌已累累若此，况文、武之代，去西汉千有余年，唐、虞之际，去西汉二千有余年，即去战国亦二千年，则其舛误乖剌必更加于春秋之世数倍可知也。但古史不存于世，无左传一书证其是非耳，岂得遂信以为实乎？故今为考信录，于殷、周以前事，但以诗、书为据，而不敢以秦汉之书遂为实录，亦推广史通之意也。（《考信录提要》卷上）

自认《考信录》为推广《史通》之意，则其接受刘知几之统，清晰可见。崔氏之史学渊源，盖上承前代，所受当代考据学风之影响，较为有限。将《考信录》与《十七史商榷》《廿二史考异》并列为乾嘉考据学风下之产品，为一吊诡（fallacy），有待商榷。

台湾地区国学丛书　刘东/主编

《荀子与古代哲学》　韦政通 / 著
　　定价: 68.00 元

《抑郁与超越——司马迁与汉武帝时代》　逯耀东 / 著
　　定价: 98.00 元

《南宋地方武力
　　——地方军与民间自卫武力的探讨》　黄宽重 / 著
　　定价: 88.00 元

《中国哲学史大纲》　胡适 / 著
　　定价: 78.00 元

《中国近代史》　蒋廷黻 / 著
　　定价: 58.00 元

《性命古训辨证》　傅斯年 / 著
　　定价: 58.00 元

《中国乡村: 19 世纪的帝国控制》　萧公权 / 著
　　定价: 158.00 元

《中国人性论史・先秦篇》　徐复观 / 著
　　定价: 98.00 元

《中国文化之精神价值》　唐君毅 / 著
　　定价: 78.00 元

《韩非子的哲学》　王邦雄 / 著
　　定价: 68.00 元

《皇权、礼仪与经典诠释: 中国古代政治史研究》　甘怀真 / 著
　　定价: 118.00 元

《清代史学与史家》　杜维运 / 著
　　定价: 88.00 元

海外中国专题研究丛书　刘东/主编

《为世界排序: 宋代的国家与社会》
　　〔美〕韩明士　〔美〕谢康伦 / 编；刘云军 / 译
　　定价: 128.00 元

《进香: 中国历史上的朝圣之地》
　　〔美〕韩书瑞　于君方 / 编；孔祥文　孙昉 / 译
　　定价: 118.00 元

《晚期帝制中国的教育与社会: 1600—1900》
　　〔美〕本杰明・A. 艾尔曼　〔加〕伍思德 / 编；严蓓雯 等 / 译
　　定价: 168.00 元